생각,

키워야 하나 없애야 하나

생각,
키워야 하나 없애야 하나

박찬욱·윤희조 기획, **한자경** 편집 **|** **김성구·박찬국·성승연·오용석·이필원** 집필

운주사

기획자 서문

우리의 삶이 좀 더 명료해지길 기원하며

우리는 일상에서 수많은 생각들을 하게 됩니다. 의지적으로 하는 생각도 있고 의도와는 상관없이 드는 생각도 있습니다. 생각이 잘 정리되고 집중될 때도 있지만 뒤숭숭하고 불안하여 종잡을 수 없을 때도 있습니다. 어떤 생각은 우리의 삶을 윤택하게 만들기도 하고 어떤 생각은 우리 자신을 피폐하게 만들기도 합니다.

생각은 분명 삶의 중요한 과정이고 내용입니다. 삶에 지대한 영향을 미치고 있는 생각에 대하여 우리는 과연 얼마나 이해하고 있을까요? 우리는 생각을 다룰 줄 아는 방법을 제대로 배우고 익혀서 활용하고 있나요? 우리는 생각들과 바람직하게 관계하는 방식을 터득하여 적용하며 살고 있는가요?

성숙하고 행복한 삶을 위하여, 우리는 반드시 삶의 주요 현상 중의 하나인 생각을 제대로 이해하고 적절히 활용할 수 있어야 합니다. 이러한 취지에서 이번 제17회 학술연찬회에서는 '생각'을 주제로 초기 불교, 선불교, 서양철학, 자연과학, 심리학의 연구 결과들을 종합적으로 살펴봄으로써, 우리의 삶에 도움을 주고자 합니다.

6

2006년부터 매년 한두 차례 개최해 온 학술연찬회에서 논의되는 내용을 '밝은사람들총서'로 출간하고 있으며, 2012년부터는 밝은사람들연구소와 서울불교대학원대학교 불교와심리연구원이 협력하고 있습니다. 학술연찬회와 밝은사람들총서 내용을 더욱 알차게 꾸리기 위하여 두 기관과 출판사 관계자들이 주제 선정 과정부터 머리를 맞대고 함께 고민하였습니다. 거의 1년에 가까운 준비 기간 동안 시간을 쾌척하시고 성심을 다해주신 성승연 교수님, 박성현 교수님, 정준영 교수님, 한자경 교수님, 김시열 사장님께 이 자리를 빌려 감사의 마음을 전합니다.

또한 주제 발표자로 확정된 이후 여러 준비 과정에 진지한 태도로 참여하시고, 각자 전문분야의 관점과 연구 성과를 일목요연하게 정리하신 이필원 교수님, 오용석 교수님, 박찬국 교수님, 김성구 교수님, 성승연 교수님, 그리고 다섯 분의 주제발표 원고를 조율 정리하시고 학술연찬회 좌장 역할을 하시는 한자경 교수님께 진심으로 감사를 드립니다. 그리고 옥고를 단행본으로 출간해 주신 운주사 김시열 사장님과 직원 여러분의 노고에도 감사드립니다.

특히 2006년 초 밝은사람들연구소 발족 이래 지금까지 불교와 사회의 상생적 발전을 촉진하는 연구소 사업을 물심양면으로 적극 지원해주고 계신 수불 스님과 안국선원에 깊이 감사드립니다.

일상에서 늘 행복하시길 기원하며

2018년 11월

박찬욱, 윤희조

생각과 생각 너머

한자경(이화여자대학교 철학과 교수)

1. 생각, 무엇이 문제인가?

우리는 생각 없이 살 수 없다. 이 지구상에서 생명체로서 살아남기 위해, 나아가 인간으로서 자신이 원하는 방식의 삶을 영위하기 위해 우리는 끊임없이 취사선택해야 하는데, 바른 선택을 위해서는 생각을 해야 하기 때문이다. 이것을 먹을지 저것을 먹을지, 이 사람을 만날지 저 사람을 만날지, 우리는 대개 생각해서 결정한다. 그런데 생각을 한다고 해서, 그 생각이 꼭 바른 선택으로 이어지는 것은 아니다. 생각을 하면 할수록 바른 선택으로부터 오히려 더 멀어지는 경우도 있다. 즉 잘못된 생각이 일어날 수 있다.

생각이 바른 선택으로 이어지지 않는 것은 왜일까? 잘못된 생각의 근원은 무엇일까? 이에 대해 두 가지 설명이 가능하다. 하나는 잘못된 생각의 근거를 생각 밖에서 찾는 것이고, 다른 하나는 생각 자체에서 찾는 것이다. 첫 번째는 생각 자체는 문제가 없으며, 잘못된 생각은 생각을 방해하는 느낌이나 본능, 사적 욕심이나 충동 등에 이끌려

오도되기 때문이라고 보는 것이다. 이 경우 문제는 생각이 아니라 생각을 가로막는 느낌이나 본능이다. 그래서 '생각을 좀 해봐라!' '허둥 대지 말고 잘 생각해라!' '개인적 욕심을 버리고 객관적으로 생각해라!' 라고 말하게 된다. 두 번째는 잘못된 생각은 생각 자체가 갖고 있는 한계, 있는 그대로의 실상을 제대로 보지 못하는 한계 때문이라고 보는 것이다. 느낌이나 본능이 오히려 실상을 더 잘 알아차리며, 생각은 자기식대로 사물을 변형시켜서 보게 하는 문제가 있다고 보는 것이다. 그래서 '너무 많은 생각을 하지 마라!' '생각의 틀에 갇혀 있지 마라!' '생각을 버리고, 그냥 있는 그대로를 봐라!'라고 말하기도 한다.

　이와 같이 우리는 좀 더 많은 생각을 일으키기를 권장하기도 하고, 오히려 너무 많은 생각에 빠지는 것을 경계하기도 한다. 이것은 생각이란 것이 여러 측면과 층위로 이루어진 복잡한 구조를 갖기 때문일 것이다. 생각, 버릴 것인가, 더할 것인가를 밝히자면 우선 생각이 무엇인지, 그리고 생각이란 것이 어떤 특징이 있는지, 생각이 느낌과 본능, 의지와 욕망과 어떤 관계에 있는지, 생각의 구조와 층위를 함께 고려해야 할 것이다.

2. 생각의 특징

일단 생각은 감각과는 구분되는 것으로 이해된다. '감각'은 안·이·비· 설·신 다섯 감각기관(5근)이 그 각각에 상응하는 다섯 감각대상(5경)인 색·성·향·미·촉을 받아들이는 활동, 전5식을 말한다. 반면 그렇게 받아들여진 감각내용을 바로 그런 것으로 규정하면서 일어나는 다양한 심리활동을 감각과 구분해서 '생각'이라고 한다. 이때의 '생각'은 사유기관인 의근意根이 감각대상(5경)과 사유대상(법경)을 합한 6경에 대해 일으키는 심리활동이며, 불교는 이런 심리활동을 '제6의식'이라고 부른다. 그만큼 '생각'은 광범위하게 사용되는 개념이다. 생각은 'x는 y이다'라는 지각이나 판단뿐 아니라 그에 대한 예상이나 기억, 'x가 y일까?'라는 의심이나 의문, 'x가 y이기를!' 하는 기대나 희망, 'x를 y로!'라는 의도나 계획 등 우리의 마음 안에서 진행되는 무수한 심리작용을 총괄하는 개념이다. 그렇다면 이러한 의식으로서의 생각이 갖는 특징은 무엇인가?

1) 일반성과 추상성

감각이 구체적인 현상 사물로부터 구체적이고 개별적인 감각자료를 수용하는 과정이라면, 생각은 그러한 감각자료를 비교하고 분별하면서 일어나는 심리활동이다. 감각이 구체성과 개별성을 갖고 있는 데 반해, 생각은 그러한 구체성을 떠난 추상성, 개별성을 떠난 일반성을 갖는다. 불교 인식론에서는 감각이 관계하는 구체적이고 개별적인 표상을 '자상自相'이라고 부르고, 생각이 관계하는 추상적이고 일반적인 표상인 개념을 '공상共相'이라고 부른다. 생각은 개념, 즉 공상에 따라 진행되는 심리활동을 말한다.

생각은 다양한 개별적 상황이나 사물을 접할 때 그 개별성에 머무르지 않고 그런 개별적인 것들에 공통적인 것, 일반적으로 타당한 것, 일반적 개념이나 보편적 원리나 법칙을 찾아낸다. 개별적인 것들을 일반 개념을 따라 규정하고 해명함으로써 우리는 앎의 체계성과 보편성을 확보하며, 그렇게 함으로써 보편적 사유 및 보편적 학문을 성취한다.

그러나 그렇게 찾아낸 일반성은 개별자들의 구체성을 사상捨象하고 얻어낸 것이기에 추상성을 띠게 된다. 생각의 일반성과 추상성은 존재의 개별성이나 구체성을 사상함으로써 비로소 얻어지는 것이다. 예를 들어 내가 눈앞에 핀 장미꽃을 보면서 '이 꽃은 빨갛다'라고 생각하는 순간, 그 장미꽃은 여기 지금의 바로 그 장미꽃만이 가지고 있는 독특한 색깔, 그리고 그 장미꽃을 이루는 여러 겹 각각의 꽃잎들이 가지는 미세한 차이의 색깔들을 모두 잃어버리고, 그냥 하나의 빨간색 꽃으로 규정되고 그렇게 인지되고 만다. 그 순간 그 장미꽃의 색깔은 내가 여태까지 보아온 무수한 빨간 사과나 무수한 빨간 백일홍의 색깔과 조금도 다르지 않은 그 하나의 빨간색, 하나의 개념이 되고 만다.

생각에만 빠져 있다 보면 생각 너머 존재의 구체성과 개별성이 가지는 다양한 차이들에 둔감해지기 쉽다. 생각은 개별적 특수성을 넘어 일반성 내지 보편성을 확보해주는 이점이 있지만, 바로 그것으로 인해 개별적 구체성을 상실하고 추상성에 머무르는 한계를 갖는다.

2) 탈현재성

감각이 지금 여기의 존재와 현재적으로 접촉하는 것이라면, 생각은 그러한 시간의 제약을 넘어선다. 생각은 현재에만 머무르지 않고 지나간 과거와 다가올 미래로 무제한적으로 뻗어나간다. 과거로는 조금 전, 하루 전, 일 년 전뿐 아니라 천 년 전, 만 년 전, 1억 광년 전까지도

나아가고, 미래로도 잠시 후, 내일, 일 년 후, 십 년 후뿐 아니라
천 년 후, 억 년 후까지도 나아간다.[1]

생각이 과거로 나아가기에 우리는 과거를 기억하면서 그 기억된
자료들을 활용하여 삶을 안전하게 꾸려나갈 수 있다. 기억을 통해
무엇이 유익하고 무엇이 위험한지를 알아 과오를 반복하지 않으면서
학문과 문화와 역사를 만들어나간다. 또 생각이 미래로 나아가기에
미래를 예상하고 계획하며 자신의 의도대로 삶을 꾸려나갈 수 있다.
이처럼 생각이 과거와 미래로 자유롭게 왕래함으로써 우리는 좀 더
안전하고 풍부한 삶을 만들어나갈 수 있다.

그러나 생각이 현재에 머물러 있지 않고 현재를 벗어나 과거와
미래로 나아가는 바로 그 이유 때문에 생각은 늘 바쁘고 분주하며
우리에게 불필요한 부담과 짐을 안겨주기도 한다. 예를 들어 지금
따뜻한 햇살 아래에 앉아 평안을 누릴 수 있을 순간에도 우리는 어제
들었던 말, 십 년 전 겪었던 일의 기억 속에서 괴로워하고, 내일 일어날
일, 십 년 뒤 일어날 일의 예상 속에서 불안해한다. 생각이 과거의
기억으로부터 고통을, 미래의 예견으로부터 불안을 가져오는 것이다.
과거의 기억과 미래의 예상은 모두 생각을 통해 가능하다. 그만큼
생각은 지금 여기의 현재에 머물러 있지 않고 끝없이 과거로 미래로
내달려 나갔다가 고통과 불안을 안고 되돌아온다.

생각 속에 사는 사람은 늘 현재를 놓치고 사는 사람이다. 생각이
늘 과거와 미래로 뻗어나가 있는 만큼 그 안에 순수한 현재, 여기

---

1 불교는 과거로의 기억이나 미래에의 예상이 모두 감각(전5식)을 수반하지 않는
  불구의식不俱意識, 독산의식獨散意識으로 제6의식, 즉 생각에 속한다고 본다.

지금의 찰나성은 없기 때문이다. 생각이 과거와 미래로 확산된다는 것은 그만큼 순수한 현재를 잃어버린다는 말이 된다.

3) 임의성과 비실효성

감각은 여기 지금 주어진 것만을 알아차리고 그것과만 관계하는 데 반해, 생각은 시공간적 제약을 벗어나 자유자재로 과거와 미래로 오가면서 자신이 원하는 것을 떠올리는 상상을 할 수 있다. 상상은 임의적으로 개념에 따라 상을 만들어내는 것이므로 광의의 생각에 포함된다. 과거에 없던 것을 만들어내는 새로운 기술과 발전은 창의적 상상, 생각에서 비롯된다. 생각은 우리의 삶을 새롭고 편리하게 변화시킬 수 있는 청사진을 제공한다.

그러나 생각은 기본적으로 개념 차원에 머무르는 것이기에 그것을 구체화시키는 신체적 활동이 함께하지 않는 한 머릿속 환상에 머무르기 쉽다. 생각이 개념에만 머물러 있다면 현실적 사물이 갖는 구체적 실효성을 갖지 못한다. 예를 들어 지금 여기의 빵은 먹어서 포만감을 얻을 수 있지만, 생각 속의 빵은 먹을 수 없다. 감각대상인 자상은 실제적 효과를 낼 수 있는 힘, 효력을 갖는 데 반해, 생각대상인 공상共相은 그러한 실효성을 갖지 못한다.

생각에 오래 머물다 보면 생각만으로 만족하고 생각만으로 성취감을 느끼는 자아도취에 빠지기 쉽다. 그렇게 생각의 세계에 빠지면 생각에서 걸림이 없는 것을 자기 수행의 완성이라고 착각하며, 구체적 현실세계에서의 자비행을 소홀히 하기 쉽다. 결국 가상현실에 빠진 자, 게임중독자나 오타쿠와 별반 다를 바 없는 생을 살게 된다.

3. 생각의 구조

1) 생각과 느낌의 순환구조

생각은 어떻게 해서 일어나는 것일까? 생각은 느낌과 어떤 관계일까? 이성 중심적이고 인지 중심적인 서양철학은 대개 생각과 느낌, 인지와 감정을 서로 분리된 별개의 것으로 파악하며, 주객 분별 하에 인지적 생각은 객관 영역에 속하고 감정적 느낌은 주관 영역에 속하는 것으로 간주한다. 인간과 세계와의 일차적 관계맺음을 인지적 표상으로 여기고, 진리에로 나아가기 위해서는 객관적·이성적 생각이 주관적·감정적 느낌의 영향을 받지 않고 독립적으로 유지되어야 한다고 논한다. 그래야 있는 그대로의 세계를 정확하게 인지하고 바르게 생각할 수 있다고 보는 것이다.[2]

반면 불교는 처음부터 생각과 느낌, 인지와 감정을 서로 무관하다고

---

2 느낌과 생각, 감정과 인지가 서로 분리되지 않고 연관된다는 것을 발견하였을 때, 이성 내지 인지 중심의 서양철학자(솔로몬이나 누스바움)는 감정의 근저에도 개념적 인지체계가 있다는 '인지주의적 감정론'을 제창하였으며, 같은 문맥에서 심리치료자 아론벡은 우울증을 치료하기 위해서는 그러한 감정의 기저에 깔려 있는 부정적 신념과 인지도식을 자각하고 극복해야 한다는 '인지치료법'을 개발하였다. 인지치료법에 따르면 감정이란 것이 지각이나 판단 등 인지활동과 분리되지 않을 뿐 아니라 그런 인지적 신념체계에 기반하여 일어나는 것이므로, 우울증을 극복하기 위해서는 그런 우울한 감정을 불러일으키는 자신 안의 사고체계와 신념체계, 자아와 세계에 대한 부정적인 생각들을 알아차리고 그런 생각을 긍정적 생각으로 바꾸어야 한다. 감정이 생각에 근거해서 일어나므로 감정의 문제를 해결하기 위해서는 그 근거가 되는 생각을 긍정적으로 바꾸는 것이 필요하다는 것이다. 서양의 인지 내지 이성 중심적 경향을 볼 수 있다.

보지 않으며, 그렇다고 어느 하나가 다른 하나를 일방적으로 규정한다고도 보지 않는다. 그 둘이 상호의존적이어서, 느낌이 생각을 일으키기도 하고 다시 생각이 느낌을 불러일으키기도 한다고 본다. 『맛지마니까야』, 「마두핀다카경」은 우선 느낌이 생각을 일으키는 것을 촉·수·상·사의 연결고리로 설명한다.

> 촉을 인연하여 수가 있다. 자신이 느낀 것을 자신이 지각한다. 자신이 지각한 것을 자신이 사유한다.

촉(觸, phassa) → 수(受, vedanā) → 상(想, saññā) → 사(思, vitakka)

자아와 세계와의 부딪침인 촉觸으로부터 감정적 느낌 수受가 일어나고, 그 느낌으로 인해 표상적 지각 상想과 개념적 사유 사思가 일어난다는 것이다. 상想은 지각, 사思는 사유를 의미하며, 이 둘은 광의의 생각에 포함된다. 결국 느낌이 생각을 규정하는 것이다. 그런데 이러한 인연의 연기고리는 단선적으로 진행되어 사思로 그치는 것이 아니라 계속 이어져서 결국은 다시 처음으로 복귀한다. 방금 인용한 문장의 전후는 다음과 같다.

> 안과 색을 인연하여 안식이 일어난다. 이 세 개의 화합이 촉이다.(촉을 인연하여 수가 있다. 자신이 느낀 것을 자신이 지각한다. 자신이 지각한 것을 자신이 사유한다.) 자신이 사유한 것을 자신이 망상한다. ①자신이 망상한 것에 의존하여 망상-상-수數가 일어나고, ②이

것은 과거 현재 미래에 걸쳐 색과 안식에 대해 그 사람을 구속하고
제한한다.[3]

근·경·식 3사 화합의 촉을 연하여 느낌이 일어나고, 그 느낌을
연하여 지각(상)과 사유(사)의 생각이 일어나는데, 생각은 그냥 단일
한 생각으로 그치지 않고 여러 생각이 서로 연결되면서 확장된 생각이
된다. 이 확장된 생각을 망상(빠빤차, papañca)이라고 하는데, 망상은
다시 ①지각과 사유를 일으키기도 하고, ②색(근과 경)과 식을 제한하
여 그로 인해 일어나는 촉과 수를 규정하기도 한다. 이렇게 보면
느낌이 생각을 규정할 뿐 아니라, 확장된 생각인 망상이 ①다른 생각을
규정하기도 하고, ②근·경·식의 존재를 규정함으로써 느낌을 일으키
기도 한다. 이와 같이 마지막 항이 다시 처음의 항을 규정하는 순환을
이루며, 결국 느낌과 생각은 서로가 서로를 규정하는 순환 속에 있다.
이러한 순환적 상호규정은 12지 연기고리에서도 확인된다.

> → 무명→ 행→ 식→ 명색→ 육입처→ 촉→ 수→ 애→ 취→ 유→ 생→ 노사→

---

3 여기서 망상과 상 다음의 수數는 사思를 구성하는 개념들을 의미한다고 본다.

무명에서 지은 업(행)이 식과 명색, 촉과 수受를 이끌어오지만, 그 무명은 수에서 비롯되는 애와 취의 업 지음이 존재 유有를 형성하여 생·노사로 이어지면서 낳은 무명이다. 이와 같이 느낌에서 애·취의 업으로 나아가지만 그 업이 다시 무명을 통해 육입처를 낳고 촉과 수를 규정하는 순환이 일어난다.[4]

확장된 생각인 망상이 어떻게 지각과 사고를 규정하며 나아가 근·경·식을 제한하여 촉과 느낌까지도 제한할 수 있는 것일까? 느낌에서 비롯되는 애와 취의 업 지음이 어떻게 생·노사를 넘어 무명으로서 식과 명색, 촉과 수를 이끌어오는 것일까?

2) 유식의 해명: 종자의 훈습과 현행

현상적으로 보면 자아와 세계와의 부딪침인 촉을 통해 느낌이 일어나고, 다시 그러한 느낌으로부터 생각이 일어난다. 그런데 인지와 느낌 및 근·경·식이 모두 확장된 생각인 망상(빠빤챠)에 의해 제한된다는 것은 곧 느낌도 생각을 떠나 있지 않고 생각에 의해 촉발되며, 나아가 느낌을 불러일으키는 자아와 세계 또한 생각을 떠난 존재가 아니라는 것을 말해준다. 어떻게 자아와 세계가 부풀려진 생각, 확장된 생각인 망상에 의해 제한되는 것일까?

생각은 근·경·식 3사 화합의 촉과 느낌으로부터 일어나지만, 그 생각이 거듭 반복되면서 다른 생각들과 결합하여 하나의 고정된 정보

---

4 순환은 한 생에서의 순환이기도 하고, 12지 연기에서 보이듯이 여러 생을 통해 형성되는 순환이기도 하다. 개체 발생이 종의 발생을 반복한다는 점에서 보면, 둘은 실제로 별개의 것이 아니다.

체계를 이루면, 우리는 그 틀에 따라 세계를 보고 듣게 되며, 따라서 우리가 보고 듣는 세계 또한 그 틀에 따라 나타나게 된다. 생각을 통해 흡인된 정보가 무한히 축적되면 그 정보의 힘에 의해 인지능력인 근根이 형성되고, 동시에 그 근에 상응하는 인식대상인 경境이 형성되는 것이다. 이와 같이 근과 경, 자아와 세계는 확장된 생각인 망상에 의해 생겨난다. 우리는 이런 예를 주변에서 찾아볼 수 있다. ①동굴 속 박쥐가 보지 않기에 안근(눈)이 퇴화하였다는 것은 곧 안근은 보려는 활동 및 보는 활동을 통해 진화한 것임을 말해준다. 그리고 색경은 안근을 가진 자에게만 존재하는 세계이다. ②소리를 많이 들어야 귀명창이 되고, 와인 맛을 많이 감별해봐야 소믈리에가 되는 것도 근은 업의 축적에 의해 형성된다는 것을 말해준다. ③게슈탈트 심리학이 강조하는바 같은 그림을 놓고 누구는 토끼 귀를 보고 누구는 오리 부리를 보는 것, 누구는 컵을 보고 누구는 마주한 두 얼굴을 보는 것도 보는 자의 머리에 어떤 개념이 들어 있느냐에 의해 결정되는 것이다. 결국 ④인식능력인 근根은 곧 경험을 통해 발달한 뇌신경 세포들이 서로 시냅스로 연결되어 형성된 특정한 신경망을 뜻한다고 볼 수 있다. 그리고 대상세계 경境은 각 생명체의 신경망(근)에 상응하는 모습으로 드러나는 현상인 가유假有에 불과하다. 이처럼 근과 경은 각각 그 자체로 본래부터 존재하는 것이 아니라 표층식의 활동인 느낌과 생각과 그 생각의 확장(망상)을 통해 형성되는 것이다. 그래서 망상이 근·경·식을 제한한다고 말한다. 수·상·사로부터 망상이 나오고, 망상으로부터 다시 근·경·식이 나온다고 할 수 있다.

유식불교는 이러한 순환과정을 종자의 훈습과 현행으로 설명한다.

대상의식인 제6의식과 자아의식인 제7말나식이 아애와 아집에 따라
활동하는 것을 업業이라고 하는데, 업은 반드시 결과(보)를 발휘할
힘인 기운, 에너지를 남긴다. 업이 남긴 힘인 업력業力이 곧 종자種子이
며, 종자는 정보 내지 개념으로 심층 마음에 함장되는데, 종자를 함장하
는 심층식을 유식불교는 '제8아뢰야식阿賴耶識'이라고 부른다. 표층식
이 아뢰야식에 종자를 남기는 것을 '훈습薰習'이라고 하고, 훈습되어
있던 종자가 적절한 인연이 갖추어지면 다시 구체화되어 현상으로
드러나는 것을 '현행現行'이라고 한다. 유식은 개별적 자아인 '근을
가진 몸', 유근신有根身과 공통의 세계, 기세간器世間이 모두 아뢰야식
내 종자의 현행 결과라고 설명한다. 아뢰야식에 담겨 있는 종자는
업으로 인해 축적된 에너지로서 유근신과 기세간을 형성하는데, 불공
업不共業으로 인한 불공종자는 개별적 유근신을 형성하고, 공업으로
인한 공종자는 공통의 기세간을 형성한다. 이와 같이 자아와 세계는
표층식이 아뢰야식에 남겨 놓았던 종자가 현행화한 것, 심층 마음
안의 정보가 구체화된 결과물이다. 확장된 생각인 망상이 근·경·식을
제한한다는 것은 곧 표층식의 업으로부터 훈습된 종자(유루종자)가
자아와 세계로 변현한다는 것을 의미한다.

분별적 생각   유근신과 기세간 + 분별적 생각
↓〈훈습〉   ↑〈현행〉
종자 → 종자 → …… (망상) …… → 종자 → 종자

종자와 현행의 관계는 나무의 열매로부터 떨어진 씨앗과 그 씨앗으
로부터 자라난 전체 나무와의 관계로 이해할 수 있다. 현상적으로

보면 나무 전체 중의 일부인 한 송이 꽃으로부터 씨앗이 떨어지지만, 그 나무 전체도 돌이켜보면 한 알의 씨앗으로부터 형성된 결과물이다. 씨앗은 전체를 만들고, 그 전체 안의 일부가 다시 씨앗이 되어 또 전체를 만든다. 그런 식으로 각각 중생의 아뢰야식(종자식)이 우주 전체(기세간)를 만들고, 그 우주 전체 안의 일부인 자아(유근신)가 업을 지어 또 종자를 남기고, 그 종자식이 다시 또 전체의 기세간을 만든다.

이처럼 느낌이 생각을 낳고, 그 생각이 망상을 낳으며, 그 망상이 근·경·식을 규정하고, 그 근·경·식으로부터 촉이 생기고, 촉으로부터 느낌이 생긴다. 느낌으로부터 애·취가 일어나고, 그 애·취로부터 생·노사가 일어나며, 그 생·노사의 무명으로부터 육입처가 형성되고, 그로부터 느낌이 일어난다. 이렇게 생각은 우리를 윤회의 수레바퀴 속에 가둬 끝없이 반복하게 하는 동력이다.

3) 표층의식의 생각과 심층 마음의 생각

근·경·식 3사 화합의 촉으로부터 일어나는 느낌과 그 느낌으로부터 일어나는 생각은 우리의 일상의식이 쉽게 포착할 수 있는 심리활동이다. 반면 그러한 지각이나 사유로부터 번져나간 확산된 생각인 망상, 생각으로부터 아뢰야식 안에 축적된 종자, 반복적 경험을 통해 형성된 정보체계, 이런 것들은 우리의 일상의식에는 드러나지 않는 감추어진 내용들이다. 마치 종자를 남기는 나무 전체의 잎과 꽃은 눈에 보이지만, 그 나무 전체를 만드는 뿌리는 땅 아래 감추어져 드러나지 않는 것과 같다.

생각으로 축적된 종자의 흐름인 정보체계로부터 자아(유근신)와 세계(기세간)가 형성된다. 그렇게 각자의 심층 마음(아뢰야식)에는 표층의 유근신과 기세간을 형성하는 종자 에너지가 담겨 있다. 각각의 중생의 마음은 우주 전체를 품고 있는 소우주이며, 이 점에서 '일즉다一 卽多 다즉일多卽一'이 성립한다. 표층 각각의 꽃이 뿌리에서 하나이듯이, 표층 자아의식보다 더 깊은 심층 마음은 서로 다르지 않은 하나이며, 자타분별을 넘어선 불이不二의 전체이다.

그렇지만 우리의 일상의식은 심층 마음을 알아차리지 못하고, 따라서 마음의 전체 구조를 알지 못해 그 불이의 전체 마음에 머무르지 못하고, 늘 자신을 표층에 드러나는 전체의 일부분으로만 안다. 따라서 표층에 형성된 자아와 세계를 각각 별개의 개별적 실체, 주관적 실체(개별적 영혼)와 객관적 실체(물리적 실체)로 간주한다. 나와 세계, 나와 너의 분별은 '나는 나다'라는 아집我執과 '세계는 내 밖의 객관 실재'라는 법집法執에 기반한 것이다. 아집·법집의 집착에 근거해서 표층의 분별적 생각이 일어난다.

여기서 우리는 생각의 두 차원을 구분할 수 있다. ① 하나는 근과 경, 자아와 세계를 그 각각의 실체로 전제해 놓고 그 위에서 진행되는 분별적 생각이고, ② 다른 하나는 그러한 근과 경, 자아와 세계를 형성해내는 생각이다. ① 하나는 아뢰야식에다 종자를 남기는 생각, 훈습하는 생각이고, ② 다른 하나는 그렇게 축적된 종자 흐름으로 진행되는 확장된 생각, 현상으로 현행화하는 생각이다. ① 하나는 표층의식의 생각, 인지적 생각이고, ② 다른 하나는 심층 마음의 생각, 존재 구성적 생각이다.

분별적 생각 　　　　　　유근신 + 기세간: 분별적 생각 - ①표층의 생각
　↓〈훈습〉　　　　　　　　　 ↑〈현행〉
종자 - 심층의 확장된 생각 = 망상 - 종자　　　　　　 - ②심층의 생각

그런데 표층의 분별적 생각과 심층의 존재 구성적 생각은 서로 순환적이다. 표층의식의 생각이 아집과 법집, 탐·진·치의 번뇌에 물들어 나와 너, 나와 세계를 이원적으로 분별하면 할수록 더 많은 분별의 번뇌 종자가 심층 마음에 남겨지게 된다. 그리고 심층 마음에 번뇌의 종자가 많이 쌓이면 쌓일수록 심층 마음의 생각도 번뇌에 물들어 결국 번뇌에 물든 자아와 세계를 생성하게 된다. 훈습된 번뇌종자가 남아 있는 한, 유근신과 기세간을 형성하는 심층 아뢰야식 또한 번뇌식일 수밖에 없으며, 그로부터 일어나는 '나는 나다'의 본능적 아집의 식, 제7말나식 또한 번뇌식일 수밖에 없다.

4. 생각을 둘러싼 수행법

1) 정사유: 바른 생각으로 삿된 생각 넘어서기

불교의 수행이 탐·진·치에 물든 번뇌적 생각을 넘어서고자 하는 한, 극복되어야 할 생각에는 우리 표층의식에 쉽게 드러나는 제6의식의 분별적 생각뿐 아니라, 그런 자타분별을 야기하는 본능적 아집의 식인 제7말나식의 사량思量, 그리고 그보다 더 깊이 가려져 있는 제8아뢰야식의 망상까지도 모두 포함된다.

그렇지만 수행의 출발점은 우리의 표층의식인 제6의식일 수밖에 없다. 종자의 훈습과 현행으로 이어지는 순환, 생각과 망상의 순환에서

그 순환고리를 끊는 출발지점이 바로 사려분별 작용이 시작되는 식, 분별적 종자를 남기는 식, 그리고 표층에 가장 명료하게 드러나는 식이어야 하는데, 그 식이 바로 제6의식이기 때문이다. 자타분별, 주객분별 등 분별을 행하는 식이 의식인 만큼 그런 분별이 망분별임을 알아차리는 식 또한 의식이다. 일상의 분별이 망분별임을 아는 바른 생각, 의식의 정사유(正思惟, sammā-saṅkappa)가 수행의 출발점이 된다.

우리의 일상적 자타분별 내지 주객분별이 근거 있는 타당한 분별이 아니라는 것, 우주 만물은 개별적 실체로 존재하는 것이 아니라 서로 연결되어 있는 연기적 존재라는 것, 자아와 세계는 업의 산물이며 심층 아뢰야식 내 종자의 변현이라는 것, 이런 것들을 깊이 생각하는 것이 정사유이다. 정사유로써 허망한 분별적 생각, 치우친 생각, 집착적 생각 등 삿된 생각을 넘어서게 된다. 정사유는 생각으로 생각을 넘어서는 것, 바른 생각으로써 삿된 생각을 넘어서는 것이라고 할 수 있다.

그러나 정사유라고 하더라도 그것은 어디까지나 의식상의 개념적 생각이며 따라서 표층의식 차원의 깨달음, 상사각相似覺일 뿐이다. 의식 차원에서 일어나는 견도見道의 깨달음이고, 선정수행으로서는 심(尋, vitakka)과 사(伺, vicāra)에 머무르는 초선初禪에 해당한다. 사교입선捨敎入禪을 지향하는 선종에서 볼 때 교敎의 깨달음이고, 신해행증信解行證의 해解인 해오解悟에 해당한다. 견도 넘어 수도修道로, 초선 넘어 2·3·4선으로, 교敎 넘어 선禪으로, 해오 넘어 증오證悟로, 궁극의 구경각究竟覺으로 나아가고자 하면, 의식 차원에서의 생각뿐 아니라 그보다 더 깊은 차원의 번뇌적 생각까지도 모두 극복해야 한다. 생각 너머의 수행이 요구되는 것이다.

2) 위빠사나: 여기 지금을 알아차리기

의식에 드러나는 분별적 생각보다 더 깊은 차원의 번뇌를 극복하고자 하면 의식의 개념적 차원, 추상적이고 일반적인 생각에만 머물러 있어서는 안 된다. 생각의 추상성과 일반성을 넘어 구체성과 개별성에 주목하는 것이 필요하다. 구체적이고 개별적인 것, 지금 여기에 현재적으로 주어지는 것에 주목하는 수행이 바로 정념正念인 사띠(sati) 수행, 위빠사나(vipasana) 수행이다.

정념 수행에서는 여기 지금 내게 일어나는 것, 호흡이나 신체감각 또는 느낌에 주목한다. 우리는 일상적으로 안·이·비·설·신 5감각기관의 몸을 가지고 세계를 보고 들으며 감각하지만, 그렇게 감각하는 몸 자체를 알아차리지 못한 채 주어진 감각자료를 추상적 개념의 생각으로 덧씌워서 알아갈 뿐이다. 현재에 주목한다는 것은 곧 추상적 생각의 흐름에 이끌려가지 않는 것, 현재 주어진 개별적 사태에 주목하는 것을 의미한다. 그러기 위해 지금 내 코로 들어오고 나가는 숨에 주목하거나, 통증이나 미세한 진동이 느껴지는 머리나 어깨 등 신체감각에 주목한다. 또는 생각에 앞서 내 마음속에서 현재 일어나고 있는 미세한 느낌이나 숨은 의도 등에 주목한다.

이처럼 현재에 주목하는 것은 생각이 망상으로 이어지는 순환고리를 따라가지 않기 위해서이다. 정사유로써 의식 차원에서 생각을 바꾸어도 심층의 번뇌적 생각은 그대로 남아 있다.[5] 그렇게 남아 있는 심층의

번뇌 흐름에 이끌리지 않기 위해서는 의식상의 개념적 생각보다 더
깊은 지점을 건드려야 하며, 따라서 의식이 일상적인 의식의 문턱
아래로 내려가야 한다. 그러기 위해 여기 지금 일어나는 것에 주목하고
그것을 알아차리고자 하는 것이다.

이러한 불교의 사띠 수행을 활용하여 서양의 존 카밧진이 개발한
심리치료가 바로 '알아차림에 근거한 스트레스 감소법(MBSR: Mind-
fullness Based Stress Reduction)'의 '명상치료'이다.[6] '알아차림'이 바

---

5 의식 차원의 분별적 생각을 멈추어도 심층의 번뇌는 남는다. 명상이나 멍 때림과
　같이 의식 차원의 인지모드를 모두 멈춘 상태인 디폴트모드에서 일상의 의식
　방식을 넘어서는 창조적 사고나 완전한 휴식이 일어난다고 하지만, 사실은
　그 상태에서도 심층 마음의 집착이나 번뇌는 여전히 남아 있으며, 의식의 제약을
　벗어남으로써 오히려 더 깊은 번뇌에 빠져들 수도 있다. 수행에서 마장魔障에
　든다 함이 이런 경우일 것이다.

6 카밧진의 명상치료는 그 이전의 인지치료의 한계를 극복하고자 제시된 것이다.
　인지치료는 우울한 감정이 부정적 생각에서 비롯된다고 보아 생각을 수정함으로
　써 우울한 감정을 치료하려고 하였지만, 실제로 환자가 자신의 우울한 감정의
　근거로 부정적 생각을 확인한다고 해서 그러한 생각과 그에 근거한 감정이
　쉽사리 사라지거나 개선되는 것은 아니다. 오히려 자신 안의 부정적 생각을
　확인함으로써 그러한 생각이 더욱 더 증폭되는 역효과가 일어나기도 하고,
　부정적 생각으로부터 일어난 우울한 감정이 거꾸로 자신 안의 부정적 생각을
　더욱 강화시킬 수도 있기 때문이다. 결국 우울한 감정의 근거가 되는 부정적
　생각에 대해 스스로 생각하면 할수록 오히려 더 우울한 감정에 빠져들 수 있으며,
　우울한 감정과 부정적 사고의 순환구조 속에 마치 늪에 빠지듯 더 깊이 끌려들어갈
　수 있는 것이다. 명상치료는 이러한 인지치료의 한계를 극복하고자 개발되었다.
　인지치료가 표층적 감정의 기저에 깔린 기본 생각에 주목하는 것이라면, 명상치
　료는 생각과 느낌이 서로 순환관계에 있음을 알아 그 순환 고리를 끊고자 여기

로 불교의 염(sati)에 해당한다. 명상치료는 개념적 사유를 따라가는 일상적 의식 차원, 생각의 차원에 머무르지 않고 지금 여기에서 일어나고 있는 호흡이나 신체나 느낌 등을 내적으로 주시하여 알아차리는 수행법이다. 심신 상태를 내적으로 자각하지 못하면 무의식적 자동조종장치에 이끌려 스트레스성 질환으로 나아가게 되지만, 자신의 심신 상태, 신체나 느낌 등을 있는 그대로 알아차리면 그것에 대한 통제력을 갖게 된다.[7]

이처럼 사띠 수행은 추상적 개념과 망상에 이끌려가는 생각의 흐름을 멈추고 구체적이고 개별적인 존재의 실상을 알아차리고자 하며, 그러기 위해 여기 지금의 어떤 것, 하나의 대상, 일물—物을 세우고 그 하나에 주목한다. 그렇게 하여 생각의 순환, 윤회의 흐름을 벗어나려는 것이다. 그러나 생각의 흐름을 멈추고자 생각 밖의 일물에 주목하여 거기 머물러 있는 한, 그 일물마저도 사라진 경지, 일체의 망상과 일체의 번뇌가 멸한 경지, 빈 마음의 경지에 이르기는 어렵다. 아공·법공이 체화된 공의 마음. 빈 마음을 자신의 마음으로 자각하기 위해서는 또 다른 수행이 요구된다.

3) 간화선법: 망상 너머로 나아가기

불교가 지향하는 것은 일체의 집착과 탐·진·치의 번뇌 망상을 넘어서는 것, 생각의 순환과 윤회의 수레바퀴를 벗어나는 것이다. 그렇다고

지금의 심신 상태를 있는 그대로 알아차리고자 하는 것이다.

7 결국 수행이 깊어지면 자율신경계를 마음대로 조절할 수 있는 경지도 가능할 것이다.

그것이 단지 일체가 멸한 적멸에 빠져드는 것을 의미하는 것은 아니다. 윤회를 벗어 열반에 드는 것이 단지 적멸을 의미한다면, 그것은 곧 악취공에 빠지는 단멸론이며, 그 경우 수행이 갖는 긍정적 의미는 찾을 수 없게 된다. 수행은 수행을 거쳐 도달되는 상태가 수행자의 마음의 경지일 경우에만 수행으로서의 의미를 갖는다. 번뇌의 소멸인 적멸, 열반, 니르바나는 그 적멸 상태의 마음, 공空의 마음의 경지여야 하는 것이다. 이 공의 마음, 빈 마음을 자신의 본래 마음, 본심 내지 진심으로 자각하는 것이 불교의 궁극 지향점이라고 할 수 있다.

빈 병은 병이 없는 것이 아니라 병 안에 다른 내용물이 없는 것이듯이, 빈 마음은 마음이 없는 것이 아니라 마음 안에 번뇌 망상이 없는 것이다. 정말로 빈 마음이 되자면 표층의식 차원의 생각뿐 아니라, 심층 마음의 번뇌 망상까지도 모두 비워야 할 것이다. 그렇게 마음을 비워가는 수행법을 '무심법無心法'이라고 한다. 마음 깊이 감추어져 있는 탐·진·치의 번뇌까지 비워나가는 것이다. 마음의 내용을 모두 비워 적적寂寂을 유지하면서도 잠들지 않고 성성惺惺하게 깨어 적적과 성성을 함께 유지하는 '적성등지법'도 무심의 상태로 나아가기 위한 것이다.

그런데 병은 온갖 내용물을 다 담고 있어도 그 자체는 본래 그 안의 내용물에 의해 물들지 않는 빈 병이다. 그렇듯 마음은 본래 그 안에 온갖 번뇌 망상을 갖고 있어도 그 자체는 번뇌에 물들지 않는 빈 마음인 것이다. 언제나 거기 그렇게 있는 그 빈 마음을 자신의 본래 마음으로 자각하기 위한 수행법이 간화선법이다.[8] 자신을 일체 번뇌 망상 너머의 빈 마음으로 자각하기 위해 선불교가 취하는 방법은 화두話頭를 드는 것이다. '이뭐꼬', '무無', '뜰 앞의 잣나무' 등 논리적 또는 개념적으로 그 의미를 풀어낼 수 없는 개념이 '화두'이다. 화두는 마음을 의심 하나로 몰고 가기 위해 던져놓는 낚싯밥 같은 것이다.

우리의 일상적 사유는 심층 마음에 축적된 확장된 생각, 번뇌 망상, 개념의 연결망, 정보체계 또는 두뇌신경망을 따라 진행된다. 우리는 개념의 연결망, 두뇌신경망을 따라 사유하고 판단하며 그 틀 안에서 살아간다. 반면 간화선은 그 개념체계 너머로 나아가고자 하며, 이를 위해 화두를 사용한다. 화두는 논리적으로 해명되지 않는 개념이기에 일단 의심이 일어난다. 화두가 불러일으키는 의심에만 몰두하다보면 의심은 생각 아닌 감정 차원의 의정疑情이 되고, 다시 그 의정이 뭉쳐 더 이상 해체될 수 없는 의심덩어리, 의단疑團이 된다. 의단은 개념체계를 뚫고 나가고자 하는 불가항력적 힘이며, 이때 비로소 우리 심층 마음의 개념체계, 확장된 생각인 번뇌 망상이 우리의 출입을 가로막는 철통같은 벽, 은산철벽銀山鐵壁으로 등장한다. 의단이 그 은산철벽에 부딪치면 수행자는 진퇴양난의 고통에 시달리지만, 그 고통을 감내하며 의단으로 밀어붙이면 어느 순간 철벽은 무너져 내린다. 이것을 화두 타파打破라고 한다. 화두 의심의 힘으로 은산철벽이 무너질 수 있는 것은 은산철벽 자체가 생각으로 만들어진 망상의 벽, 생각의 벽이기 때문이다. 그렇게 수행자는 번뇌 망상의 벽 너머로 나아가 스스로를 빈 마음으로 자각하게 된다.

빈 마음은 표층의식의 분별적 생각과 심층마음의 번뇌 망상을 모두

---

8 그래서 선에서는 닦아서 비로소 부처가 되는 것이 아니라, 중생이 본래 부처라는 것을 강조한다.

포괄하되, 그런 번뇌 망상에 물들지 않고 깨어 있는 마음, 일체 번뇌가 번뇌임을 알고, 일체 망상이 망상임을 아는 마음이다. 우리가 자아와 세계라고 집착하는 것들이 모두 인연화합의 산물이라는 것, 인무아人無我와 법무아法無我를 아는 마음이다. '모든 것은 상대적이다'라는 말이 그 자체는 상대적일 수 없듯이, 그리고 '모든 것은 변화한다'라는 말이 그 자체는 변화하는 것일 수 없듯이, 일체를 무상·고·무아로 알아차리는 그 마음 자체는 무상·고·무아를 넘어선 마음, 일체 번뇌 망상을 넘어선 마음이다. 윤회를 벗어 해탈하고자 하는 모든 중생 안의 본래 마음이 바로 이 빈 마음인 것이다. 우리는 생각하는 존재, 망상의 존재이지만 동시에 생각 너머, 망상 너머의 빈 마음이다.

5. 이 책의 전개

이 책은 생각의 문제를 다룬다. 생각이 과연 우리가 인간답게 살아가기 위해 계속 키워나가야 할 것인지, 아니면 거둬들여야 할 것인지를 밝혀보려는 것이다. 이를 위해 초기불교(이필원)와 선불교(오용석), 서양철학(박찬국)과 자연과학(김성구), 그리고 심리학(성승연) 분야 의 전공자로부터 그 각 분야에서 생각의 문제가 어떻게 다뤄지고 있는지를 살펴본다.

「생각의 이중성, 수행을 통한 통합이 가능한가: 니까야를 중심으로」 라는 제목 아래 초기불교 분야에서의 생각의 문제를 다루는 이필원은 우선 초기경전 니까야에서 '생각'이 얼마나 다양한 개념으로 논의되고 있는지를 '생각'에 해당하는 여러 용어의 용례를 들어 설명한다. 그중에서 특히 상(想, saññā)과 사(思, vitakka), 사유(saṅkappa)와 기억 (anussati)을 불교 수행론의 문맥에서 상세히 해명한다. 그는 초기불교에서는 생각이 여실지견을 가로막기에 생각을 제어 및 지멸의 대상으로 간주하였으며, 무아無我에 입각해서 '내가 생각한다'는 망상을 벗어날 것을 강조하였다고 논한다.

선불교에서의 생각의 문제를 논하는 오용석은 「'병 속의 새'는 어떻게 자유를 꿈꾸는가?: 선불교의 '생각'에 대한 인문적 탐색」에서 생각은 일종의 망상이며, 새를 가둔 병 또한 생각이 빚어낸 망상에 불과하다고 말한다. 마음도 세계도, 새도 병도 모두 실체적으로 존재하는 것이 아니라 생각이 그려낸 망상이라는 것을 깨닫는 순간, 새는 이미 자유롭다. 그러므로 생각은 버리거나 키우거나 하기 전에 그 자체가 이미 실체가 없다는 것을 깨닫는 것이 중요하다고 논한다. 선불교가 지향하는 것은 생각의 실체 없음을 깨닫고 생각의 틀을 깨고 나와 생각과 실천을 통합하는 삶이라고 역설한다.

이상 두 글이 '생각'에 대한 불교의 이해와 그 대처방식을 논한 것이라면, 이어지는 세 번째 글은 서양철학 분야에서의 '생각'의 문제를 다룬다. 박찬국은 「어떻게 생각의 주인이 될 것인가?: 서양철학에서 본 생각」이란 제목의 글에서 서양철학자들은 인간을 '이성적 존재'로 규정하고, 이성을 '생각하는 능력'으로 간주하였으며, 따라서 스스로 생각의 주인으로서 매 순간 바르게 생각하고 바르게 판단하는 것을 중요하게 여겨 왔다고 말한다. 특히 이성의 바른 성찰을 위해 그것을 가로막는 이기적 욕망이나 그릇된 시대적·사회적 통념의 극복을 중요시해 왔다는 것을 논한다.

현대 자연과학 분야에서의 생각을 불교의 선수행과 연관하여 논하는 김성구는 「정보처리적 관점에서 본 선과 생각」이란 글에서 자연과학이 생명, 마음, 의식, 정서를 어떻게 정의하는지를 논하면서 생각을 '이성적 사유'로 규정한 후, 불교에서의 생각을 상(想, saññā), 희론(戲論, papañca), 의도(意圖, cetanā)를 가지고 설명한다. '생각'은 인지과학적 관점에서 보면 '정보를 처리함'인 데 반해, '선禪'은 오히려 '정보를 처리하지 않음'이므로, 선과 생각은 이중성 내지 상보성을 이룬다고 보며, 그러한 선과 생각의 이중성에 입각한 중도의 원리를 강조한다.

이 책의 마지막 글은 심리학 분야에서의 '생각'의 문제를 다룬다. 「생각, 나를 살게 하는 길은 있는가」라는 제목의 글에서 성승연은 우리의 삶 자체가 끊임없는 생각의 과정이며, 인간의 행복과 불행을 결정짓는 것 또한 바로 생각이라는 것을 강조한다. 그는 심리학에서 생각을 어떻게 규정하는지, 생각을 가능하게 하는 요소가 무엇인지를 설명한 후, 생각에 관한 대표적인 치료적 관점 몇 가지를 소개한다. 그리고 상담심리의 구체적인 한 사례를 들어 생각이 우리의 삶을 어떤 방식으로 한계 짓고 있는지를 자세히 보여준다. 그는 우리의 삶을 구속하는 고통스럽고 불건강한 생각으로부터 유익하고 건강한 생각으로 전환하기 위해서는 생각의 '내용'보다 생각의 '방식'에 유의하는 것이 필요하다고 보며, 우리 모두가 조건화를 벗어난 생각, 열린 생각, 모두를 위한 생각으로 나아갈 것을 제안한다.

이상 다섯 분야에 걸쳐 생각의 의미와 생각의 범위, 생각의 힘과 그 한계를 논하는 이 책을 통해 독자들이 이들 생각에 관한 생각을 생각으로 이해하고, 또 생각 너머 삶에서 실천할 수 있기를 희망한다.

자연과학에서의 생각 | 정보처리적 관점에서 본 선과 생각 　　　김성구 · 243

심리학에서의 생각 | 생각, 나를 살게 하는 길은 있는가 　　　성승연 · 331

생각의 이중성, 수행을 통한 통합이 가능한가

- 니까야를 중심으로 -

이필원(동국대학교 경주캠퍼스 파라미타칼리지 교수)

초기불교에서 '생각'과 관련된 용례들을 보면 그 내용이 매우 다양함을 알 수 있다. 생각이라는 동일한 번역어를 쓴다고 해도, 그것이 함의하고 지시하는 바는 서로 다르다. 본고에서는 니까야 속에 등장하는 용례를 중심으로 '생각'을 나타내는 단어들을 조사했다. 그리고 단어들 가운데 일반용법의 경우를 배제하고, 꾸살라(kusala, 善)와 아꾸살라(aku-sala, 不善)의 두 측면으로 구분될 수 있는 단어와 수행과 직접적인 관련이 있는 단어를 선별했다. 그 결과 4개의 단어, 즉 산냐(saññā, 想), 위딱까(vitakka, 尋), 상깝빠(saṅkappa, 思惟), 아누사띠(anussati/anussarati, 隨念)를 중심으로 생각의 이중적 특성을 살펴보았고, 그를 수행론의 입장에서 정리하였다.

초기불교에서 바라보는 '생각'에 대한 입장은 기본적으로 지양해야 할 것, 혹은 지멸해야 할 것이다. 생각이란 대상을 있는 그대로 바라보는 여실지견이 아닌, 자신의 경험과 선입견, 그리고 욕망 등에 의해 물들여진 것이다. 그렇기에 대상에 대한 여실지견을 가로막는 장애로서 기능한다.

결국 생각이란 소극적으로는 통제되어야 하고, 적극적으로는 지멸시켜야 하는 것이다. 이른바 '생각없는 상태'인데, 이는 멍한 상태가 아니라 '내가 생각한다'라는 망상으로부터의 완전한 탈피라고 할 수 있다. 그렇기 때문에 '내가 생각을 지멸시킨다'는 것 또한 성립하지 않는다. 생각을 단순히 선한 생각과 악한 생각으로 구분하는 단선적 구조에서, 이 둘을 초월해 생각이 끊어진 자리로 나아가는 것이 수행이며, 그것이 '무아'로 온전히 통합되어야 한다.

---

1. 생각에서 문제 찾기

"나는 생각한다. 고로 나는 존재한다"라는 데카르트의 말은 너무나도 유명한 말이다. 이 말만큼 인간의 특징을 잘 표현한 언명도 드물 것이다. 그래서인지 지금도 이 말은 너무나 자주 회자된다. 여기서 핵심은 '생각한다'라는 말이다. 생각하는 것이 곧 존재증명이란 의미일 것이다. 내가 존재하는 것을 어떻게 증명하는가? 생각하는 행위를 통해서 증명할 수 있다는 의미일 것이다.

그럼 생각한다는 것은 무슨 의미일까? 생각한다는 것과 의식한다는 것은 어떤 차이가 있는 것인가, 같은 의미인가? 나아가 마음과 생각은 어떤 관계인가? 이 둘은 같은 것인가, 다른 것인가? '생각-의식-마음'의 세 가지는 차이 없이 사용되기도 한다. 하지만 이들은 과연 차이 없는 같은 동의어인가는 '생각해볼' 일이다.

그 외에도 생각해볼 것이 있다. 하나는 '언어'의 문제이다. 생각과 언어의 관계는 어떨까? 다른 하나는 '감정'의 문제이다. 감정과 생각은 어떤 관계일까? 또 생각과 기억은 어떻게 다른가? '앎', 즉 '안다는 것'과 '생각하는 것'은 같은 것인가, 다른 것인가? 이렇게 보면 '생각'이란 하나의 단어를 이해하기 위해서는 그와 관련된 것들에 대한 이해도 필요하다. 즉 생각이란 하나의 단일사태가 아니라, 다양한 어떤 것들과의 관계성 속에서 그 의미가 드러난다고 하겠다.

그럼, 불교에서 범위를 좀 더 좁혀서 '초기불교'에서는 생각을 어떻게 정의하고 이해하고 있는가를 보자. 초기경전 속에서 '생각'과 관련된 용례를 확인하는 것은 그리 어려운 일은 아니다. 하지만 우리들의 일상 언어용법과 같은 '생각'의 용례는 큰 의미는 없다. '~을 어떻게 생각하는가?' 혹은 '나는 이것을 ~하다고 생각한다'와 같은 것이 그 대표적인 용법일 것이다. 그런데 이러한 일상 언어용법을 넘어선 것으로서, 즉 생각이 갖는 위상을 다루어야 할 것이다. 우리가 대상을 접하고, 인식하고, 그것에 반응하는 과정을 인식론이란 말로 표현한다면, 인식론의 관점에서 생각의 위상은 무엇인가가 다루어져야 한다. 초기불교에서 이러한 '생각의 위상'을 드러내주는 내용에 주목하고자 한다.

주지하듯이, 초기불교에서는 인식론과 관련된 다양한 교설들이 소개되고 있다. 앞으로 다루어질 내용이지만, "접촉(phassa) → 느낌 (vedanā) → 인지(saññā) → 사고(vitakka) → 개념의 확산(papañca)" 이라고 하는 일련의 과정에서 우리는 '생각'의 위상과 작용에 대해서 논의할 수 있을 것이다. 여기에서 saññā와 vitakka를 각각 어떻게 이해할 것인가도 역시 '생각'을 살펴보는 중요한 단서가 될 것이다. 또한 선정 이론에서 나오는 것으로서 vitakka와 vicara 역시 고려해야 한다. 일반적으로 이 둘은 심사尋伺라는 한역어로 잘 알려져 있는데, 이것의 기능은 분명 '생각'이라는 범주와 깊은 관련을 갖는다.

이렇듯 생각이 논의의 대상이 되는 이유는 명확하다. 생각과 사실이 같은지 다른지에 대한 관심 때문이다. 적어도 필자는 이러한 관점에서 본 논의를 진행하고자 한다. 생각이 문제가 되는 것은 내가/네가 생각하고 있는 것이 사실인지, 아니면 사실에 대한 해석/왜곡인지에 대한 것과 깊은 관련을 갖는다. 흔히 말하듯이 '그것은 너의 생각이지'라는 것은 사실이 아니란 의미이다. 우리는 하루 중 거의 대부분의 시간을 '이런저런 생각'을 하면서 지낸다. 생각하지 않고 지내는 시간이 과연 얼마나 될까. 심지어 우리는 꿈속에서도 생각을 한다. 꿈 없이 곤히 잠들었을 때, 그리고 멍한 상태에 있을 때를 제외하고 우리는 생각을 한다. 그래서인지 몰라도 우리는 생각을 떠난 어떤 상태를 상정하고, 거기에 도달하고자 노력하기도 한다. 선가에서는 말하는 생각이 끊어진 자리, 혹은 생각 이전의 자리를 말하기도 한다. 이는 생각에 대한 매우 부정적인 인식이 자리하고 있음을 짐작케 한다.

본 글에서 필자는 이상의 논의를 수행론의 입장에서 통합하고자 한다. 다양한 생각에 대한 논의를 어떤 이분법적인 관점에서 해석 혹은 이해하는 것은 큰 의미가 없을 것이다. 생각에 대한 불교적 이해는 결국 '수행론'의 입장에서 어떻게 이해될 수 있는지가 중요하다고 생각한다. 논의의 과정에서 앞서 언급한 내용을 모두 본문에서 다루지는 못할 것이다. 지면상의 관계도 있지만, 무엇보다 필자의 충분한 고민이 담보되지 못했기 때문이다. 가능한 범위에서 생각과 관련된 내용들을 풀어가도록 하겠다. 그리고 언어와 감정, 기억과의 관계도 간략하게나마 짚어볼 생각이다. 연구의 주된 방법은 빨리 니까야 속에서 확인해볼 수 있는 용어를 추출하고, 그 구체적인 용례를 통해 논의의 대상이 될 만한 주제를 선정하고, 그것을 중심으로 논의를 전개해보고자 한다.

2. 생각과 관련된 용어 및 용례

빨리 경전에서 사용되고 있는, '생각'과 관련된 용어를 먼저 살펴보는 것은 의미가 있다. 우리말에서 '생각'이 갖는 의미와 빨리 경전에서 사용되는 용어 사이에는 분명한 의미의 차이가 존재한다. 한국어의 '생각'은 그 어원이 '싱각'으로 그 출전은 『능엄경언해』이다.[1] 그 뜻은 '사물을 헤아리고 판단하는 작용', '어떤 사람이나 일 따위에 대한 기억', '어떤 일을 하려고 마음먹음' 등이다. 빨리 경전 속에서 사용되는 생각과 관련된 용어 역시 하나의 의미라기보다는 다양한 의미로 사용되고 있다. 그리고 그 단어를 통해 구체적으로 지시하고자 하는 내용 역시 다르다고 미루어 짐작해볼 수 있다. 그러면 먼저 빨리 경전 속에서 주로 '생각'이란 의미로 사용되는 단어들은 무엇이 있는지부터 살펴보도록 한다.

---

1 https://ko.dict.naver.com/detail.nhn?docid=20559300

1) 용어

빨리어는 언어학적으로 인도-유럽피언 어족에 속한다. 산스끄리뜨어와 마찬가지로 어근을 통해 그 단어의 일차적 의미를 추출해볼 수 있지만, 산스끄리뜨어와 같이 엄밀하게 어근이 강조되지는 않는다. 일단 빈번하게 생각과 관련되어 사용되는 용어를 정리해본다. 여기서는 주로『숫따니빠따(Sn)』,『상윳따니까야(SN)』를 중심으로 하여 자주 사용되는 용어를 뽑아보았다.[2] 니까야 전반을 본다고 해도 크게 달라지지는 않는다. 이 두 문헌을 중심으로 고찰한 이유는 다음과 같다.『숫따니빠따』는 운문경전 중 가장 대표적이며, 최고층 문헌이기 때문이다.『상윳따니까야』는 아함에서는『잡아함』으로 알려져 있는데, 다양한 경전을 주제별로 정리한 경전이다. 다양한 주제를 다루고 있는 만큼 용어를 뽑아내는 것이 보다 용이할 것으로 판단했다.

① √man(생각하다) : maññati(verb)
② √cint(생각하다) : cetayati(verb), anucinteti(verb)
③ √smṛ(기억하다) : anussarati(verb), anussati(noun)
④ √jñā(알다, 지각하다) : saññā(noun), ñāṇa(noun)
⑤ vitakka(noun/숙고, 생각), parivitakka(noun/숙고, 생각)
⑥ saṅkappa(saṁ-√kḷp)(noun/생각, 의도)

이상이 주로 '생각'과 관련되어 사용되는 용어들이다. 따라서 빨리

---

2 그렇다고 해서 다른 니까야의 용례가 배제되는 것은 아니다. 뒤의 용례에서 보겠지만 AN 등에서도 해당 경문을 인용했다.

경전상에서 '생각'을 나타내는 용어의 수는 6가지라고 할 수 있다. 그러며 이들 용어들이 갖는 의미를 구체적인 용례를 통해서 알아보도록 한다.

2) 용례

용례를 통해서 보다 구체적인 의미와 쓰임새에 대해서 알아보도록 하자. 용례의 순서는 위의 순서에 따른다

① √man(생각하다) :

▪ 만냐띠(maññati)[3]

ex 1) 어리석은 자는 무명에 이끌려서, 그는 그것을(몸을) 아름다운 것으로 여긴다.(생각한다)[4]

ex 2) 수시마여, 그대는 그것을 어떻게 생각하는가? 색은 항상하는 가, 아니면 무상한가?[5]

② √cint(생각하다) : cetayati(verb), anucinteti(verb)

▪ 쩨따야띠(cetayati) / 쩨떼띠(ceteti) / 찐떼띠(cinteti)

ex 1) 위대한 영웅이시여, 죽음을 극복한 분이시여, 당신의 제자가

---

3 아래 예문 이외에 SN.I, p.98(Issatthasutta), SN.I, p.109(Kinnusīhasutta) 등에서
도 maññasi의 형태를 확인할 수 있다. 그러나 이들 예문에서도 '당신은 ~ 생각합니
까?'로 사용된다. 즉 상대의 생각을 묻는 경우에 주로 사용되고 있다고 할 수
있다.

4 subhato naṃ maññatī / bālo avijjāya purakkhato //(Sn.199cd)

5 Taṃ kiṃ maññasi, susima, rūpaṃ niccaṃ vā aniccaṃ vā"ti?(SN.II, 12-70)

죽음을 바라고

생각합니다. 빛의 주인이시여, 그를 말리소서.[6]

ex 2) 이치에 맞지 않게 주의를 기울였기 때문에, 실로 그대는

이런저런 생각들로 취해 있네.

이치에 맞지 않게 (주의를 기울이는 것을) 포기하고, 이치에 맞게

생각하라.[7]

③ √smṛ(기억하다) :

• 아누사라띠(anussarati)(verb)

ex 1) 그리고 신의 아들인 짠디마가 세존을 생각하면서, 그때 이

게송을 읊었다.[8]

ex 2) 비구들이여, 이 여섯 가지 수념의 대상이 있다. 이 여섯

---

6 Sāvako te mahāvīra, maraṇaṃ maraṇābhibhū; Ākaṅkhati cetayati, taṃ nisedha jutindhara (SN.I, 4:23, Godhikasutta)

7 'Ayoniso manasikārā, bho vitakkehi majjasi; Ayoniso paṭinissajja, yoniso anucintaya.(SN.I, 9:11, Akusalavitakkasutta, p.203) PTSD, s.v. Anuvicinteti에 보면, anucintaya를 2인칭 명령형으로 제시하고 있다.(PTSD는 Pāli Text Society 에서 발간한 *Pāli-English dictionary*를 의미한다.) anuvicinteti는 anu+vi+cinteti 로 분석된다. 역시 √cint에서 파생된 동사이다. 의미는 "생각하다, 깊이 생각하 다, 명상하다"란 의미이다. anucinteti를 전재성은 '성찰하다'(『상윳따니까야』 1권, p.559)로 번역하고 있다. PTSD, s.v. aucinteti에서는 "~대해 생각하다. 명상하다, 고려하다"란 의미가 제시되고 있다. 水野弘元은 "깊이 생각하다, 사색하다"(『パ―リ語辭典』, s.v. anucinteti)란 의미로 소개하고 있다.

8 Atha kho candimā devaputto bhagavantaṃ anussaramāno tāyaṃ velāyaṃ imaṃ gāthaṃ abhāsi (SN.I, 2:9, Candimasutta)

가지는 무엇인가? 붓다에 대한 수념, 법에 대한 수념, 상가에 대한
수념, 계에 대한 수념, 보시에 대한 수념, 천신에 대한 수념. 비구들
이여, 이것들이 여섯 가지 수념의 대상이다.[9]

④ √jñā(알다, 지각하다) :

- 산냐(saññā)(noun)

ex 1) 비구들이여, 이와 같이 어떠한 사문이나 바라문이라도 생겨난
잘못된 지각을 곧바로 버리고 멀리하고 제거하고 없애버리면 그는
현세에 이미 고통과 절망과 열뇌 없이 행복하게 살게 된다.[10]

ex 2) 아난다여, 만약 그대가 기리마난다 비구에게 열 가지 지각을
설한다면, 이것이 가능하다. 기리마난다 비구가 열 가지 지각을
듣고 그 질병이 곧 가라앉을 것이다.[11]

ex 3) 비구들이여, 세계를 조건으로 해서 지각이 생겨나고, 견해가

---

9 'Chayimāni, bhikkhave, anussatiṭṭhānāni. Katamāni cha? Buddhānussati,
dhammānussati, saṅghānussati, sīlānussati, cāgānussati, devatānussati -
imāni kho, bhikkhave, cha anussatiṭṭhānānī"ti.(AN. III, Anussatiṭṭhānasutta,
p.284)

10 Evameva kho, bhikkhave, yo hi koci samaṇo vā brāhmaṇo vā uppannaṃ
visamagataṃ saññaṃ khippameva pajahati vinodeti byantīkaroti anabhāvaṃ
gameti, so diṭṭhe ceva dhamme sukhaṃ viharati avighātaṃ anupāyāsaṃ
apariḷāhaṃ(SN.II, Sanidānasutta, p.153)

11 Sace kho tvaṃ, ānanda, girimānandassa bhikkhuno dasa saññā bhāseyyāsi,
ṭhānaṃ kho panetaṃ vijjati yaṃ girimānandassa bhikkhuno dasa saññā
sutvā so ābādho ṭhānaso paṭippassambheyya.(AN. V, Girimānandasutta,
p.108)

생겨나고, 생각이 생겨난다.[12]

⑤-1. 위딱까(vitakka)

ex 1) 세상은 무엇을 족쇄로 갖습니까? 무엇이 그것의 떠돎입니까?
무엇의 포기에 의해 열반이라고 말해집니까?
세상은 쾌락을 족쇄로 가지며, 생각의 떠돎입니다. 갈애의 포기에
의해 열반이라고 말해집니다.[13]

ex 2) 비구들이여, 원인과 함께 감각적 쾌락에 대한 욕망에 매인
생각/사유가 생겨나지, 원인 없이 (생겨나지 않는다).[14]

ex 3) 마음의 생각은 어디에서 일어나는가?[15]

⑤-2. 빠리위딱까(parivitakka)

ex 1) 그러자 마라 빠삐만은 마음으로 세존의 마음의 생각을 알고서,
세존이 계신 곳, 그곳으로 다가갔다.[16]

ex 2) 그때 세존께서 한적한 곳에서 홀로 명상하고 있을 때, 이와

---

12 Dhātuṃ, bhikkhave, paṭicca uppajjati saññā, uppajjati diṭṭhi, uppajjati vi-
takko"ti (SN.II, Giñjakāvasathasutta, p.153)

13 Kiṃsu saṃyojano loko, kiṃsu tassa vicāraṇaṃ; Kissassu vippahānena,
nibbānaṃ iti vuccatī"ti. Nandīsaṃyojano loko, vitakkassa vicāraṇaṃ;
Taṇhāya vippahānena, nibbānaṃ iti vuccatī"ti. (SN.I, Saṃyojanautta, p.39)

14 sanidānaṃ, bhikkhave, uppajjati kāmavitakko, no anidānaṃ (SN.II, Sanidāna-
sutta, p.151)

15 Kuto samuṭṭhāya manovitakkā,(SN.I, Sūcilomasuttaṃ, p.207)

16 Atha kho māro pāpimā bhagavato cetasā cetoparivitakkam aññāya yena
bhagavā tenupasaṅkami (SN.I, Tapokammasutta, p.103)

같이 마음의 생각이 일어났다.[17]

⑥ 상깝빠(saṅkappa)

ex 1) 대왕이여, 어떤 사람은 가난하고 믿음이 없고, 인색하며 비열하고, 나쁜 생각, 잘못된 견해를 지니고, 무례합니다.[18]

ex 2) 세 가지 악하고 불건전한 의도(가 있습니다). 감각적 욕망의 대상에 대한 의도, 분노에 대한 의도, 폭력에 대한 의도(입니다).[19]

이상의 용례를 보면, 만냐띠(maññati)와 찐떼띠(cinteti)가 일상 언어용법에서 '생각하다'에 해당하는 것으로 볼 수 있다. 즉 '(~에 대해) 생각하다', 혹은 '(~에 대해 어떻게) 생각하는가?'와 같은 용례 에서 주로 이 두 단어가 사용된다고 볼 수 있다. 그렇다면 이 두 용어는 논의의 대상에서 제외해도 될 것이다. '생각을 취할 것인가? 버릴 것인가?'라는 의미에서 볼 때, 논의에 적합한 용어는 산냐(saññā), 위딱까(vitakka), 상깝빠(saṅkappa), 아눗사라띠(anussarati)[20]의 네

---

17 Atha kho bhagavato rahogatassa paṭisallīnassa evaṃ cetaso parivitakko udapādi(SN.I, Rajjasutta, p.116.)

18 Aḍḍho ce puriso rāja, assaddho hoti maccharī; Kadariyo pāpasaṅkappo, micchādiṭṭhi anādaro.(SN.I, Puggalasutta, p.95)

19 Tayo akusalasaṅkappā - kāmasaṅkappo, byāpādasaṅkappo, vi-hiṃsāsaṅkappo.(DN.III, Saṅgītisutta, p.215) saṅkappa가 나오기 전에 동일 한 내용에 대해 vitakka를 사용한 경문이 나온다. vitakka를 생각으로 번역하고, saṅkappa는 의도로 번역했다. PTSD, s.v. saṅkappa에 보면 "thought, in-tention, purpose, plan"의 의미가 제시되고 있다.

20 이하 본 단어는 빨리어로만 표기하기로 한다.

가지로 정리될 수 있다.

이 네 가지는 크게 두 범주로 구분될 수 있다. vitakka, saññā는 kusala와 akusala라는 측면에서 모두 사용된다. 이에 반해 anussarati, saṅkappa는 주로 수행과 관련된 용례가 많다. 다음 절에서는 saññā, vitakka에 대한 내용을 먼저 살펴보고, 이어서 saṅkappa와 anussarati 의 의미를 고찰하도록 한다.

3. 생각을 나타내는 용어에 대한 구체적인 용례

우리는 이런 질문을 던져볼 수 있다. '과연 생각은 무엇인가?', '무엇을 생각이라고 하는가?', '생각은 어떻게 발생하는가?' 등의 질문이다. 우선 이와 관련된 경문을 소개해보자. 『디가니까야(DN)』에 수록된 뽓타빠다숫따(Poṭṭhapādasutta) 중 일부이다.

> (질문) 세존이시여, 지각이 먼저 생겨나고 다음에 앎이 생겨납니 까? 아니면 앎이 생겨난 뒤에 지각이 생겨납니까? 아니면 앎과 지각은 앞서는 것도 없고 뒤따르는 것도 없이 생겨납니까?
> (답변) 뽓타빠다여, 지각이 먼저 생겨나고 다음에 앎이 생겨납니 다. 지각이 생겨난 뒤에 앎이 생겨납니다. '이것을 조건으로 나에게 앎이 생겨났다'라고 이와 같이 분명히 압니다.[21]

여기서 지각은 saññā를 번역한 말이다. 앞에서도 saññā를 지각이라

---

21 DN.I, p.185.

고 번역했는데, '인지'나 '개념작용' 등 다양하게 이해되는 용어이다. 오온의 세 번째이기도 하다. 앞서 네 용어 가운데 가장 이질적인 용어가 바로 saññā이다. 이에 대해서는 뒤에 자세히 살펴보기로 한다.

또 다른 경전(MN. I, Madhupiṇḍikasutta)에서도 이와 관련된 내용이 나온다. 『맛지마니까야(MN)』의 관련된 경문의 핵심을 요약하면 "촉(phassa)-수(vedanā)-지각(sañjanati)-깊이 생각함(vitakketi)-개념의 확산(papañceti)"이 된다.[22]

이상의 경문 내용에서 '생각'을 어느 범위로 보아야 할지가 문제이다. 잠시 다른 이야기이지만, 우리의 인지를 다루는 인지심리학이나 인지과학에서 보면, "우리 인간은 대상들을 추상화하고 상징화, 즉 표상화하여 그에 대한 마음을 짓는 것"[23]이라고 한다. 그러면 촉과 수는 대상에 대한 접촉과 데이터를 수집하는 방식이기에 '생각'의 범주에 들어갈 수 없다. 따라서 지각과 깊이 생각함과 개념의 확산(망상)이 생각의 범주에 들어갈 수 있을 것 같다. 이를 간단하게 도식화하면 다음과 같다.

촉觸	수受	상想	사思	망사妄想
			생각	

표1: 생각의 범주

---

22 sañjānāti는 saññā의 동사형이다. 같은 의미로 파악해도 무방할 것이다.
23 이정모, 『인지과학』, 성균관대학교출판부, 2012, p.40.

앞서 용어를 살펴보면서 4가지, 즉 anussarati, vitakka, saññā, saṅkappa를 언급했는데 위 『맛지마니까야』의 경문을 도식화한 것에서는 saññā와 vitakka가 생각의 범주로 구분됨을 볼 수 있다. 이러한 내용을 바탕으로 먼저 saññā에 대한 내용부터 살펴보도록 한다.

1) saññā는 무엇인가?

『쌍윳따니까야(SN.III)』에 캇자니야숫따(Khajjanīyasutta)가 있다. 이 경전에 saññā의 정의가 비교적 구체적으로 제시되어 있다. 그 내용은 다음과 같다.

> 비구들이여, 무엇을 지각이라고 하는가? 비구들이여, 지각하기 때문에 지각이라고 한다. 무엇을 지각하는가? 푸른색을 지각하고, 노란색을 지각하고, 붉은색을 지각하고, 흰색을 지각한다. 비구들이여, 지각하기 때문에 지각이라고 한다.(SN.III, p.86)

경문에 따르면, 어떤 대상이 있는데 그것이 무엇인지를 아는 것을 지각이라고 이해할 수 있다. 이에 대해서 요한슨(Johansson)과 슈미트하우젠(Schmithasusen)이 구체적인 설명을 제시하고 있다.

예를 들면 우선 색맹이 아니면 파란색의 대상을 볼 수 있다. 두 번째는 눈을 감아도 파란색을 상상할 수 있다. 세 번째는 파란색을 구체적으로 자각하지 않아도, 즉 파란 것을 보지 않아도 '파란색' 자체를 생각할 수 있다. saññā는 앞의 두 가지를 의미한다. 영어의

perception은 최초의 경험만을 의미한다. idea는 두 번째와 세 번째를 의미한다. 이 책에서 'ideation'은 saññā와 동일한 의미이다. saññā와 ideation은 무엇인가가 존재해서, 구체적인 경험을 의미하거나, 무엇인가 구체적으로 상상되거나 기억된 경험을 의미한다.[24]

슈미트하우젠의 설명은 다음과 같다.

saṃjñā/saññā는 ①'언제나 대상에 대한 명확한 인식 혹은 통각, 즉 그 대상의 독특한 특성을 정신적으로 이미지의 형태로 표현하거나 이미지화하는, 혹은 취하는 측면을 포함하고 있다. ②개념과 포괄적 개념을 형성하거나 적용하는 측면을 포함하고 있다.[25]

결국 saññā란 구체적인 대상이 있고, 그 대상에 대한 경험과 기억과 명확한 인식을 통해 대상을 이미지화하거나 개념을 형성하는 것으로 정리해볼 수 있다. 이는 표상이란 말로도 설명할 수 있을 것이다.

우리가 대상에 대한 지식, 정보를 다룬다고 할 때는 실제 대상을 그대로 우리 머릿속으로 가져와서 다루는 것이 아니다. 인간은 실제 대상을 어떤 상징이나 다른 형태로 재표현하여, 즉 추상화하여

---

24 Johnasson, Rune E. A., *The Dynamic Psychology of Early Buddhism*, Curzon Press, 1985, p.93.

25 Schmithausen, L., "On Some Aspects of Descriptions or Theories of 'Liberating Insight' and 'Enlightenment' in Early Buddhism"., 1981, p.215.

다룬다. 이러한 점에서 앎, 정보의 내용을 '표상(表象; representa-tion)'이라 한다. 다시 말하여 실물 자체가 아니라, 다시(re)-나타냄 (presentation)의 결과가 우리 마음의 내용이기 때문이다.

예를 들어 우리가 사랑하는 사람을 생각한다고 할 때는 우리의 머릿속에 사랑하는 사람의 실물이 들어 있는 것이 아니라, 그 사람에 대한 심상(image)이라든가 다듬어진 생각이나 언어화된 일화나 감정에 대한 기억이 들어 있는 것이다.[26]

수(受, vedanā)를 통해서 들어온 정보를 표상하는 것, 이미지화하는 것, 개념화하는 작용이 saññā라고 정리할 수 있다. 그럼 이러한 saññā, 즉 상(想, 지각)이 왜 '생각'이라고 하는 범주로 파악될 수 있는 것일까. 주지하듯이 '상'은 오온의 하나로 생명을 구성하는 다섯 가지 요소 가운데 하나이다. '색-수-상-행-식'이라는 일련의 요소들은 생명현상을 보여주는 것으로서, 인간 역시 오온으로 이해된다. 일반적으로 색(rūpa)은 감각기관을 갖춘 육체를, 수(vedanā)는 감각작용을 의미한다. 상(saññā)은 '지각작용', 행은 '의지작용·의지적 행동', 식은 '식별작용·의식과정'으로 설명된다.[27] 이 오온은 각자 독립적인 실체가 아니라, 상호관계성 속에서 작용하는 일종의 기능들로 이해된다. 그렇기에 '상(지각)' 역시 관계성 속에서 그 기능을 갖게 된다. 그렇다면 그 기능이란 무엇인가라는 질문을 할 수 있다. 이와 관련해서 주목할 만한 내용이 『숫따니빠따』에 전한다.

---

26 이정모, 앞의 책, p.42.
27 루네 E. A. 요한슨, 박태섭 옮김, 『불교심리학』, 시공사, 1996, pp.38~74 참조.

지각을 떠난 자에게는(saññāvirattassa) 여러 속박이 없다. 지혜에
의해 해탈한 자에게는 헤맴(무지)이 없다.(Sn. 847ab)

(여러 가지) 지각을 지각하는 자(saññasaññī)도 없고, 잘못된 지각
을 지각하는 자도 없고, 지각하지 않는 자도 없고, 소멸된 지각을
지닌 자도 없다. 이렇게 아는 자에게는 물질적 존재(rūpa)가 소멸한
다. 왜냐하면 망상이라고 불리는 것의 나타남은 지각에 의하기
때문이다.(Sn. 874)

인용된 경문의 내용을 보면, saññā는 속박의 원인이자, 개념의
확산(망상)의 원인이다. 왜냐하면 '지각을 떠난 자', '지각하는 자'와
같은 용례를 통해 지각은 자의식을 바탕하고 있음을 알 수 있다.
즉 1인칭적 관점이 작용한다는 의미이다. 이를 구체적으로 보여주는
경문이 앞서 언급했던 마두삔디까숫따(Madhupiṇḍikasutta)이다. 그
내용을 구체적으로 제시하면 다음과 같다.

벗이여, 시각과 형체를 조건으로 하여 시각의식이 생겨난다. (이)
세 가지의 화합이 촉이고, 촉을 조건으로 하여 감각이 (생겨난다).
그는 감각된 것을 지각하고, 지각한 것을 깊이 생각하고, 깊이
생각한 것을 망상한다. 망상한 것, 그 인연으로 사람에게 과거와
미래와 현재에 걸쳐 시각에 의해서 의식되어질 다양한 형체들에
대해서 망상에 의한 인식과 분별이 일어난다.[28]

---

28 MN.I, pp.111~112.

"감각된 것을 지각한다(yaṃ vedeti taṃ sañjānāti)"에서는 3인칭 동사가 사용되는데, 그 앞의 내용은 비인칭적 과정으로 제시된다.[29] 여기서 문제는 상(지각)을 통해서 망상에 의한 인식과 분별이 일어난다는 점이다.[30] 말하자면 '지각'을 통해 대상에 대한 왜곡이 일어나는 것이다. 경문을 통해 알 수 있듯이, 왜곡은 지속적으로 반복되어 강화된다. "확산(곧 망상)은 감각정보에 투사되고 마음은 근본적으로 왜곡된 인지로 해석된 경험에 의해서 계속 확산된다. 그러므로 인지와 최초의 개념적 반응의 단계들은 이러한 조건 지어진 일련의 과정을 결정하게 된다."[31] 그렇다면 결국 '지각'이라고 하는 것은 대상에 대한 왜곡이 일어나는 시점이 된다. 대상에 대한 왜곡은 번뇌를 불러일으키게

---

29 임승택, 「심리적 세계의 이해」, 『마음과 철학』(불교편), 서울대학교출판문화원, 2015, p.10.

30 이에 대한 아날라요는 다음과 같이 설명한다. "이러한 연속과정에서 주관적 선입견이 형성되고 지각과정을 왜곡시키는 결정적 단계는 느낌(vedanā)과 인지(saññā)의 최초 평가에서 나타난다. 이 단계에서 발생하는 감각정보의 최초 왜곡은 생각과 개념의 확산으로 인해 더욱 강화될 것이다."(아날라요, 이필원·강향숙·류현정 공역, Satipaṭṭhāna,, 명상상담연구원, 2014, p.243.) 아날라요는 saññā를 인지(cognition)로 번역하고 있다. 그리고 vednā-saññā-vitakka-papañca의 과정을 '지각과정'이란 말로 설명하고 있다. 아날라요는 '느낌'의 과정을 지각과정에 포함시키고 있기에 이른바 '생각'의 범위를 필자보다 넓게 보고 있다고 할 수 있다. '느낌'이 쾌, 불쾌, 쾌도 아니고 불쾌도 아닌 중성적 느낌의 세 가지로 분류되기에 지각과정에 넣는 것은 당연하다. 하지만 이것은 구체적으로 '언어'와 결부되기 이전의 단계로 '생각'의 범주에 넣기에는 무리가 있다고 필자는 판단한다.

31 아날라요, 앞의 책, p.243 ; 임승택, 앞의 논문, p.11 참조.

된다. 『맛지마니까야』의 마하삿짜까숫따(Mahāsaccakasutta)에 참고
할 만한 내용이 있다.

악가웨싸나여, 여기 가르침을 듣지 못한 일반사람들에게는 즐거운
느낌이 일어납니다. 그는 즐거운 느낌에 접촉되어 있으면서 즐거운
느낌에 탐착한 자가 되고, 즐거움에 탐착한 자는 즐거움을 경험합
니다.[32]

여기서 즐거운 느낌은 수(vedanā), 즉 감각의 작용이다. 그런데
그 뒤에 일어나는 즐거움에 탐착한 자(sukhasārāgī)는 역시 '자의식'을
통해 왜곡된 결과라고 할 수 있다. 탐착(rāga)은 감각을 조건으로
한다는 것은 다른 경문을 통해서도 확인할 수 있다.

시각(眼)과 형상(色)을 조건으로 시각의식(眼識)이 발생한다. (이)
세 가지의 화합이 접촉이다. 접촉의 조건으로부터 감각(受, vedanā)
이 (생겨난다). 감각의 조건으로부터 갈애(taṇhā)가 (생겨난다).[33]

위 경문에서 나오는 라가(rāga, 貪), 땅하(taṇhā, 渴愛)는 대표적인
번뇌로 언급된다. 탐진치 가운데 '탐'에 해당하는 것으로, 이를 정서로
볼 수도 있다. 왜냐하면 정서란 감각을 토대로 발생되는 다양한 심리적
사건들[34]이기 때문이다. 이에 대해서는 다른 연구들을 통해서도 확인할

---

32 MN.I, p.239.
33 MN.III, p.281.

수 있다. 냐나뽀니까 마하테라(Nyanaponika Mahathera)는 "불교심리학에서 먼저 느낌(vedana)은 즐거움, 불쾌함(고통), 그리고 중성(무관심)으로 알려진 순수한 감각임을 명확히 해야 한다. 그러므로 비록 정서가 다른 사고의 과정뿐만 아니라 기본적인 느낌, 거기에 호好·불호不好의 정도 차이가 덧붙여져서 야기되는 것이기는 하지만, 그것은 정서와 혼동되어서는 안 된다"[35]라고 말하고 있다. 실바(Silva)도 동일한 생각을 밝히고 있다. 그는 수(vedanā)를 정서로 보지 않고 정서는 "지각, 느낌, 욕망, 신념, 평가와 생리적 각성의 결합물(joint product)로 나타난다"[36]고 말한다. 또한 거기에다가 문화적이고 사회적인 요소들이 정서를 경험하는 데 영향을 미친다고 하여, 문화/사회적 요소의 중요성을 강조한다. 결국 실바는 수(vedanā)는 순수 감각이기에 정서의 기본적 바탕이 되기는 하지만 그 자체를 정서로 볼 수 없고, 여기에서 파생된 다양한 심리적 요소들과 문화적·사회적 요소들이 결합하여 정서를 일으킨다고 보고 있다.[37]

이와 관련해서 요한슨도 실바와 같은 입장이다. "수는 느낌 자체는 아니며 느낌의 토대라고 보아야 하겠다. 서양적 사고방식에서 감각이 먼저 있고, 느낌은 감각에 대한 주관적 반응으로 나중에 오는 것이라고

---

34 이필원, 「초기불교의 정서 이해」, 『인문논총』 67집, 서울대학교 인문학연구원, 2012, p.59.

35 P. de Silva, "Thinking and Feeling: A Buddhist Perspective", SOPHIA, Vol.50, 2011, p.256 재인용.

36 P. de Silva, Ibid.

37 이필원, 앞의 논문, pp.58~59.

보는 것과 똑같은 것이다."[38] 결국 냐나뽀니까, 실바, 요한슨은 '수
(vedanā)'를 인칭적 관점이 개입되기 이전의 사태로 보고 있다고
할 수 있다.

산냐(saññā)를 논하는 데 웨다나(vedanā)를 길게 논한 것은 saññā
의 단계에서 비로소 대상에 대한 왜곡이 일어남을 설명하기 위해서였
다. 이를 통해 saññā의 작용부터 생각의 범주로 파악할 수 있음을
알 수 있다.

오온의 체계에서 보더라도 saññā는 vedanā와 밀접하게 연관되어
작용한다. 이를 아날라요는 "인지(saññā)는 느낌의 일어남과 밀접하
게 연관되며, 이 둘 모두는 접촉(phassa)에 의한 여섯 가지 감각의
자극에 의존한다"[39]라고 설명하고 있다. 여섯 가지 감각은 색온의
기능으로 보는 것이 타당할 것이다. 칸다 상윳따(Khanda-Saṃyutta)
에서 색(rūpa)을 차가움과 뜨거움, 배고픔과 목마름, 모기나 뱀과
같은 외적 상황에 영향 받는(ruppati) 모든 것을 의미하는 것으로
설명하는데, 아날라요는 색(rūpa)의 주관적 경험을 온의 중심적 양상
으로 강조하는 것으로 이해한다.[40]

vedanā는 기본적으로 육근, 즉 여섯 가지 감각기관을 통해 이루어진
다. 그래서 saññā는 감각기관을 통해 접촉된 대상에 대한 정보(느낌)를
처리하는 것으로 이해된다.[41] 그렇기에 saññā는 생각의 범주에 들어갈

---

38 루네 E. A. 요한슨, 앞의 책, p.99.
39 아날라요(Analāyo), 앞의 책, p.224.
40 아날라요, 앞의 책, p.223.
41 아날라요는 "어떤 대상을 '인지하는 것'은 감각의 정보 자체를 개념이나 부호와

수밖에 없다. 그것을 보여주는 경문이 있다.

세 가지 불건전한 생각(saññā)이 있다. 욕망의 대상에 대한 생각
(kāma-saññā), 악의적인 생각(vyāpāda-saññā), 해치고자 하는 생각
(vihiṃsā-saññā)이다.
세 가지 건전한 생각이 있다. 욕망의 대상을 떠남에 대한 생각
(nekkhamma-saññā), 악의를 떠난 생각(avyāpāda-saññā), 해치지
않음에 대한 생각(avihiṃsā-saññā)이다.[42]

saññā를 생각의 범주로 파악할 수 있음을 여러 학자들도 말하고
있다. 대표적으로 체뿌꽌(Tse-fu Kuan)의 논문에서 언급한 내용을
보자.

불교 문헌의 면밀한 조사는 mindfulness가 saññā와 가깝게 관련
있다는 것을 보여준다. saññā는 무슨 의미일까? 해밀튼(Hamilton,
1996, 54-8)이 설명한 것처럼, 니까야의 많은 경문에 따르면, saññā
는 차별적인 기능을 가지고 있으며 식별이 가능하도록 인지된
것을 동화 또는 이해하는 기능을 포함하고 있다. 다른 한편 해밀튼
(1996, 58-9)은 saññā가 그것의 기능이 감각 데이터의 동-시간의
입력에 의존하지 않을 때 또한 개념의 능력으로 간주될 수 있다고

동일시하는 행위를 말한다. …… 인지는 다소의 기억력을 포함하며, 이것은
재인지를 위해 사용되는 개념적 부호를 제공한다"(앞의 책, p.224)라고 설명한다.
42 DN. III, p.215.

지적한다.

웨이먼(Wayman, 1976, 326-32)은 또한 많은 경우 sañña는 '개념', '관념' 또는 '생각'으로 번역되어야 한다고 지적한다.(de Silva, 2005, 26 참조) 아비담마(Abhidhamma) 문헌을 참조하면, 냐나뽀니까 테라(Nyanaponika Thera, 1998, 121)는 '기억하기'는 sañña의 기능임을 보여준다. 유사하게, 게틴(Gethin, 2001, 41)은 sañña가 기억의 심리학에서 중요한 역할을 한다는 것을 인정한다. 앞에서 살펴본 바에 따르면, sañña는 심리학 분야에서 많은 부분을 차지하고 있음이 분명하다. 하이에스(Hayes, 2000, 13)는 "인지(Congnition)"는 우리가 기억하기, 개념 형성, 언어 사용 또는 무언가에 참여하는 것과 같은 정신적 활동에 부여하는 일반적인 용어라고 말한다. 골드스타인(Goldstein, 2005, 481)은 인지를 '주의, 기억, 언어, 문제 해결, 추론, 결정을 내리는 것과 관련된 정신과정'으로 정의한다.[43]

위 인용문의 내용을 검토해보면, 앞서 소개한 슈미트하우젠이나 요한슨과 크게 다르지 않으나, 보다 폭넓은 이해가 가능함을 알 수 있다. 특히 sañña가 '기억'의 측면에서 이해될 수 있음을 지적한 것은 주목할 만하다. 이 부분은 뒤에 anussarati를 살펴볼 때 다시 검토해보기로 한다.

---

[43] Tse-fu Kuan, Congnitive operations in Buddhist meditation : interface with Western psychology, *Contemporary Buddhism : An Interdisciplinary Jouranl*, 13:1, 2012, p.38.

2) vitakka의 기능

두 번째로 vitakka에 대해서 살펴보도록 하자. 위따까는 "반성, 사유, 생각"[44], "심尋, 심구尋求, 각覺, 사유思惟, 고상考想"[45]의 의미로 이해된다. 위따가에 대한 용례 중 가장 대표적인 것은 아마도 '4선정' 체계에서 1선과 2선의 선지禪支일 것이다. 주지하듯이 초선은 사위딱까(savitakka)와 사위짜라(savicāra), 즉 심尋과 사伺를 갖춘 상태로 설명된다.[46] 우선 논의를 이끌기 위해서, 『숫따니빠따』의 경문을 인용해 본다.

모든 생각들이(vitakkā) 파괴되어지고(vidhūpitā), 안으로 완전하게 안정된 자,

그 비구는 이 세상과 저 세상을 버린다. 마치 뱀이 묵은 허물을 벗는 것처럼.(Sn.7)

경문에서 언급되는 'vitakka'는 이런저런 생각들을 의미하는 것이 분명하다. 내적으로 완전하게 안정된 자와 대구를 이룬다. 내적인 안정감은 생각들이 잦아들 때 찾아온다. 생각이 분주한 경우에 평온함

---

44 PTSD, s.v. vitakka.

45 水野弘元, 『パーリ語辞典』, s.v. vitakka.

46 Martin Stuart-Fox, "Jhāna and Buddhist Scholasticism", *JIABS*, 12-2(1989), p.86에 "Vibhaṅga는 vitakka를 '명상, 사고, 사색, 고정, 집중, 마음의 적용, 바른 생각'으로써 규정하여, vicāra의 '조사, 탐구, 부단한 탐구, 면밀한 조사, 의식에 의한 지속적인 관계와 지속적인 조사'와 구별하였다"라고 설명하고 있다. 본고에서는 vicara에 대해서는 따로 다루지 않겠다.

을 경험할 수 없다. 왜냐하면 생각은 망상, 즉 개념적 확산으로 이어지기 때문이다.[47] 경문에서 '생각이 파괴되어진다(vidhūpita)'라고 표현한 것은 '생각의 기능'을 파괴하거나 정지시키자는 의미가 아니다. 앞서 경문에서 확인하였듯이, vitakka는 vedanā와 saññā의 과정을 거쳐 드러나는 구체적인 사유 활동이다. 이미 saññā를 통해 일차 왜곡이 일어난 것을 토대로 진행된 사유과정이기에 vitakka는 훨씬 왜곡의 정도가 진행되었다고 볼 수 있다. 그렇다면 vitakka를 파괴하기 위해서는 그 이전 단계인 vedanā와 saññā에 대한 처리가 필요하게 된다.

이러한 vitakka는 선정과 깊은 관련을 갖는다. 4선정 체계에서 vitakka는 초선과 2선에서 언급된다. 선정 체계에서 vitakka가 갖는 의미를 살펴보면, 위의 『숫따니빠따』에서 본 내용들을 이해하는 데 도움이 될 것이다. 아날라요도 선정과 관련해서 vitakka를 언급한다. 그는 "염처에서 선정으로 나아가는 것은 단따부미 숫따(Dantabhūmi sutta)에서 중간단계로 설명되어 있다. 이 중간단계에서 몸, 느낌, 마음과 법에 대한 관찰은 어떠한 생각을 갖는 것도 피해야 하는 특정 조건 속에서 지속된다. 이 과도기적 단계에 대한 가르침에서 부지런함과 분명한 앎이라는 정신적 특성은 확실히 존재하지 않는다"[48]고 말한

---

47 아날라요는 "이러한 연속과정에서 주관적 선입견이 형성되고 지각과정을 왜곡시키는 결정적인 단계는 느낌(vedanā)과 인지(saññā)의 최초 평가에서 나타난다. 이 단계에서 발생하는 감각 정보의 최초 왜곡은 생각(vitakka)과 개념의 확산(papañca)으로 인해 더욱 강화될 것이다. 한번 개념적 확산의 단계에 도달하게 되면 그 과정은 정해진다"(아날라요, 앞의 책, p.247)라고 말하고 있다.

다. 아날라요의 이러한 기술을 좀 더 쉽게 이해하기 위해서는 초선과 2선의 내용을 살펴보는 것이 도움이 될 것이다.

(1) 욕망으로부터 떠난, 불건전한 상태로부터 떠난, vitakka, vicāra 를 가지고, 떠남에서 발생한 삐띠-수카(pīti-sukha, 喜樂)를 획득하면서 제1정려에 그는 머문다.

(2) vitakka-vicāra의 소멸로부터, 내적인 평정을 획득하면서, 심일경성, 무심, 무사, 선정에서 생겨난 pīti-sukha를 즐기면서 제2선에 그는 머문다.[49]

(1)의 경문을 보면, vitakka는 두 가지로 이해될 수 있음을 본다. 첫째는 욕망과 불건전한 상태의 vitakka, 둘째는 욕망과 불건전한 상태를 떠난 vitakka이다. 그리고 (2)의 경문에서 '내적인 평정의 획득'은 vitakka와 vicara의 소멸을 통해 가능함을 본다. 그러면 내적인 평정은 욕망과 불건전한 상태를 떠난 vitakka와 vicara조차도 떠날 때 가능해진다. 이는 『숫따니빠따』의 경문과 정확하게 일치한다. 이를 간단하게 도식화해서 제시하면 다음과 같다.

---

48 Analāyo, 앞의 책, p.78.

49 (1) vivicc' eva kāmehi vivicca akusalehi dhammehi savitakkaṃ savicāraṃ vivekajaṃ pītisukhaṃ paṭhamaṃ jhānaṃ upasampajja viharati. (2) vitakka-vicārānam vūpasamā ajjhattaṃ sampasādanaṃ cetaso ekodibhāvaṃ avitakkaṃ avicāraṃ samādhijaṃ pītisukhaṃ dutiyaṃ jhānaṃ upasampajja viharati. 참고 D I. 182ff.

Sn.	모든 생각들이(vitakkā) 파괴되어지면 ⇨	안으로 완전하게 안정된 자
DN.	vitakka-vicāra의 소멸　　　⇨	내적인 평정을 획득

표2. Sn.와 DN.에 기술된 vitakka에 대한 내용 비교

위 두 경전을 통해, vitakka는 건전하거나 불건전한 일체의 생각을 나타내는 것임을 알 수 있다. 『디가니까야』의 상기띠 숫따(Saṅgīti-sut-ta)에는 건전하고 불건전한 vitakka를 제시하고 있다.

세 가지 불건전한 생각이 있다. 욕망의 대상에 대한 생각(kāma-vi-takko), 악의적인 생각(vyāpāda-vitakko), 해치고자 하는 생각(vihiṃsā-vitakko)이다.
세 가지 건전한 생각이 있다. 욕망의 대상을 떠남에 대한 생각(nekkhamma-vitakko), 악의를 떠난 생각(avyāpāda-vitakko), 해치지 않음에 대한 생각(avihiṃsā-vitakko)이다.[50]

우리들이 생각을 할 때, 주로 하는 생각은 욕망을 충족시키는 것과 분노에 차서 다른 존재에 대해 악의적인 생각을 갖거나 해치고자 하는 생각을 갖는 것이다. 반대인 경우에는 kusala-vitakkā로 제시된 내용이 될 것이다. 하지만 내적인 평온과 완전한 안정을 위해서는 이 두 가지 패턴의 생각으로부터 벗어나야 된다.

---

50 DN. III, p.215.

3) saṅkappa의 의미

saṅkappa는 사전적 의미만을 놓고 볼 때는 vitakka와 동의어로 쓰인다. PTSD 등 사전에서 이 단어에 대한 설명을 보면 확연하게 드러난다. 냐나띨로까 마하테라는 "'생각'은 위딱까의 동의어"(s.v. saṅkappa)로 설명하고, PTSD에서는 "D. III,215 ; A. IV,385에 나오는 것을 위딱까에 해당하는 것으로"(s.v. saṅkappa) 경전의 용례를 들어 설명하고 있다. 결국 saṅkappa는 vitakka와 같은 의미로 보면 된다. PTSD에서는 "생각, 의도, 목적, 계획"으로 의미를 제시하고 있다. 이를 통해 saṅkappa의 의미를 본다면, '어떤 의도나 목적 등을 갖는 생각'으로 일단은 이해할 수 있을 것 같다.

우리가 saṅkappa의 용례를 볼 수 있는 가장 일반적인 것은 아마도 팔정도의 두 번째 항목에서일 것이다. '삼마 상깝빠(sammā-saṅkappa)'의 형식으로 제시되는 것으로, '정사유正思惟'로 한역되며 한글로는 '바른 생각 혹은 바른 사유'로 번역한다. 하지만 부정적인 용례도 있는데, '까마 상깝빠(kāma-saṅkappa)'의 형식으로 제시되며 '욕망의 대상에 대한 생각' 정도로 번역될 수 있다.[51] 또 『디가니까야』에는 '빠리뿐나 상깝뽀(paripuṇṇa-saṃkappo)'의 용례가 있다. '만족한 생각' 정도의 의미로 번역된다.[52]

saṅkappa 역시 용례에서 보듯이 바른 생각과 욕망에 대한 생각으로 나누어 볼 수 있다. 앞에서 본 『디가니까야』에는 건전하고 불건전한 saṅkappa를 제시하고 있다.

---

51 AN. III,259 ; V,31. s.v. saṅkappa를 참조하라.

52 DN. III, p.42. "So tena tapasā attamano hoti paripuṇṇa-saṃkappo."

세 가지 불건전한 생각(saṅkappo)이 있다. 욕망의 대상에 대한
생각(kāma-saṅkappo), 악의적인 생각(vyāpāda-saṅkappo), 해치고
자 하는 생각(vihiṃsā-saṅkappo)이다.
세 가지 건전한 생각이 있다. 욕망의 대상을 떠남에 대한 생각
(nekkhamma-saṅkappo), 악의를 떠난 생각(avyāpāda-saṅkappo),
해치지 않음에 대한 생각(avihiṃsā-saṅkappo)이다.[53]

위의 경문을 통해 saṅkappa에는 기본적으로 불건전한 측면과 건전
한 측면이 있음을 알 수 있다. 이것을 바탕으로 하면서, 팔정도의
sammā-saṅkappa에 대해서 알아보도록 하자. 우선 붓다의 초전법륜
에서 팔정도가 설해지는 장면에서 처음 등장한다.

비구들이여, 여래는 이 두 가지 극단을 떠나 눈을 생기게 하고
앎을 생기게 하며 궁극적인 고요, 곧바른 앎, 올바른 깨달음, 열반으
로 이끄는 중도를 깨달았다. 무엇이 중도인가? 그것은 바로 여덟
가지 고귀한 길이다. 곧 올바른 견해, 올바른 사유, 올바른 언어,
올바른 행위, 올바른 생활, 올바른 정진, 올바른 알아차림, 올바른
집중이다.(Vin. I, p.10)

여기에서 알 수 있듯이 올바른 사유, 즉 올바른 생각은 중도인 팔정도
의 항목이다. 그리고 팔정도는 깨달음의 길로 이끄는 것임이 천명되어
있다. 그러면 올바른 사유 역시 깨달음으로 가는 방법 중 하나가

---

53 DN. III, p.215.

된다. 바로 이 점에서 vitakka와 saṅkappa의 차이가 인정된다. vitakka
는 건전한 것이든 불건전한 것이든 그것이 소멸 제거되어야 궁극적인
평온에 도달하지만, saṅkappa 그것이 sammā-saṅkappa가 되면 깨달
음에 이르는 중요한 수단이 된다. 반면에 그 반대인 밋챠 상깝빠
(miccha-saṅkappa)는 지옥에 떨어지게 되는 원인이 된다.[54] 그렇다고
해서 sammā가 '옳다', '그르다'의 이분법적인 관점에서 '옳음'은 아니
다.[55] 즉 도덕관념에서의 '옳음'이란 의미로 파악해서는 팔정도의 의미
를 제대로 이해하지 못하게 된다는 것을 의미한다. 그러면 무엇이
sammā-saṅkappa인가? "욕망의 대상을 떠남에 대한 생각(nekkham-
masaṅkappo), 악의를 떠난 생각(abyāpādasaṅkappo), 해치지 않음
에 대한 생각(avihiṃsā-aṅkappo)이다."[56]

4) anussarati의 의미

anussarati는 일반적으로 수념隨念으로 한역된다. 우리말로는 '기억하
다, 회상하다, 마음에 새기다' 정도의 의미로 번역할 수 있다. 보다
정확히 그 의미를 파악해보면 anu-는 '~을 따라서'이고 사라띠(sarati)
는 '기억하다, 상기시키다'의 의미이다. 따라서 '어떤 대상의 특징을

---

54 AN. III, p.140. 여기에서는 micchā-diṭṭhi와 함께 지옥에 떨어지는 원인으로
　　micchā-saṅkappa가 설해지고 있다.
55 Analāyo, 앞의 책, p.90. "sammā는 문자 그대로는 '함께함' 또는 '하나 속에
　　연결되어 있음'을 뜻한다. 따라서 네 가지 선정 또는 마음의 통일을 '바른 삼매'라
　　고 말하는 것은 단순히 이것들은 '옳고' 나머지는 '틀리다'고 간주하는 것이
　　아니라, 삼매의 계발을 팔정도에 통합시킬 필요성이 있다는 것을 가리킨다."
56 DN. II, p.312.

따라서 기억하는 것, 혹은 상기하는 것'이라고 의미를 파악해볼 수 있겠다. sarati가 √smṛ에서 파생되었다는 점을 고려한다면, '기억'을 주된 기능으로 파악하는 것은 당연할 것이다. 이와 관련해서 Tse-fu Kuan은 "불교 문헌에 따르면, 알아차림(sati)은 기억, 재인지, 식별과 이해를 포함하는 기능의 관점에서 saññā와 유사한 역할을 한다"[57]고 말한다. 그는 『쌍윳따니까야』의 경문을 근거로 이렇게 말한다.

비구들이여, 어떠한 것이 알아차림의 기능(satindriya)인가? 비구들이여, 여기 성스러운 제자는 알아차림을 갖추고 있다. 최상의 알아차림과 분별(nepakka)을 갖추고, 오래전에 행했거나 오래전에 말했던 것도 기억하고(saritā) 회상하는 자(anussaritā)이다.[58]

위 경문에 나오는 anussaritā는 anussarati의 과거분사형이다. 즉 anussarati는 과거의 것에 대해서 회상하는 것을 나타냄을 알 수 있다. 그런데 우리에게 보다 익숙한 것은 6수념六隨念으로 알려진 것이다. 그 내용을 살펴보자.

여섯 가지 수념의 대상[59]이 있다. 붓다에 대한 수념, 담마에 대한

---

57 Tse-fu Kuan, Ibid, p.38.

58 SN. V, Dutiya vibhaṅgasuttaṃ, 198.

59 cha anussati-ṭṭhānāni. ṭhāna의 가장 일반적인 의미는 '장소'이다. 하지만 PTSD의 여러 의미 가운데, 'object, thing, item' 등의 의미가 있다. 수념, 즉 ~따라가며 대상의 특징을 떠올린다면, 그것은 수념의 장소라기보다는 수념의 대상으로 보는 것이 더 적절하지 않나 생각한다. 왜냐하면 불수념(buddhānus-

수념, 상가에 대한 수념, 계에 대한 수념, 보시에 대한 수념, 신에
대한 수념이다.[60]

위의 경문에서 보듯이, 수념(anussati)은 적극적인 사유 활동에
해당한다. 그 사유는 이미 정해져 있고, 학습된 내용을 기억하는 방식으
로 이루어진다. 이를 통해 얻게 되는 것은 다름 아닌 탐진치 삼독의
제거와 그로 인해 얻게 되는 청정함이다. 이는 이전의 vitakka, saññā,
saṅkappa와 구별되는 점이다. vitakka, saññā, saṅkappa는 kusala와
akusala의 두 측면을 갖고 있지만, anussarati/anussati는 한 가지 측면
만이 언급된다. 하지만 그냥 sati의 경우는 micchāsati[61]와 같은 방식으
로 삿된 사띠가 가능하다. anussati의 경우는 경전에서 6가지로 그
내용이 확정적으로 제시되고 있다. 이 말은 다른 방식으로는 수념이
작용될 수 없음을 의미한다. 그러면 수념의 내용을 간략하게 살펴보자.

① 비구들이여, 여기 성스러운 제자는 다음과 같이 여래를 계속해서

---

sati)의 내용을 보면, 붓다의 10대 명호를 계속해서 생각하는 것이기 때문이다.
그렇게 하면 탐진치에 압도되지 않고, 청정하게 된다는 내용이 나온다.(AN.III,
p.312) 붓다를 대상으로 해서 그 특징을 열 가지로 떠올리는 것, 그것이 불수념의
내용이 된다.

60 DN.III, p.250.

61 이른바 팔사도八邪道에서 언급된다. AN. IV, p.236. "Idha bhikkhave, sa-
maṇabrāhmaṇā micchādiṭṭhikā honti micchāsaṅkappā micchāvācā
micchākammantā micchāājīvā micchāvāyāmā micchāsatino micchāsamā-
dhino."

생각한다(隨念). '이런 이유로 그분 세존께서는 아라한(應供)이시며, 완전히 깨달은 분(正等覺者)이시며, 영지와 실천을 구족한 분(明行足)이시며, 피안으로 잘 가신 분(善逝)이시며, 세간을 잘 알고 계신 분(世間解)이시며, 가장 높은 분(無上士)이시며, 사람을 잘 길들이는 분(調御丈夫)이시며, 하늘과 인간의 스승(天人師)이시며, 깨달은 분(佛)이시며, 세존世尊이시다.'

②비구들이여, 여기 성스러운 제자는 다음과 같이 법을 계속해서 생각한다. '법은 세존에 의해서 잘 설해졌고, 스스로 보아 알 수 있고, 시간이 걸리지 않고, 와서 보라는 것이고, 향상으로 인도하고, 지자들이 각자 알아야 하는 것이다.'

③다시 비구들이여, 여기 성스러운 제자는 다음과 같이 승가를 계속해서 생각한다. '세존의 제자들의 승가는 잘 도를 닦고, 세존의 제자들의 승가는 바르게 도를 닦고, 세존의 제자들의 승가는 참되게 도를 닦고, 세존의 제자들의 승가는 합당하게 도를 닦으니, 곧 네 쌍의 인간들이요(四雙) 여덟 단계에 있는 사람들(八輩)이시다. 이러한 세존의 제자들의 승가는 공양 받아 마땅하고 선사 받아 마땅하고 보시 받아 마땅하고 합장 받아 마땅하며, 세상의 위없는 복밭(福田)이시다.'

④다시 비구들이여, 여기 성스러운 제자는 다음과 같이 자신의 계를 계속해서 생각한다. '(나의 계는) 훼손되지 않고 뚫어지지 않고 오점이 없고, 얼룩지지 않고 벗어났고, 지자들이 찬탄하고 비난받지 않고 삼매로 인도한다.'

⑤다시 비구들이여, 여기 성스러운 제자는 다음과 같이 자신의

보시를 계속해서 생각한다. '나는 인색함의 때에 얽매인 사람들 가운데서 인색함의 때가 없는 마음으로 재가에 산다. 아낌없이 보시하고 손은 깨끗하고 주는 것을 좋아하고, 다른 사람의 요구에 반드시 부응하고 보시하고 나누어 가지는 것을 좋아한다. 그러니 이것은 참으로 내게 이득이구나. 이것은 참으로 내게 큰 이득이구나.' ⑥다시 비구들이여, 여기 성스러운 제자는 다음과 같이 천신을 계속해서 생각한다. '사대왕천의 신들이 있고, 삼십삼천의 신들이 있고, 야마천의 신들이 있고, 도솔천의 신들이 있고, 화락천의 신들이 있고, 타화자재천의 신들이 있고, 범신천의 신들이 있고, 그보다 높은 천의 신들이 있다. 이런 신들은 믿음을 구족하여 여기서 죽은 뒤 그곳에 태어났다. 나에게도 그런 믿음이 있다. 이런 신들은 계를 구족하여 여기서 죽은 뒤 그곳에 태어났다. 나에게도 그런 계가 있다. 이런 신들은 배움을 구족하여 여기서 죽은 뒤 그곳에 태어났다. 나에게도 그런 배움이 있다. 이런 신들은 보시를 구족하여 여기서 죽은 뒤 그곳에 태어났다. 나에게도 그런 보시가 있다. 이런 신들은 통찰지를 구족하여 여기서 죽은 뒤 그곳에 태어났다. 나에게도 그런 통찰지가 있다.'[62]

위의 인용 경문을 통해서도 알 수 있듯이, 수념은 가르침을 받은 내용을 그대로 기억하고 떠올리는 것을 의미한다. 이것은 '생각'이 갖는 전형적인 특징 가운데 하나이다. 가르침의 내용을 그대로 기억하

---

[62] AN.III, pp.312~313. 번역은 대림 스님, 『앙굿따라니까야』 4, 초기불전연구원, 2007, pp.104~107 중 일부를 인용함.

고 떠올리는 것은 다른 한편으로는 '수행'의 한 방법인 것이다. 그래서
6가지 수념의 내용에는 그로 인해 얻게 되는 결과들이 언급된다.
결과의 내용은 동일한데, 그 내용을 제시하면 다음과 같다.

> 비구들이여, 성스러운 제자가 이와 같이 여래(/법/승가/계/보시/천
> 신)를 계속해서 생각할 때 그의 마음은 탐욕(rāga)에 의해 결박되지
> 않고, 성냄에 의해 결박되지 않고, 어리석음에 의해 결박되지 않는
> 다. 그때 그의 마음은 여래(/법/승가/계/보시/천신)를 의지하여 올곧
> 아진다. 그는 욕심(gedha)을 떠났고 벗어났고 여의었다. 비구들이
> 여, 여기서 욕심(gedha)이란 다섯 가지 감각적 욕망과 동의어
> (adivacana)다. 비구들이여, 이것을 대상으로 삼은 뒤 여기 어떤
> 중생들은 청정하게 된다.[63]

위의 인용 경문에서 보듯이, 수념의 결과는 탐진치에 결박되지
않는 마음이 되어, 6가지의 대상에 의지하여 올바르게 된다. 그래서
욕심(gehda),[64] 즉 감각적 욕망에서 벗어나게 되고, 어떤 중생들은
청정함을 획득하기도 함을 알 수 있다.

한편 다른 용례도 발견된다. anussarati는 용례를 보면, 숙명통과
관련해서 전생의 거주처(pubbenivāsa)를 기억하거나 떠올릴 때도

---

63 AN.III, pp.312ff.

64 SN.I, p.73에 "na ca kāmesu gedhaṃ āpajjanti", 즉 "온갖 감각적 욕망의 대상에
대한 탐욕에 빠지지 않는다"라고 해서, gedha(욕심, 혹은 탐욕)는 kāma와 관련된
것임을 알 수 있다.

사용된다.

> 비구들이여, 여기에서 비구는 다양한 전생의 삶을 떠올린다.[65]

> 비구들이여, 어떤 사문 바라문이든, 다양한 이전의 삶을 떠올리는
> 자들, 그들은 모두 오취온에 대해서 기억하는 것이지 다른 것을
> 그 외 다른 것을 (기억하는 것이) 아니다.[66]

그가 이와 같이 마음이 삼매에 들고, 청정하고 깨끗하고 흠이 없고
오염원이 사라지고 유연하고 활발발하고 안정되고 흔들림이 없는
상태에 이르렀을 때 전생을 기억하는 지혜(宿命通)로 마음을 향하게
하고 기울인다. 그는 수많은 전생의 갖가지 삶들을 기억한다. 즉
한 생, 두 생, 세 생, 네 생, 다섯 생, 열 생, 스무 생, 서른 생,
마흔 생, 쉰 생, 백 생, 천 생, 십만 생, 세계가 수축하는 여러
겁, 세계가 팽창하는 여러 겁, 세계가 수축하고 팽창하는 여러
겁을 기억한다. '어느 곳에서 이런 이름을 가졌고, 이런 종족이었고,
이런 용모를 가졌고, 이런 음식을 먹었고, 이런 행복과 고통을
경험했고, 이런 수명의 한계를 가졌고, 그곳에서 죽어 다른 어떤
곳에 다시 태어나 그곳에서도 이런 이름을 가졌고, 이런 종족이었

---

65 It. p.98.

66 SN.III, p.86. 여기에서는 오온, 즉 색수상행식에 대한 과거, 현재, 미래에서의
　작용을 알고, 그에 대해서 혐오를 일으켜 집착하지 않음을 말한다. 하지만
　SN.I, p.174에서는 "전생에서의 생존을 알고, 천상과 지옥을 본다"는 방식으로
　직접적으로 전생의 삶을 말하기도 한다.

고, 이런 용모를 가졌고, 이런 음식을 먹었고, 이런 행복과 고통을
경험했고, 이런 수명의 한계를 가졌고, 그곳에서 죽어 여기 다시
태어났다'라고, 이처럼 한량없는 전생의 갖가지 모습들을 그 특색과
더불어 상세하게 기억해낸다.[67]

이상의 인용 경문에서 보듯이, anussarati/anussati의 경우는 6수념
혹은 숙명통과 관련되어서만 언급되고 있다.[68]

4. 주관적 양상과 객관적 양상[69]을 통해 본 생각과 수행을 통한 통합

앞 절에서 보았듯이, 생각에 해당하는 용어로 saññā, vitakka, saṅkap-
pa, anussarati/anussati를 살펴보았다. 이 가운데 saññā, vitakka,
saṅkappa는 각각 세 가지 kusala와 akusala의 생각으로 제시되고

---

67 AN.I, p.164. 대림 스님, 『앙굿따라니까야』 1, 초기불전연구원, 2007, pp.415~
   416.의 번역을 인용함.

68 동일한 범주이긴 하지만, '들숨과 날숨에 대한 알아차림(ānāpāna-(anu)smṛti),
   죽음에 대한 알아차림(maraṇa-(anu)smṛti), 몸에 대한 알아차림(kāya-
   gatā-(anu)smṛti)' 등이 있다.(Kirk Warren Bron et.al, 인경스님 외 번역, 『알아차림
   명상 핸드북』, 명상상담연구원, 2018, p.18)

69 주관적 양상과 객관적 양상이란 말은 아날라요의 책에서 사용된 말이다. 그는
   들어오는 감각인상을 "객관적 양상"으로, 감각인상이 받아들여지고 인지되는
   방식을 "주관적 양상"으로 설명한다. 그리고 세계에 대한 사람들의 경험은
   "주관적" 영향과 "객관적" 영향 간 상호관계의 산물로 이해하고, "주관적" 영향은
   세계를 지각함으로써 훈련되며, "객관적" 영향은 외적 세계의 다양한 현상에
   의해 훈련된다고 말한다.(아날라요, 앞의 책, pp.239~240 참조)

있음을 보았다. 이에 반해 anussarati/anussati는 6수념을 비롯한 수행
이나 신통력과 관련된 용례만이 확인됨을 보았다.

　본 절에서는 이상의 논의를 바탕으로 인식대상과 인식대상이 부딪히
면서 생겨나는 생각에 대해 주관적, 객관적 양상이란 측면에서 논하고,
이들을 통합하는 방식을 논하고자 한다.

1) 생각은 안에 있는 것인가, 밖에서 들어오는 것인가

생각은 밖에서 들어오는 것인가? 아니면 안에서 생겨나는 것인가?
생각이 밖에서 들어온다면 생각은 본래 나와는 관계가 없는 것이고,
안에서 생겨난다면 생각이란 대상과는 관계없이 발생하는 것이 된다.
과연 생각은 안에 있는 것인가, 밖에 있는 것인가?

　이를 간단하게 그림으로 나타내면 아래의 아래 그림과 같다. a는
생각이 외부로부터 들어오는 것이고, b는 생각이 안에서 생겨나는
것을 나타낸다.

그림1. 생각이 발생하는 두 경로

그런데 어떠한 생각도 전적으로 외부에서 들어오거나(a), 혹은 내부로부터 생겨나지(b)는 않는다. 어느 쪽도 한쪽에 치우친 것으로, 변견邊見에 속한다. 결국 변견으로는 생각에 대한 올바른 이해에 도달하지 못한다. 그렇다면 생각이란 어찌 보면 이 둘의 조합이라고 생각할 수도 있지만, 이것 또한 정확한 표현이라 할 수는 없다. 또한 생각은 외부로부터 생겨나는 것도 내부로부터 생겨나는 것도 아니라는 입장도 가능할 것이다. 하지만 이 역시 생각에 대한 올바른 이해에 도달하는 데에는 도움이 되지 못한다.

생각을 어떻게 이해하면 좋을지, 앞서 4가지의 생각과 관련된 용어들을 고찰하면서 보았던 내용을 토대로 해서, 아래에 제시하는 예문을 분석해보도록 하자.

똥 모양으로 초콜릿을 만들어놓고 먹으라고 하면 쉽게 먹을 수 있을까? 어느 심리학자는 어린애 장난 같은 이런 의문을 직접 실험해보았다. 결과는? 너무도 리얼하게 똥처럼 생겨서 대부분의 어른(a)은 차마 먹지 못했다고 한다. 반면 어린아이들(b)은 별다른 주저 없이 맛있게 먹었다고 한다. 똥 모양으로 만들긴 했지만, 초콜릿임을 알려주었음에도 불구하고 많은 사람이 먹지 못한 것은 무엇 때문일까? 똥은 더럽고 지저분한 분비물이라는 관념이 똥 모양의 초콜릿을 먹지 못하게 했을 것이다.[70]

위 인용문의 내용을 간단하게 도표로 나타내면 다음과 같다.

---

70 이진경, 『불교를 철학하다』, 한겨레출판, 2016, p.134.

외부대상	생각		결과	
똥 모양의 초콜릿	a	더럽고 지저분한 것	a	못 먹음
	b	맛있는 것	b	맛있게 먹음
객관적 양상	주관적 양상			

표3. 생각의 객관적 양상과 주관적 양상

　생각은 앞서 보았듯이, '촉-수-상-사-망상' 혹은 '색-수-상-행-식'의 과정을 통해 드러난다. 외부대상을 육근을 통해 받아들이면 그것에 대해서 이미지화 혹은 개념화라는 생각의 과정을 통해 대상을 판단하게 된다. 이때 생각은 다시 두 가지로 이해할 수 있는데, 즉 외부대상에 대한 인식과, 경험을 통해 기억된 인식이 결합된 것으로 볼 수 있다. 이는 a와 b 모두 공통적이다. 하지만 표출되는 결과는 다르다. 결과가 다른 이유는 a는 '똥이란 이미지'가 확고하게 정립되어 있는 것이고, b의 경우에는 아직 그 이미지가 확고하게 형성되지 않았고, 더불어 초콜릿에 대한 정보가 더 강력하게 작용했다고 볼 수 있다. 즉 어떤 경험정보가 더 강력하게 작용했는가에 따라서 같은 대상을 보고도 다른 생각을 갖게 될 수 있다.

　앞의 3. 1)의 saññā에서 살펴보았듯이, 산냐에는 대상의 특질을 파악해서 개념을 구성하고 이미지화하는 작용, 그리고 기억의 작용이 있음을 보았다. 이를 통해서 위의 '똥 모양 초콜릿'에 대한 생각의 발생을 도식화하면 다음과 같다.

1단계	2단계		3단계	
똥 모양의 초콜릿	saññā		vitakka	
	a	b	a	b
대상+시각+수受	똥	초콜릿	더럽다	맛있다

표4. 생각 발생의 단계

편의상 단계로 구분해보았다. 1단계는 외부대상과 감각기관이 만나는 것을 의미한다. 이것은 앞에서 이미 보았던 '촉-수-상-사-망상'에서 '촉과 수'의 과정에 해당하는 것으로 배대해보았다. 2단계는 산냐가 작용하는 단계로 '똥 모양의 초콜릿'에 대한 기억과 이미지화, 그리고 개념화의 결과 a는 '똥'으로, b는 '초콜릿'으로 생각하게 된다. 3단계에서는 보다 구체적으로 생각이 진전되어 a는 '더럽다, 지저분하다, 역겹다'와 같은 강렬한 생각을 일으키게 된다. 이에 반해 b는 초콜릿에 대한 생각이 진전되어 '맛있다, 먹고 싶다'와 같은 생각을 일으키게 된다. 이후의 단계는 생각의 확산으로 '망상'이 전개되게 된다.

그런데 a와 b 가운데 어느 쪽이 더 올바른 생각에 가까울까. 이러한 질문을 받게 되면 대개의 경우 b라고 답하는 경우가 많다. 왜냐하면 '똥'은 더러운 분비물이지만 '똥 모양의 초콜릿'은 맛있는 초코로 만들어진 것이기 때문에, 올바른 생각은 b라는 것이다. 하지만 이 두 가지 생각은 모두 번뇌 혹은 부정적 정서를 일으키는 방식이라는 점에서 같다. 즉 a는 혐오를, b는 집착을 불러일으키게 된다. 이 둘은 모두 대상을 있는 그대로 보는 것을 방해하기 때문에 대상에 대한 올바른 생각이라고 할 수 없다. 이는 앞서 살펴본 바와 같이 어느 쪽이든

"욕망의 대상에 대한 생각(kāma-saññā/vitakko), 악의적인 생각
(vyāpāda-saññā/vitakko), 해치고자 하는 생각(vihiṃsā-saññā/vi-
takko)"과 관련되기 때문이다.

이렇게 본다면 생각은 전적으로 안에서 생겨나는 것도, 혹은 밖에서
오는 것도 아니다. 이것을 앞에 제시한 도표를 통해 나타내면 다음과
같다.

1단계	2단계		3단계	
똥 모양의 초콜렛	saññā		vitakka	
	a	b	a	b
대상+시각+수(受)	똥	초콜렛	더럽다	맛있다
객관적 양상	주관적 양상		주관적 양상	

그림2. 생각의 상호 작용과 대상에 미치는 관계

위 도표에서 아래쪽 화살표는 영향관계를 통한 왜곡을 나타낸다.
그리고 위쪽 화살표는 왜곡된 생각이 대상에 영향을 미치는 관계를
나타낸다. 이렇게 되면, 위쪽의 화살표를 통해 인식되는 대상은 이미
외적 대상이라기보다는 내적으로 투영된 이미지이고 관념이며, 생각
이라고 할 수 있다. 즉 객관적 대상과는 관계없이 조작되고 관념화된
대상만이 존재한다고 볼 수 있다.[71]

---

71 이와 관련해서 아날라요의 견해는 참고할 만하다. "이러한 주관적 선입견의

2) 수행을 통한 통합

생각은 적절한 방식으로 통제되어야 한다. 이는 앞서 본 바와 같이 불건전한 세 가지 방식을 건전한 세 가지 방식으로의 전환이 필요하기 때문이다. 그런데 여기서 불건전하다, 혹은 건전하다는 것의 의미는 무엇일까. 이는 일단 우리가 생각하듯, 윤리 도덕적 관점에서의 선악의 개념은 아니다. 물론 kusala-dhamma, akusala-dhamma를 선법善法 과 불선법不善法으로 번역하기도 하지만, 이때 선과 불선은 선과 악의 개념과 일대일 대응으로 보기는 어렵다.[72] 굳이 불교의 선과 불선과 일반적인 선과 악의 관계를 말한다면, "선과 불선 〉 선과 악"이 될 것이다. 그러면 3절에서 살펴본 생각들과 kusala와 akusala와의 관계 를 보면 다음과 같다.

영향은 지각의 첫 번째 단계에서 결정적인 영향을 미치며 족쇄(saṃyojana)의 발생으로 이어질 수 있다. 이 후의 반응은 지각된 대상에 속하는 특성과 속성에 기반한다. 사실 이러한 특성과 속성은 종종 지각한 사람에 의해서 대상에 투사된 것이다."(아날라요, 앞의 책, p.240)

72 kusala와 akusala의 개념에 대한 명확한 정의를 볼 수 있는 경전으로 MN.I, Sammādiṭṭhi sutta가 있다. 여기에서는 비구 수행자들이 사리뿟따 존자에게 '바른 견해'가 무엇인지를 묻는데, 존자는 '불선(akusala)을 알고, 불선의 뿌리를 알고, 선(kusala)를 알고 선의 뿌리를 알 때 정견이 되며, 견해가 바르게 되고, 무너지지 않는 믿음을 구족하고, 정법에 도달한다'고 가르친다.(pp.46~47) 그리 고 불선의 내용으로 '생명을 죽이는 것, 주지 않는 것을 갖는 것, 삿된 음행을 하는 것, 거짓말을 하는 것, 중상모략을 하는 것, 욕설을 하는 것, 잡담을 하는 것, 욕심, 악의, 삿된 견해'를 제시한다. 그리고 불선의 뿌리는 탐진치라고 한다. 선과 선의 뿌리는 불선을 행하지 않는 것, 탐진치의 부재로 설명된 다.(p.47)

생각들	kusala	akusala
saññā	○	○
vitakka	○	○
saṅkappa	○	○
anussati/anussarati	○	X

표5. 생각의 kusala와 akusala의 관계

앞서 보았듯이, 산냐, 위딱까 상깝빠는 "욕망의 대상에 대한 생각(kāma-saññā/vitakko/saṅkappa), 악의적인 생각(vyāpāda-saññā/vitakko/saṅkappa), 해치고자 하는 생각(vihiṃsā-saññā/vitakko/saṅkappa)"이라는 akusala에 속하는 생각들을 포함한다. 하지만 반대로 kusala에 속하는 것으로 "욕망의 대상을 떠남에 대한 생각(nekkhamma-saññā/vitakko/saṅkappa), 악의를 떠난 생각(avyāpāda-saññā/vitakko/saṅkappa), 해치지 않음에 대한 생각(avihiṃsā-saññā/vitakko/saṅkappa)"이 있다. 그런데 산냐, 위딱까, 상깝빠 사이에는 차이가 존재하는데, 바로 saṅkappa는 그것이 sammā-saṅkappa로 작용할 때 '깨달음에 이르는 중요한 수단'으로 기능한다는 것이다. 하지만 vitakka는 "모든 vitakka가 파괴되어지고, 소멸할 때" '완전한 안정과 내적인 평정을 획득'하는 것으로 설명된다. 그리고 위딱까는 산냐와의 관계에서 이해된다. 결국 위딱까와 산냐는 세 가지 Kusala로 지향되어야 하지만, 그 지향을 넘어 자체를 초월하거나 지멸해야 한다.

『맛지마니까야(MN)』에는 위딱까산타나 숫따(Vitakkasaṇṭhāna sutta)라는 경전이 있다. 이 경전은 불건전한 생각에 어떻게 대처해야 하는지에 대한 가르침을 전한다. 불건전한 생각에 대처하는 다섯 가지 방법을 자세하게 제시하고 있는데, 그 대략적인 내용을 요약하면 다음과 같다.

①비구들이여, 여기에서 (어떤) 표상에 관하여 표상에 주의를 기울이는 (어떤) 비구에게 욕망과 관련되거나 혹은 성냄과 관련되거나 혹은 어리석음과 관련된 악하고 불선한 생각들이 일어나면, 비구들이여, 그 비구에 의해 그 표상으로부터 선함(kusala)과 관련된 다른 표상에 주의를 기울여야 한다. 그 표상으로부터 선함과 관련된 다른 표상에 주의를 기울이는 그에게 욕망과 관련되거나 성냄과 관련되거나 어리석음과 관련된 악하고 불선한 생각들이 제거되고 소멸된다. 그런 것들이 제거되기 때문에 안으로 마음이 안정되고 고요해지고 전일해져 삼매에 든다.[73]

②비구들이여, 만약 그 표상으로부터 선함과 관련된 다른 표상에 주의를 기울이는 그 비구에게 욕망과 관련되거나 혹은 성냄과 관련되거나 혹은 어리석음과 관련된 악하고 불선한 생각들이 일어나면, 비구들이여, 그 비구에 의해 그 생각들의 위험을 검토해야 한다. '이런 이유로 이 생각들은 불선하고, 이런 이유로 이 생각들은 비난받을 만하고, 이런 이유로 이 생각들은 괴로움의 과보가 (있다)' 라고. 그 생각들의 위험을 검토한 그에게 욕망과 관련되거나 성냄과 관련되거나 어리석음과 관련된 악하고 불선한 생각들이 제거되고 소멸된다. 그런 것들이 제거되기 때문에 안으로 마음이 안정되고

73 MN.I, p.119.

고요해지고 전일해져 삼매에 든다.[74]

③ 비구들이여, 만약 그 생각들의 위험을 검토하는 그 비구에게 욕망과 관련되거나 혹은 성냄과 관련되거나 혹은 어리석음과 관련 된 악하고 불선한 생각들이 일어나면, 비구들이여, 그 비구에 의해 그 생각들이 자각되지 않고(asati), 주의를 기울이지 않아(amanasikāro)야 한다. 그 생각들이 자각되지 않고, 주의를 기울이지 않는 그에게 욕망과 관련되거나 성냄과 관련되거나 어리석음과 관련 된 악하고 불선한 생각들이 제거되고 소멸된다. 그런 것들이 제거되 기 때문에 안으로 마음이 안정되고 고요해지고 전일해져 삼매에 든다.[75]

④ 비구들이여, 만약 그 생각들이 자각되지 않고 주의를 기울이지 않는 그 비구에게 욕망과 관련되거나 혹은 성냄과 관련되거나 혹은 어리석음과 관련된 악하고 불선한 생각들이 일어나면, 비구들 이여, 그 비구에 의해 그 생각들의 생각의 현상의 가라앉힘에 주의를 기울여야 한다. 그 생각들의 생각의 현상의 가라앉힘에(vitakkasaṅkhārasanthānaṃ) 주의를 기울이는 그에게 욕망과 관련되거나 성냄과 관련되거나 어리석음과 관련된 악하고 불선한 생각들이 제거되고 소멸된다. 그런 것들이 제거되기 때문에 안으로 마음이 안정되고 고요해지고 전일해져 삼매에 든다.[76]

⑤ 비구들이여, 만약 그 생각들의 생각의 현상의 가라앉힘에 주의를

---

74 Ibid.

75 MN.I, p.120.

76 Ibid.

기울이는 그 비구에게 욕망과 관련되거나 혹은 성냄과 관련되거나 혹은 어리석음과 관련된 악하고 불선한 생각들이 일어나면, 비구들이여, 그 비구에 의해 이빨로 이를 악물고, 혀를 입천장에 대고 마음으로 마음을(cetasā cittaṃ) 제지하고 때리고 부수어야 한다. 비구들이여, 이빨로 이를 악물고, 혀를 입천장에 대고 마음으로 마음을 제지하고 때리고 부수는 그에게 욕망과 관련되거나 성냄과 관련되거나 어리석음과 관련된 악하고 불선한 생각들이 제거되고 소멸된다. 그런 것들이 제거되기 때문에 안으로 마음이 안정되고 고요해지고 전일해져 삼매에 든다.[77]

⑥비구들이여, 이러한 비구를 생각의 방식의 달인이라고 부른다. 그는 자신이 생각하고자 원하는 생각을 생각할 것이고, 자신이 생각하고자 원하지 않는 생각을 생각하지 않을 것이다. 그는 갈애를 끊고, 족쇄를 끊고, 자만을 완전히 정복하여 괴로움의 끝을 이루었다.[78]

경문의 내용은 변증법적 전개방식을 보여준다. 긍정되었던 것이 부정되며, 다시 초월된다. 단계가 진행될수록 그 방식이 매우 역동적으로 전개된다. 이 경전을 통해 우리는 분열된 생각, 번뇌를 야기하고 망상으로 치닫는 생각이 어떻게 수행으로 수렴될 수 있는지를 확인해 볼 수 있다. 그 과정을 간단하게 도표로 나타내면 다음과 같다.

---

77 MN.I, pp.120~121.

78 MN.I, p.122. 여기에서 생각은 vitakka로 표현된 것의 번역이다. 달인은 와시 (vasī)의 번역인데, 능숙한 자, 스승 등의 의미로 해석될 수 있다.

82

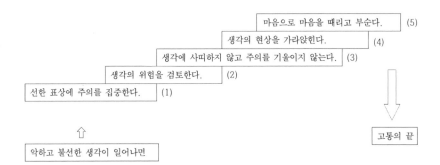

표6. 불선한 생각을 대치하는 변증법적 과정

(1)에서 (5)로 나아가는 것은 점점 힘을 들이는 방식이다. 수행이 잘된 자에게는 (1)에서 악하고 불선한 생각을 바로 대치할 수 있다. 하지만 그것이 안 될 경우, 점차 힘으로 악하고 불선한 생각을 억누르고 부수는 방식으로 나아감을 알 수 있다.[79] 마지막 (5) '마음으로 마음을 때리고 부순다'는 것은 불건전한 생각이 떠오르거나 마음현상이 일어나면 그것을 선한 마음으로 제어하거나 막는 것을 의미한다.[80] 방법이

---

79 아날라요는 "(마음을 마음으로 때리고 부수는 것은) 위에서 다룬 소멸을 포함한 다른 모든 대안적 접근법이 효과가 없는 경우에 취하는 최후 수단임이 분명하다. 그러므로 '마음을 마음으로 때리고 부수는 것'은 다른 방식이 실패했을 경우의 응급수단이라고 볼 수 있다"라고 말하고 있다.(아날라요, 앞의 책 p.194)

80 해당 경의 주석서(Aṭṭhakathā)에서는 "Cetasā cittanti kusalacittena akusala-cittaṃ abhiniggaṇhitabbaṃ.("'마음으로 마음을'이란 선한 마음으로 불선한 마음을 막아야 하는 것을 〔말한다〕)"로 설명하고 있다. 주석서의 내용은 http://www.tipi-taka.org/romn/를 통해서 확인하였다. 불선한 마음 혹은 생각이 일어나면 적극적이고 강력하게 의지를 내어 선한 마음 혹은 생각을 일으키는 것으로 이해할 수 있다. 예를 들어 남에 대한 강력한 분노와 적개심이 일어나면 그에 상당할 만큼 강력한 자애심을 일으켜야 하는 것이다. 이는 앞서 살펴본 6수념의 방법을

야 어찌 되었든, 이러한 방법들로 얻게 되는 것은 갈애와 족쇄를 끊고 고통의 끝을 이루는 것이다. 즉 해탈을 성취하게 된다.

힘으로 해결하는 것이 최후의 수단이라고 한다면, (1)이나 (2) 단계에서 문제를 해결할 수 있도록 하는 것이 수행의 입장에서 볼 때 바람직한 모습이라고 할 수 있겠다. 그러면 (1) 단계에서 말하는 선한 표상으로 주의집중을 하는 것은 어떤 방법일 수 있을까. 경전에서는 그에 대한 설명이 없지만, 앞서 생각의 여러 용법들을 살펴보았을 때, 떠올릴 수 있는 것은 anussati/anussarati이다.

Vitakkasaṇṭhāna sutta에서 악하고 불선한 생각을 선한 표상으로 대치하는 것이 성공적일 경우, '탐진치와 관련된 악하고 불선한 생각을 제거'할 수 있다고 설하고 있다. 그리고 궁극적으로는 '고통의 끝', 즉 해탈을 성취하게 된다는 것을 보여준다. 6수념의 경우는 성공적으로 계속해서 생각하는 것이 가능하면 탐진치에 결박되지 않고, 청정을 성취하게 된다.[81]

이상의 논의를 간략하게 정리하면 다음과 같다.

용어	방법		결과
saññā	제거 및 지멸	⇨	탐진치의 소멸 및 삼매의 성취
vitakka			
saṅkappa	sammā-saṅkappa로 전환	⇨	올바른 깨달음, 열반으로 이끔
anussati	6수념의 실천	⇨	탐진치를 벗어나 청정을 성취

표7. 생각의 처리방법과 그 결과

대입해도 될 것이다.

81 AN.III, pp.312ff.

생각이란 다양한 용어로 표현되지만, 그 가운데에서도 보다 심층에
서 작용하는 것은 saññā일 것이다. 왜냐하면 앞서 보았듯이 '촉-수-상
-사-망상'의 일련의 과정에서 산냐는 위따까에 선행하는 것으로 이해
되기 때문이다. 이를 달리 표현하면 악하고 불선한 생각들을 대치하는
방식은 적극적인 '의지'의 개입이 필요한데, 그 의지의 강도가 'saññā
→ vitakka → saṅkappa → anussati'의 순서로 이해된다. 악하고 불선한
생각들을 선한 생각 내지 깨달음의 방향으로 돌리기 위해서는 무엇보
다도 정확한 자기 인식(self awarenss)[82]과 붓다의 가르침에 대한 바른
이해(정견)가 필요하다. 그리고 우리가 생각을 훈련하는 어떤 방식이
있을 수 있는데, 그 방법 중 하나는 감각작용(受)을 통해 들어온 정보를
증가시키지 않는 방식이다. 그것을 경전에서는 다음과 같이 설한다.

보일 때는 보이는 것만 있으며, 들릴 때는 들리는 것만 있으며,
느낄 때는 느껴지는 것만 있으며, 알 때는 아는 것만 있다. 당신이
그것으로 인해 존재하지 않을 때 당신은 그것으로 인해 존재하지
않으며, 당신이 그 가운데에 있지 않을 때 당신은 그 가운데에
있지 않다. 당신은 여기와 거기도, 그리고 그 가운데에도 있지
않을 것이다. 이것이 바로 고통(dukkha)의 종결이다.[83]

---

82 정확한 자기 인식(self awareness)을 계발하기 위한 첫걸음은 마음 안에 숨겨진
감정, 동기, 그리고 경향성을 즉각적으로 억누르지 않으면서 그에 대해 정직하게
인식하는 것이 필요하다.(아날라요, 앞의 책, p.197)
83 Ud. p.8. 번역은 아날라요의 번역을 재인용함.(아날라요, 앞의 책, p.250)

위 경문의 내용은 명백하게 무아에 대한 내용이다. 무아란 달리 행위자의 부재로 이해할 수 있다. 우리는 '보는 자', '듣는 자', '느끼는 자', '생각하는 자'를 말한다. 즉 보고, 듣고, 느끼고, 생각하는 그 배후에 어떤 '주체'가 있다고 '생각'한다. 하지만 무아는 그러한 것은 하나의 생각일 뿐 사실이 아님을 말한다. 행위자와 관련된 경전이 모리야팍구나 숫따(Moḷiyaphaggunassuta)(SN.II, p.12ff)이다. 팍구나라는 비구가 붓다에게 "누가 의식의 자양분을 섭취합니까?", "누가 접촉합니까?", "누가 느낍니까?", "누가 갈애합니까?", "누가 집착합니까?", "누가 존재합니까?", "누가 태어납니까?"라는 7가지 질문을 한다. 이 질문에 붓다는 명확하게 "그와 같은 질문은 적당하지 않다. '세존이시여, 무엇 때문에 자양분이/접촉이/느낌이/갈애가/집착이/존재가/태어남이 생겨납니까?'라고 물어야 한다"고 답한다.[84]

그렇기에 불선한 생각을 하는 자, 선한 생각을 하는 자와 같이 생각의 주체를 상정하게 되면 생각이 갖는 이중성을 벗어나지 못한다. 생각의 이중성을 벗어나기 위해서는 생각하는 자가 없음, 즉 무아에 대한 통찰이 필요하다.

---

84 "……생각의 배후에 있는 생각하는 자, 혹은 행위 이면에 있는 행위자를 일컫는 행위자 명사의 탄생은 단지 습관적이고 관례적으로 사용해온 것에 비롯한다. 숙달된 명상수행을 통해 의식의 흐름을 면밀히 살펴보면, 의도나 의지를 실행하는 기능을 구별할 수는 있어도, 의도나 의지에 속해 있거나 이를 행사하는 어떤 사람은 존재하지 않는다. 생각은 계속해서 일어난다. 그리고 이들 생각 중 일부는 일어나는 여러 생각 중 마음의 선택 기능을 통해 의도적으로 택해진 것이다." 앤드류 올렌즈키, 박재용·강병화 옮김, 『붓다 마인드』, 올리브그린, 2018, p.21.

5. 생각하는 나는 없다

생각은 일단 일어나게 되면 내가 원하든 원치 않든 그것을 통제하는 것은 대단히 어려운 일이 된다. 본문에서도 인용했던 Madhupiṇḍika sutta의 내용에서도 보았듯이, 일단 발생한 생각은 왜곡과 구체적 관념화를 통해 여기저기로 확산되어 간다. 이렇게 확산되어 간 생각은 통제하기가 어렵게 된다. 이것을 경전에서는 '원숭이'로 비유하여 설명한다.[85] 이는 생각이 얼마나 분주하게 생겨났다가 사라지는지를 보여준다. 이러한 생각의 방식으로는 대상을 올바르게 인식하는 것이 불가능해진다. 그리고 애초 받아들인 정보 역시 크게 왜곡되어 변질되어버린다. 이렇게 되면 왜곡된 생각이 더욱더 왜곡된 생각을 만들어내는 악순환의 고리가 완성되게 된다. 그러면 '보아도 보지 못하고, 들어도 듣지 못하며, 느껴도 느끼지 못하는' 상황에 내몰리게 된다. 이것은 우리의 삶을 고통의 수렁으로 밀어 넣고, 파멸로 몰아가게 된다.

사실 이러한 생각의 왜곡은 '생각하는 내가 있다'라고 하는 그릇된 견해(邪見)에서 비롯된다고 할 수 있다. 본문에서는 '자아'에 대한 논의를 본격적으로 다루지는 않았지만, 초반에 잠시 언급한 것으로 본 논문에서는 충분하리라 생각한다.

---

85 "비구들이여, 예를 들면 원숭이가 삼림의 숲속으로 다니면서 한 가지를 붙잡았다가 그것을 놓아버리고 다른 가지를 붙잡는 것과 같다. 비구들이여, 이와 같이 이 마음이나 정신 내지 의식이라고 하는 것은 밤낮으로 바뀌면서 다른 것이 생겨나고 다른 것에 소멸한다."(SN.II.95) 번역은 전재성, 『상윳따니까야』 2, 빠알리성전협회, 2006, p.314.

본문에서 보았듯, 생각은 kusala와 연관된 것과 akusala와 연관된 것으로 구분된다. 그 기준은 명확하게 탐진치와 관련된 것이면 akusala 가 되고, 그렇지 않으면 kusala가 된다. 이는 생각이 갖는 이중성이라고 볼 수 있다. 하지만 붓다의 가르침은 이러한 이중성이 고정적으로 정해져 있는 것이 아니라 변증법적 틀 속에서 이해될 수 있음을 vitakka-saṇṭhāna sutta에서 보여주고 있다. 일면 kusala와 akusala라는 구조 속에서 생각을 분류하고 있기에, 선악의 이분법적 관계 속에서 악을 지양하고 선을 지향하는 단선적 구조로 이해될 수도 있지만, 그렇게 단순한 구조로 되어 있지 않음을 보았다. 네 가지 생각, 즉 saññā, vitakka, saṅkappa, anussati에서 앞의 세 가지는 명확하게 kusala와 akusala라는 구조 속에서 kusala로 지향됨을 알 수 있었다. 하지만 경문의 내용을 통해서 결국 kusala의 saññā, vitakka라고 할지라도 종국에는 지멸이라는 방식으로 귀결될 때 '삼매의 성취'가 가능함을 보았다. 이는 악을 지양하고 선을 지향한다는 단선적 구조가 아님을 보여준다. 아울러 saṅkappa의 경우는 sammāsaṅkappa로서 작용될 때 열반으로 이끄는 방식으로 기능함을 보았는데, 이는 독자적 기능이 라기보다는 팔정도라고 하는 관계 속에서 기능할 때 우리가 말하는 '바른 사유'의 기능이 발현된다고 이해할 수 있다. 그리고 anussati는 여섯 대상에 대한 선함의 표상(kusala nimitta)을 기억의 방식을 통해 강화함으로써 탐진치로부터 멀어지고 청정을 획득하는 방법이다.

하지만 이상의 내용들은 결국 '무아'의 측면에서 수렴될 때 올바른 생각으로 기능할 수 있다. 그것을 마지막에 인용한 우다나의 가르침을 통해 확인할 수 있다. 우리는 본 것을 생각하고, 들은 것을 생각하며,

느낀 것을 생각한다. 하지만 이것은 보는 자, 듣는 자, 느끼는 자라고 하는 자아관을 바탕으로 한 일련의 행위이다. 하지만 우다나의 가르침에서는 '보일 때는 보이는 것만 있고, 들릴 때는 들리는 것만 있으며, 느낄 때는 느끼는 것만 있다'라고 하는 철저한 무아의 방식을 말하고 있다. 이렇게 될 때 우리는 생각의 왜곡과 개념적 확산(망상)에서 벗어날 수 있게 된다.

참고문헌

원전류

AN. Aṅguttara Nikāya, PTS

DN. Dīgha Nikāya, PTS

MN. Majjhima Nikāya, PTS

Sn. Suttanipāta, PTS

SN. Saṃyutta Nikāya, PTS

Ud. Udana, PTS

국내 단행본 및 논문

대림 스님, 『앙굿따라니까야』 1, 초기불전연구원, 2007.

대림 스님, 『앙굿따라니까야』 4, 초기불전연구원, 2007.

전재성, 『상윳따니까야』 2, 빠알리성전협회, 2006.

루네 E. A. 요한슨, 박태섭 옮김, 『불교심리학』, 시공사, 1996.

이정모, 『인지과학』, 성균관대학교출판부, 2012.

이진경, 『불교를 철학하다』, 한겨레출판, 2016.

아날라요, 이필원·강향숙·류현정 공역, *Satipaṭṭhāna*(깨달음에 이르는 알아차림 명상수행), 명상상담연구원, 2014.

엔드류 올렌즈키, 박재용·강병화 옮김, 『붓다 마인드』, 올리브그린, 2018.

Kirk Warren Bron et.al, 인경 스님 외 번역, 『알아차림 명상 핸드북』, 명상상담연구원, 2018.

이필원, 「초기불교의 정서 이해」, 『인문논총』 67집, 서울대학교 인문학연구원, 2012.

임승택, 「심리적 세계의 이해」, 『마음과 철학』(불교편), 서울대학교 출판문화원, 2015.

외국 단행본 및 논문

Johnasson, Rune E. A.. *The Dynamic Psychology of Early Buddhism*, Curzon Press, 1985.

Martin Stuart-Fox, "Jhāna and Buddhist Scholasticism", *JIABS*, 12-2, 1989.

P. de Silva, "Thinking and Feeling: A Buddhist Perspective", *SOPHIA*, Vol.50, 2011.

Schmithausen, L., "On Some Aspects of Descriptions or Theories of 'Liberating Insight' and 'Enlightenment' in Early Buddhism"., 1981.

Tse-fu Kuan, Congnitive operations in Buddhist meditation : interface with Western psychology, *Contemporary Buddhism : An Interdisciplinary Jouranl*, 13:1, 2012.

水野弘元, 『パーリ語辞典』

웹사이트

http://www.tipitaka.org/romn/

http://dictionary.sutta.org

https://ko.dict.naver.com/detail.nhn?docid=20559300

'병 속의 새'는 어떻게 자유를 꿈꾸는가

- 선불교의 '생각'에 대한 인문적 탐색

오용석(원광대학교 마음인문학연구소 HK연구교수)

선불교에서는 우리에게 익숙한 생각의 성城으로 이루어진 것은 모두 버려야만 한다고 말한다. 설사 그것이 우리에게 영원을 약속할 수 있는 부처와 조사라고 하더라도 우리의 앞을 가로막으면 진정한 견해가 될 수 없다. 선불교는 무념을 직관하는 입장에서 억지로 번뇌 망상을 조절하거나 제거하는 것을 반대한다. 그보다는 무경계성을 직관적으로 통찰하고 번뇌에 집착하지 않는 방법을 중시한다.

또한 선불교에서는 언어와 사량을 부정하지 않으면서도 그것을 깨달음으로 들어가는 문으로 삼는다. 왜냐하면 언어와 사량은 무경계이고, 무경계는 중도이며, 중도는 무념이고, 무념은 무한대의 사유가 되기 때문이다. 이를 위해 우리는 우리 안에 어떠한 형이상학적 주체도 떠올리지 않아야 한다.

특히 선불교에서는 언어의 활동과 우리의 행위를 분리하지 않는다. 그래서 선의 사유는 실천을 동반한다. 선의 언어가 매 순간 움직이는 동적 언어로 표현되듯 선의 사유는 국집되거나 집착하지 않는 실천 자체가 된다. 이런 의미에서 우리의 생각을 떠나 있는 개념적 부처는 존재하지 않고, 지금 이 순간 목전에 존재하는 활발발한 인간만이 활동한다.

_____

1. 선의 패러독스, '병 속의 새'는?

선불교에서는 한 생각 일어나고 사라지는 것을 생사生死라고 한다. 이러한 의미에서 '생각'이란 흔히 '생사'라고 하는 우리 삶의 구성 양식을 말한다고 볼 수 있다. 즉 우리의 삶 자체가 생각이라는 것이다. 그러나 허공의 구름이 실체가 없듯이 우리의 생각 역시 아무런 실체가 없어서 단서를 잡기가 힘들다. 이것을 치환하면 나고 죽는 우리의 삶도 그 처음과 끝, 그것의 발생과 소멸을 가늠하기 힘들다고 할 수 있다. 그래서일까. 우리는 삶을 힘들어한다. 수십 년 생의 마침표를 찍어가는 누군가에게도 삶은 여전히 미지수이며 수수께끼이며 부연하기 힘든 이유가 여기에 있다.

그러나 선불교는 이러한 문제에 대하여 수수방관하지 않는다. 생사의 근본이 되는 '생각'에 대하여 집요하게 파고들고 문제 삼고 이를 격파한다. 남김없이 그 속을 헤집어놓는다. 어떠한 타협이나 양보도 없이 단칼에 생각을 격파하여 자유롭고자 한다. 선불교의 매력은 바로 이러한 과단성과 용기, 그리고 민낯을 마주하는 솔직함과 담대함

에 있다. 그래서일까. 선불교는 때로는 무자비한 것처럼 보이기도
한다.

선불교는 마음을 중시한다. 물론 이때의 마음은 대상과 관계없이
개별적으로 일어나는 마음은 아니다. 마음은 대상과 관계하면서 끊임
없이 활동을 일으키고 세상을 인식하고 자신을 규정한다. 마음은
그렇게 인식된 주체를 자신으로, 그리고 인식되는 대상을 타자로
규정하면서 '나'와 '남', '나의 것'과 '타인의 것', '주체'와 '객체' 등으로
이분화시킨다. 그리고 이러한 이분화는 '생각'이라는 구체적인 활동을
통해서 펼쳐진다. 그래서 우리의 생각은 주체이면서 객체로, 혹은
세상을 인식하는 절대적 실체로 경험된다. 물론 선불교에서는 이러한
방식으로 세상을 이해하거나 자신을 바라보는 것에 반대한다. 자신과
타자를 구분하고 대립하는 이 '생각'을 집요하게 문제 삼고 초월하려고
한다. 그래서 선불교가 보여주는 사상의 파노라마는 바로 '생각'과
관련된다.

생각은 마음이고, 마음은 생각이다. 마음은 생각의 활동 범위와
작용을 추상화시킨 것이고, 그래서 마음의 문제는 결국 생각의 문제로
귀속된다. 왜냐하면 마음이 괴로운 것은 생각이 번뇌에 사로잡혀
있기 때문이고, 그때의 생각은 고통을 불러일으키기 때문이다. 그러므
로 선불교에서 생각은 확장의 도구가 아니라 '비움'의 대상이 된다.
그러나 이 '비움'은 마치 어떤 그릇 속에 있는 물건을 비우는 그런
단순한 행위가 아니다. 그보다는 '비움'의 전제조건이 되는 어떤 그릇의
공성空性을 깨닫는 것과 비슷하다.

이런 맥락에서 본다면 '내가 생각을 비운다'는 개념은 머리 위에

다시 머리를 얹는 것처럼 부자연스럽고 불가능하다. 따라서 선불교에서는 '생각을 없애는' 것에 주력하기보다는 '없는 생각'을 강조한다. 그래서 선은 패러독스일 수밖에 없다. 우리가 경험하는 상식을 뒤집고 반성한다. 그러나 그러한 반성이 다시 상식으로 고정될 때 선은 '할喝'을 하고 '방棒'을 휘둘러 우리가 기댈 곳을 끊어버린다. 그래서 선은 어렵다고 한다. 그러나 역설적이게도 선에서는 하나의 활로, 즉 영민한 언어 작용을 긍정하는데 이를 "방일선도放一線道"라고 한다. 우곡于谷은 "방일선도"와 "관불용침官不容針, 사통거마私通車馬" 같은 말들이 선종의 언어관이 갖고 있는 독특함과 자비심을 보여준다[1]고 말한다.

필자는 이러한 특징들이 선의 공안公案에 잘 나타난다고 본다. 물론 공안을 해석하는 것은 일종의 분별의 영역에 떨어질 수 있지만, 최대한 언어에 집착하지 않은 균형 감각을 유지하면서 본 글을 '병 속의 새' 이야기로 시작해보겠다. 이 공안은 김성동의 소설 『만다라』에 나오는 이야기로도 유명하다. 입구는 좁지만 들어갈수록 깊고 넓어지는 병에 조그만 새 한 마리를 집어넣고 키웠는데, 병을 깨뜨리지도 않고 새를 다치지 않게 꺼내야 한다. 이 이야기는 『경덕전등록』 권10에 나오는 육긍대부陸亘大夫와 남전南泉 선사의 공안을 각색한 것이다. 그 내용은 다음과 같다.

선주자사 육긍대부가 처음 남전을 만나 물었다. "옛날 어떤 사람이 병 속에 거위 한 마리를 키웠습니다. 거위가 점점 자라면서 병이

---

1 于谷, 『禪宗語言和文獻』(江西人民出版社, 1995), pp.10~11.

감당할 수 없게 되었지요. 스님께서는 병을 깨지도 않고 또 거위를 다치지도 않게 꺼낼 수 있겠습니까?" 남전이 불렀다. "대부!" 육긍이 대답했다. "네!" 남전이 말했다. "나왔다!" 육긍이 바로 깨달았다.[2]

필자가 이 공안을 염두에 둔 것은 새(거위)가 우리 중생을 상징한다고 보았기 때문이다. 우리 중생은 이 세계에 던져지다시피 태어나서 점점 성장한다. 처음에는 이 세상 속에 내가 태어났다고 생각하였지만 시간이 지날수록 이 세계는 우리의 관념으로, 생각으로 쪼그라들기 시작한다. 그리고 우리는 이 세계를 초월하기를 꿈꾼다. 우리가 살아가는 세상은 고통과 괴로움의 연속이고, 우리를 영원히 보호해줄 것 같던 주위는 우리를 괴롭힌다. 그러므로 우리는 이러한 세계에서 탈출을 꿈꾼다. 여기서 병은 우리가 사는 세계이자 경계境界이다.

이런 맥락에서 육긍의 질문을 다시 각색하면 "어떻게 하면 이러한 고통의 세계에서 벗어날 수 있겠습니까?"가 될 것이다. 그런데 문제가 있다. 중요한 것은 병 속의 새가 병 밖으로 나올 때 다쳐서는 안 된다. 이와 마찬가지로 우리는 세계를 초월하기 위해서 세계를 부정해서는 안 된다. 세상이라는 경계를 부정하지 않으면서도 모든 고통의 세계에서 벗어나는 법은 무엇일까? 육긍은 남전에게 이러한 것을 묻고 있다. 만약 당신이 남전이라면 어떻게 대답하겠는가?

남전은 육긍의 질문, 즉 막다른 딜레마의 질문에 대하여 육긍을

2 『景德傳燈錄』 卷10(T51, p.279a), "宣州刺史陸亘大夫初問南泉曰 古人瓶中養一 鵝 鵝漸長大出瓶不得 如今不得毀瓶 不得損鵝 和尚作麼生出得 南泉召曰 大夫 陸應諾 南泉曰 出也 陸從此開解."

불렀다. 선의 문답에는 여러 가지 형식이 있는데 질문과 전혀 상관없는 답을 던지기도 하고, 질문을 질문으로 응수하기도 한다.[3] 여기서 남전은 "대부!" 하면서 육긍을 불렀다. 그리고 이러한 부르는 소리를 듣고 육긍은 무엇인가를 깨달았다.

논자는 남전의 대답이 크게 두 가지를 보여주고 있다고 본다. 첫째로 남전은 질문자의 맥락을 벗어나 질문을 격파한다. 둘째로 남전은 '방일선도'에 해당하는 새로운 길을 보여준다. 하나는 철저한 부정의 길이고, 다른 하나는 철저히 살리는 방식이다. 그리고 육긍은 그 자리에서 자신이 만든 자신과 세계에 대한 이원적 분별과 고통을 내려놓을 수 있었다. "네"라는 한마디와 "나왔다"는 한마디가 우리 자신과 세계에 대한 경계를 허무는 소통의 장이 된 것이다. 남전은 질문에 대한 대답을 통해 길을 보여준 것이 아니라 질문을 하는 자를 겨냥해 자아와 세계에 대한 분별을 내려놓도록 하였다. 이를 통해 남전은 육긍이 만들어낸 경계를 허물지 않고도 걸어 나올 수 있는 제3의 길, 즉 생각에서 벗어나는 길을 제시한 것이다.

이러한 의미에서 선은 생각이라는 그물을 통해 직조된 지성知性 혹은 지적 이해를 크게 중시하지 않는다. 특히 그것이 나와 세상을 구분 짓는 방식으로 자신의 실체성을 주장할 때, 또는 생각이 우리를 도와주는 유용한 도구가 아니라 우리를 괴롭히는 주체로 부각될 때 이를 과감히 부정한다. 물론 여기에서 생각의 내용은 '도', '진리', '부처', '깨달음' 등일 수도 있다. 로버트 M·퍼시그는 『선禪을 찾는

3 于谷, 『禪宗語言和文獻』(江西人民出版社, 1995), pp.25~30.

늑대』라는 심리학적 소설에서 분열된 우리의 자화상을 다음과 같이
묘사한다.

> 과거는 우리들의 기억에만 존재하고, 미래는 우리들의 계획에만
> 존재한다. 현재만이 우리들의 현실인 것이다. 우리가 지성을 통하
> 여 의식하는 저 나무는 약간의 시간적 차이 때문에 항상 과거
> 속에만 존재하고, 따라서 항상 비현실적인 것이라고 느끼기 쉽다.
> 현실은 지성화가 이루어지기 이전인 시각視覺의 순간이다. 그 밖의
> 다른 현실은 없다. 이와 같은 지성 이전의 현실을 파이드루스는
> 질質과 동일시했는데, 또한 그것이 옳다고 느꼈다. 지적으로 동일시
> 할 수 있는 모든 것이 지성 이전의 현실에서 오게 되어 있으므로
> 질은 모든 주관과 객관의 모태이며 근원이다. 그는 지성인들이
> 이러한 질을 잘 보지 못한다고 느꼈다. 그 이유는 지성인들이 너무도
> 빨리 모든 것을 지성적인 패턴으로 바꾸어 버리기 때문이다. 질을
> 쉽게 볼 수 있는 사람들은 어린이들과 교육을 받지 않았거나 문화적
> 인 혜택을 덜 받은 사람들이다. 이들은 문화적 원천에서 오는 지성으
> 로 기울어지는 경향이 없고 지성을 주입받는 교육도 받지 않았기
> 때문이다.[4]

여기서 '질質', 즉 '깨달음'은 지성 이전의 현실로 묘사된다. 우리가
깨닫지 못하는 이유는 바로 생각으로 직조된 지성의 패턴을 버리지
못하기 때문이다. 대혜종고는 "사대부로서 책을 많이 읽은 사람은

---

4 로버트 M·퍼시그, 일지 옮김, 『禪을 찾는 늑대』(고려원미디어, 1991), p.249.

무명이 많고 책을 적게 읽은 사람은 무명이 적다"⁵, "만약 반은 나아가고 반은 물러서며, 반만 믿고 반은 믿지 않는다면 집이 거의 없는 시골에 사는 지혜 없는 어리석은 사람보다 못하다. 왜 그러한가? 그는 아무 것도 알지 못하고 아무 것도 이해하지 못하기 때문에 도리어 여러 가지 잘못된 지식이나 깨달음이 장애가 되질 않고, 오로지 어리석음을 지킬 수 있기 때문이다"⁶라고 말하는데, 위의 인용문에서 파이드루스가 말하는 내용과 일치한다고 볼 수 있다. 물론 여기에서 대혜가 강조하는 것은 불법 혹은 깨달음과 관련하여 지성으로 무장된 지적 개념에 대한 반성이다.

선에서는 우리 인간이 깨달음이나 진리 같은 것조차 객관화하고 추상화시켜 또 다른 지적 게임의 대상으로 끌어들일 수 있음을 통렬히 경고한다. 그래서 임제는 '살불살조殺佛殺祖'를 할 수 있을 때 진정한 견해를 얻을 수 있다고 말한다.

함께 도를 닦는 여러 벗들이여! 그대들이 여법한 견해를 얻고자 하면 오직 단 한 가지 세상의 속임수에 걸리는 미혹함에 빠져서는 안 된다. 안으로나 밖으로나 만나는 것은 바로 죽여라. 부처를 만나면 부처를 죽이고, 조사를 만나면 조사를 죽이고, 나한을 만나면 나한을 죽이고, 부모를 만나면 부모를 죽이고, 친척권속을 만나

---

5 『大慧普覺禪師語錄』 卷28(T47, p.930b), "士大夫讀得書多底無明多 讀得書少底 無明少."

6 『大慧普覺禪師語錄』 卷23(T47, p.910c), "若半進半退 半信半不信 不如三家村裏 無智愚夫 何以故 爲渠百不知百不解 却無許多惡知惡覺作障礙 一味守愚而已."

면 친척권속을 죽여야 비로소 해탈할 수 있다. 어떠한 경계에서도 벗어나 자재할 수 있다. …… 모두 눈치를 보면서 옛사람들의 말과 행동을 흉내 내고 있을 뿐이다.[7]

선에서는 우리에게 익숙한 생각의 성城으로 이루어진 것은 모두 버려야만 한다고 말한다. 설사 그것이 절대적인 깨달음과 해탈을 약속하는 것이든 우리에게 친숙한 것이든 무엇이든지 버려야만 한다고 말한다. 특히 그것이 우리에게 영원을 약속할 수 있는 부처와 조사, 그리고 나한이라고 하더라도 우리의 앞을 가로막으면 진정한 견해가 될 수 없다. 다른 말로 하면 진정한 해탈은 해탈이 갖는 권위조차 부정할 수 있는 용기에서 열린다는 것을 말한다고 볼 수 있다.

누군가의 권위를 통해서 얻어지는 자유, 누군가의 해석과 분석을 통해서 이해되는 자유, 더 나아가 그럴듯한 이성과 지성의 권위로 우리가 가진 본래의 자유를 짓밟는 것은 진정한 해탈이 될 수 없다. 그렇다면 이 험난한 혹은 가파른 선의 길을 어떻게 걸어 올라갈 수 있을까? 우리는 어떻게 생각의 벽으로 쌓아올린 높고 견고한 성벽을 부수고 자유의 경지로 갈 수 있을 것인가? 본 글은 바로 선적 사유방식을 통해 이러한 문제에 대하여 접근하고 탐색해볼 것이다.

---

7 『鎭州臨濟慧照禪師語錄』卷1(T47, p.500b), "道流 爾欲得如法見解 但莫受人惑 向裏向外逢著便殺 逢佛殺佛 逢祖殺祖 逢羅漢殺羅漢 逢父母殺父母 逢親眷殺親 眷 始得解脫 不與物拘 透脫自在 皆是上他古人閑機境."

2. '생각', 떠날 것인가, 깨칠 것인가

우리의 생각은 기본적으로 대상을 분별하는 속성을 갖고 있다. 생각의 대상이 구체적인 사물이든 혹은 마음속의 관념이든 생각은 대상화된 것들에 대하여 분별하고 분석한다. 물론 유정중생有情衆生인 우리 인간의 생각이라는 활동은 그리 단순하지 않다. 왜냐하면 이러한 생각과 분별은 모든 번뇌의 토대이기 때문이다. 성엄 선사는 이와 관련하여 다음과 같이 말한다.

신경 계통을 가진 유정중생은 고통과 쾌락을 느끼는데, 그것은 이전의 행위들에 대한 과보입니다. 기억을 가진 유정중생은 회상하고, 기대하고, 고통과 쾌락의 경험들을 향상시킬 수 있습니다. 이것은 고통과 쾌락의 그 경험들이 그 순간의 신체적 반응에 국한되지 않는다는 것을 뜻합니다. 기억이 있으면 유기체들은 더 정교하고 복잡하게 환경에 반응할 수 있습니다. 마지막으로, 만일 유정중생들이 추상적인 추리를 하고, 미래에 대해서 추측하고, 기억을 재정리하여 새로운 사고를 형성할 수 있다면, 바람직한 것과 바람직하지 않은 것, 유익한 것과 해로운 것, 그리고 도덕적인 것과 비도적적인 것을 구분할 수도 있습니다. 이런 식으로 차별화할 수 있는 능력이 모든 번뇌의 토대입니다.[8]

물론 우리 인간이 생각을 통해 추리하고 판단하는 능력은 선천적인

---

8 성엄 선사, 대성 옮김, 『선의 지혜』(탐구사, 2011), pp.26~27.

것이며 생존에 필요한 것이다. 인간은 생각의 능력을 통해 다양한 방식으로 진화하였고 많은 일들을 이루어내었다. 그러나 이러한 추리하고 판단하고 분별하는 능력은 업業과 과보를 동반하며 고통을 경험하는 근원이 된다.

제임스 킹스랜드(James Kingsland)는 이 같은 인간의 특징을 뇌과학적으로 설명한다. 그는 인간의 뇌에는 '디폴트 모드'라는 기능이 있는데 이 신경망은 정신적으로나 육체적으로 특정한 과제를 수행하지 않을 때 작동한다고 말한다. 이것은 마치 우리 안에 타임머신이 내장된 것처럼 우리 마음을 과거로 보내어 특정한 사건이나 사회적 관계 속에서 떠돌도록 하거나, 미래로 보내 아직 일어나지도 않은 대화나 경험을 마음에 떠올리도록 한다. 물론 인류는 이러한 디폴트 모드 덕분에 창조력을 발휘하여 진화하여 왔지만, 이 기능은 불안 장애와 우울증, 주의력 결핍 등과 같은 고통의 원천이 되기도 한다는 것이다.[9]

특히 자아감을 만들어내는 일종의 '자아 애플리케이션(Self App)'인 대뇌피질 중앙선 구조가 디폴트 신경망의 필수요소이며, 이로써 생각에 휘둘리는 마음이 왜 그토록 자기중심적인지 설명하고 있다. 더 나아가 대부분의 사람들은 깨어 있는 시간 중 30~50퍼센트는 끊임없이 딴생각을 하고 있으며, 이런 생각은 주로 불행한 느낌과 관련 있는 것으로 보고되었다.[10] 이를 다른 말로 하면 생각은 우리에게 커다란 행운의 선물과 같은 것이면서도 또한 불행의 원천이라는 것이

---

9 제임스 킹스랜드(James Kingsland), 구승준 옮김, 『마음챙김이 만드는 뇌혁명』(조계종출판사, 2017), pp.224~225.

10 제임스 킹스랜드(James Kingsland), 구승준 옮김, 앞의 책, pp.187~188.

다. 특히 우리가 생각이 가지고 있는 공성空性을 깨치지 못하고 집착할 때 문제가 된다. 그래서 불교, 더 나아가 선불교에서는 디폴트 모드 등의 문제로 생겨나는 생각의 활동을 조절하고 이러한 신경망이 만들어내는 문제를 해결하기 위한 전통을 확립하였다.

1) 선불교의 이념離念과 무념無念

그러면 먼저 선불교의 생각에 대한 기본적 관점을 논의해보자. 이와 관련하여 선불교에 나타난 이념離念과 무념無念의 문제는 그냥 지나치기 힘들다. 이 두 가지 관점은『육조단경』에서 신수와 혜능의 게송을 통해 구체적으로 나타나고 있다. 그리고 이는 기본적으로 우리 마음의 본성이 본래 청정하지만 마음을 대하는 태도와 방식에 관점의 차이가 있음을 보여준다. 생각 즉 염念을 떠날 것인가, 혹은 공성空性으로 볼 것인가 하는 문제는 우리의 심성을 바라보는 관점과 수행에 대한 태도를 반영한다. 그리고 이러한 논의는 생각 자체를 버릴 것인지, 혹은 생각에 대한 집착을 버리는 것인지에 대한 선불교적 관점을 제공해준다. 아래와 같은 게송의 내용은 이미 우리에게 익숙하지만, 이를 다시 이념과 무념의 관점을 통해 검토해보자. 돈황본『육조단경』에 나오는 신수의 게송은 다음과 같다.

몸은 보리의 나무, 마음은 맑은 거울과 같네.
항상 부지런히 털고 닦아내야, 티끌이 묻지 않을 것을.[11]

---

11 『南宗頓教最上大乘摩訶般若波羅蜜經六祖惠能大師於韶州大梵寺施法壇經』 卷1(T48, p.337c), "身是菩提樹 心如明鏡臺 時時勤拂拭 莫使有塵埃."

이러한 게송에 대하여 혜능은 다음과 같은 게송을 지었다.

보리는 본래 나무라 할 것도 없고, 맑은 거울 역시 대臺가 아니다.
불성은 항상 청정할 뿐인데, 어디에 티끌이 있다고 하는가?
(다시 게송으로 말하기를)
마음은 보리의 나무, 몸은 맑은 거울과 같네.
맑은 거울은 본래 청정한데, 어느 곳에 오염됨이 있는가?[12]

위의 두 게송은 흔히 말하는 남돈북점南頓北漸으로 대표되는 중국선의 전형을 보여준다. 신수는 몸과 마음을 부지런히 닦을 것을 중시한다. 우리의 몸과 마음은 깨달음의 맑은 당체이기 때문에 어떠한 티끌도 있어서는 안 되며, 티끌이 묻지 않게 하기 위해서는 닦을 수밖에 없을 것이다. 이러한 관점에서 우리의 몸과 마음은 대상으로 존재할 뿐 아니라 닦는 주체 역시 존재하지 않을 수 없다. 이것을 만약 '병 속의 새'와 대비시켜 설명하면 '새'도 실체고 '병'도 실체이다. 따라서 새가 병에서 나올 수 있는 방법은 병을 깨뜨리기 위해서 발버둥 치는 수밖에 없다. 그리고 이러한 방법은 내면을 응시하는 내성內省을 생각나게 한다.

물론 내면에 대한 지나친 응시는 우리를 유아론(唯我論, solipsism)에 빠지게 할 수도 있다. 내성은 우리 자신의 본래 마음을 찾는 과정에서

---

12 『南宗頓教最上大乘摩訶般若波羅蜜經六祖惠能大師於韶州大梵寺施法壇經』 卷1(T48, p.338a), "菩提本無樹 明鏡亦無臺 佛性常淸淨 何處有塵埃 又偈曰心是 菩提樹 身爲明鏡臺 明鏡本淸淨 何處染塵埃."

불가피하지만, 내면이라는 거대한 광야에서 길을 잃게 되어 타자에게 애정과 관심을 기울이는 자비라는 불교의 핵심과 멀어질 수 있다.[13] 이와 같이 신수가 보여준 길은 내성을 추구하는 이념離念의 길임을 알 수 있다. 이념일 수밖에 없는 이유는 우리의 마음을 대상화시키지 않으면 닦을 수 없기 때문이다.

그러나 혜능이 제시한 길은 조금 다르다. 위에서 혜능은 우선 티끌의 존재를 부정한다. 티끌은 홀로 일어나는 것이 아니기 때문이다. 티끌이 들러붙기 위해서는 티끌과 상대된 '보리수菩提樹', '명경明鏡' 등이 필요하다. 혜능이 파악하기로는 '보리수'와 '명경'은 실체로 존재하는 것이 아니다. 따라서 '티끌' 역시 실체로 존재할 수 없다. 두 번째 게송에서 혜능은 신수가 말한 '몸은 보리수요, 마음은 명경'이라는 말을 '마음은 보리수요, 몸은 명경'으로 바꾸어 말한다. 이것은 보리수와 명경이 실체가 없음을 신수의 게송을 비틀어 보여준 것이다. 영원한 보리수, 영원한 명경이 없기에 영원한 몸과 마음 역시 존재하지 않는다. 따라서 몸과 마음을 닦을 대상으로 규정하고 닦아나가는 '이념離念'이 아닌, 마음의 무실체성을 깨닫는 것, 즉 '무념無念'이야말로 선의 본질이라는 것이다.

2) '분별하지 않음'의 어려움

물론 이와 같은 선의 무념을 언어로 설명하기는 쉽지 않다. 『벽암록碧巖錄』 제57칙의 '조주불간趙州不揀', 즉 '조주의 분별하지 않음'이라는

---

13 강신주, 『매달린 절벽에서 손을 뗄 수 있는가?』(동녘, 2014), p.352.

공안을 살펴보자.

어느 스님이 조주 스님에게 여쭈었다. "지극한 도는 어려움이 없으
니 오직 간택을 그만두면 된다고 하는데, 어떤 것이 간택하지 않는
것입니까?"(이 쇠 가시는 많은 사람들이 삼키질 못한다. 반드시 의심하
는 사람이 있다. 입이 꽁꽁 얼어붙었다.) "천상천하에 나 홀로 존귀하니
라."(괜스레 해골 무더기를 일으켰다. 납승의 목숨을 일시에 뚫어버렸다.
금강으로 주조한 무쇠 문서[鐵券]이다.) "이것도 오히려 간택입니다."
(예상했던 대로 그의 말에 놀아나고 마네. 이 늙은이를 한 대 내질러라.)
"이 맹추야! 어느 곳이 간택이란 말이냐?"(산은 높고 돌은 험준하다.)
스님은 아무런 대답이 없었다.(너에게 곤장 삼십 대를 치리라. 곧바로
눈이 동그래지고 입이 딱 벌어졌다.)[14]

3조 승찬의 저술로 알려진 『신심명』의 첫 구절은 바로 지극한 도를
얻는 방법에 대하여 이야기한다. 즉 "지극한 도는 어렵지 않다. 다만
간택揀擇하지 않으면 된다"[15]고 말하는 것이 그것이다. 어떤 스님은
바로 '간택', 즉 분별하지 않는 도리를 조주 스님에게 물은 것이다.
조주가 대답하자 그 승려는 그 대답을 바로 '분별'이라고 응대한다.
그러자 조주는 그 스님에게 어느 곳이 분별하는 곳인지 살펴보라고
일갈一喝한다.

위의 공안을 통해 우리는 우리가 흔히 범할 수 있는 착시 현상을

---

14 백련선서간행회, 『벽암록』 중(장경각, 2002), pp.196~197.
15 『信心銘』 卷1(T48, p.376b), "至道無難 唯嫌揀擇."

살펴볼 수 있다. 즉 우리는 '분별하지 말라'는 말을 통해 '분별'에 대하여 생각한다는 것이다. 선에서 분별하지 말라는 말은 '분별'과 '분별이 아닌 것'의 이원성을 근원적으로 통찰하라는 의미이지 분별의 대상과 상반된 무분별의 이미지를 세우라는 것은 아니다. 만약 우리가 이러한 이미지를 좇는다면 마치 망치를 든 사람이 세상의 모든 것을 못으로 보는 것처럼 분별의 이미지를 세우고 그것을 다시 격파하려고 할 것이다. 이러한 상태는 '분별하지 말라'는 말을 실체로 삼아 분별하는 것과 똑같다. 위의 공안에서 조주의 일갈은 바로 이러한 부분을 지적한 것이다.

혜능의 '본래 청정'에 대한 강조는 우리가 닦아야 할 생각을 실체화시키기 이전에 그것의 공성空性을 자각하라는 말이다. 이는 마치 위의 공안에서 조주가 어느 승려의 치우친 견해를 질정叱正한 것과 같다. 이런 의미에서 혜능은 이념離念이 아니라 무념無念을 강조한다. 이러한 무념은 게어리 주커브가 양자이론의 입장에서 불이적인 불교적 사유를 언급한 것과 맥을 같이한다. 그는 이성이 제 덫에 걸려 한계를 드러내는 것이 바로 '패러독스'이기에 선과 악, 미와 추, 생과 사 등의 상반되는 개념은 헛된 구분이라는 것이다. 따라서 개념적 한계를 벗어나기 위해서는 한 손으로 손뼉 치는 소리를 들어야 한다고 역설한다.[16] 만약 이러한 접근 방식을 '병 속의 새'와 대비하여 설명하면, 병 속의 새는 스스로를 유리병 안에 가두고 있다는 것을 알 수 있다. 아마도 유리병은 단단한 유리병이 아니라 이미 열려 있는 창공인지도 모른다.

---

16 게어리 주커브, 김영덕 옮김, 『춤추는 물리』(범양사, 2010), p.282.

그러면 무념, 즉 생각의 공성을 깨치는 것에 대하여 조금 더 살펴보자. 혜능은 돈황본『단경』에서 무념에 대하여 다음과 같이 말한다.

그래서 무념을 세워 종지로 삼는다. 즉 미혹한 사람은 경계에 생각을 일으키고 생각에서 바로 삿된 견해를 일으키는데 일체의 모든 망념이 이로부터 일어나는 것이다. 그래서 이 법문은 무념을 종지로 한다. 세상 사람들은 견해를 여의고 생각을 일으키려고 하지 않는다. 만약 아무런 생각이 없으면 무념 역시 세우기 힘들 것이다. 무無라는 것은 무엇이 없는 것이고, 염念이라는 것은 어떤 것을 생각한다는 것인가? 무라는 것은 두 가지 상의 모든 진로를 여읜다는 것이며, 염은 진여의 작용을 생각하는 것이다. 진여자성이 생각을 일으켜 비록 보고 듣고 알아차리나 만 가지 경계에 오염되지 않고 항상 자재하다.『유마경』에서는 "밖으로 모든 법상을 잘 분별하면서도 안으로 제일의第一義에서 움직이지 않는다"라고 하였다.[17]

혜능이 말하는 무념은 단순하게 생각을 벗어나거나 끊는다는 의미가 아니다. 중요한 것은 무無라는 것은 이원적인 분별망상을 내려놓는다는 뜻이며, 염念은 진여의 작용을 생각하는 것이다. 그래서 만 가지

17 『南宗頓敎最上大乘摩訶般若波羅蜜經六祖惠能大師於韶州大梵寺施法壇經』卷1(T48, p.338c), "是以立無念爲宗 卽緣迷人於境上有念 念上便起邪見 一切塵勞妄念從此而生 然此敎門立無念爲宗 世人離見 不起於念 若無有念 無念亦不立 無者無何事 念者念何物 無者 離二相諸塵勞 念者 念眞如本性 眞如是念之體 念是眞如之用 自性起念 雖卽見聞覺知 不染萬境 而常自在 維摩經云 外能善分別諸法相 內於第一義而不動."

108

경계가 오더라도 물들지 않는 것이지 단순히 생각을 부정하거나 끊어
버리는 것이 아니다. 성철性徹은 이러한 무념과 무심에 대하여 '마음이
없다', '생각이 없다'가 아니라 '없는 마음', '없는 생각'으로 해석한다.
무념은 양변이 떨어진 진여의 작용을 말하는 것으로 쌍차쌍조雙遮雙照
의 중도를 말하는 것이라고 역설한다.[18] 이러한 논의에 대하여 조금
더 부연하면, 선에서 생각은 없애거나 끊거나 하는 대상이 아니라
초월의 대상이라는 것이다. 생각을 조작하거나 조정하여 고요한 마음
을 유지하는 것이 아니라 생각에 실체가 없음을 깨달아 물들지 않는
것이다.

그렇다면 어떤 이유로 이러한 물들지 않는 진여의 작용이 가능한
것일까? 선불교에서는 우리가 흔히 말하는 망념과 진여의 긴장을
어떠한 방식으로 해소하려는 것일까? 이 문제를 마음의 작용인 사량분
별과 관련하여 논의해보자.

3. 선불교에서 사량분별과 지해는 버려야 하는가

생각은 기본적으로 분별의 속성을 갖는다. 그리고 이러한 생각의 속성
은 사유를 통해 확장하는 형태로 우리 마음속에 나타나 모든 경험과
지각작용에 절대성을 부여한다.[19] 그래서 선불교에서는 언어와 생각에

---

18 성철, 『백일법문·하』(장경각, 1992), p.255.
19 현사사비玄沙師備는 생각이 일어나는 모습에 대해 다음과 같이 말한다. "이
　한 생각은 본래부터 무엇인가를 아는 성품이다. 예부터 지금까지 본원의 참된
　성품은 스스로 법계에 두루하나 망상으로 인하여 한 점의 아는 성품이 생각이

대한 부정을 강조하는 것처럼 보인다. 교외별전敎外別傳, 불립문자不立
文字, 직지인심直指人心, 견성성불見性成佛로 대표되는 선의 기치는
그 시작에 있어서 언어와 생각, 흔히 말하는 사량과 지해에 대한 일종의
금기禁忌를 갖고 있는 것처럼 오해되기도 한다. 그러나 과연 그러할까?

선불교에서는 흔히 말하는 것처럼 인간의 사유와 사유의 도구로
사용되는 언어를 단순하게 부정하는가? 그렇다면 선의 문화와 사상으
로 대표되는 수많은 시와 문장, 더 나아가 어록은 대체 무엇이란
말인가? 아니 조금 더 단도직입적으로 물어보자. 만약 사량과 언어가
부정되었다면 선불교가 지금까지 존재하였을까?

1) 중도적 언어와 사유의 길

흔히 말하듯 선불교가 단순하게 언어와 사량을 부정했다고 보기 힘들
다. 물론 이미 앞에서 혜능의 무념이 '생각이 없는 것'이 아니라 '없는
생각'임을 말하였다. 여기서 없다는 것은 생각에 대한 실체성을 부정하
는 것이지 인연화합으로 나타나는 생각이나 언어 자체를 부정하는
것이 아니라는 것을 알 수 있다.

생각과 언어는 일종의 도구이자 방편이다. 이것은 마치 솜씨 좋은
화가가 물감을 가지고 멋진 그림을 그려내는 것과 같다. 미숙한 화가가
좋은 그림을 그리지 못하는 것은 물감 때문이 아니라는 것을 우리는
모두 잘 알고 있다. 물감이라는 재료 자체가 그림의 질을 결정하지

되어 수많은 고통을 받아 윤회하게 되었다."(『玄沙師備禪師廣錄』 卷3〔X73,
p.25〕, "此一念本來識性 亘今亘古 本源眞性 自徧周法界 爲妄想故 有一點識性
爲念 受千般苦 身有輪迴也.")

못하는 것과 같이 언어와 사량이라는 삶의 재료 자체는 문제가 되지 않는다. 문제가 되는 것은 언어의 잘못된 사용과 생각에 대한 미망과 집착에 있다.

물론 선불교는 언어와 생각 자체를 부정하는 길을 보여준 것이 아니라 언어와 생각을 살려내는 긍정의 길을 열어주었다. 그래서 선불교에서는 우리의 심장을 멎게 하는 번뜩이는 언어 구사와 우리의 분별망상을 정화하는 언어와 사유 활동을 통하여 시와 그림, 더 나아가 건축, 다도 등의 모든 평범한 삶의 모습을 비범한 모습으로 승화시킨다. 생각에 묶이지 않음에 의해 얻어지는 삶의 자유, 이것이야말로 선에서 추구하는 진정한 중도적 사유의 모습이다.

그래서 선을 언어문자를 부정하는 단순 논리로 접근하면 도리어 화를 입을 수도 있다. 선에서는 진리 자체가 언어나 사량을 통해 이해되기 어렵다는 점을 강조한 것이지 언어나 사량 자체를 부정한 것은 아니기 때문이다. 지눌은 이와 관련하여 "우리의 이 심종心宗은 볼 수 있는 형상이나 모양이 아니다. 언어의 길이 끊어지고 마음이 행하는 곳이 멸한 것이다"[20]라고 말한다. 이러한 표현을 자세히 살펴보면 언어와 심행 자체를 부정한 것이 아니라 언어의 길과 마음이 행하는 곳을 부정한 것이다. 여기서 부정하는 것은 집착된 마음에 의하여 고집하는 고정불변의 언어에 대한 방식과 진리 자체를 생각의 형상에 가두려는 우리의 어리석음이다. 그래서 보조는 "깨달은 사람의 분상에서 보면 비록 객진번뇌가 있다고 하여도 제호醍醐를 이룬다"[21]고 말한

---

20 『高麗國普照禪師修心訣』 卷1(T48, p.1009b), "我此心宗 無形可觀 無狀可見 言語道斷 心行處滅."

다. 우유와 제호가 불가분不可分인 것처럼 번뇌와 보리 역시 불가분이다. 명대의 감산덕청憨山德清은 우리의 생각과 무념에 대하여 다음과 같이 말하는데, 모두 위와 같은 이해를 보여준다.

온갖 생각들이 끊임없어 일어나서 그치지 않으면 참된 진리를 만날 수 없다. 만약 온갖 생각들로 온갖 생각을 그치게 하려고 하면, 그치게 하려고 할수록 그치지 않을 것이요, 만약 일념으로 온갖 생각을 그치게 하려고 하면, 그치게 하지 않아도 저절로 그친다. 내가 말하는 일념이란 무념을 말한다. 무념을 관할 수 있으면 생각생각이 방해가 되지 않을 것이니 필경에 무슨 생각이라고 할 수 있는가? 비록 그렇기는 하지만 실로 무념이라고 하는 것도 군더더기일 뿐이다. 일찍이 그것이 그루터기(橛)인 줄을 몰랐을 뿐이다.[22]

여기서 감산은 온갖 생각들로 생각을 그칠 수 없다고 말한다. 왜냐하면 이러한 방식은 마치 불을 끄려고 하면서 기름을 붓는 것과 같기 때문이다. 생각은 실체가 없기 때문에 실체가 없는 본성을 무념을 통해 깨치면 된다. 그렇게 하면 온갖 망념들은 저절로 쉬게 되어

---

21 『高麗國普照禪師修心訣』 卷1(T48, p.1007c), "故悟人分上 雖有客塵煩惱 俱成醍醐."

22 『憨山老人夢遊集』 卷45(X73, p.775a), "衆念紛紛不止 無以會眞 若以衆念止衆念 則愈念止愈不止矣 若以一念止衆念則不止而自止矣 吾所謂一念者 無念也 能觀無念 不妨念念 而竟何念哉 雖然 實無念者 贅也 夫會不知其爲橛也."

생각은 더 이상 장애물이 아니다. 그리고 장애물이 아니게 되면 더 이상 무념이라고 할 만한 것도 없게 된다. 감산은 이것을 그루터기(橛)로 비유하여 설명한다.

　여기에 하나의 그루터기가 있다. 밝은 대낮에 어떤 사람이 길을 걷다가 그루터기에 걸려 넘어졌다면 그는 그루터기를 보고 화를 냈을 것이다. 그러나 만약 캄캄한 밤에 길을 가다가 그루터기에 걸려 넘어지면 그는 캄캄한 밤이기 때문에 일어날 수밖에 없는 상황임을 알고 무심코 지나갈 것이다. 그루터기가 문제가 되는 경우는 그것을 '그루터기'로 인식할 때 문제가 될 뿐이다. 무념을 깨치면 생각들 자체가 문제가 되지 않지만, 깨치지 못하면 생각들을 '그루터기'로 인식하는 우리들의 자아가 문제를 일으킨다. 이와 같이 무념과 잡념은 상호관계 속에서 존재할 뿐 서로가 서로를 제약하지 않는다. 이러한 측면에서 본다면 생각 자체는 이중성을 갖고 있다고 볼 수 있는데, 이러한 점은 양자이론의 '슈뢰딩거의 고양이'와 유사한 점이 있다. 다음과 같은 내용을 살펴보자.

　우선 밀폐된 공간에 고양이, 독가스가 들어 있는 유리병, 입자가속기를 넣는다. 입자가속기에서는 1시간 후에 알파입자가 방출될 수도 있고 그렇지 않을 수도 있다. 이때의 확률은 각각 50퍼센트다. 만약 50퍼센트 확률로 알파입자가 방출된다면 그 입자는 독가스가 들어 있는 유리병을 깰 것이고, 그러면 고양이는 죽을 것이다. 반면 50퍼센트의 확률로 알파입자가 방출되지 않는다면 독가스가 들어 있는 병은 안전할 것이고, 고양이도 살아 있을 것이다. 한 시간이 지난 후에 상자 안의 고양이는 어떻게 되었을까? 아직 뚜껑을 열어본 것은 아니다. 고전물리학자들은 당연히 고양이가 '죽었거나 또는 죽지 않았을 것'이라고 대답할 것이다. 이것은 상식적으로 당연하다. 우리가 고양이가 죽은 것을 확인하거나 그렇지 않거나 상자 안의 고양이의 운명은 이미 결정되어 있다. 반면 양자역학자들은 고양이가 '죽어 있으면서 동시에 죽지 않은 상태의 확률로 존재'한다고 말해야 한다. 왜냐하면 알파입자는 미시세계에 속하는 소립자이고, 코펜하겐 해석에 의하면 소립자는 관찰될 때에만 비로소 자신의 위치와 속도를 확정하기 때문이다. 알파입자의 위치와 속도가 확률로 존재한다면 고양이의 삶과 죽음도 확률로 존재하고 있어야 한다.[23]

우리의 상식적인 견해는 고전물리학의 관점과 통한다. 고전물리학에 의하면 우리는 무엇을 관찰함으로써 알게 된다. 그런데 양자역학에 따르면, 우리들이 관찰하기 이전에는 그것이 거기에 있지 않다. 그러므로 그 고양이의 운명은 우리가 상자 안을 들여다볼 때까지 결정되지 못한다. 양자역학의 코펜하겐 해석은 그 고양이가 죽을 수도 있고 살아 있을 수도 있는 가능성마저 포함된 파동함수에 의해 표현되는, 일종의 망각지대(limbo)에 있다고 말한다. 우리가 그 상자 안을 들여다볼 때 두 가능성의 어느 하나가 실현되고 다른 것은 사라진다.[24]

---

23 채사장, 『지적 대화를 위한 넓고 얕은 지식: 철학, 과학, 예술, 종교, 신비 편』(한빛비즈, 2015), pp.179~179.

24 게어리 주커브, 김영덕 옮김, 앞의 책, pp.135~136.

슈뢰딩거의 고양이와 마찬가지로 우리의 생각 역시 이중성을 가진다. 생각 자체는 하나의 가능성으로 존재할 뿐이며 그 생각을 구성하는 인식 주체에 의해 드러날 뿐이다. 무념을 통하여 우리의 생각이 이러한 '가능태'임을 깨친다면 우리의 생각은 대상적 실체로 존재하는 것이 아니라 무한한 가능성을 지닌 일종의 '효과' 혹은 '작용'으로 나타날 것이다. 그러므로 우리의 생각을 '존재한다, 혹은 존재하지 않는다'의 이원적 관점으로 파악하는 것은 '고양이가 죽었다, 혹은 죽지 않았다'고 보려는 것과 같다고 할 수 있다. 반대로 우리의 생각이 이러한 양극단을 벗어날 때 생각은 자유의 날개를 달 수 있을 것이다. 그래서 선불교에서는 생각의 형태로 나타나는 지해知解의 작용을 무조건 배격하지 않는다.

대혜종고가 부추밀富樞密이라는 사대부에게 답한 내용을 살펴보자. 부추밀은 젊은 시절에 도道와 인연이 있었으나 지해의 장애에 가로막혀 깨닫지 못하고 있다고 고백하였다. 지해를 무조건 버려야 도에 들어갈 수 있다고 말하는 부추밀의 질문에 대하여 대혜는 다음과 같이 일갈한다.

단지 깨달아 들어감을 찾는 것이 바로 도를 가로막는 지해이다. 달리 무슨 지해가 있어 당신을 장애할 것인가? 필경에 무엇을 지해라고 하는가? 지해는 어디에서 오는 것이며, 지해에 장애되는 자는 또 누구인가? 단지 이 한마디에 전도顚倒된 것이 세 가지가 있다. 스스로 지해에 장애되었다는 것이 하나요, 스스로 깨닫지 못했다고 말하면서 미혹한 사람이 되는 것이 또 하나요, 다시 미혹한 가운데에 깨달음을 기대하는 것이 또 하나이다. 이러한 세 가지 전도가 바로 생사의 근본이다. 바로 한 생각도 일어나지 않고 전도된 마음이 끊어져야 바야흐로 깨뜨릴 미혹함도 없고, 기다릴 깨달음도 없고, 장애가 될 지해가 없다는 것을 알 수 있을 것이다. 마치 물을 마시는 사람이 차고 따뜻함을 스스로 아는 것과 같이 오래 오래 하면 자연스럽게 이러한 견해가 없어질 것이다. 단지 지해임을 아는 그 마음에서 살펴보라. 장애가 있는가? 능히 지해임을 아는 마음에 여러 가지 일들이 있는가? 예부터 큰 지혜를 갖춘 보살들은 모두 지해로써 짝을 삼고, 지해로써 방편을 삼고, 지해 위에서 평등한 자비를 행하고, 지해 위에서 온갖 불사를 하지 않음이 없었다. 이들은 마치 용이 물을 얻은 듯, 호랑이가 산에 의지한 듯 끝내 지해를 번뇌로 여기지 않았는데, 그것은 다만 그들이 지해가 일어나는 곳을 알고 있었기 때문이다. 이미 일어난 곳을 알면 이 지해가 바로 해탈의 장이며 생사를 벗어나는 곳이다. 이미 해탈의 장이요, 생사를 벗어날 곳이라면, 지知와 해解의 당체가 바로 적멸하다. 지와 해가 적멸하다면 능히 지해임을 아는 자는 적멸하지 않을 수 없으며, 보리열반과 진여불성도 적멸하지 않을 수 없으니, 다시 무슨 장애될 물건이 있고 다시 어느 곳으로 깨달아 들어가려고 하는가?[25]

---

25 『大慧普覺禪師語錄』 卷26(T47, p.921a), "只這求悟入底 便是障道知解了也 更別有甚麼知解爲公作障 畢竟喚甚麼作知解 知解從何而至 被障者復是阿誰 只此一句 顚倒有三 自言爲知解所障是一 自言未悟甘作迷人是一 更在迷中將心待悟是一 只這三顚倒 便是生死根本 直須一念不生顚倒心絶 方知無迷可破 無悟可待 無知解可障 如人飮水冷煖自知 久久自然 不作這般見解也 但就能知知解底心上

대혜는 부추밀이 가지고 있는 일종의 상식을 뒤집는다. 대혜는 이러한 그릇된 견해를 크게 두 가지로 나누어 설명한다. 첫째는 스스로 지해의 실체를 인정해서 미혹하다고 생각하는 것, 둘째는 미혹에서 벗어나기 위해 깨달음을 구해야 한다고 생각하는 것이다. 부추밀의 견해는 일견 누구나 가질 수 있는 상식에 가깝다. 이것은 마치 고전물리학의 관점처럼 인과 결정론적이다. 그러나 대혜는 이러한 부추밀의 견해가 근본적으로 뒤집혀져 있음을 역설하였다. 그렇다면 어떻게 이런 지해의 문제를 극복할 수 있을까? 대혜는 부추밀에게 생각의 패러다임을 전환할 것을 요구한다.

우선 대혜는 부추밀에게 능히 지해임을 아는 마음이 지해인가를 묻는다. 지해와 지해임을 아는 마음은 같은 것인가, 다른 것인가? 대혜의 의중은 지해임을 아는 마음은 지해일 수 없다는 뜻이다. 이것은 마치 우리가 눈을 통해서 사물을 볼 때 눈에 비춰지는 대상은 눈이 아닌 것과 같다. 우리는 다른 대상을 볼 수 있을 뿐 스스로의 눈을 볼 수 없는 것처럼, 지해임을 아는 마음은 사물에 반응할 뿐 자신을 객체화시킬 수 없다. 지해는 객체화된 분별의 작용이지만 지해임을 아는 마음은 비추는 작용을 할 뿐이다. 그리고 비출 수 있다는 것은

看 還障得也無 能知知解底心上 還有如許多般也無 從上大智慧之士 莫不皆以知
解爲儔侶 以知解爲方便 於知解上行平等慈 於知解上作諸佛事 如龍得水 似虎靠
山 終不以此爲惱 只爲他識得知解起處 旣識得起處 卽此知解 便是解脫之場 便
是出生死處 旣是解脫之場 出生死處 則知底解底當體寂滅 知底解底旣寂滅 能知
知解者不可不寂滅 菩提涅槃眞如佛性 不可不寂滅 更有何物可障 更向何處求
悟入."

그것의 당체가 비어 있음을 의미한다. 그래서 대혜는 먼저 지해임을 아는 마음을 살펴보라고 말한다. 즉 지해가 일어나는 곳을 반조返照하라는 것이다.

물론 이렇게 반조하는 마음은 빈 거울처럼 혹은 맑은 물처럼 대상을 비추기 때문에 지知와 해解 자체도 적멸하지 않을 수 없으며, 그것과 상대된 보리열반과 진여불성도 적멸하지 않을 수 없다. 만약 거울의 비추는 작용에 실체가 있다면 사물을 비출 수 없는 것과 같이 아는 마음 자체는 자성自性을 고집하는 실체가 없기 때문에 지해임을 알 수 있는 것이다. 그러므로 '지해이다, 지해가 아니다'라는 이원적 분별을 내려놓고 반조해야 한다. 이렇게 돌이켜보면 지해는 지혜智慧가 되고, 중생을 도울 수 있는 자비의 방편이 된다. 임제의 다음과 같은 설법 역시 대혜와 같은 견해를 보여준다.

도를 구하는 사람들이여! 당신들에게는 단지 하나의 부모父母가 있는데 다시 무엇을 구하려고 하는가? 스스로 반조해서 보아라. 고인古人이 말하기를, 연야달다演若達多는 자신의 머리를 잃어버렸다고 찾다가 그 구하는 마음을 쉬었을 때 바로 아무 일도 없게 되었다. 대덕들이여, 중요한 것은 평상심인 것으로 어떠한 인위적인 꾸밈을 짓지 말아야 한다.[26]

연야달다演若達多는 마가다국의 수도인 스라바스티에 살았던 사람

---

26 『鎭州臨濟慧照禪師語錄』 卷1(T47, p.497c), "道流 爾祇有一箇父母 更求何物 爾自返照看 古人云 演若達多失却頭 求心歇處卽無事 大德 且要平常莫作模樣."

이라고 한다. 그는 매일 아침 자신의 아름다운 얼굴을 쳐다보는 것을 즐거움으로 삼았다가 어느 날 미쳐서 자신의 얼굴을 찾기 위해 스라바스티의 거리를 헤매었다. 그러다가 어떤 사람으로부터 본인에게 얼굴이 있다는 말을 듣고 편안해졌고 한다. 이 예화는 『능엄경楞嚴經』제4권 견도분見道分에 등장한다. 아난은 여래로부터 '깨달음은 인연因緣을 따라 이루어지는 것이 아니다'라는 말을 듣고 그렇다면 '자연自然이야말로 제일의제第一義諦이다'라는 견해를 내면서 여래와 문답을 한다. 그 내용을 살펴보자.

부처님이 아난에게 말씀하셨다. 마치 저 성에 사는 연야달다에게 어리석음의 인연이 소멸하면 곧 어리석지 않은 본성이 자연스럽게 드러날 것이니, 인연과 자연의 이치가 여기에서 다할 것이다. 아난아! 연야달다의 머리가 본래 자연自然이라면 본래부터 스스로 그러한 것이어서 자연 아님이 없을 것인데, 무엇 때문에 머리가 없다고 두려워하며 어리석게 달아나겠는가? 만약 자연인 머리가 인연 때문에 미혹하여 달아났다면, 이것은 자연인 머리가 거울을 본 인연 때문에 없어져 잃어버림이 된 것이 아닌가? 그러나 본래 머리는 잃어버릴 수 있는 것이 아니다. 미쳐 두려워함은 다만 망妄으로부터 나왔을 뿐, 일찍이 변할 수 없는 것인데 어찌 인연을 빌리겠는가? 만약 미쳐 두려워함이 본래 자연이라면, 이는 본래 미쳐 두려워함이 항상 있었다는 말이니, 아직 미치지 아니하였을 때 그 미쳐 두려워함은 어디에 숨어 있었는가? 만약 미쳐 두려워함이 자연이 아니라면, 머리에는 본래 잘못됨이 없는데, 무슨 까닭으로 머리에 눈과 얼굴이 없다고 미쳐 달아나겠는가? 만약 본래의 머리를 깨달아 미쳐 달아났던 일이 다 허망이었음을 알게 된다면, '인연이다 자연이다' 하는 말도 모두 희론이었음을 알 것이다. 따라서 내가 '삼연三緣이 끊어지면 그대로 다 보리심이다'라고 말한 것이다.[27]

여래는 아난이 가진 변견邊見을 연야달다의 머리(얼굴)와 미망을 통해 설명하고 있다. 연야달다의 어리석음은 자연도 아니고 인연도 아니라는 것이다. 자연이라는 견해에 빠지면 상견常見에 떨어지고, 자연이 아닌 인연에 집착하면 단견斷見에 떨어진다. 연야달다의 어리석음은 실체가 없기 때문에 그것이 망妄, 즉 착각인 줄 알면 깨어날 수 있다. 그렇지 않고 자연 혹은 인연이라는 한 쪽 견해에 집착하면 실상을 철견徹見할 수 없다는 것이다.

임제는 『능엄경』을 인용해 우리가 스스로 반조할 때 마치 연야달다가 스스로의 머리를 찾기 위해 미쳐버린 것과 같은 어리석음을 범하지 말라고 말한다. 그것은 다름 아닌 우리의 본명원진本命元眞을 대상화시켜 찾지 말고 바로 그 찾으려는 마음을 쉬라는 것이다. 대혜 역시 부추밀에게 지해를 버리고 깨달음을 구하는 어리석음을 범하지 말라고

---

27 『大佛頂如來密因修證了義諸菩薩萬行首楞嚴經』卷4(T19, p.121c), "佛告阿難 卽如城中演若達多 狂性因緣若得滅除 則不狂性自然而出 因緣自然理窮於是 阿難 演若達多頭本自然 本自其然無然非自 何因緣故怖頭狂走 若自然頭因緣故狂 何不自然因緣故失 本頭不失狂怖妄出 曾無變易何藉因緣 本狂自然 本有狂怖 未狂之際狂何所潛 不狂自然 頭本無妄 何爲狂走 若悟本頭 識知狂走 因緣自然 俱爲戲論 是故我言三緣斷故卽菩提心."

당부한다. 필요한 것은 지해임을 아는 마음을 돌이키면 되는 것이지, 그 자리를 떠나서 또 다른 깨달음을 구하는 것은 마치 연야달다의 광기와 같다는 것이다. 지해가 장애가 되는 경우는 지해를 장애로 규정하고 깨달음을 구할 때이다. 이러한 태도는 마치 지붕에 오르려고 하면서 놓여 있는 사다리를 치우고 오르려고 하는 것과 같다.

2) 무경계와 무한대 사유

이와 같이 선불교에서 말하는 지해는 그 자체가 부정되어야 할 무엇이 아니다. 지해로 이해되는 우리의 사량분별과 망견 등의 번뇌 역시 마찬가지다. 언뜻 들으면 좀 이상한 이야기처럼 들리나 선불교에서는 우리의 모든 생각을 적대시하지 않는다. 다른 말로 하면 우리의 모든 분별망상은 그 자체가 실체가 없는 것이지만 그러한 분별망상은 깨달음으로 들어가는 문이 될 수 있다. 흔히 말하는 '번뇌가 없으면 깨달음이 없다'든가 혹은 '번뇌가 바로 깨달음이다'라는 등의 말은 이러한 점을 보여준다.

이와 같은 선불교의 특징을 '무경계無境界'라는 개념을 통해서 살펴 보자. 여기서 무경계는 단순히 경계가 없다는 말이 아니라 경계로 대표되는 번뇌와 보리에 실체가 없다는 말이다. 경계는 실체로 존재하지 않고 관계 속에서 존재한다. 켄 윌버가 제시한 이 개념은 선불교에 나타난 생각의 특징을 설명하는데 적합한 도구가 될 수 있다. 그가 말하는 핵심 내용은 다음과 같다.

따라서 선은 대립을 구분 지을 뿐만 아니라 그것들을 결합시킨다는 것이 요점이다. 또한 그것이 자연에 존재하는 모든 진정한 선과 면의 본질이자 기능이기도 하다. 자연 속의 선들은 겉으론 대립을 구분 짓지만, 반면 동시에 그 선들은 내적으로 대립을 통일시키기도 한다. …… 실재하는 선은 우리가 그 양쪽 편이 분리되어 있고 무관하다고 상상할 경우, 즉 대립된 둘 사이의 외적 차이만 인정하고 내적 통일을 무시할 경우, 그 선은 환상적 경계가 되고 만다. 안쪽은 바깥쪽과 공존한다는 점을 망각할 경우, 선은 그저 나누기만 할 뿐 통합시키지 않는다고 상상할 경우, 그 선은 경계가 되고 만다. 선을 긋는 것은 괜찮지만 그 선을 경계로 받아들이는 실수를 범해서는 안 될 것이다. 고통과 쾌락을 구분하는 것은 별 문제 없지만, 고통으로부터 쾌락을 분리해내는 것은 불가능한 일이다. …… 따라서 우리가 겪고 있는 '삶의 문제들' 대부분은 대립된 것은 서로를 분리할 수 있고 고립시켜야 한다는 환상에 기초해 있다. 그러나 그 모든 대립은 실제로는 그 기저에서 단일한 실재의 두 측면이기 때문에 대립을 분리, 고립시키려는 것은 고무줄 양쪽 끝을 완전히 분리시키려고 애쓰는 것과 같은 일이다. 할 수 있는 일이란 고무줄이 끊어질 때까지 계속해서 점점 더 세게 잡아당기는 일일 뿐이리라.[28]

상식적인 의미에서 경계境界는 나눈다는 의미를 갖는다. 나라와 나라는 경계를 통해 나누어지고, 사람과 사람은 경계를 통해 자신만의 공간을 확보한다. 우리 삶의 모습을 면면히 살펴보면 경계 아님이 없다. 우리는 대상을 쪼개고 관계를 세분화시키고 차별화하면서 자아

---

28 켄 윌버, 김철수 옮김, 『무경계』(무우수, 2005), pp.56~59.

감을 충족한다. 나와 타자, 내 것과 남의 것, 남자와 여자 등 우리 삶은 기본적으로 경계를 짓는 방식으로 나타난다. 우리의 생각 역시 기본적으로 경계를 구획하고 차이를 만들어내는 것을 동력으로 움직인다. 선과 악, 행복과 불행, 옳은 것과 옳지 못한 것, 있음과 없음, 심지어 번뇌와 보리까지, 우리의 생각이란 기본적으로 쪼개고 나누는 특징을 갖는다.

그러나 대립된 두 개념을 조금 더 깊이 들여다보면 대립된 경계는 반대로 통합으로 이어진다는 것을 알 수 있다. 즉 경계로 상징되는 하나의 선은 나누고 쪼개기도 하지만 서로 다른 것들을 이어주는 역할을 하는 것이다. 불교식으로 말하면 무경계는 '비유비무非有非無'이다.[29] 그리고 이것이 가능한 이유는 우리 앞에 펼쳐지고 있는 우주가 복잡계의 비선형적 인과를 통해 움직이고 있기 때문이다. 인드라의 그물처럼 비선형 인과로 나타나는 우리 삶의 실상은 기실 상호 의존의 법계이며 진공眞空이다. 선불교의 수행·깨달음은 비선형성非線型性에서 보여주는 무경계의 입장을 그대로 반영하고 있다.[30]

이와 같은 의미에서 선불교에서 지해는 단순히 장애가 아니라 지해와 상대된 깨달음으로 들어가는 문이 될 수 있다. 대혜가 부추밀에게 말한 것과 같이 지해가 일어나는 곳을 알기만 하면 된다. 지해와 지해가 일어나는 곳을 아는 것은 서로 실체가 없기 때문에 무경계이다.

---

29 오용석, 「선불교의 수행·깨달음에 나타난 비선형적 특징에 대한 고찰-곽암의 『십우도十牛圖와 숭산행원의 선원禪圓 개념을 중심으로」, 『선학』 50(한국선학회, 2018), p.203.

30 오용석, 앞의 논문, p.194.

선불교는 이러한 입장에서 억지로 번뇌망상을 조절하거나 제거하는 것을 반대한다. 그보다는 무경계성을 직관적으로 통찰하고 번뇌에 집착하지 않는 방법을 유도한다. 선불교의 사상과 수행은 이러한 관점에 기초해 있다. 혜능이 신수에게 반기를 든 것도, 회양이 마조 앞에서 벽돌을 갈면서 거울을 만든다고 했던 것도, 더 나아가 임제의 평상심도 이러한 관점에 기초하여 있다.

그리고 위에서 말한 논술을 종합해보면 왜 선불교에 그토록 많은 시와 문, 그리고 어록 등이 만들어졌는지 유추할 수 있다. 언어문자는 단순히 배격할 수 있는 것이 아닐 뿐 아니라 우리 삶을 더욱 풍부하게 해줄 수 있는 도구가 될 수 있기 때문이다. 물론 이러한 자재함이 있기 위해서는 사량분별과 지해의 무경계성을 통찰해야만 한다. 이렇게 되면 우리는 고통을 만들어내는 자아감에 기초한 고립된 사유를 만들어내지 않고 무한無限한 사유의 세계로 나아갈 수 있다.

일지一指는 선불교를 통해 피어난 중국문학의 특징을 '무한대사유無限大思惟'로 묘사한다. 그는 진윤길陳允吉이 저술한 『중국문학과 선禪』의 해제에서 선과 문학의 관계를 다음과 같이 말한다. 우리는 이를 통해서 선불교가 가진 일종의 사회문화적 동력, 더 나아가 활발발한 역동성을 살펴볼 수 있을 것이다.

선禪은 내심자증內心自證을 강조한다. 내심자증이란 인간 존재의 근거를 범람하는 잉크문화나 어떠한 사상적 권위에도 의지함이 없이 오직 인간 자신이 획득하는 생生의 진실을 깨닫는 것이다. 때문에 선은 일단 인간의 관습적인 언어감각을 파괴한다. 그리고 가장 평범한 일상 속에서 연출되는 구어口語나 속어俗語를 말한다. 그러나 그 일상의 평범이 개념적인 교리 구성이나 사상적인 설명에서는 도저히 불가능한 불교의 심연을 자유롭게 표현하고 있는 것이다. 따라서 안목 있는 선승禪僧들은 모두 시인이다. 그들은 시인이 되기 위한 문학수업에 열중하지는 않았지만 그들이 남긴 오도송悟道頌, 전법게傳法偈, 유게遺偈는 모두 주옥같은 시이다. 인간의 영혼을 움직이는 사상이란 결코 논리적 판단을 고정시킨 물질의 공간에서 얻어지는 것이 아니다. 오랜 자기 단련과 침묵 속에서 닦여진 안목이 있어야 하는 것이다.『전등록傳燈錄』,『벽암록碧巖錄』,『조당집祖堂集』,『송고백칙頌古百則』,『무문관無門關』에 실린 선승들의 시는 바로 오랜 자기 단련과 침묵 속에서 완성된 내심자증의 진실을 표명하고 있는 것이다. 그래서 시의 완성은 그대로 선의 완성인 것이다.[31]

무한대의 사유는 무경계의 사유다. 이는 내심자증內心自證의 치열한 자기 전환을 통하여 이루어진다. 그리고 이러한 언어들은 우리들이 옳다고, 혹은 그르다고 규정지은 모든 관습적 언어에 도전장을 내민다. 그러나 그것의 표현 양식은 일상 속에서 사용하는 구어나 속어와 같은 가장 대중적인 언어로 소화되고 표출된다. 그래서 선의 언어는 단순한 논리적 판단이나 교리적 이해의 틀을 뛰어넘어 시詩와 같은 가장 정제되고 순수한 언어 양식을 통해서 표현되기도 한다. 물론 이러한 표현이 있기 위해서는 우리의 생각과 언어가 가진 틀과 한계를

---

31 陳允吉, 一指 옮김,『중국문학과 禪』(민족사, 1992), p.35.

부술 수 있는 지혜가 전제되어야 한다. 즉 무한대의 사유란 무심과 중도적 사유의 표현이며 내심자증의 일상화이다. 선의 언어가 가진 이러한 특징을 이도상인적二道相因的 사유방식이라고도 한다. 이은윤은 이에 대하여 다음과 같이 논술한다.

> 이 중도中道의 사유방식은 서로 반대편의 양극단에 서는 대립적 개념, 즉 음과 양이라는 '양변' 중 한쪽만을 고집하는 편견을 버리는 것이다. 결론은 세상 만법 어느 하나에도 집착하지 말라는 것이다. 지금까지 예시한 선문답의 반어들은 기본적으로 혜능의 '36대법 원칙'에 부합한다. '부처=마른 똥막대기, 법신=구더기, 선지식= 도살자·살인자'라는 반어법은 범凡과 성聖, 정淨과 예穢를 이분법적으로 구분해 양극단에 세우고 대립시키는 분별심을 깨부수어 어느 하나에도 집착할 게 없는 '개공皆空'의 세계로 나가려는 원력을 반영하고 있다. 이 세계가 바로 영생과 영원한 평화가 깃들어 있는 열반이고 피안의 세계다. 혜능의 '중도사상'이 목적하는 결론이다.[32]

우리의 언어와 생각이 갖고 있는 태생적인 이분법적 활동은 선불교에서 산산이 조각난다. 선불교의 언어는 우리의 생각이 범할 수 있는 편견과 고정관념을 이도상인二道相因의 방식으로 해체하고 무한대의 사유로 나아가게 한다. 이런 의미에서 선불교에서 수많은 문화와 예술의 등장, 더 나아가 인간의 생각과 사유를 무한대로 확장시켜

---

32 이은윤, 『왜 선문답은 동문서답인가—선불교 언어예술』(동아시아, 2013), pp.62~ 63.

일종의 생활세계로 복귀한 것은 결코 우연이 아니다. 이러한 모든 것은 바로 언어와 사량을 부정하지 않으면서도 그것을 깨달음으로 들어가는 문으로 삼은 선불교의 특징일 것이다. 무경계는 중도이고, 중도는 무념이며, 무념은 무한대의 사유가 된다. 그러면 선불교에서는 어떻게 생각을 초월하는 방식을 제시하였는지, 수행론의 문제로 들어가 보자. 새는 어떻게 병 속에서 빠져나온 것인지, 우리는 어떻게 생각의 함정에 빠지지 않고 무한대의 사유를 펼칠 수 있는지 논의하여 보자.

4. 생각을 어떻게 초월할 것인가 - 선불교의 수행론

선불교에서 생각을 대하는 방식은 선불교의 수행론과 직접적으로 연관된다. 생각을 어떻게 다루어야 하는지에 대해서는 여러 가지 관점이 있으나 우선 『종경록宗鏡錄』, 『수심결修心訣』, 『진심직설眞心直說』, 「장로자각색선사좌선의長蘆慈覺賾禪師坐禪儀」 등에서 강조하는 "불박념기不怕念起 유공각지唯恐覺遲" 등의 개념에 주목해볼 필요가 있을 것이다. 선불교에서는 무엇보다도 '생각'에 대한 '각覺'을 중시하며 이러한 방식을 통해 '무념無念'을 깨친다. 또한 무념을 자각하는 방법으로는 조사선에서 사용하는 선문답禪問答, 그리고 이러한 내용을 수행의 방식으로 구체화시킨 묵조선默照禪, 간화선看話禪 등에 잘 나타나 있다. 그러면 선불교 수행론의 입장에서 조사선, 묵조선, 간화선 등에서는 우리의 생각을 어떻게 다루고 초월하려고 하는지 구체적으로 살펴보자.

중국 선종사에서 당대선唐代禪과 송대선宋代禪의 차이는 중요하다. 당대의 선이 비교적 자유로운 분위기에서 정형성을 탈피하고 내면의 자유를 추구하였음에 비해, 송대의 선은 국가의 통제 속에서 정형화된 형식과 틀을 벗어나기 힘든 점이 있었다. 석정수도石井修道는 선종이 성립한 당대선은 '철저한 자기긍정'을 바탕으로 자신과 부처를 무매개 無媒介로 등치시킨 본각문本覺門에 특징이 있으며, 송대선은 '상대적 자기부정'의 입장에서 불각不覺에서 본각本覺으로 회귀하는 시각문始 覺門에 특색이 있다고 주장한다. 그는 더 나아가 이러한 본각문과 시각문의 흐름이 묵조선과 간화선의 차이로 이어지고 있다고 말한다.[33] 우리는 이러한 관점을 통해 선불교 수행론이 가진 사회성과 유연성 등에 주목해볼 필요가 있다. 즉 하나의 절대적인 수행론이 존재하는 것이라기보다는 시대와 사회 상황에 따른 대응적 수행론이 선불교가 가진 특징이다. 본격적인 논의에 앞서 마조의 다음과 같은 유명한 일화를 살펴보자.

형악의 전법원에서 좌선수행에 정진하고 있을 때 남악회양을 만났다. 양화상은 대뜸 그가 법기임을 알아차리고 다음과 같이 물었다. "대덕은 무엇을 하려고 좌선을 하는가?" 마조가 말했다. "부처가 되려고요." 그러자 회양은 기왓장 하나를 가져와서 마조 앞에서 갈아대기 시작하였다. 마조가 물었다. "기왓장은 갈아서 무엇을 하실 겁니까?" 회양이 말했다. "거울로 삼으려고 한다." 이에 마조가 말했다. "그런다고 기왓장이 거울이 됩니까?" 회양이 말했다. "기왓

---

33 오용석, 『대혜종고 간화선 연구』(해조음, 2015), pp.64~65.

장이 거울로 될 수 없듯이 좌선으로는 부처가 될 수 없다!" 마조가
물었다. "어찌해야 합니까?" 회양이 말했다. "소가 수레를 끌고
가는데 수레가 나아가지 않으면 그때는 수레를 다그쳐야 하겠는가,
아니면 소를 다그쳐야 하겠는가?" 마조는 아무 말도 할 수 없었다.
회양이 다시 말했다. "네가 지금 좌선을 익히고 있는 것인지, 좌불을
익히고 있는 것인지 도대체 알 수가 없구나. 만약 좌선을 익히고
있는 중이라면, 선이란 결코 앉아 있는 것이 아니다. 혹시 네가
좌불을 익히고 있는 중이라면, 부처는 원래 정해진 모양이 없다.
머무르지 않는 법을 놓고 취사선택을 해서는 안 된다. 그대가 혹
좌불을 흉내 내려 한다면 그것은 곧 부처를 죽이는 행위와 다르지
않다. 보잘 것 없는 앉음새에 집착한다면 깊은 이치에 이를 수가
없다.[34]

위의 인용문을 통해 회양이 제기한 문제를 살펴볼 수 있다. 회양은
마조가 부처가 되려고 좌선을 하는 것에 대해 비판한다. 여기서 좌선은
앉아서 선을 하는 것만을 가리키는 것이 아니라 수행 자체를 의미한다
고 볼 수 있다. 일반적인 상식으로는 부처가 되기 위해서는 마음을
닦고 수행해야 한다. 그러나 마조는 바로 그 부처가 되겠다는 의식을

---

34 『馬祖道一禪師廣錄(四家語錄卷一)』卷1(X69, p.2a), "唐開元中 習定於衡嶽傳法
院 遇讓和尙 知是法器 問曰 大德坐禪圖什麼 師曰 圖作佛 讓乃取一磚 於彼菴前
磨 師曰 磨磚作麼 讓曰 磨作鏡 師曰 磨磚豈得成鏡 讓曰 磨磚旣不成鏡 坐禪豈得
成佛耶 師曰 如何卽是 讓曰 如牛駕車 車不行 打車卽是 打牛卽是 師無對 讓又曰
汝爲學坐禪 爲學坐佛 若學坐禪 禪非坐臥 若學坐佛 佛非定相 於無住法 不應取
捨 汝若坐佛 卽是殺佛 若執坐相 非達其理."

가지고는 부처가 될 수 없다고 말한다. 그러므로 마조는 "본래부터 있는 것은 지금도 여전히 있다. 그러므로 닦음이나 좌선은 필요하지 않다. 닦지도 말고 좌선도 하지 않는 것이 바로 여래청정선이다"[35]라고 말한다.

부처가 되겠다, 혹은 이루겠다는 의식은 스스로 부처임을 방기하는 행위이다. 이런 식의 닦음은 스스로 부처임을 포기하는 것이기에 진정한 닦음이 될 수 없다. 부처란 머무르지 않는 법 자체이기 때문에 이를 규정하는 어떠한 모양새와 작위적인 행위로는 참된 깨달음에 이를 수 없다는 것이다. 또한 위의 인용문에 나타나 있듯이 마조 당시 좌선은 기본적인 수행 방식이었다. 당시 좌선은 선승들에게 있어서 매일 해야 하는 공과功課와도 같은 행위였을 것이다. 강문선(혜원)은 이와 관련하여 다음과 같이 논술한다.

마조의 직계 제자 백장회해(749~814)는 총림운영을 위해 정한 「선문규식禪門規式」에서 '누울 때는 반드시 비스듬히 평상 모서리에 기댄다. 오른쪽으로 길상수하는 것은 좌선을 너무 오래 하였기에 잠깐 누워서 쉴 뿐이며 네 가지 위의를 항상 갖추어야 한다'고 말한다. 백장 고청규의 소멸로 구체적인 좌선 규정은 알 수 없지만 당시 총림은 장시간을 좌선 실천에 힘썼음을 알 수 있다. 또한 백장 문하의 보안전普岸傳에 보면, "매일 보청普請이 있고 밤에는 송경誦經하고, 더구나 선나禪那를 배워 벽좌壁坐하여 피곤을 잊고 관심觀心

---

35 『馬祖道一禪師廣錄(四家語錄卷一)』卷1(X69, p.3b), "本有今有 不假修道坐禪 不修不坐 卽是如來淸淨禪."

에 언제나 힘쓰다'라고 나온다. 이처럼 당시 백장의 총림은 보청과 더불어 면벽좌선이 기본 형태였음을 살필 수 있다. 마조가 좌선을 부정한 선관의 흐름 그 이면에 좌선의 형태는 지속되고 있음을 알 수 있다.[36]

　위 내용을 통해 우리는 당시 선승들의 생활 방식을 짐작할 수 있다. 특히 『송고승전宋高僧傳』 「보안전普岸傳」에 나오는 '선나를 배워 벽좌壁坐하여 피곤을 잊고 관심에 언제나 힘쓰다(便習禪那壁坐忘疲觀心恒務)'는 내용에 유념할 필요가 있다. 그럼 여기서 말하는 '관심'의 구체적인 내용은 무엇일까? 이와 관련하여 「좌선의坐禪儀」에 나타난 내용을 살펴보자.

　우선 '좌선坐禪'이라는 말은 도가의 '좌법坐法'과 구별하기 위해 만들어진 말이라고 한다. 게다가 좌선의 방법은 당초에 구전으로 전해지다가 체계화되고 성문화되었다. 수의 천태지의(天台智顗, 538~598)가 저술한 『마하지관』에서 상세하게 다루고 있다. 천태와 동시대에 번성했던 선종의 사람들도 좌선에 힘을 썼으나 구체적인 자료를 남기지는 않았다. 그러나 육조혜능은 "밖으로 일체의 대상에 대하여 마음을 일으키지 않는 것이 좌이며, 안으로 자성을 보아 마음의 어지러움이 없는 것이 선이다"[37]라고 하였다.

---

36 강문선(혜원), 「선종에서의 좌선의 변천」, 『한국불교학』 64(한국불교학회, 2012), p.194.

37 『南宗頓敎最上大乘摩訶般若波羅蜜經六祖惠能大師於韶州大梵寺施法壇經』(T48, p.339a), "外於一切境界上念不起爲坐 見本性不亂爲禪."

선종에서 좌선의 방법을 구체적으로 설한 「좌선의」가 나타난 것은 송대에 들어와서 시작되었다. 특히 『만속장卍續藏』 63권의 『중조보주선원청규重雕補註禪苑淸規』에 의하면 숭녕崇寧 2년(1103)에 종색이 『선원청규禪苑淸規』를 편찬했다는 기록이 존재한다. 종색宗賾의 속성은 손씨로 낙주 영년 출신으로 북송시대에 활약하였다. 「좌선의」는 그가 편찬한 『선원청규』 8권에 수록되어 전하지만, 고려본 『선원청규』에는 없고 후대에 중간된 송본 『선원청규』, 즉 『중조보주선원청규』에 수록되었다. 현재 「좌선의」의 판본으로는 송나라 진실이 편찬한 『대장일람집大藏一覽集』 제2권, 3권에 실린 것(총 337자), 송본 『선원청규』 제8권에 실린 것(총 643자), 『치문경훈』 제1권에 실린 것(총 643자), 원대의 덕휘화상이 편찬한 『칙수백장청규勅修百丈淸規』 제1권에 실린 것(총 453자)의 4종이 있으며,[38] 일본의 도원(道元, 1200~1253)은 이를 참고하여 「좌선의」를 편찬하였다고 전해진다.[39]

「좌선의」를 저술한 종색 선사는 당시 선문에서 구전되거나 유행하던 관심의 방법을 기록한 것이다. 물론 이러한 배경에는 송대의 불교가 비교적 엄격한 국가의 통제를 받아 제도화된 측면도 존재할 것이다.[40] 그러나 당시 좌선관심坐禪觀心은 선승들의 생활 방식이었으며 종색은

---

38 김석암, 「종색선사 『좌선의』의 하타요가적 고찰」, 『불교학연구』 17(불교학연구회, 2007), pp.290~291.

39 楣谷宗忍·柳田聖山·辻村公一, 『信心銘·證道歌·十牛圖·坐禪儀』(筑摩書房, 1974), p.148.

40 楣谷宗忍·柳田聖山·辻村公一, 『信心銘·證道歌·十牛圖·坐禪儀』(筑摩書房, 1974), p.228.

일상적으로 행해지던 선수행의 방법을 종합하여 성문화시켰다고 볼
수 있다. 그러면 「좌선의」에 나타난 '관심觀心'과 관련된 내용을 살펴보
자. 「장로자각색선사좌선의長蘆慈覺賾禪師坐禪儀」에서는 다음과 같이
말한다.

　　일체의 선악을 모두 사량하지 말라. 생각이 일어나면 바로 깨달아
　　라. 깨달으면 바로 없어진다. 오래오래 하면 망연을 잊고 하나를
　　이루게 된다. 이것이야말로 좌선의 요긴한 방법이다.[41]

　'일체의 선악을 모두 사량하지 말라'는 말은 혜능이 대유령大庾嶺에
서 혜명惠明에게 일갈한 "선도 생각하지 말고, 악도 생각하지 말라.
바로 이러한 때 무엇이 명상좌의 본래면목인가?"[42]를 떠올리게 한다.
그리고 "생각이 일어나면 바로 깨달아라(覺)"는 말은 곧 마음을 관하는
구체적인 방법의 제시라고 할 수 있다. 생각이라고 하는 것은 아무런
실체가 없는 것이기 때문에 그것의 본성이 실체가 없음을 통찰하면
바로 사라진다. 그리고 이렇게 해서 드러나는 자리는 바로 무념의
경지이다. 여기서 '각覺', 즉 '깨달음'과 관련하여 『종경록宗鏡錄』38권
에 나오는 설명을 참조하여 보자.

---

41 『緇門警訓』卷1(T48, p.1047b), "一切善惡都莫思量 念起卽覺 覺之卽失 久久忘
　　緣自成一片 此坐禪之要術也."
42 『六祖大師法寶壇經』卷1(T48, p.349b), "不思善 不思惡 正與麼時 那箇是明上座
　　本來面目."

또한 한 생각이 일어날 때 두 종류의 깨달음이 있다. 첫째로 유심有心한 사람은 한 생각이 일어날 때 바로 각찰하면 다음 생각이 이어지지 않아 잘못을 이루지 않게 된다. 이것이 선문에서 말하는 "생각이 일어나는 것을 두려워 말라. 오직 깨닫는 것이 더딤을 염려하라"는 것이다. 또한 "문득 일어나는 것은 병이요, 지속되지 않는 것이 약이다. 마음이 일어나면 허물이 생겨나기 때문에 처음 마음으로 생각을 섭수하는 것이 우선이며, 이것은 도에 들어가는 점차와 단계이다. …… 둘째는 무심無心한 사람으로 처음 일어날 때 처음 일어나는 상이 없음을 알아 다음 생각이 다시 멸할 것을 기다리지 않는다. 바로 한 생각이 일어날 때에 필경에 얻을 것이 없기 때문이다."[43]

영명연수永明延壽는 '각覺', 즉 '깨달음'을 두 가지로 나누어 설명한다. 첫째는 번뇌가 있는 사람의 경우에 이를 깨닫는 것은 우리의 생각이 지속되는 것을 끊어주는 것으로, 이는 점차에 속하는 것이다. 둘째는 이미 공성空性을 깨달은 무심한 사람의 경우에는 한 생각이 처음 일어나는 것을 바로 깨닫기 때문에 얻을 것이 없는 무심의 경지가 드러난다는 것이다. 보조지눌 역시 『수심결修心訣』에서 돈오頓悟한 사람의 입장에서 번뇌를 대치하는 것을 말하는데, 영명연수의 주장과

---

43 『宗鏡錄』 卷38(T48, p.638a), "又一念心起 有二種覺 一約有心者 察一念纔起 後念不續 卽不成過 所以禪門中云 不怕念起 唯慮覺遲 又云 瞥起是病 不續是藥 以心生卽是罪生時故 是以初心攝念爲先 是入道之階漸 …… 二約無心者 知初起 時卽無初相 不待後念更滅 以正生一念之時 畢竟不可得故."

다르지 않다. 보조는 "단지 살도음망殺盜淫妄이 성품에서 일어나기에 일어나도 일어남이 없음을 자세히 관하라. 그 자리가 바로 공적하니 어찌 다시 끊을 필요가 있는가. 그러므로 '생각이 일어나는 것을 두려워하지 말고, 오직 깨닫는 것이 더딤을 염려하라'고 하였다. 또한 '생각이 일어나면 바로 깨달아라. 깨달으면 바로 없어진다'고도 말하였다. 그리고 깨달은 사람의 입장에서 본다면 비록 객진번뇌가 있어도 모두 제호醍醐를 이룬다"[44]라고 역설하였다.

이와 같이 생각이 일어나는 것을 바로 깨닫는 것이 선수행의 핵심이다. 번뇌의 공성을 아직 통찰하지 못한 사람은 이러한 '각찰覺察'을 통해 망념이 일어나는 것을 단속하여 무념을 깨달을 수 있으며, 이미 무심을 깨달은 경우에는 번뇌가 일어나도 문제가 되지 않는다. 그러면 『진심직설眞心直說』을 통하여 생각에 대한 깨달음을 중시하는 선불교의 수행론에 대하여 조금 더 살펴보자. 『진심직설』에서는 다음과 같이 말한다.

종래의 여러 조사들이 무심 공부를 설한 것에 그 종류가 각각 다르다. 지금 그 대의를 총괄하여 간략히 열 가지로 밝힌다. 첫째는 깨달아 살피는(覺察) 것이다. 이것은 공부할 때에 평상심으로 생각을 끊고 일어나는 생각을 막는 것이다. 한 생각이 일어나면 바로 그것을 깨달아 깨뜨려라. 망념이 깨뜨려지면 다음 생각이 일어나지

---

44 『高麗國普照禪師修心訣』卷1(T48, p.1007c), "但諦觀殺盜淫妄 從性而起 起卽無起 當處便寂 何須更斷 所以云 不怕念起 唯恐覺遲 又云 念起卽覺 覺之卽無 故悟人分上 雖有客塵煩惱 俱成醍醐."

않으니, 이러한 깨달아 알아차린 것도 버려야 한다. 망념과 깨달음을 함께 잊으면 그것을 무심이라고 한다. 그러므로 조사는 "생각이 일어나는 것을 두려워하지 말고 다만 깨닫는 것이 더딤을 염려하라"고 하였다. 또한 게송에 "진심을 찾으려 하지 말고 다만 견해를 쉬기만 하라"고 하였다. 이것이 바로 각찰하여 망념을 쉬는 공부이다.[45]

선불교에서는 생각에 대하여 각찰覺察, 즉 깨달아 살피는 것을 중시한다. 그러나 이를 잘못 이해하여 주관 의식이 객관의 생각을 관찰하고 깨닫는 것으로 오해해서는 안 된다. 왜냐하면 주관 의식이 남아 있는 한 우리는 생각의 본성이 공적하다는 것을 깨칠 수 없기 때문이다. 그래서 『진심직설』에서는 바로 생각이 일어남을 깨닫는 것을 통하여 생겨나는 어떠한 각지覺智에도 사로잡혀서는 안 된다고 강조한다. 진정한 무념의 깨침은 대상에 대한 인식을 강화시켜 무엇인가를 얻는 것에 있는 것이 아니라 반대로 모든 견해를 쉬는 것에 있는 것을 의미한다. 따라서 선수행에서 강조하는 각찰은 견해를 내려놓고 망념을 쉬어나가는 과정이라고도 볼 수 있다. 그리고 이러한 견지에서 보면 망념과 상대된 부처라는 개념은 실체가 없다는 것을 상기할 필요가 있다. 망념은 그것의 본성을 꿰뚫어보지 못할 때에 망념일

---

45 『眞心直說』 卷1(T48, p.1001a), "從來諸師說 做無心功夫類各不同 今總大義略明十種 一曰覺察 謂做功夫時 平常絶念隄防念起 一念纔生便與覺破 妄念破覺後念不生 此之覺智亦不須用 妄覺俱忘名曰無心 故祖師云 不怕念起只恐覺遲 又偈云 不用求眞唯須息見 此是息妄功夫也."

뿐 그것의 본성을 깨치면 다시 깨쳐야 할 것이 없다는 것이 드러나기 때문이다. 황벽희운黃檗希運의 설법은 망념의 깨침과 그로 인해 드러나는 깨달음에 차별이 없음을 다음과 같이 보여준다.

배휴가 물었다. "지금도 갖가지 망념이 일어나는데 어찌 망념이 없다고 하십니까?" 선사가 말하였다. "망념은 본래 체성이 없으나 그대의 마음이 일으킬 뿐이다. 그대가 만약 마음이 바로 부처임을 깨달았다면 마음은 본래 허망한 사념이 없거늘 어찌 다시 마음에서 망념을 일으키겠는가? 그대가 만약 마음을 내어 사념의 동요가 없다면 자연히 망념은 없을 것이다. 그러므로 '마음을 일으키면 종종의 법이 일어나고, 마음이 멸하면 종종의 법이 멸한다'고 하였다." 배휴가 물었다. "지금 바로 망념을 일으킬 때 부처는 어디에 있습니까?" 선사가 말하였다. "지금 그대가 망념이 일어난 것을 깨달았을 때 그 깨달음이 바로 부처이다. 만약 망념이 없다면 또한 부처도 없다. 왜 이와 같은가? 그대는 사념을 일으켜 부처라는 견해를 짓고 문득 이루어야 할 부처가 있다고 말하며, 중생이라는 견해를 지어 문득 제도할 수 있는 중생이 있다고 말한다. 그러나 마음을 일으키는 사념의 동요는 모두 그대의 차별적인 견해일 뿐이다. 만약 일체의 견해가 없다면 부처는 어느 곳에 있겠는가? 마치 문수가 잠시 부처라는 견해를 지었다가 철위산으로 쫓겨난 것과 같다."[46]

---

46 『黃檗斷際禪師宛陵錄』卷1(T48, p.385c), "云如今現有種種妄念 何以言無 師云 妄本無體 即是汝心所起 汝若識心是佛 心本無妄 那得起心更認於妄 汝若不生心

지금 망념을 일으킬 때 부처는 어디에 있느냐는 배휴의 질문에 대하여 황벽은 "망념이 일어나는 것을 깨달을 때 이 깨달음이 바로 부처이다"라고 역설한다. 망념의 본성을 깨닫는 것이 바로 부처이지 따로 추구할 만한 부처란 없기에 추상화된 깨달음이란 존재하지 않는 다는 것이다. 이렇게 보면 삼천대천대세계가 모두 본래적 자기 아님이 없고 부처 아님이 없다. 산은 산이요, 물은 물이요, 승僧은 승이요, 속俗은 속일 뿐이다.[47] 우리의 이원적 분별이 생각을 둘로 셋으로 무수히 쪼개면서 자기를 확보하려는 것이 중생이라면, 본질을 깨달은 부처는 이러한 망념을 깨닫는 그 자체이다. 우리의 생각을 떠나 있는 개념적 부처는 존재하지 않고 지금 현재의 목전에 존재하는 활발발한 인간만 이 활동한다.

논자는 지금까지 송대에 만들어진 「좌선의」에 나타난 좌선관심을 중심으로, 생각을 각찰하는 선수행의 관점에 대하여 황벽, 연수, 보조 등의 견해를 통해 살펴보았다. 앞에서 논술한 것처럼 당대의 선종은 본각문의 입장에서 생각의 본성을 직접 깨치는 것이 특징이었던 반면 에 송대에 들어와서는 「좌선의」 등을 통해서 선수행의 핵심 내용을

動念 自然無妄 所以云 心生則種種法生 心滅則種種法滅 云今正妄念起時 佛在 何處 師云 汝今覺妄起時 覺正是佛 可中若無妄念佛亦無 何故如此 爲汝起心作 佛見 便謂有佛可成 作衆生見 便謂有衆生可度 起心動念總是汝見處 若無一切見 佛有何處所 如文殊纔起佛見便貶向二鐵圍山."

47 『黃檗斷際禪師宛陵錄』卷1(T48, p.385c), "但莫生異見 山是山水是水 僧是僧俗 是俗 山河大地日月星辰 總不出汝心 三千世界都來是汝箇自己 何處有許多般 心外無法滿目靑山 虛空世界皎皎地 無絲髮許與汝作見解 所以一切聲色是佛之 慧目."

정리하고 종합하고자 하는 시도를 보여주었다. 그러나 조사선은 좌선
관심에 집착하면 안 되는 중도中道를 요구한다. 조사선의 대가들은
흔히 말하는 좌선관심의 방식에 머무는 것을 경계하였을 뿐 아니라
선수행을 언어문자를 통해 정형화시킬 수 없다는 것을 잘 알고 있었다.
언어문자의 방식을 통해 제시된 규정화된 선수행은 대중화라는 측면에
서 많은 장점을 갖고 있는 반면에 언어로 다가설 수 없는 선의 경지와
선의 정신을 함몰시킬 수 있음에 주목한 것이다. 그래서 마조와 같은
조사祖師들은 "도는 닦음에 속하지 않는다. 만약 닦을 수 있는 것이라고
하여도 닦아 이루어진 것은 도리어 무너져 내릴 수 있다. 이러한 것은
마치 성문과 같은 것이다. 그러나 만약 닦지 않는다면 이는 범부와
같다"[48]라고 말한다.

　그렇다면 마음을 닦음의 대상으로 객체화시켜서는 안 되며, 더
나아가 닦음에도 집착해서는 안 된다(道不用修)는 활발발한 선의 정신
이 좌선관심이라는, 형해화形骸化될 수밖에 없는 현상과 부딪혀 생겨
나는 문제를 해소할 수 있는 방법은 무엇일까? 논자는 이러한 문제가
딜레마(Dilemma)와 관련이 있다고 보았다. 왜냐하면 좌선관심과
도불용수는 딜레마를 유발하기 때문이다. 그러나 일반적인 딜레마가
모순을 극복하는 것에 가치부여를 하고 있다면 선에서는 이러한 딜레
마를 중도로 전환시킨다. 즉 단순히 딜레마를 넘어서 제3의 대안을
제시하기보다는 '딜레마' 자체가 가지고 있는 긴장과 역설의 힘을
이용해 집착을 벗어나는 도구로 이용하는 것이다. 다음과 같은 마조의

---

48 『馬祖道一禪師廣錄(四家語錄卷一)』 卷1(X69, p.2c), "僧問 如何是脩道 曰 道不屬
　脩 若言脩得 脩成還壞 卽同聲聞 若言不脩 卽同凡夫."

말을 들어보자.

대중에게 말하였다. "도는 닦아 익힐 필요가 없다. 오직 더러움에
물들지만 않으면 된다. 더러움에 물든다는 것은 무슨 말인가?
나고 죽는다는 생각을 염두에 두고 일부러 별난 짓을 벌이는 것이
바로 더러움에 물든다고 하는 것이다. 단번에 도를 이루고 싶은
생각이 있는가? 평소의 이 마음이 바로 도이다. 평소의 마음이란
어떤 마음인가? 그것은 일부러 짐짓 꾸미지 않고, 이러저런 가치
판단을 하지 않으며, 마음에 드는 것만을 좋아하지도 않고, 단견상
견을 버리며, 평범하다느니 성스럽다느니 하는 생각과 멀리 떨어져
있는 그런 마음을 가리킨다. 경에 다음과 같은 말이 있다. '범부처럼
행세하지도 않고, 성인현자처럼 행세하지도 않는 것이 바로 보살행
이다.' 지금 이렇게 걷다가는 곧 멈추기도 하고, 다시 앉아 있다가는
곧 편안하게 눕기도 하는, 형편을 따라 움직이는 이 모두가 바로
도인 것이다. 그러므로 도라고 하는 것은 결국 법계를 이르는 말
이다."⁴⁹

이와 같이 "도는 닦아 익힐 필요가 없다. 오직 더러움에 물들지만
않으면 된다"의 평상심과 무념을 강조하는 선불교의 수행론은 크게

---

49 『馬祖道一禪師廣錄(四家語錄卷一)』卷1(X69, p.3a), "示衆云 道不用脩 但莫汙
染 何爲汙染 但有生死心 造作趣向 皆是汙染 若欲直會其道 平常心是道 何謂平
常心 無造作 無是非 無取捨 無斷常 無凡無聖 經云 非凡夫行 非聖賢行 是菩薩行
只如今行住坐臥 應機接物 盡是道 道卽是法界."

세 가지 형식으로 나타난다. 첫째는 어떠한 수행의 방식과 틀을 거부하면서 바로 언하言下에 마음을 깨우치는 길을 보여준 선문답이요, 둘째는 본각문의 입장에서 지관타좌只管打坐를 강조하는 묵조선, 셋째는 간명직절簡明直截한 화두를 통해 의심을 일으켜 번뇌 망상의 공성을 깨치게 하는 간화선이다. 이 가운데 선문답은 중국 당대唐代에 유행했던 방식이었으며, 송대의 묵조선과 간화선은 이러한 선문답의 내용이 형식화·대중화된 것이다. 그러면 먼저 선문답의 구조를 통해 선사들이 어떻게 우리의 생각을 초월하려고 했는지 살펴보자.

1) 선문답과 언하변오言下便悟

선문답은 기본적으로 선사와 제자가 주고받는 문답을 가리킨다. 좁은 의미에서 말하면 선사와 제자가 묻고 질문하는 대화의 형식을 지칭하지만, 넓은 의미에서 본다면 선사가 대중을 깨우치게 하기 위한 설법을 비롯하여 제자를 깨달음으로 인도하기 위한 갖가지 방편, 즉 방과 할, 그리고 수많은 기연機緣 등이 모두 선문답에 해당한다고 볼 수 있다. 선사의 설법은 일방적인 설법이 아니라 대중을 향한 질문과 대답이 함께하기 때문이다.

이런 의미에서 선문답은 하나의 형식적 대화가 아니라 선 수행과 전반적인 생활양식이라고도 할 수 있다. 일상과 수행을 분리하지 않고 일상 속에서 깨달음을 추구하는 선자禪者들에게 정해진 형식으로서의 선수행은 오히려 부자연스러운 것일 수 있다. 일상의 매 순간 찰나 찰나가 수행의 장場이며, 선사와 제자가 함께 노동하고 대화하고 밥 먹는 순간들이 공부의 계기이기 때문이다. 이러한 맥락에서 혜능이후 조사선의 수증관은 정해진 수행의 과정을 실천하는 방식이 아니라 설법이나 대화를 통해 직지인심直指人心하는 것을 기본으로 한다. 김태완은 이와 관련하여 다음과 같이 말한다.

혜능의 언하변오·돈오돈수의 선을 계승한 마조는 우선 점수법인 수인증과修因證果의 주장을 부정하고, 그 실천법인 좌선에 의한 간심간정看心看淨의 수행도 불필요하다고 거부한다. 그리하여 마조는 언하변오·돈오견성의 선에 알맞은 수행법을 채택하는데, 그것은 설법과 문답을 통하여 스승이 직지인심의 가르침을 펴면, 제자는 그 가운데서 기연이 맞는 경우 돈오견성하게 되는 그러한 것이다. 이러한 방식은 깨달음의 씨앗과 그 씨앗이 싹을 틔울 바탕이 되는 땅이 모두 당사자인 제자의 마음에 갖추어져 있다고 보고, 다만 스승의 설법과 문답을 통한 가르침은 그 씨앗이 싹을 틔우는 데 필요한 간접적 조건을 조성하는 빗물과 같은 것으로 보는 입장으로서, 수행이 씨앗이 되어 깨달음의 열매를 맺는다는 수인증과의 입장과는 다른 것이다. …… 이러한 마조선에서 깨달음을 추구하는 학인은 어떤 정해진 수행의 과정을 실천할 필요는 없고, 다만 선을 알고자 발심하여 선지식을 찾아가 가르침을 구하는 것이 전부이다. 특별히 정해진 수행의 과정을 실천할 필요가 없다는 의미에서 이른바 불수론不修論을 주장한다.[50]

직지인심의 선문답은 언하변오言下便悟를 유도한다. 그러나 이 문답

---

50 김태완, 『조사선의 실천과 사상』(장경각, 2004), pp.336~337.

을 통해 깨달음을 유도하는 방식은 수행이 씨앗이 되어 깨달음을
얻는 수인증과修因證果가 아니다. 왜냐하면 깨달음의 씨앗과 그 싹을
틔우는 땅이 선자禪者의 마음에 이미 갖추어져 있기 때문이다. 선사들
은 설명을 통하여 대법론對法論[51]이나 삼구론三句論[52]과 같이 언어를
논리적으로 구성함으로서 상대적 관념인 변견邊見을 파괴하여 중도로
돌아가게 하는 소극적 방법을 사용하기도 한다. 이 외에 정해진 방식이

---

[51] 여기서 대법은 혜능이 말한 36대법對法을 의미한다. 혜능은 『단경壇經』에서
"만약 누가 너희에게 뜻을 물을 경우, 유有를 물으면 무無로써 대답하고, 무를
물으면 유로써 대답하며, 범凡을 물으면 성聖으로써 대답하고, 성을 물으면
범으로써 대답하되, 두 길이 서로 인이 되어서 중도中道의 뜻을 낳게 해야
한다"고 말하였다. 여기서 "두 길이 서로 인이 되어서 중도의 뜻을 낳는다"는
"이도상인二道相因"의 방법은 선불교가 갖고 있는 중도적 언어관을 보여준다.
언어와 사유란 기본적으로 이원적·상대적 분별에 근거해 구성된다. 선불교의
언어는 바로 이러한 대법을 떠난 중도를 나타낸다.

[52] 여기서 삼구론三句論은 백장의 삼구론을 말한다. 『백장록百丈錄』에서는 이와
관련하여 다음과 같이 말한다. "엎치락뒤치락하는 일에 휘말리지 않으려거든
상대적인 개념을 끊기만 하면 되니, 어떠한 테두리도 그를 매어두지 못할 것이다.
그렇게 되면 부처도 아니고 중생도 아니며, 가깝지도 멀지도 않다. 높낮이도
없고 평등도 없으며 가고 옴도 없다. …… 부처님의 가르침은 모두 처음선(初善)·
중간선(中善)·마지막선(終善) 세 구절(三句)로 연결되어 있다. 처음에는 그에게
좋은 마음을 내도록 하는 것이며, 중간에는 좋다는 마음마저 타파해야 하며,
그런 뒤에야 비로소 마지막 선이라 하는 것이다. 예컨대 '보살은 보살이 아니니,
그래서 보살이라 한다', '법은 법이 아니며, 법 아님도 아니다'라 하니, 같은
말이다. 여기서 한 구절만을 설명하면 중생들은 지옥에 빠지며, 세 구절을
한꺼번에 설명하면 스스로 지옥에 들어갈 것이니, 그것은 부처님과는 상관없는
일이 된다."(백련선서간행회, 『마조록·백장록』, 장경각, 2002, pp.111~112.) 이와 같이
삼구론은 혜능의 대법론처럼 중도적 언어관을 보여준다.

없는 행위를 통하여 마음을 직접 표현하기도 한다.

그러나 마음의 작용을 드러내는 방식은 지각 가능한 모습으로 만들 수밖에 없는 제약이 있고, 이 가운데 선사들은 주로 소리와 색과 촉감을 이용한다. 소리를 이용하는 경우에는 언어의 형식을 취하는 격외어와 단순히 소리만을 내는 경우가 있으며, 색을 이용하는 경우에는 눈으로 볼 수 있는 움직임을 표현하고, 촉감을 이용하는 경우에는 직접 몸으로 부딪치기도 한다. 이처럼 마음의 살아 움직임을 지각 가능한 행위를 통하여 드러내는 것이 직접 표현하는 것이지만 그 표현이 관념적 사량분별의 결과물이어서는 안 된다. 사량분별은 상相의 차원에서 벗어나지 못하는 것으로 중생심의 전형적인 특성이다. 그러나 선을 공부하는 목적은 상相의 차원을 벗어나 성性의 차원으로 들어가는 것이다. 이것을 견성見性이라고 한다. 그러므로 마음의 직접 표현과 그 직접 표현의 지각에는 사량할 틈을 주지 않는다는 즉각성이 필수 조건이다. 이런 측면에서 마음의 직접 표현을 한마디로 말하면, '이 순간 바로 여기서 드러나는 작용(卽今目前現用)'이다.[53]

이와 같이 선문답은 기본적으로 변견을 깨뜨리는 파격의 즉각성 속에서 일어나는 불꽃과도 같은 것이다. 이 속에는 우리의 상식을 뛰어넘는 기지와 언어와 생각의 집착을 파괴하는 해체성, 그리고 이를 통해 우리 자신을 회광반조하도록 만드는 현존의 아름다움이 존재한다. 모든 선문답은 개별적인 고유명사와도 같이 순간적이며 독특한 방식으로 일어난다. 다음과 같은 석공혜장石鞏慧藏과 마조의

---

53 김태완, 앞의 책, pp.120~121.

기연을 살펴보자. 혜장 선사는 원래 사냥을 생업으로 하는 사냥꾼이었다고 한다. 어느 날 한 떼의 사슴을 쫓다가 우연히 마조와 마주쳤다.

"혹시 사슴이 지나가는 것을 보지 못했습니까?" 이에 마조가 되물었다. "자네는 누구인가?" "사냥꾼입니다." "자네는 활을 잘 쏘는가?" "예, 잘 쏩니다." "화살 한 대로 몇 마리씩 잡는가?" "한 마리요." "신통치 않군." "스님은 잘 쏩니까?" "잘 쏜다." "한 번에 몇 마리나 잡으십니까?" "한 번에 한 무리를 잡는다." "모두 생명이 있는 것인데 어찌 한 무리씩 잡으십니까?" "그러한 것을 잘 알면서 자네는 왜 자신을 쏘지 않는가?" "저 자신을 쏘려고 해도 어떻게 손을 쓸 수가 없습니다." 이에 마조가 말했다. "이 사람의 광겁의 무명번뇌가 바로 지금 몰록 쉬었구나!" 혜장은 그 자리에서 활과 화살을 부숴버렸다. 스스로 머리를 깎고 마조 밑으로 출가하였다.[54]

이 일화에는 무척 인간적이면서 감동적인 측면이 존재한다. 우선 마조는 사슴의 행방을 묻는 혜장의 질문에 누구냐고 되묻는다. 이러한 질문을 받은 혜장은 무척이나 당혹스러웠을 것이다. 또한 마조가 스스로는 활을 한 번 쏘아 한 무리씩 잡는다는 말을 듣고는 오히려 마조에게 생명의 문제를 거론하며 어떻게 그럴 수 있냐고 따지게

---

54 『馬祖道一禪師廣錄(四家語錄卷一)』(X69, p.4a), "藏問 和尙見鹿過否 祖曰 汝是何人 曰獵者 祖曰 汝解射否 曰解射 祖曰 汝一箭射幾箇 曰一箭射一箇 祖曰 汝不解射 曰和尙解射否 祖曰 解射 曰和尙一箭射幾箇 曰一箭射一羣 曰彼此是命 何用射他一羣 祖曰 汝旣知如是 何不自射 曰若敎某甲自射 卽無下手處 祖曰 這漢 曠劫無明煩惱 今日頓息 藏當時毀棄弓箭 自以刀截髮 投祖出家."

된다. 그러자 마조는 기다렸다는 듯이 그렇게 잘 알고 있으면 어째서 자신을 쏘지 않는지 묻는다. 그러자 혜장은 활로 스스로를 쏠 수 없다고 시인한다. 그리고 그 자리에서 문득 깨닫는다.

우리는 여기서 마조의 의도를 읽어볼 수 있다. 마조는 혜장이 스스로 의 모순에 봉착하기를 유도한다. 혜장은 한 떼의 사슴을 쏘는 것과 한 번에 한 마리 사슴을 쏘는 것이 다르다고 생각했다. 그러나 한 떼의 사슴이든 한 마리의 사슴이든 생명에는 아무런 차이가 없다. 심지어 활을 쏘는 자신도 하나의 생명이라면 스스로를 쏘는 것도 합당할 것이다. 그러나 혜장은 어떻게 해도 자신을 쏠 수 없다는 것을 깨닫는다. 그는 그동안 활을 당겨 사냥감을 쏠 수 있는 것만을 생각했지 활을 당기는 자신에 대해서는 한 번도 생각해보지 않았다. 마조는 혜장 스스로 이러한 은산철벽銀山鐵壁을 마주하게 하여 그것이 스스로 깨지도록 유도하였다.

혜장이 활과 화살을 부수었다는 것은 무명번뇌를 스스로 끊고 진정 한 자유인의 반열에 들어섰음을 의미한다. 혜장은 마조가 인도해준 딜레마의 길을 따라 생각의 변견邊見을 깨뜨렸다. 선문답은 이러한 방식으로 우리가 가지고 있던 생각의 패턴을 바꾸고 흐름을 전환하는 새로운 패러다임을 매 순간 요구한다. 그러나 이러한 과정에 대한 활로는 오직 스스로의 해결 방식과 대답을 통해서 가능한 것으로 철저한 주체성과 활발발한 기상을 필요로 한다.

하지만 각종 정보와 관념에 예속된 우리 의식은 결코 은산철벽 앞에 서려 하지 않는다. 어떤 문제이건 우리는 그에 대한 해답을 내릴 준비가 되어 있다. 우리 의식은 책 속에서 얻은 정보, 명망가의 가르침,

각종 철학이 전하는 인식의 틀, 경전의 다양한 교설 등으로 무장되어
있기 때문이다. 그중 어느 것이 주어진 문제에 가장 적절한지 찾아내고
이리저리 탐색하여 잘만 생각하면 시장에 진열된 물건 중에서 자신이
그때마다 필요한 것을 고르듯이 해답을 끌어낼 수 있다고 확신하는
것이다.[55] 이러한 우리의 습성 때문에 선문답을 통해 언하변오를 하는
것은 쉽지 않다. 그래서 임제는 공부하러 오는 사람들을 세 가지
근기로 나누어 맞이했다고 한다. 다음과 같은 그의 설법을 살펴보자.

> 지금 여러 곳에서 구도자들이 이곳으로 오고 있다. 산승은 그들을
> 위해 세 가지의 근기로 나누어 그들을 맞이한다. 만일 중하근기의
> 사람이 오면 나는 바로 그들의 경계를 빼앗고 그 법을 제거하지
> 않는다. 혹 중상근기의 사람이 오면 나는 바로 경계와 법을 다
> 빼앗아 버리고, 만일 상상근기의 사람이 오면 나는 바로 경계와
> 법과 주인공을 다 뺏지 않는다. 만일 보통의 격에서 뛰어난 견해를
> 가진 사람이 오면 나는 바로 전체작용을 나타내 근기와는 상관없이
> 대한다. …… 학인이 만약 눈만 깜박인다 하여도 벌써 몰교섭沒交涉
> 하게 된다. 마음을 헤아리려 하면 바로 어긋나고 생각을 조금이라도
> 움직이면 바로 틀려버린다. 그러나 깨달아 보는 자에게는 전체적으
> 로 작용하는 그것이다.[56]

---

55 김영욱, 『화두를 만나다』(프로네시스, 2010), p.19.

56 『鎭州臨濟慧照禪師語錄』(T47, p.501b), "如諸方學人來 山僧此間作三種根器斷
   如中下根器來 我便奪其境 而不除其法 或中上根器來 我便境法俱奪 如上上根器
   來 我便境法人俱不奪 如有出格見解人來 山僧此間便全體作用不歷根器 ……
   學人若眼定動 即沒交涉 擬心即差 動念即乖 有人解者 不離目前."

이와 같이 선문답은 공부인의 근기에 따라 다양한 방식으로 전개된다. 그러나 중요한 것은 마음으로 헤아리고 생각을 움직여 마음에 불변의 상相을 세우지 않는 것이다. 선지식의 말 아래 깨치는 것은 일순간이나 그러한 기연은 불연속적이고 비선형 인과적이다. 이러한 의미에서 선불교에서 묵조선과 간화선의 등장은 우연이 아닌 필연적인 역사적 과정이라고 할 수 있다.

2) 묵조선의 비사량非思量

중국에서 형성되고 전개된 조사선풍은 바로 본래성불의 경증인 불성을 근거로 하여 그에 대한 해명의 방식으로 등장한 선풍으로서, 기존의 관법 위주의 선풍으로부터 후대에 묵조선과 간화선이라는 방식을 출현시켰다. 이 가운데 묵조선은 북송 말기부터 남송 초기를 살았던 진헐청료(眞歇淸了, 1088~1151)와 굉지정각(宏智正覺, 1091~1157) 등에 의해 현창되었다. 묵조의 수행가풍이 등장하게 된 배경으로는, 당나라 시대의 순수한 면모를 상실하고 송대에 드러났던 악성적인 조사선풍에 대한 폐해를 자각하면서, 이전 시대에 형성된 순수한 조사선풍을 회복하려는 시대적 자각이 근본적 배경을 이루고 있다.

묵조선의 본래성불의 전통은 청원행사靑原行思의 법맥을 중심으로 조동종지로 계승되었다. 중국의 조동종풍은 송대 중기부터 점차 세력을 만회하였으며 제10세에 해당하는 굉지정각에 이르러 묵조선의 형성을 통해 크게 발전되었다. 굉지를 중심으로 형성된 묵조선의 구조는 본증자각本證自覺·지관타좌只管打坐·현성공안現成公案·신심탈락身心脫落 등으로 나타난다.[57]

석정수도石井修道는 송대의 묵조선과 간화선을 각각 '철저한 자기긍정'과 '상대적 자기부정'으로 정의하였다. 여기서 철저한 자기긍정은 묵조선의 본증자각本證自覺을 말하는 것이다. 본래 증득해 있는 각성이기 때문에 어떠한 인위적인 수행의 절차를 통해 도달할 수도 혹은 도달할 필요가 없다. 우리 마음의 본향本鄕은 본향 그대로 갖추어져 있기 때문에 그러한 상태를 묵조默照라는 방식을 통해 자각하면 된다. 여기서 묵조는 기본적으로 비사량非思量의 심리상태로 묘사된다. 그러면 비사량에 대하여 살펴보자. 『굉지선사광록宏智禪師廣錄』에는 다음과 같은 구절이 나온다.

> 비사량처非思量處는 머무르지 않으면서 머무는 것이며, 이름과 모양을 떠날 때에는 행위 하지 않으면서 행위를 한다.[58]

위의 내용은 '비사량'이 단순히 생각을 부정하는 것이 아님을 의미한다. 그것은 이름과 모양에 대한 집착을 떠난 어떤 행위를 보여준다. 물론 이러한 개념은 앞 장에서 이미 논했던 혜능의 무념과 크게 다르지 않다. 혜능의 무념이 중도의 묘용을 묘사한 것과 마찬가지로 비사량은 우리의 심식이 묵默과 조照의 어느 한 쪽에 치우치지 않았을 때의 상태를 나타낸다. 김호귀는 이러한 비사량이 아무것도 생각하지 않는다의 뜻이 아니라 선악과 애증 등의 이견二見에 떨어지지 않는 임운무작

---

57 김호귀, 「묵조선의 수행과 己事究明의 실천방식」, 『종교교육학연구』 43(한국종교교육학회, 2013), pp.134~135.

58 『宏智禪師廣錄』 卷9(T48, p.112c), "非思量處 無住而住 離名象時 不爲而爲."

任運無作의 사량이라고 말한다. 비사량은 단순한 비사량이 아니라 분별사식이 없는 비사량, 즉 비非의 사량이라는 것이다.[59] 그러면 우리는 어떻게 비사량의 경지에 이를 수 있을까?

물론 이는 묵조의 좌선을 통해 가능하다. 묵조는 묵과 조로 나뉜다. 묵默이라는 글자는 그 형태를 보면 깜깜한 밤에 개가 짖어대고 있는 것이고, 조照라는 글자는 일日과 소굡와 화火를 모아놓은 것으로 어둠을 제거한다는 뜻이다. 말하자면 부처의 경계에 안주하여 오롯하게 좌선 속에서 아무런 말도 하지 않고 있는 언어도단의 상태가 묵이고, 이것이 몸에 배어 산란과 혼침이 없이 요료상지了了常知하여 자기의 광명이 충만한 상태가 照照이다. 즉 묵조의 상태란 본증의 현성, 즉 자각이기 때문에 그 깨침으로 이끌어 나아가는 조작적인 방법과 의도적인 수행이 아니다.[60] 이와 같이 묵조선의 비사량은 우리의 심식이 묵조가 되어 본증의 자각을 현성하는 작용을 의미한다.

'묵'을 쉬운 말로 하면 '고요함'이라고 할 수 있고, '조'는 '깨어 있음'이라고 할 수 있다. 그러나 묵조선에서 묵과 조는 나누어 생각할 수 있는 개념이 아니다. 묵은 조를 조는 묵을 갖추어야 한다. 고요한 마음은 밝고 성성한 깨어 있음 위에서 이루어져야 하고, 밝고 성성한 깨어 있음은 고요함을 동반해야 한다. 달리 말하면 망상이 제거된 고요한 마음과 명료하게 깨어 있는 상태가 드러나는 것으로 다른

---

59 김호귀, 「묵조선의 수행원리와 그 실천」, 『동양철학』 31(한국동양철학회, 2009), p.285.

60 김호귀, 「『默照銘』에 나타난 默과 照의 개념」, 『선문화연구』 3(한국불교선리연구원, 2007), pp.147~148.

말로 '적성등지법寂性等持法'이라고 할 수 있다. 한자경의 다음과 같은
이해는 묵조선의 핵심과 직결된다.

　　마음에서 마음 내용이 제거되는데도 마음이 잠들지 않고 깨어
　　있다면, 그 마음은 무엇을 보게 되는가? 그때 마음은 마음 자신의
　　활동을 자각하게 된다. 마음 자신을 발견하는 것이다. 마음이 비어
　　있되 잠들지 않고 깨어 있을 수 있는 것은 마음이 본래 무정물처럼
　　빈 허공이 아니라 스스로를 자각하여 아는 마음이기 때문이다.
　　이것을 원효는 '성자신해性自信解'라고 하고, 지눌은 '비어 있어
　　적적하되 신령하게 자신을 아는 것'으로 '공적영지空寂靈知'라고
　　한다. 선수행이 추구하는 것은 바로 이 공적영지를 자각하여 그것을
　　자기 마음의 본성으로 깨달아 아는 것이다. 이 공적영지를 자각하기
　　위해 적적함과 성성함을 함께 유지해야 한다. 지눌은 진리에 이르는
　　이 한 길을 좀 더 구체적으로 제시한다.[61]

　　우리 마음의 본증자각本證自覺은 공적영지空寂靈知와 다르지 않다.
이러한 측면에서 묵조의 비사량은 공적영지의 다른 이름이다. 『진심직
설』에는 조사祖師의 문하에서 사용하는 진심眞心의 다른 이름을 '자기
自己', '정안正眼', '묘심妙心', '주인옹主人翁', '무저발無底鉢, 몰현금沒絃
琴, 무근수無根樹 등으로 나타내고 있는데,[62] 모두 언어로 표현할 수

---

61 한자경, 『명상의 철학적 기초』(이화여자대학교출판부, 2011), p.115.
62 『眞心直說』(T48, pp.999c), "有時呼爲自己 衆生本性故 有時名爲正眼 鑑諸有相
　　故 有時號曰妙心 虛靈寂照故 有時名曰主人翁 從來荷負故 有時呼爲無底鉢 隨

없는 우리의 본성을 억지로 이름 붙여 역설적으로 묘사한 것이다. 우리의 마음이 성성과 적적이 균등하게 유지되면 실체가 없는 분별과 망상은 저절로 사라지고 본증자각은 스스로 드러난다. 이와 같이 묵조선의 비사량은 우리 마음의 본성이 작용하여 나타난 것임을 말해준다.

3) 간화선과 무심

인간의 생각은 언어로 구성된다. 마치 씨줄날줄이 옷감을 짜내듯 언어는 생각을 만들어낸다. 그래서 보통의 사람들에게 언어는 뚫리지 않는 단단한 갑옷처럼 실제적이다. 따라서 언어를 부정한다는 것은 우리의 생각을 부정하는 것이고, 생각을 부정하는 것은 삶을 부정하는 것처럼 이해된다. 이는 마치 비트겐슈타인이 "적용된, 생각된 명제 기호가 사고思考이다. 사고는 뜻을 지닌 명제이다. 명제들의 총체가 언어言語이다"[63]라고 역설한 것처럼 언어와 생각은 분리하기 힘들다. 그러나 가만히 살펴보면 우리의 언어란 가변적이고 생각도 가변적이며 삶도 가변적이다. 특히 언어의 지칭 대상 역시 가변적이다.

그러나 우리의 삶이란 언어가 지칭하는 대상의 무상성無常性에 대해서는 크게 주목하지 않는다. 왜냐하면 지시대상을 통해 만들어진 언어가 커다란 위력을 발휘하기 때문이다. 그래서 때로는 어떤 이념의

處生涯故 有時喚作沒絃琴 韻出今時故 有時號曰無盡燈 照破迷情故 有時名曰無根樹 根蒂堅牢故 有時呼爲吹毛劍 截斷塵根故 有時喚作無爲國 海晏河淸故 有時號曰牟尼珠 濟益貧窮故 有時名曰無鑐鎖 關閉六情故 乃至名泥牛木馬心源心印心鏡心月心珠 種種異名不可具錄."

63 루트비히 비트겐슈타인, 이영철 옮김, 『논리-철학 논고』(天池, 1991), p.99.

프레임이 덧씌워지면 그 언어는 사실보다 더 강력한 힘을 발휘하여 우리 삶에 적용되기도 한다. 이처럼 언어와 생각은 마술적으로 우리 삶 속에 침투해 있다. 그러나 선불교, 특히 간화선에서는 언어와 생각이 주는 착시 현상을 그대로 넘어가려 하지 않는다.

우선적으로 이해해야 할 것은 선의 언어는 모두 동적動的 언어, 즉 동사라는 점이다. 예를 들어 "부처가 무엇입니까?" "뜰 앞의 잣나무"라는 화두에서 "뜰 앞의 잣나무"는 단순히 하나의 명사적 지시어가 아니다. 그것은 '살아 움직이는 잣나무'를 가리키는 말이다. '마른 똥막대기'라는 표현도 명사적 '마른 똥막대기'가 아니라 지금 바로 현존하는 '말라가고 있는 똥막대기'인 것이다. 현장에서 즉시 이루어진 선문답이 공안집의 '공안'이라는 언어적 형식으로 우리에게 전달될 때에 이러한 현장감과 무상성無常性이 박탈된다. 공안 등에 등장하는 수많은 선어들은 단순히 언어적 지시대상을 가리키는 것이 아니라 지시대상이 갖고 있는 활발발함 그 자체를 보여주기 위한 것이다. 이런 의미에서 공안의 어구는 활구活句여야 한다.

이른바 공안公安은 원래가 관청에서 시비를 판결하는 안례案例를 가리키는 것으로, 선종에서는 그것을 빌려 예전 조사들의 언행범례言行範例를 전문적으로 지칭하여 시비是非와 미오迷悟를 판단하는 것을 말한다. 그리고 '공안'을 참구하여 깨달음을 구하는 것은 선문에서는 일종의 수행으로 통용되었다. 선문에서 공안이라는 말은 당대唐代에 출현하였지만 그것의 운용은 주로 송대에서 이루어졌다. 특히 송대에서 공안을 운용하는 중요한 특징은 언어문자를 통하여 공안에 대한 해석을 가하고 번거로운 문자적 고증을 시도하는 일이었다. 이에 비하

여 '화두'를 들어 수행하는 간화선은 주지하다시피 대혜종고에 의해
체계화되었다. 특히 그가 제창한 간화선의 '화두'는 당시에 문자화되어
유행하던 '공안'과는 구별된다.[64] 다음과 같은 원오圓悟의 말을 살펴
보자.

> 앉아서 말을 버리고 견해를 내지 말라. 활구를 참구해야 하며,
> 사구를 참구해서는 안 된다. 활구에서 얻으면 영겁에도 잊지 않을
> 것이며, 사구에서 얻으면 스스로도 구제할 수 없다. 지금 여러분들
> 은 어떻게 활구를 이해하는가? 즉심즉불卽心卽佛이 활구인가? 그렇
> 지 않다. 비심비불非心非佛이 활구인가? 그렇지 않다. 마음도 아니
> 고 부처도 아니고 중생도 아닌 것이 활구인가? 그렇지 않다. 문에
> 들어올 때에 할을 하는 것이 활구인가? 그렇지 않다. 단지 일체의
> 언어가 있으면 모두 사구이다. 무엇이 활구인가? 알겠는가?[65]

여기서 원오는 흔히 조사선의 표어라고 일컬어지는 '즉심즉불'과
'비심비불' 등은 활구가 아니라고 말한다. 심지어 '마음도 아니고 부처
도 아니고 중생도 아니다'와 같은 선어도 활구가 아니라는 것이다.

---

64 오용석, 「臨濟宗 楊岐派 禪者들의 公案 인식: 法演, 圓悟, 大慧를 중심으로」,
 『한국불교학』 65(한국불교학회, 2013), p.153.
65 『圓悟佛果禪師語錄』 卷11(T47, p.765b), "坐却舌頭別生見解 他參活句不參死句
 活句下薦得 永劫不忘 死句下薦得 自救不了 只如諸人 卽今作麼生會他活句 莫
 是卽心卽佛是活句麼 沒交涉 莫是非心非佛是活句麼 沒交涉 不是心不是佛不是
 物是活句麼 沒交涉 莫是入門便棒是活句麼 沒交涉 入門便喝是活句麼 沒交涉
 但有一切語言盡是死句 作麼生是活句 還會麼."

즉 일체의 언어작용이 있으면 활구가 아닌 사구라는 것이다. 이러한 말은 언어작용이 갖고 있는 한계를 단적으로 보여준다. 그래서 공안이나 수행의 방편으로 제시되는 화두 등은 그 자체가 무엇인가 현묘한 도리가 있는 것이 아니라 '문을 두드리는 기와조각', 즉 '고문와자敲門瓦子'에 불과하다.

그러면 공안(화두)을 하나의 '고문와자'로 보아야 하는 이유는 무엇일까? 가장 커다란 이유는 만약 공안을 하나의 실상實相으로 파악하게 되면 공안을 하나의 '실체적 무엇'으로 집착하게 되기 때문이다. 그리고 이러한 집착은 공안에 대한 많은 분별을 일으키게 하여 수행자와 공안의 거리를 벌어지게 한다. 마치 깨달음을 하나의 외부적 실체로서 상정해 놓고 그것을 구하려는 이원적 분별의 양상이 펼쳐질 수 있다. 대혜는 이러한 깨달음에 대한 집착을 '장미대오將迷待悟'라고 표현하였다. 즉 공안이 그저 배를 건너게 해주는 뗏목 같은 것이고 달을 가리키는 손가락에 불과하다는 것을 깨닫게 되면 수행자가 추구하는 깨달음 역시 이원적 대립 혹은 대상으로 존재할 수 없다는 말이다.[66]

그러면 '고문와자'에 해당하는 화두의 핵심 기능은 무엇일까? 기와조각으로 문을 두드려 소리를 내는 것과 같은 화두의 특징은 어디에 있을까? 그것은 바로 '의심', 즉 화두에 대한 '알 수 없음'과 '알고자 함'의 두 가지 작용이 만들어내는 효과에 있다. 흔히 화두로 대변되는 '무자화두無字話頭', '마른 똥막대기(乾屎橛)', '뜰 앞의 잣나무(庭前栢樹子)' 등은 알 수 없는 그것이다. 왜냐하면 그것의 본질은 무상無常하고

---

66 오용석, 앞의 논문, p.65.

언어로 대변될 수 없는 사실에 속하기 때문이다. 물론 화두에서의 '알 수 없음'은 단독적일 수 없다. '알 수 없음'은 알고자 하는 주체적 자각 속에서 관계적으로 형성된다. 알 수 없다는 것을 받아들이면서도 그것을 알고자 하는 것이다. 그러나 알 수 없다는 것은 마치 수학의 ∞와도 같다. 그러므로 아무리 알고자 하는 새로움이 더해지더라도 알 수 없음만이 남는다. 그리고 이러한 '알 수 없음'과 '알고자 함'에 의하여 생겨나는 긴장감은 일종의 심리적 공백 상태를 만들어내는데 이것이 바로 의정이다. 그러나 이러한 의정 상태는 단순하게 망념이 멈춘, 혹은 생각이 사라진 상태가 아니라 생각이 힘을 잃은 그러나 여전히 깨어 있는 상태이다.

비유를 들면, 마치 활에 화살을 꽂아 시위를 당긴 상태와 같다. 활은 '알 수 없음', 시위를 당기는 것은 '알고자 함'에 비유해보자. 화살은 바로 이러한 활과 시위의 공백이 가진 긴장감에 의해 힘을 받는다. 화두 역시 이러한 알 수 없음과 알고자 함이라는 관계 속에서 의정이라는 상태를 만들어낸다.[67] 또한 대혜종고가 제창한 간화선의 의심은 우리의 분별적 사유가 더 이상 진행되지 못하게 하는 중도적 특징을 갖는다.[68]

간화선은 '알 수 없는 것'을 알고자 하는 심리적 긴장과 공백 속에서 우리의 마음을 성성적적하게 만든다. 중국 근현대 불교의 선지식으로 유명한 허운(虛雲. 1840~1959) 스님은 '한 생각 이전'의 불생불멸不生

---

67 오용석, 「간화선에서 '알 수 없음'과 '알고자 함'에 대한 고찰」, 『禪學』 48(한국선학회, 2017), p.205.

68 오용석, 앞의 논문, p.203.

不滅한 마음을 화두로 설명한다.

어떤 것을 화두라고 하는가? 화話는 말이요, 두頭는 말하기 이전이
니, 저 '아미타불'을 염念할 때 '아미타불' 하는 말은 화話요, 이를
염하기 전이 화두입니다. 이른바 화두(話頭, 말머리)란 곧 '한 생각이
일어나기 전(一念未生之際)'이니, 한 생각이라도 일어나면 이미 화
미(話尾, 말꼬리)를 이루게 됩니다. 이 '한 생각 일어나기 전'을 '나지
않음(不生)'이라고 하는데, 이 상태는 들뜨지도 않고 혼침에 빠지지
않으며, 고요함에 탐착하지도 않고 공空에 떨어지지도 않습니다.
또 이를 '없어지지 않음(不滅)'이라고 부르는데, 시시각각 또렷또렷
하게 일념으로 (마음)빛을 돌이켜 비춥니다. 이 '나지도 않고 없어지
지도 않음(不生不滅)'이 바로 '화두를 본다(看話頭)' 혹은 '화두를
비춘다(照顧話頭)'고 하는 것입니다.[69]

허운이 말하는 화두란 '한 생각이 일어나기 전'의 마음으로 성성적적
한 마음의 상태를 말한다. 이 마음은 다름 아닌 무심의 마음으로
숭산행원(嵩山行願, 1927~2004)은 이를 현대적으로 '모르는 마음'이
라고 표현하였다. 그는 다음과 같이 말한다.

---

69 허운虛雲 화상, 대성大晟 스님, 『참선요지』(여시아문, 1999), p.50. 인용된 원문은
다음과 같다. "什麼叫話頭 話就是說話 頭就是說話之前 如念 阿彌陀佛 是句話
未念之前 就是話頭 所謂話頭 卽是一念未生之際 一念纔生 已成話尾 這一念未
生之際 叫做不生 不掉擧 不昏沈 不着靜 不落空 叫做不滅 時時刻刻 單單寂寂
一念回光返照 這不生不滅 就做看話頭 或照顧話頭."

모르는 마음은 생각을 끊어버립니다. 그것은 생각 이전입니다. 생각 이전에는 의사도, 환자도, 그리고 하느님도, 부처도, '나'도, 언어言語도, 아무것도 전혀 없습니다. 그러면 당신은 우주와 하나가 됩니다. 우리는 이것을 무심無心이라 부르기도 하고, 원점(primary point)이라고 부르기도 합니다. …… 무심無心이란 언어 이전입니다. 선禪이란 무심을 증득하는 것이고, 무심한 마음을 쓰는 것입니다. 그렇다면 어떻게 그 무심을 쓸 수 있을까요? 무심을 대자비大慈悲의 마음으로 만드십시오. 무無란 '나-나의-나를'이라는 생각과 장애障碍가 없다는 뜻입니다. 그렇기 때문에 이 마음을 일체 중생을 위해 행하는 마음으로 바꿀 수 있는 것입니다. 이것은 가능한 일입니다. 무심은 생겨나지도 없어지지도 않습니다. 참다운 마음공부를 한다면 이 무심은 강해지고 자신이 처한 상황을 명백히 지각할 수 있게 될 것입니다. 생각을 끊어낸다면 당신이 보고, 듣고, 냄새 맡고, 맛보고, 만지는 모든 것이 그대로 진리입니다. 그래서 당신의 마음은 거울과 같아집니다.[70]

숭산이 말하는 무심은 '나-나의-나를'이라는 생각과 장애가 끊어진 생각 이전을 말한다. 그리고 이러한 불생불멸不生不滅의 무심은 다름 아닌 대자비의 마음이다. 숭산은 오직 모르는 마음에 의해 드러나는 무심과 자비심을 둘로 가르지 않는다. 이러한 무심의 상태는 거울과 같은 것으로 대상을 있는 그대로 비추고 드러낼 뿐이다. 허운이 화두에

---

70 현각 편집·무산본각 옮김, 『오직 모를 뿐─숭산 대선사의 서한 가르침』(물병자리, 2002), pp.17~18.

대한 의심을 '화두' 자체로 귀결시켜 불생불멸의 무심을 드러낸 것에 비해, 숭산은 이러한 망념이 끊어진 자리가 바로 자비심으로 연결된다고 보았다.

선불교의 수행론은 기본적으로 우리의 망념을 초월하고 진심을 드러내는 것에 초점이 맞추어져 있다. 그리고 진심은 다름 아닌 무심이며 중도의 현성이며 자비이다. 순간순간 일어나는 한 생각을 깨닫고 알아차리는 것, 선문답, 묵조선, 간화선 등의 모든 선불교의 수행은 바로 우리의 생각을 초월하는 방법의 제시이다. 특히 선불교에서는 언어로 이루어진 생각의 문제를 해결하기 위해 언어가 갖고 있는 한계와 기능에 주목한다. 그래서 선불교는 모든 사물의 사태를 명사적이 아니라 동사적으로 접근하여 표현한다. 특히 개념화된 어떤 언어도 용인하지 않고 있는 그대로 우리의 본성을 드러내려고 한다.

선불교적 사유는 우리 마음의 시선을 언어 자체가 아니라 언어가 표현하려는 바로 그 사태를 주목하게 한다. 물론 이를 위해서 우리의 상식을 뒤집고, 우리의 생각을 흔들어버리고, 우리의 이원적 분별을 멈추게 한다. 기라성 같은 선사들의 방과 할도 바로 우리의 무명을 깨뜨려버리기 위한 자비라는 것을 염두에 둔다면 선사의 회초리는 부드러운 봄날의 한 줄기 바람이 될 것이다.

5. 선불교에서 생각과 실천은 어떻게 통합되는가?

어느 날 꿈을 꾸었다. 꿈속에서 새 한 마리가 되어 넓고 푸른 하늘을 날아 힌두쿠시산맥을 넘었다. 나는 자유 그 자체였다. 그러다가 꿈에서 깨어나자 나의 무거운 몸이 감옥처럼 느껴졌다. 그러다 며칠 후 또 꿈을 꾸었다. 이번에는 좁은 관 속에 갇혀 있었다. 깊은 땅속 밑의 관 속에서 숨이 막혀가는 느낌으로 점점 죽어가는 꿈이었다. 꿈에서 깨어나자 비로소 자유를 얻은 느낌이었다. 나는 궁금해졌다. 진정한 자유란 무엇일까?

다시 '병 속의 새' 이야기로 돌아가 보자. 여러분들이라면 어떻게 하겠는가? 어떻게 '병 속의 새'를 꺼내겠는가?

'병 속의 새'는 경계를 의식한다. 그러나 병 밖의 새는 하늘을 난다. 병은 경계가 된다. 그러나 경계는 병 속과 병 밖을 나누기도 하지만 병 속과 병 밖을 이어주기도 한다. 새는 본래 하늘을 날고 있었지만 햇빛에 비친 그림자를 통해 스스로 병 속에 갇혀 있다고 생각했는지도 모른다. 그렇다. 바로 이러한 생각들, 우리를 가두는 생각들…. 생각들은 벽이 되고 경계가 된다. 그러나 생각에 대한 집착에서 벗어나면 경계도 사라진다. 혹자는 경계가 없으면 출구도 없다고 말한다. 경계가 없다는 것은 모든 가능성이 열려 있음을 의미하지 않는다고 말한다.[71] 그러나 필자가 보기에 경계야말로 모든 새로움과 가능성의 근원이 될 수 있다. 왜냐하면 모든 경계는 무상無常하고 형상과 형상 없음을 공유하고 시작과 종말이 함께하기 때문이다. 이를 비트겐슈타인의 표현을 빌려 조금 다른 말로 표현해보자. 그는 다음과 같이 역설한다.

5.621 세계와 삶(生)은 하나다.

---

71 채사장, 『열한 계단: 나를 흔들어 키운 불편한 지식들』(웨일북, 2015), pp.400~401.

5.63 나는 나의 세계이다.(소우주小宇宙)

5.631 생각하고 표상하는 주체는 존재하지 않는다. 만일 내가 "내가 발견한 대로의 세계"라는 책을 쓴다면, 그 속에는 나의 육체에 관한 보고와 아울러, 어느 부분들이 나의 의지意志에 종속되고 어느 부분들이 종속되지 않는지 따위도 이야기되어야 할 것이다. 말하자면 이것이 주체를 격리隔離시키는 한 방법이다. 또는 차라리 어떤 중요한 뜻에서 주체라는 것은 존재하지 않는다는 점을 보여주는 한 방법이다. 요컨대 오로지 주체만은 이 책에서 이야기될 수 없을 것이기 때문이다.

5.632 주체는 세계에 속하지 않는다. 그것은 오히려 세계의 한계이다.

5.633 세계 속 어디에서 형이상학적形而上學的 주체主體가 발견될 수 있는가? 당신은 말하기를, 여기서 사정은 눈과 시야視野의 관계와 전적으로 같다고 한다. 그러나 당신은 실제로 눈을 보지는 않는다. 그리고 시야 속에 있는 어떤 것도, 그것이 어떤 눈에 의해선가 보여지고 있다는 추론을 허용하지 않는다.[72]

비트겐슈타인은 주체는 세계에 속하지 않고, 오히려 그것이 세계의 한계라고 말한다. 즉 흔히 말하는 생각의 주체는 우리가 사는 세계를 경계 짓는다는 것이다. 만약 우리가 우리 안에 어떠한 형이상학적 주체도 떠올리지 않는다면 세계의 한계는 무경계가 된다. '병 속의 새'가 스스로를 주체에 가두지 않을 때 새는 병을 의식하지 않는다.

---

72 루트비히 비트겐슈타인, 이영철 옮김, 앞의 책, pp.118~119.

그는 병 밖에서 병을 본다. 이는 마치 우리의 눈이 시야를 통해 세계를 볼 때에 눈은 보여질 수 없는 것처럼, 우리가 경험하는 생각의 경계는 주체 의식을 벗어날 때 '무한대의 사유'로 확장될 수 있다. 즉 앞에서 임제가 "스스로 반조해서 보아라. 고인古人이 말하기를, 연야달다演若達多는 자신의 머리를 잃어버렸다고 찾다가 그 구하는 마음을 쉬었을 때 바로 아무 일도 없게 되었다. 대덕들이여, 중요한 것은 평상심인 것으로 어떠한 인위적인 꾸밈을 짓지 말아야 한다"[73]라고 말한 것이 이것이다. 선불교에서 인간의 생각이란 세상을 보는 창문이면서 그 창문을 넘어서는 디딤돌이다.

특히 선불교에서는 우리의 생각을 초월하기 위해 동적動的 언어를 사용한다는 것에 주목해볼 필요가 있다. 왜냐하면 동적 언어야말로 우리의 고정된 사유를 흔들 수 있는 힘을 갖고 있기 때문이다. 예를 들면 어느 날 백장이 마조에게 "부처의 본 뜻은 어디에 있습니까?" 하고 물었다. 그러자 마조는 "바로 자네의 목숨이 내던져진 곳!"[74]이라고 일갈한다. 이때 마조의 대답은 백장의 목숨이 내던져진 어떤 추상적인 곳, 혹은 미래에 목숨이 내던져질 어떤 곳을 의미하는 것이 아님이 자명하다. 마조가 말한 '백장의 목숨이 내던져진 곳'은 바로 '어떤 주체 의식도 살아 있지 않은 바로 이 순간'을 의미하기 때문이다. 이와 같이 선불교는 우리가 사용하는 언어를 역동적으로 사용하여

---

73 『鎭州臨濟慧照禪師語錄』卷1(T47, p.497c), "爾自返照看 古人云 演若達多失却頭 求心歇處卽無事 大德 且要平常莫作模樣."

74 『馬祖道一禪師廣錄(四家語錄卷一)』(X69, p.3c), "百丈問 如何是佛旨趣 祖云 正是汝放身命處."

우리의 분별의식이 과거나 미래로 향하지 않도록 한다. 우리를 영원한 현재의 무시간無時間 속에 살도록 한다.[75] 이런 의미에서 선의 언어는 움직임의 언어이다.

그러나 이러한 언어의 움직임은 단순히 우리가 가진 생각의 틀을 깨기 위한 것만이 아니다. 그것은 우리가 살아가는 삶을 언어와 사유로부터 해방시켜 실천을 동반하기 위해서이다. 선불교의 언어는 조건문을 통해 미래의 불확실성을 담보하거나 과거의 기억을 회상하지 않는다. 또는 앞으로 일어날 미래의 사건을 예언하지도 않는다. 선불교에서는 우리의 생각을 구성하는 언어를 영원한 현재의 동사로 활용한다. 그래서 우리의 행위와 언어는 분리되지 않고 우리의 사유는 실천 그 자체가 된다. 혜능은 이러한 선불교의 언행일치적 관점을 '직심直心'으로 묘사한다. 『단경』에서는 다음과 같이 말한다.

일행삼매란 일상에서 가거나 머물거나 앉거나 눕거나 항상 곧은 마음을 행하는 것이다. 『정명경淨名經』에서는 "곧은 마음이 도량이요, 곧은 마음이 정토이다"고 말하였다. 마음에 왜곡되고 굽은 생각을 가지고 입으로만 법의 곧음을 말하지 말라. 입으로는 일행삼매를 말하면서 곧은 마음으로 행동하지 않으면 부처의 제자가

---

75 비트겐슈타인은 현재와 영원의 관계를 다음과 같이 묘사한다. "죽음은 삶의 사건이 아니다. 죽음은 체험되지 않는다. 만일 우리가 영원永遠이란 것은 무한한 시간지속時間持續이 아니라 무시간성無時間性으로 이해한다면, 현재 속에 사는 사람은 영원히 사는 것이다. 우리의 삶은 우리의 시야視野가 한계가 없는 것과 마찬가지로 끝이 없다."(루트비히 비트겐슈타인, 이영철 옮김, 『논리-철학 논고』, 天池, 1991, p.141.)

아니다. 오직 곧은 마음으로 행동하여 모든 법에 집착하지 않는 것을 일행삼매라고 한다. 그러나 미혹한 사람은 법의 모양에 집착하지 않고 일행삼매에 국집하여 앉아서 움직이지 않는 것이 곧은 마음이라고 하며, 망념을 제거하여 마음이 일어나지 않는 것을 일행삼매라고 한다. 만약 이와 같다면 이 법은 무정과 같은 것이 되어 도리어 도를 장애하는 인연이 된다. 도는 모름지기 통하여 흘러야 한다. 어째서 정체될 수 있는가? 마음이 머물러 있지 않으면 곧 통하여 흐르는 것이며, 머물러 있으면 곧 속박된 것이다.[76]

직심은 일행삼매를 말한다. 그러나 입으로는 일행삼매를 말하면서 곧은 마음으로 행동하지 않는 것은 법에 집착된 모습이다. 즉 선불교에서는 언어의 활동과 우리의 행위를 분리하지 않는다. 그래서 선의 사유는 실천을 동반한다. 선의 언어가 매 순간 움직이는 동적 언어로 표현되듯 선의 사유는 국집되거나 집착하지 않는 마음의 흐름을 보여준다.

그러나 미혹한 사람들은 망념을 제거하고 마음이 일어나지 않게 하는 것을 수행으로 삼는다. 그들은 형이상학적 주체를 상정하고 '생각의 흐름'을 하나의 실체화·대상화시켜 이해한다. 닦는 주체와

---

76 『南宗頓敎最上大乘摩訶般若波羅蜜經六祖惠能大師於韶州大梵寺施法壇經』 (T48, p.338b), "一行三昧者 於一切時中行住坐臥 常行直心是 淨名經云 直心是道場 直心是淨土 莫心行諂曲 口說法直 口說一行三昧 不行直心 非佛弟子 但行直心 於一切法上 無有執著 名一行三昧 迷人著法相 執一行三昧 直言坐不動 除妄不起心 卽是一行三昧 若如是 此法同無情 却是障道因緣 道須通流 何以却滯 心不住法 道卽通流 住卽被縛."

닦을 대상을 마음속에 끊임없이 떠올리며 일어나는 생각을 부정한다. 그러나 혜능은 이런 행위는 아무런 식정識精이 없는 무정물無情物과 다름이 없다고 말한다. 왜냐하면 진리 자체인 도道는 끊임없이 흘러서 통하는 것이기 때문이다. 그것은 경계가 없다. 그래서 모든 것과 만날 수 있다.

이러한 관점에서 본다면 선불교에서는 우리의 생각을 단순히 망념으로 규정하거나 반대로 진념眞念으로 추상화시키지 않는다는 것을 알 수 있다. 이러한 이원적 접근은 마치 '병 속의 새'를 억지로 꺼내기 위해 유리병을 깨려는 것과 똑같다. 우리는 우리의 생각을 망념이나 진념으로 규정하기 이전에 그것을 '슈뢰딩거의 고양이'와 같은 하나의 가능성으로 보아야 한다.

지금까지 선불교의 생각에 대한 긴 여정을 거쳐 왔다. 이제는 여행을 끝낼 때이다. 사실 '선불교의 생각'에 대하여 사유와 논의를 진행하는 것 자체가 우리 스스로를 한계 짓는 행위와 다르지 않을 것이다. 마치 비트겐슈타인이나 임제가 말했던 것처럼 우리가 추구하는 그 무엇은 주체가 될 수 없듯이. 그러나 여기서 주체가 되려고 함을 자발적으로 포기하는 것이 기라성 같은 선불교의 지자智者들과 조금은 가까워질 수 있다는 것을 이 글을 읽는 독자들은 이해할 것이다.

마지막으로 다시 한 번 묻고 싶다. "여러분들의 '병 속의 새'는 어떻게 되었나?" 함께 참구參究해보자.

참고문헌

『대불정여래밀인수증료의제보살만행수능엄경大佛頂如來密因修證了義諸菩薩萬行
　首楞嚴經』(T19)

『대혜보각선사어록大慧普覺禪師語錄』(T47)

『진주임제혜조선사어록鎭州臨濟慧照禪師語錄』(T47)

『원오불과선사어록圓悟佛果禪師語錄』(T47)

『굉지선사광록宏智禪師廣錄』(T48)

『고려국보조선사수심결高麗國普照禪師修心訣』(T48)

『남종돈교최상대승마하반야바라밀경육조혜능대사어소주대범사시법단경南宗頓
　教最上大乘摩訶般若波羅蜜經六祖惠能大師於韶州大梵寺施法壇經』(T48)

『신심명信心銘』(T48)

『육조대사법보단경六祖大師法寶壇經』(T48)

『종경록宗鏡錄』(T48)

『진심직설眞心直說』(T48)

『치문경훈緇門警訓』(T48)

『황벽단제선사완릉록黃檗斷際禪師宛陵錄』(T48)

『경덕전등록景德傳燈錄』(T51)

『마조도일선사광록馬祖道一禪師廣錄(四家語錄卷一)』(X69)

『감산노인몽유집憨山老人夢遊集』(X73)

『현사사비선사광록玄沙師備禪師廣錄』(X73)

김태완, 『조사선의 실천과 사상』, 장경각, 2004.

게어리 주커브, 김영덕 옮김, 『춤추는 물리』, 범양사, 2010.

김영욱, 『화두를 만나다』, 프로네시스, 2010.

강신주, 『매달린 절벽에서 손을 뗄 수 있는가?』, 동녘, 2014.

로버트 M·퍼시그, 일지 옮김, 『禪을 찾는 늑대』, 고려원미디어, 1991.

루트비히 비트겐슈타인, 이영철 옮김,『논리-철학 논고』, 天池, 1991.

楣谷宗忍・柳田聖山・辻村公一, 『信心銘・證道歌・十牛圖・坐禪儀』, 竺摩書房, 1974.

백련선서간행회,『벽암록・중』, 장경각, 2002.

＿＿＿＿＿＿＿,『마조록・백장록』, 장경각, 2002.

성철,『백일법문・하』, 장경각, 1992.

성엄 선사, 대성 옮김,『선의 지혜』, 탐구사, 2011.

于谷,『禪宗語言和文獻』, 江西人民出版社, 1995.

이은윤,『왜 선문답은 동문서답인가-선불교 언어예술』, 동아시아, 2013.

오용석,『대혜종고 간화선 연구』, 해조음, 2015.

제임스 킹스랜드(James Kingsland), 구승준 옮김,『마음챙김이 만드는 뇌혁명』, 조계종출판사, 2017.

陳允吉, 一指 옮김,『중국문학과 禪』, 민족사, 1992.

채사장,『지적 대화를 위한 넓고 얕은 지식: 철학, 과학, 예술, 종교, 신비 편』, 한빛비즈, 2015.

＿＿＿＿,『열한 계단: 나를 흔들어 키운 불편한 지식들』, 웨일북, 2015.

켄 윌버, 김철수 옮김,『무경계』, 무우수, 2005.

허운虛雲 화상, 대성大晟 스님,『참선요지』, 여시아문, 1999.

현각 편집・무산본각 옮김,『오직 모를 뿐-숭산 대선사의 서한 가르침』, 물병자리, 2002.

한자경,『명상의 철학적 기초』, 이화여자대학교출판부, 2011.

김석암,「종색선사『좌선의』의 하타요가적 고찰」,『불교학연구』17, 불교학연구회, 2007.

강문선(혜원),「선종에서의 좌선의 변천」,『한국불교학』64, 한국불교학회, 2012.

김호귀,「『默照銘』에 나타난 默과 照의 개념」,『선문화연구』3, 한국불교선리연구원, 2007.

＿＿＿,「묵조선의 수행원리와 그 실천」,『동양철학』31, 한국동양철학학회, 2009.

＿＿＿,「묵조선의 수행과 己事究明의 실천방식」,『종교교육학연구』43, 한국종교

교육학회, 2013.

오용석, 「臨濟宗 楊岐派 禪者들의 公案 인식: 法演, 圓悟, 大慧를 중심으로」, 『한국
불교학』 65, 한국불교학회, 2013.

_____, 「간화선에서 '알 수 없음'과 '알고자 함'에 대한 고찰」, 『禪學』 48, 한국선학회,
2017.

_____, 「선불교의 수행·깨달음에 나타난 비선형적 특징에 대한 고찰-곽암의 『십우
도十牛圖와 숭산행원의 선원禪圓 개념을 중심으로」, 『선학』 50, 한국선학회,
2018.

{서양철학}

어떻게 생각의 주인이 될 것인가?

박찬국(서울대학교 철학과 교수)

우리는 흔히 인간은 생각하는 능력인 이성을 가지고 있고 이러한 이성에 따라서 자신의 생각을 만든다고 생각한다. 그러나 우리의 생각은 이른바 순수한 이성에서만 비롯되기보다는 이성이 의식하지 못하는 요인들의 영향을 크게 받고 있다. 우리의 생각은 각자가 갖는 성격과 인간 모두가 갖는 자기중심적인 성향에 의해서 규정될 뿐 아니라 우리가 속하는 집단이나 시대를 지배하고 있는 사고에 의해서 크게 규정된다. 자신의 생각의 주인이 되어 매 순간 올바른 생각을 내는 인간을 서양철학에서는 이성적인 인간이라고 부른다. 따라서 인간이 어떻게 하면 생각의 주인이 되어 매 순간 올바른 생각을 낼 수 있는가라는 문제를 서양철학에서는 인간은 어떻게 하면 자신의 이성적 능력을 최대로 발휘하는 인간, 단적으로 말해서 이성적인 인간이 될 수 있는가라는 문제로 다루고 있다.

여기서는 우선 고대에서 근대에 이르는 서양철학의 대표적인 철학자들이 이성과 생각에 대해서 제시한 통찰을 살펴본 후, 프롬과 하이데거, 그리고 카시러의 사상을 토대로 하여 욕망과 생각, 시대적·사회적 사고를 규정하는 상징 형식과 생각 사이의 관계를 살펴보았다. 이러한 고찰에 입각하여 자신의 생각의 주인이 되는 인간을 차축시대의 이념을 실현하는 인간으로 보았다.

1. 이성과 생각

1) 인간의 생각은 순수한 이성에서 비롯되는가?

인간은 흔히 '이성적 동물'이라고 불린다. 이성은 '생각하는 능력'이다. 우리는 하루 동안에도 무수한 생각을 하면서 산다. 이러한 생각 중에는 올바른 생각도 있지만 그릇된 생각도 있고, 선한 생각도 있지만 악한 생각도 있다. 생각에는 개인적인 생각도 있지만 집단이 공유하는 생각도 있다. 개인들의 생각을 통해 개인의 삶이 형성되고, 집단이 공유하는 생각을 통해 집단의 삶이 형성된다. 집단이 공유하는 생각에도 한 사람이 갖는 생각과 마찬가지로 올바른 생각과 그릇된 생각이 있고, 선한 생각과 악한 생각이 있다.

동물은 자연이 부여한 본능에 따라서 살지만 인간은 자신의 생각에 따라서 살아간다. 인간이 생각에 따라서 살아간다고 말했지만, 이는 인간이 자신의 생각의 주체라는 말은 아니다. 우리는 흔히 인간은 생각하는 능력인 이성을 가지고 있고 이러한 이성에 따라서 자신의 생각을 만든다고 생각한다. 이와 함께 우리는 자신이 갖는 생각이 자신의 이성적 사고에서 비롯된 것이고 따라서 보편적인 타당성을 갖는다고 여기는 경우가 많다. 우리는 자신을 순수하게 이성적인 존재로 생각하는 경향이 있는 것이다.

그러나 우리의 생각은 이른바 순수한 이성에서만 비롯되기보다는 이성이 의식하지 못하는 요인들의 영향을 크게 받고 있다. 우리의 생각은 각자가 갖는 성격에 의해서 크게 규정된다. 법 없이도 살만한 성격을 갖는 사람이 있고, 법망으로 강력히 구속해도 그 구속이 제대로 먹혀들지 않는 성격을 갖는 사람이 있다. 이 사람들은 각자 자신의 성격에 따라서 생각한다. 먹을 것이 없어 굶어 죽을 위험에 처해 있는 상황에서 전자의 사람은 남에게 해를 끼치지 않고 먹을 것을 구할 수 있는 방법을 생각할 것이다. 그러나 후자의 사람은 도둑질이나 강도짓을 생각할 가능성이 있다.

이런 의미에서 쇼펜하우어는 인간의 생각은 각자가 타고난 성격에 의해서 규정된다고 보았고 인간에게는 자신의 생각을 마음대로 바꿀 수 있는 자유는 없다고 보았다. 물론 나는 성격을 바꿀 수 없다는 쇼펜하우어의 생각은 극단적이라고 생각하지만, 성격을 바꾸기가 매우 어렵다는 점은 인정한다.

우리의 생각은 성격에 의해서 규정될 뿐 아니라 우리가 속하는 집단이나 시대를 지배하고 있는 사고에 의해서 크게 규정된다. 예를 들어 신화적 사고가 지배하는 집단이나 시대에 살고 있을 경우 우리의 생각 역시 그러한 신화적 사고의 틀을 벗어나기 힘들다.

어떤 집단을 어떤 시대에 지배하는 사고 역시 그 시대의 집단이 임의로 만들어내는 것은 아니다. 그것은 오랜 기간에 걸쳐서 그 집단에 전해 내려온 사고습관의 영향을 크게 받는다. 우리나라를 예로 들자면, 일본에 대해서 오랜 기간 세대를 통해서 전해 내려온 증오가 일본에 대한 우리의 사고를 규정하는 경우가 많다.

더 나아가 우리는 아무리 선한 심성의 소유자라도 자기애와 자기중심성의 성향을 가지고 있다. 선한 심성의 소유자는 남에게 해를 끼치지 않고 많은 도움을 주겠지만, 그러한 자신에 대해서 자신은 남보다 선한 사람이라는 자부심을 갖기 쉽다. 우리의 생각은 자신의 사회적 지위를 높이려고 하거나 자신의 우월성을 느끼고 주장하려는 욕망에 의해서 규정된다. 이는 집단의 경우도 마찬가지다. 사해동포주의라는 대의를 내세우는 집단이라고 하더라도 실질적으로는 다른 집단들에 대해서 우위를 차지하거나 다른 집단을 지배하려는 욕망에 의해서 사로잡혀 있는 경우가 많다.

따라서 우리는 '인간은 개인의 차원에서든 집단의 차원에서든 생각에 따라서 삶을 형성해나간다'는 말을 '인간은 그 어떤 다른 요인의 영향을 받지 않는 순수한 이성에서 비롯된 생각에 따라서 자신의 삶을 형성한다'는 말로 이해해서는 안 된다. 인간이 생각에 따라서 자신의 삶을 형성해나가는 것은 사실이지만, 생각과 생각의 직접적인 출처인 이성은 성격과 시대적·사회적 환경, 그리고 자기애와 자기중심적인 성향에 의해서 규정되어 있다.

2) 이성의 취약성

파스칼은 '인간은 생각하는 갈대'라고 말했다. 인간은 몸이 필요로 하는 물 한 방울만 없어도 더 이상 생존할 수 없는 연약한 존재이지만 그러한 사실에 대해서 생각할 수 있는 존재다. 인간은 자신의 연약함을 자각하면서 그러한 연약함을 극복해낼 수 있는 다양한 방안을 생각해 내었다. 예를 들어 인간은 생각의 힘으로 신이라는 관념을 만들어내고 인간을 신의 특별한 사랑을 받는 존재로 생각하면서 자신의 연약함을 극복하려고 했다. 인간은 또한 생각의 힘으로 과학과 기술을 발달시켜 오면서 더 이상 신에 의지하지 않고 자신의 힘으로 자신의 연약함을 극복하려고 했다.

대규모의 정교한 건축물이나 우주선과 같이 인간이 만들어낸 갖가지 문명의 산물을 고려해보면, 생각이 갖는 위대한 능력에 대해서 인간인 우리 자신도 놀랄 정도다. 그러나 우리의 생각은 이렇게 거대한 문명을 낳기도 하지만, 위에서 언급한 요인들에 의해서 왜곡되면서 길을 잃고 헤매기도 쉽다. 우리는 흔히 인간은 생각하는 능력인 이성을 갖기에 동물보다도 우월한 존재라고 생각한다. 그러나 이른바 생각하는 능력인 이성으로 인해 인류가 저지른 갖가지 미친 짓을 생각해보면 차라리 이성을 갖지 않은 동물이 훨씬 존경스럽게 보일 정도다. 인간의 이성은 참으로 취약하여 인간을 올바른 길로 인도하기보다는 오도하는 경우가 많다.

인간은 생각하는 능력을 갖기에 아직 닥쳐오지 않은 먼 미래까지 걱정할 수 있다. 그러나 이렇게 미래를 염려하면서 그것을 대비할 목적으로 우리는 죽을 때까지 다 쓰지도 못할 재산을 축적하기 위해 온갖 노고를 다하며 다른 사람들을 착취하기도 한다. 또한 우리는 생각하는 능력을 갖기에 과거를 잊지 않으면서 과거의 원한을 대대손 손 물려주기도 한다. 과거에 입은 상처를 잊지 못하고 미래에 대해 불안해하면서 갖가지 신경증에 시달리기도 한다.

동물은 생각하는 능력인 이성에 따라서가 아니라 본능에 따라서 산다. 동물의 욕망은 본능에 의해서 규제되기 때문에 인간의 욕망에 비하면 지극히 소박하다. 소는 여물 한 통으로 허기를 채우면 배를 깔고 누워 평화를 즐긴다. 그러나 인간의 욕망은 단순히 본능에 따라서 일어나고 사라지지 않는다. 그것에는 갖가지 생각이 개입한다. 인간은 어떤 것을 먹더라도 그것이 맛이 있는지 없는지를 생각하면서 이왕이면 맛있는 음식을 먹으려고 한다. 또한 인간은 당장의 식욕을 충족시킨 후에도 과거나 미래에 대한 생각으로 불안정한 상태에 빠지기 쉽다.

생각하는 능력인 이성을 갖게 되면서 인간의 욕망은 본능적인 조절장치에 의해서 규제되지 않게 되었다. 그것을 적절하게 규제할 책임은 이성에게 존재한다. 그러나 인간의 이성은 본능적인 조절장치라는 고삐가 풀어져 어디로 튈지 모르는 욕망을 적절하게 규제하기보다는, 오히려 욕망을 잘못된 생각으로 더욱 부풀리고 그러한 욕망을 실현할 수 있는 출구를 엉뚱한 데서 찾는 경우가 많다. 이러한 사실을 고려해볼 때, 인간은 이성을 갖기 때문에 동물에 비해서 건강한 삶을 살기가 훨씬 어려운 것 같다. '인간은 병든 동물'이라는 니체의 말에 공감할 수밖에 없는 이유다.

이성은 욕망에게 방향을 제시하기도 하지만 또한 그러한 욕망에게 자신을 실현시킬 수 있는 수단을 마련해주기도 한다. 욕망에게 방향을 마련해주는 이성은 흔히 '실천적 이성'이라고 불리며, 욕망에게 자신을 실현할 수 있는 수단을 마련해주는 이성은 흔히 '도구적 이성'이라고 불린다. 인간의 역사는 그릇된 실천적 이성에 의해서 그릇된 방향을 취하게 된 욕망에게 도구적 이성이 그 욕망이 자신을 관철할 수 있는 온갖 정교한 무기를 마련해 줌으로써 동물 세계에서는 찾아볼 수 없는 목불인견의 잔혹상이 끊임없이 펼쳐져온 역사다.

물론 인간의 생각이 인간을 오도해온 것만은 아니다. 인간은 잘못된 생각으로 인해 한없이 악마적인 존재로 전락할 수도 있지만, 또한 선한 생각으로 인해 한없이 성스러운 존재로 고양될 수도 있다. 인간이 인간뿐 아니라 살아 있는 모든 것에서 불성佛性 내지 신성을 보면서 그것들에 대한 사랑을 말할 수 있는 것도 인간이 생각할 수 있는 동물이기 때문이다.

인간은 생각하는 능력인 이성으로 인해서 악마도 될 수 있지만 또한 천사도 될 수 있다. 이렇게 보면 이성은 인간을 악마나 천사로 만들 수 있는 양날의 검과 같은 것이다. 요즈음 인간을 동물과 본질적으로 다르지 않은 존재로 보는 진화론적 사유가 철학계에서도 득세하고 있지만, 인간은 천사와 악마의 속성을 함께 가지고 있다는 점에서 동물과 본질적으로 구별된다.

인간은 어떤 생각이 그 인간을 지배하느냐에 따라서 천사도 될 수 있고 악마도 될 수 있기에, 어떻게 하면 올바른 생각을 할 수 있는가가 철학에서는 일찍이 문제가 되었다. 올바른 생각은 흔히 지혜라고 불리고, 어쩌다가 한 번이 아니라 올바른 생각을 하는 것이 습성이 된 사람은 지혜로운 사람이라고 불린다. 동양철학에서도 그렇지만 서양철학에서도 자신뿐 아니라 다른 사람들까지도 건강한 삶을 영위하게 하는 지혜로운 인간을 어떻게 육성할 수 있을 것인지가 항상 문제가 되어왔다. 흔히 이성 자체를 욕망의 시녀로 본 비합리주의적인 철학자들로 꼽히는 쇼펜하우어나 니체 같은 철학자들도 인간을 어떻게 하면 지혜로운 인간으로 만들 것인지를 고민했다.

우리는 인간의 생각이 이른바 순수한 이성에서 비롯되는 것이 아니라 성격이나 갖가지 욕망, 그리고 어떤 시대나 집단을 지배하는 사고에 의해서 규정된다는 사실을 보았다. 우리는 흔히 자신의 생각을 스스로가 지배한다고 생각하면서 자신을 생각의 주인이라고 여기지만, 사실은 우리의 생각은 우리가 의식하지 못하는 여러 요인에 의해서 규정되는 것이다.

이런 의미에서 니체는 '나는 생각한다(Ich denke)'는 데카르트의 명제에 반대하면서 비인칭 주어를 지닌 명제 '생각이 난다(es denkt)'는 명제가 타당하다고 본다.[1] 조금이라도 명상을 해보면 우리의 생각이 체계적인 일관성을 갖고 일어나는 것이 아니라 온갖 생각들이 제멋대로 일어났다가 사라지는 것을 보면서 놀라게 된다. 그리고 우리가 생각의 주인으로 산 것이 아니라 사실은 제멋대로 일어나는 생각에 의해서 놀아났다는 사실을 깨닫게 된다. 이렇게 제멋대로 일어나는 거의 모든 생각은 이기적인 습성과 잘못된 시대적·사회적 통념에 의해 오염된 생각들이다.

그렇다고 해서 우리가 이렇게 제멋대로 일어나는 생각의 노리개로 남아 있을 수밖에 없는 것은 아니다. 적어도 우리는 우리가 많은 경우 생각의 노리개로 살고 있다는 사실을 자각할 수 있다. 그리고 이러한 자각을 바탕으로 하여 자신이 그릇된 생각을 했으면 반성하고

---

1 니체, 김정현, 『선악의 저편』(책세상, 2002), 17번 참조.

올바른 생각을 내려고 노력할 수 있다. 인간은 이성이 갖는 이러한 성찰의 힘 덕분에 생각의 주인이 될 수도 있다.

불교에 수처작주隨處作主라는 말이 있다. 어떤 것에도 매이지 않고 진정으로 자유로운 존재가 된다는 이 말은, 이성이 자신에게 영향을 주는 불순한 요인들에서 벗어나 매 순간 올바른 생각을 내는 것을 의미한다. 불교에서는 수처작주를 하기 위해서는 무념무상의 경지에 들어가야 한다고 본다. 이 경우 무념무상은 문자 그대로의 의미에서는 아무런 생각도 일어나지 않는 경지를 말하지만 이러한 경지에 들어가기는 쉽지 않다. 그러나 이러한 경지에 들어가는 것은 단순히 생각 없는 경지에 머무르기 위해서가 아니라 자신이 처하는 매 상황에서 참된 생각을 내기 위해서다. 무념무상의 경지에 들어가는 것이 필요한 것은 우리의 일상적인 생각을 왜곡시키는 이기적인 습성과 모든 것을 분별하고 차별하는 그릇된 시대적·사회적 통념과 같은 불순한 요인들에서 벗어나기 위해서 필요하다.

자신의 생각의 주인이 되어 매 순간 올바른 생각을 내는 인간을 서양철학에서는 이성적인 인간이라고 부른다. 따라서 인간이 어떻게 하면 생각의 주인이 되어 매 순간 올바른 생각을 낼 수 있는가라는 문제를 서양철학에서는 인간은 어떻게 하면 자신의 이성적 능력을 최대로 발휘하는 인간, 단적으로 말해서 이성적인 인간이 될 수 있는가라는 문제로 다루고 있는 것이다.

물론 서양철학에서는 인간의 생각을 단순히 뇌에서 일어나는 물리화학적인 작용으로 보는 유물론이나 인간의 근본적인 욕망을 자기보존과 종족보존을 향한 욕망으로 보면서 인간의 모든 생각을 그러한 욕망을 실현하기 위한 수단으로 보는 생물학주의적인 철학도 존재한다. 이 모든 철학 사조를 다 살펴볼 수는 없다. 여기에서는 인간이 단순히 자기보존과 종족보존을 넘어서 자신의 이성적 능력을 실현하는 것을 목표한다고 보는 서양의 철학자들이 이성과 생각에 대해서 어떻게 고찰했는지를 우선 살펴볼 것이다.

여기에서 다룰 플라톤, 아리스토텔레스, 아우구스티누스, 아퀴나스, 칸트, 헤겔, 하이데거와 프롬과 같은 철학자들 사이에는 서로 간의 차이에도 불구하고 일정한 연속성이 존재한다. 이들은 인간은 단순한 자기보존이나 종족보존을 넘어서 자신이 갖는 이성적 잠재력의 완전한 실현, 즉 자기실현을 삶의 궁극목적으로 삼는다고 보는 철학자들이다. 이러한 철학자들의 사상은 자기실현의 목적론이라는 공통적인 성격을 갖는다.

2. 서양철학에서 이성과 생각

고대 그리스철학에서 인간은 '이성적 동물'로 정의되었다. 그런데 이 말은 인간이 항상 이성적으로, 즉 항상 올바르게 생각한다는 의미는 아니다. 플라톤이나 아리스토텔레스도 이미 인간은 많은 경우 비이성적으로, 즉 그릇되게 생각한다는 사실을 잘 알고 있었다. 그럼에도 그들이 인간을 '이성적' 존재로 보는 것은 인간은 올바르게 생각할 수 있는 능력을 잠재적인 가능성으로서 갖고 있다고 보았기 때문이다.

우리는 인간은 '이성적 동물'이라는 말을 너무나 당연한 말로 여긴다. 그러나 인간이 자신을 이성적 존재로 보게 된 것은 인류 역사상 획기적인 사건이다. 그리스철학이 나타나기 전에 서양을 지배했던 것은 그리스신화에서 보는 것과 같은 신화적 사고였다. 이러한 신화적 사고에서 인간은 자신의 이성적 사고에 의해서 자신의 삶을 개척해나 갈 수 있는 존재로 여겨지지 않았다. 신화적 사고에서 인간은 변덕스런 욕망으로 가득 찬 신들과 운명에 의해서 지배되는 존재로 간주되었다. 신화에 대해서 반성하지 않고 신화의 세계 속에서 살고 있는 사람들에 게는 신화의 세계가 현실인 것이다.

물론 신화도 신이 내려준 것이 아니라 인간의 생각이 만들어낸 것이다. 그러나 인간은 오랜 기간 동안 신화에 구속되어 있으면서 인간과 세계에 대해서 주체적인 성찰을 하지 못했다. 인류를 몇 만 년 동안 지배해온 신화가 과연 참인지에 대해서 회의하고, 신화적인 신들의 존재에 대해서 회의하게 되었을 때에야 인간은 명실공히 이성 적 존재로 등장하게 되었다고 할 수 있다. 이때부터 인간은 자신과 세계를 자신의 주체적인 생각을 통해서 이해하려고 했다.

1) 고대철학 – 이성적인 인간이란 어떤 인간인가
(1) 플라톤

플라톤에 의하면 인간의 마음은 이성, 기개(氣慨, 의지), 그리고 신체적 욕망으로 이루어져 있다. 플라톤에게 이성은 올바른 생각을 통해서 우리 삶에 방향을 제시하는 능력이다. 기개는 나쁜 것을 볼 때 분노를 느끼는 의분심義奮心, 자긍심과 같은 것을 의미한다. 이성이 추구하는 것은 지혜이며, 기개가 추구하는 것은 명예이고, 신체적 욕망이 추구하 는 것은 감각적인 쾌락이다.

플라톤은 기개나 신체적 욕망은 이성의 통제를 받아야 한다고 본다. 그렇지 않고 그것들이 이성을 압도해버릴 때 이성은 그것들의 주인이 아니라 그것들의 노예로 전락할 수 있다. 기개가 이성의 통제를 받지 않을 때 그것은 무분별한 공명심으로 전락할 수 있으며, 이성을 단순히 자신의 공명심을 충족시킬 수 있는 방법들을 고안해내는 도구로 삼게 된다. 또한 신체적 욕망이 이성을 압도해버릴 때 그것은 이성을 재물에 대한 탐욕이나 무분별한 성욕 등을 충족시킬 수 있는 방법들을 생각해 내는 도구로 삼게 된다. 무분별한 공명심이나 성욕, 그리고 탐욕은 공동체뿐 아니라 그것들에 사로잡힌 당사자에게도 해를 끼치게 된다.

우리는 흔히 무분별한 공명심이나 탐욕 혹은 무분별한 성욕에 사로 잡혀 있기 때문에 우리에게 일어나는 많은 생각은 사실 그러한 욕망들을 충족시키는 것과 관련된 생각들이다. 따라서 이러한 생각들을 끊어버리기 위해서는 이성이 기개와 신체적 욕망의 주인이 되어야만 한다. 이런 의미에서 플라톤의 철학은 어떻게 하면 이성이 올바른 생각에 의해서 기개와 신체적인 욕망을 통제할 수 있는가에 관한 고뇌라고 할 수 있다. 기개가 이성의 지도 아래 영웅적으로 발휘될 때 기개는 자신의 덕인 용기를 실현하게 된다. 신체적 욕망이 이성의 지도를 받아서 자신의 기능을 수행할 때 그것은 자신의 덕인 '절제'를 실현하게 된다.

인간이 동물과 구별되는 점은 이성을 갖는다는 점이며, 따라서 이성은 인간의 심적인 기능 중 최상의 것이다. 이에 반해 신체적 욕망은 인간을 비이성적으로 만들 여지가 많은 것으로서 가장 낮은 것이다, 기개는 이성이 신체적 욕망을 통제하려 할 때 이성의 편에

설 수도 있다는 점에서 중간적인 지위를 갖는다.

그렇다고 해서 플라톤은 신체적 욕망 자체를 악한 것으로 보지는 않았다. 플라톤은 건강한 신체에 건강한 정신이 깃든다고 보았으며, 신체적 욕망을 절도 있게 충족해야 한다고 보았다. 아울러 건전한 인격은 자긍심과 명예욕을 갖지 않으면 안 된다. 기개로부터 비롯되는 자긍심과 명예욕은 우리로 하여금 훌륭한 업적을 성취하도록 자극한다. 이러한 점은 겸손을 긍지보다도 중시하는 기독교와 구별되는 점이다.

따라서 플라톤이 지향하는 이성적인 인간은 단순히 지성만 발달한 샌님과 같은 인간을 의미하지 않는다. 이성적인 인간이란 탁월한 지혜를 갖추면서도 강한 의지력과 건강한 신체를 갖춘 인간이다. 플라톤은 이성이 신체적 욕망과 기개를 통제해야 한다고 보지만, 그렇다고 하여 극단적인 이원론에서 보는 것처럼 신체적 욕망이나 공명심 자체를 죄악시하거나 금욕적으로 억압해야 하는 것으로 보지는 않았다. 플라톤이 경계한 것은 신체적 쾌락에 무절제하게 탐닉하고 무분별하게 공명을 추구하는 것이었다.

물론 플라톤에게는 신체를 '이성의 감옥'으로 보면서 육체를 천시하는 듯한 이원론적인 경향도 존재한다. 플라톤은 인간이 궁극적으로 추구하는 것은 영원한 행복이지만, 신체적 욕망이나 세상의 명예는 덧없는 것으로 본다. 플라톤은 신체는 사멸하지만 이성은 불멸이라고 보면서, 죽음 이후에 이성이 신체의 속박에서 자유로워져서 진정한 철학을 할 수 있다고 주장한다.

플라톤에게 이성이 갖는 최고의 능력은 사물들의 본질에 해당하는 이데아를 파악하는 것이다. 이데아란 사물들이 실현해 할 이상적인 원형이다. 말과 소의 이데아가 있는 것처럼 인간의 이데아가 존재한다. 인간의 이데아란 인간이 실현해야 할 이상적인 인간 자체를 가리킨다. 우리가 지각하는 구체적인 개별적 사물들은 불완전하며 이것들은 자신들의 완전한 모습인 이데아를 구현하기 위해서 노력한다.

이데아는 우리가 지각하는 여러 개체들로부터 공통된 것을 추상한 개념이 아니다. 이는 이데아는 완전한 것인 반면에 우리가 지각하는 개체들은 불완전한 것이기 때문이다. 불완전한 개체들로부터 공통된 특징으로서 추상할 수 있는 것은 불완전한 것에 지나지 않는다. 이데아를 인식하는 방법으로 플라톤은 학문적 대화에 의한 탐구를 내세웠다. 플라톤에게는 철학을 비롯한 학문은 단순히 지적인 호기심을 충족시키기 위한 것이 아니라 인격도야에 가장 좋은 길이었다. 잘 알려져 있는 사실이지만 플라톤은 자신이 세운 아카데미에 '기하학을 모르는 자는 발을 디뎌놓지 말라'는 경구를 써놓았다. 플라톤에게 기하학을 비롯한 학문은 영혼을 정화하는 가장 좋은 방법이었다.

학문이 출세의 도구로 전락한 오늘날의 시점에서 플라톤의 이러한 학문관은 낯설게 들린다. 그러나 학문과 학문적인 토론에 참여할 때 중요한 것은 자신의 의견이 옳다는 것을 다른 사람들로부터 인정받아서 자신의 자존심을 높이는 것이 아니라 진리를 발견하는 것이다. 따라서 학문은 우리에게 협소한 자기를 벗어나 진리의 입장에 설 것을 요구한다. 플라톤에게 학문의 길이란 단순히 이론적으로 예리한 인간을 만드는 것이 아니라 어떤 경우에도 진리의 입장에서 설 수 있는 선한 인간을 만드는 것이 궁극적인 목표였다.

(2) 아리스토텔레스

플라톤이 이데아에 대한 철학적 통찰이 영혼의 완성을 위해서 가장 중요하다고 보았던 것처럼, 아리스토텔레스도 세계에 대한 이론적 관조, 즉 테오리아(theoria)야말로 인간이 갖는 최고의 이성적 능력의 구현이라고 보았다. 플라톤에서 인식이란 이데아, 즉 사물이 갖는 이상적 형상에 대한 인식을 의미하는 것처럼, 아리스토텔레스에서도 인식은 사물들이 갖는 이상적 형상에 대한 인식이다. 이러한 이상적 형상을 아리스토텔레스는 본질이라고도 부른다.

아리스토텔레스는 최고의 존재자인 신도 그 자신을 관조하는 자라고 보았다. 신은 완전한 존재이기에 불완전한 존재자들에는 관심이 없고 자신의 아름다움을 관조할 뿐이다. 불완전한 존재자들을 관조한다는 것은 불완전한 존재자들에 관심을 갖고 그것들에 이끌리는 것이기 때문에 완전한 존재인 신의 격格에 맞지 않는다. 아리스토텔레스의 신은 자신 속에 빠져 있는 신이기에 세상에 관심이 없다. 이에 반해 인간을 비롯한 불완전한 모든 존재자는 완전한 존재인 신에 끌려서 신을 닮으려고 한다.

인간이 누릴 수 있는 최고의 행복도 신처럼 관조하는 것에 의해서 주어진다. 다만 신이 자신을 관조하는 것에 반해 인간은 세계를 관조한다. 이러한 관조 상태에서 이성은 코스모스, 즉 질서와 의미로 가득 찬 세계와 하나가 되면서 안정을 느낀다. 세계에 대한 이론적인 관조를 통해서 인간은 세계를 자신에게 동화시킨다. 식물이나 동물도 세계를 자신에게 동화시키지만 그것들은 다른 것들을 변형하는 방식으로 동화시킨다. 식물은 태양이나 물을 자신이 필요로 하는 영양분으로 동화시키며, 동물은 자신이 뜯어먹거나 잡아먹는 식물이나 동물을 파괴하면서 자신의 영양분으로 동화시킨다. 이에 반해 테오리아는 사물들의 본질을 그 자체로서 드러내면서 본질들 사이의 질서를 드러낸다.

아리스토텔레스는 사물들의 본질과 세계의 불변적인 질서를 관찰하는 테오리아, 즉 학문적 이성은 인간의 구체적인 삶에서 매 순간 결단을 내려야 하는 이성과는 근본적으로 다른 성격을 갖는다고 본다. 이러한 이성을 아리스토텔레스는 프로네시스(phronesis)라고 부른다. 프로네시스는 보통 사려분별이라고 번역된다. 학문적인 재능을 갖춘 사람이라고 해서 구체적인 삶의 상황에서 올바른 결단을 내리는 것은 아니다. 훌륭한 정치학자라고 해서 훌륭한 정치가가 되는 것은 아니며, 훌륭한 경제학자가 훌륭한 기업인이 되는 것은 아니다. 이는 학자는 보편적인 본질이나 법칙을 탐구하지만, 인간이 처한 구체적인 상황은 보편적인 본질이나 법칙에 의해서 다 포괄될 수 없을 정도의 높은 가변성을 보이기 때문이다.

인간이 처한 상황은 끊임없이 변하기 때문에, 모든 상황에 지침이 될 수 있는 불변의 행위규범은 존재하지 않는다. 각 상황에서 가장 적절한 행동을 아리스토텔레스는 중용을 구현하는 행위라고 말하고 있다. 중용을 구현하는 행위는 오직 하나인 반면에 중용에서 벗어난 행동 가능성들은 무한히 많다. 따라서 오류를 범하기는 쉽지만 올바르게 행동하는 것은 매우 어렵다.

아리스토텔레스는 플라톤과 마찬가지로 신체적인 욕망의 절제를 중요한 덕으로 보았지만 감각적인 향유를 인간의 행복을 구성하는 중요한 계기로 보았다. 아리스토텔레스는 요리 등을 통해 맛을 즐길 수 있는 것도 인간이 이성을 갖고 있기에 가능한 것으로 보았다. 인간은 맛을 비교하면서 보다 나은 맛을 추구하고 향유할 수 있다. 인간의 행복은 이성적인 존재이면서도 감각을 갖는 존재로서 감각적 향유를 통해서 얻게 되는 순간적인 행복, 사회적·역사적 존재로서 구체적인 상황에서 중용을 실현함으로써 얻게 되는 역사적 시간의 행복, 그리고 테오리아를 구현할 수 있는 존재로서 세계의 영원한 질서를 파악함으로써 얻게 되는 영원한 행복으로 구성되어 있다.[2]

인간을 이성적 동물로 정의한 최초의 사람은 아리스토텔레스였다. 아리스토텔레스가 인간을 이성적 동물로 정의했을 때 이는 인간이 태어나면서부터 이성적 존재라는 것을 의미하지는 않는다. 그것은 인간에게는 올바르게 생각하는 능력인 이성이 하나의 잠재적인 가능성으로 존재하며 그것을 끊임없는 도야를 통해서 현실화할 수 있다는 것을 의미한다. 아리스토텔레스 역시 플라톤과 마찬가지로 우리의 이성이 그릇된 욕망의 도구가 되어 갖가지 그릇된 생각을 낼 수 있다고 본다.

2) 중세철학 - 이성과 계시

서양의 중세는 기독교가 지배하던 시대다. 기독교에서는 신에 대한 관념에서 혁명이 일어났다. 그리스신화에서 신은 세상을 자신의 변덕

---

2 Max Müller, *Der Kompromiβ oder Vom Unsinn und Sinn menschlichen Lebens - Vier Abhandlungen zur historischenDaeisnsstruktur zwischen Differenz und Identität*(Freiburg/München, 1980), p.91 이하 참조.

스런 욕망에 따라서 지배할 뿐 세상을 창조한 신은 아니었다. 아리스토 텔레스의 신은 불완전한 세상에 아무런 관심을 갖지 않는다. 이에 반해 기독교에서 신은 사랑으로 세상을 창조한 신이자 세상에 관심을 갖고 피조물을 사랑하는 신이다. 기독교에서는 신의 근본적인 속성이 사랑인 만큼, 아리스토텔레스에서 보는 것처럼 학문적 탐구가 아니라 사랑으로 가득 찬 마음을 구현하는 것이 신에게 가까이 다가가는 길이다.

이러한 사랑의 마음을 구현하기 위해서는 겸손한 마음으로 신이 우리에게 깃들 수 있도록 신을 향해 자신을 열어야 한다. 플라톤에서 보았듯이 고대 그리스인들은 긍지를 중요한 덕 중의 하나로 보지만, 기독교에서는 신 앞에서 겸손할 것을 요구한다. 이 경우 겸손은 신 앞에서 자신이 죄인임을 고백하고 자신의 유한성을 인정하면서 신에게 자신을 내맡기는 것을 의미한다. 자신이 이미 선을 구현했다고 자만하는 자는 인간을 온전히 선하게 만드는 신의 은총을 받아들일 수 없다.

(1) 아우구스티누스

서양 중세의 대표적인 철학자들인 아우구스티누스와 토마스 아퀴나스는 신에 대한 직관(Visio Dei)과 사랑만이 인간이 자신의 모든 노력을 다 기울일 가치가 있는 유일한 것이라고 본다. 이 경우 신에 대한 직관이란 신에 대한 이론적인 인식이 아니라 신의 현존을 온몸으로 경험하는 것이다.

아우구스티누스는 세상의 모든 것을 다 알고 있어도 신을 모르는 자는 불행하지만, 세상에 대해서는 아무 것도 몰라도 신을 직관할 수 있는 사람은 행복하다고 보았다. 모든 것이 어떻게 변할지 모르는 세상에서 우리에게 변하지 않는 영원한 행복을 주는 것은 아무 것도 없다. 불변의 영원한 행복은 오직 영원불변의 존재인 신에게 귀의하는 것에 의해서만 가능하다. 신은 생명으로 충만한 영원한 존재이기에 신을 직관하는 자는 신의 품 안에서 영원한 행복을 경험한다. 따라서 신에 대한 직관이야말로 인생의 궁극목적이며, 다른 모든 활동은 보조적인 의미만을 갖는다.

이와 관련하여 아우구스티누스는 지식과 지혜를 구별한다. 세상에 대해서 많은 지식을 갖는 자가 반드시 지혜로운 것은 아니다. 오직 진리 자체이고 지복 자체인 신을 직관하는 자만이 무엇이 중요하고 무엇이 중요하지 않는지를 제대로 분별하는 지혜로운 자다. 따라서 이성은 자신이 세상을 다 파악할 수 있고 자신만의 힘으로 세상을 살아갈 수 있다는 오만을 버리고, 신을 직관하는 것에 힘써야 한다.

(2) 토마스 아퀴나스

토마스 아퀴나스 역시 아우구스티누스와 마찬가지로 신에 대한 직관이 야말로 인간이 추구해야 할 궁극목적이라고 본다. 그러나 인간이 신으로부터 부여받은 자연적 이성과 신의 초자연적 은총 사이의 관계를 파악하는 것과 관련하여 아우구스티누스와 아퀴나스는 의견을 달리한다. 아우구스티누스는 인간의 의지는 원죄로 타락해 있기 때문에 인간은 선 자체보다는 자신만의 이익을 추구한다고 본다. 따라서 인간은 자신의 자연적 이성만으로는 선 자체가 무엇인지를 알 수 없으며, 신의 초자연적인 은총에 의해서만 알 수 있다고 본다.

그러나 아퀴나스는 아우구스티누스처럼 인간에게 원래 주어져 있는 자연적 이성과 신의 초자연적 은총을 대립되는 것으로 볼 경우에는 신의 초자연적 은총은 신 자신이 창조한 자연을 파괴하는 것이 된다고 비판한다. 아퀴나스는 인간의 자연적 이성은 '자신에게만 좋은 것'과 '선한 것 자체'를 구별할 줄 알며 자신의 이익을 넘어서 선 자체를 추구하는 경향도 존재하기 때문에, 신의 초자연적인 은총은 인간의 이성에 대립되는 것이 아니라 그것을 완성한다고 본다.

아퀴나스는 신의 은총에 의해서 주어진 계시 진리와 자연적 이성이 파악하는 진리를 서로 구별하면서도, 모든 진리는 궁극적으로는 신에게서 비롯된다는 점에서 계시 진리와 이성에 의해서 파악되는 진리는 모순 없이 결합될 수 있다고 본다. 이런 의미에서 아퀴나스는 신의 초자연적인 계시에 입각한 신학과 인간의 자연적 이성에 입각한 철학은 서로 보완할 수 있다고 본다.

철학은 감각적 경험에서부터 출발하여 이러한 경험으로부터 사물들의 본질과 세계의 구조를 추론함으로써 존재의 궁극적인 근거인 신이라는 개념에 도달한다. 철학은 신의 존재를 합리적인 논증에 의해서 증명할 수 있다. 이에 반해 신학은 신이 계시한 초자연적인 진리를 토대로 하여 논증한다. 아퀴나스 역시 삼위일체의 신비나 신이 예수라는 역사적인 인간으로 나타난 신의 육화(Incarnation)라는 신비는 이성을 초월하는 것이기에 이성의 합리적인 논증에 의해서 증명될 수 없다고 본다. 그렇지만 이성은 계시 진리를 부정하는 주장이 필연적 진리가 아니라는 사실은 증명할 수 있다고 본다.

신의 초자연적인 은총은 이성과 대립되지 않기 때문에 신도 자연적인 이성이 자명한 진리로 여기는 모순율을 위배할 수 없다. 예를 들어 일본에서 쓰나미가 일어났을 때 일본 사람들이 신도神道라는 미신을 믿기 때문에 하느님이 벌을 내린 것이라고 주장한 목사들이 있었다. 그러나 기독교의 첫 번째 교리는 "신은 무조건적인 사랑의 신이다"는 것이다. 이성을 가진 사람이라면 모순율에 따라서 "무조건적인 사랑의 신은 자신을 믿지 않는 사람들을 쓰나미로 몰살하지 않는다"고 생각할 것이다. 만약 기독교의 신이 일본 사람들이 자신을 믿지 않았기 때문에 몰살했다면 그 신은 무조건적인 사랑의 신이 아니라 조건에 따라서 사람들을 차별하는 편협한 신이다. 이는 자연적인 이성이 "신은 무조건적인 사랑의 신"이라는 전제에서 모순율에 따라서 끌어낼 수밖에 없는 결론이다.

인간의 자연적 이성에는 선 자체를 지향하는 성향도 존재하기 때문에, 선 자체인 신의 초자연적인 행위는 자연적 이성이 지향하는 덕과 모순되지 않는다. 신의 초자연적인 행위가 자연적 이성이 지향하는 덕과 대립되거나 모순된다면 신은 자신을 믿지 않는 자들을 무자비하게 제거할 수도 있을 것이다. 그러나 이 경우 신은 선 자체가 아니게 된다. 신의 뜻은 이성을 넘어서기에 신의 행위는 이성이 지향하는 덕과 모순될 수도 있다는 생각은 언뜻 보기에는 신의 영광을 드높이는 것으로 보인다. 그러나 이러한 생각은 몇몇 기독교 지도자들이 신도들을 갈취하고 성폭행까지 저지르는 것을 합리화하는 구실이 되고 있다.

이러한 현실에서 신의 은총은 인간의 자연적 이성과 모순되는 것이 아니라 이성이 지향하는 덕을 완성하는 것이라는 토마스 아퀴나스의 교설은 여전히 큰 의의를 가지고 있다고 할 수 있다. 사람들은 신을 믿을수록 신을 닮아 더욱 사랑으로 가득 차고 지혜롭게 된다. 그런데 이렇게 사랑과 지혜로 가득 찬 인간이 된다는 것은 자연적 이성이 지향하는 인간상이기도 한 것이다.

물론 아퀴나스도 아우구스티누스와 마찬가지로 신에 대한 직관은 인간이 원한다고 해서 마음대로 실현할 수 있는 것이 아니라 신의 은총에 의해서 가능하게 된다고 본다. 그럼에도 불구하고 아퀴나스는 인간의 이성은 불완전한 것이지만 아우구스티누스가 주장하는 것처럼 완전히 타락하지는 않았다고 본다. 따라서 이성에 의한 논증은 신에 대한 직관을 낳지는 않지만 신앙이 반反이성적인 기만적인 신앙으로 타락하는 것을 막아준다.

아퀴나스는 인간 이성의 자율적인 능력을 믿기는 하지만, 그럼에도 불구하고 기독교적인 사상가인 이상 그 역시 아우구스티누스와 마찬가지로 우리는 신에 대한 직관 속에서 신에 의거하여 생각을 낼 때 우리에게 온전히 바른 생각이 주어진다고 생각한다.

3) 근대초기철학 - 올바른 생각을 하기 위한 방법

근대철학 역시 고중세철학과 마찬가지로 올바르게 생각하기 위해서는 어떻게 해야 하는가에 대해서 고뇌한 역사라고 볼 수 있다. 그러나 올바르게 생각하기 위한 방법으로 제시하는 것들은 근대 철학자들 사이에 상당한 차이가 보인다. 우리는 여기서 데카르트에서 칸트에 이르는 근대철학을 근대초기철학이라고 부르고, 헤겔 이후 마르크스 와 니체에 이르는 철학을 근대후기철학이라고 부를 것이다.

근대 합리론은 이성이 자신에게 이미 존재하는 본유관념을 스스로 전개할 때 올바르게 생각하고 세계를 제대로 인식하는 것으로 간주한다. 경험론에서 이성은 자신에게 주어져 있는 감각자료들에 충실하게 결합할 때 올바르게 생각하는 것으로 간주된다. 칸트에서 이성은 자신이 정립한 선험적先驗的 원칙에 따라서 감각자료들을 종합할 때 올바르게 생각하는 것이 된다. 헤겔에게 이성은 절대정신이 자신의 시대에 개시한 이념, 즉 객관정신을 실현하려고 할 때 올바르게 생각하고 행동하는 것이 된다.

중세철학에서는 신적인 계시와 교회의 권위가 모든 사고가 의거해야할 궁극적인 근거였던 반면에, 근대철학에서는 인간의 이성이 모든 사고의 궁극적인 근거가 된다. 이런 의미에서 근대철학은 계몽주의적 입장을 취하고 있다고 할 수 있다. 계몽주의란 모든 인간에게는 이성의 빛이 존재하며 인간은 이러한 이성의 빛에 의거함으로써 자연법칙을 인식하여 자연을 이롭게 이용할 수 있으며 또한 사회를 정의로운 사회로 만들 수 있다는 신념을 의미한다. 계몽주의는 인간이 믿어야 할 것은 이성뿐이며 이성만이 자연의 진리를 드러내고 인간이 어떻게 살 것인지에 대한 올바른 지침을 줄 수 있다고 보는 것이다. 계몽주의는 더 나아가 우리가 신의 말씀으로 전해 내려온 것을 무비판적으로 따라야 하는 것이 아니라 오히려 이성의 법정에서 과연 그것이 타당한 지를 검토해야 한다고 주장한다.

물론 경험론은 이성보다는 감각경험을 더 중시하는 것처럼 보인다. 그러나 경험론도 이성 자체를 무시하는 것이 아니다. 그것은 이성이 신의 말씀보다는 감각에 더 충실할 것을 요구한다. 그것 역시 우리가 의지할 수 있는 것은 신의 말씀보다도 감각적 경험에 입각한 이성적인 생각이라고 보는 것이다.

(1) 합리론

합리론의 대표자인 데카르트는 올바르게 생각하기 위해서는 우리에게 태어날 때부터 존재하는 명증적인 관념, 즉 본유관념을 연역적으로 전개해야 한다고 본다. 명증적인 관념이란 아무런 증명도 필요로 하지 않을 정도로 직접적으로 확실한 관념이다. 데카르트는 수학이야 말로 가장 확실한 학문이라고 보았다. 그는 철학에는 무수한 학파가 있지만 수학에는 아무런 학파가 없는 이유를 수학이 명증적인 관념들인 공리로부터 연역에 의해서 다른 명제들을 도출해내는 학문이라는 데서 찾았다. 데카르트는 수학적 인식은 필연적인 인식이기에 모든 다른 인식보다 뛰어나다고 생각하는 것을 넘어서 모든 인식은 수학적이지 않으면 안 된다고 생각한다.

데카르트는 우리가 확실하게, 즉 명석 판명하게 인식할 수 있는 관념은 실재 자체에 대해서도 타당하다고 본다. 이는 수학은 관념들밖에는 다루지 않고 이 관념들이 경험적인 사실이 아님에도 불구하고 경험적인 사물들에 대해서도 타당한 것과 마찬가지다. 예를 들어 수학이 다루는 원은 관념으로서의 원임에도 불구하고 원에 대한 수학적 정의는 우리가 경험하는 모든 원에 타당하다. 이에 따라 데카르트는 가장 명석 판명한 관념을 찾고 그것에서 모든 것을 연역해나감으로써 가장 확실한 진리의 체계에 도달할 수 있다고 본다.

데카르트는 '나는 생각한다, 고로 존재한다'는 명제를 직접적인 확실성을 갖는 것으로 보면서 '사고하는 정신으로서의 나'라는 관념이야말로 가장 명증적인 관념이라고 본다. 데카르트는 이른바 유명한 방법적 회의를 통해서 우리가 자명하다고 생각하는 모든 것을 의심한다. 심지어 데카르트는 2+2=4라는 사실도 의심한다. 원래는 2+2=5인데 전능한 악마가 있어서 우리로 하여금 2+2=4라고 믿게 만들 수 있다는 것이다. 이런 식으로 의심하자면 우리가 의심하지 못할 것은 아무 것도 없다. 그러나 모든 것을 의심하더라도 의심하는 내가 있다는 사실을 의심할 수는 없다. 그러한 사실을 의심하는 것 자체가 이미 의심하는 나를 전제하기 때문이다. 따라서 데카르트는 의심하는 나, 즉 생각하는 나의 존재는 의심할 수 없다고 본다. 이런 의미에서 데카르트는 '나는 생각한다, 고로 존재한다'고 말하고 있다.

그러나 데카르트를 비롯한 합리론자들에 대해서 우리는 과연 그들이 상정하는 것처럼 명증적으로 확실한 관념들이 있는지에 대해서 의문을 제기할 수 있다. 데카르트는 생각하는 자아를 명증적인 관념이라고 보고 있지만, 과연 그것이 명증적인 관념인지는 의심스럽다.

'나는 생각한다, 고로 존재한다'는 명제를 데카르트는 직접적인 확실성을 갖는다고 보았지만 니체는 그렇지 않다고 보았다. 데카르트는 사고가 무엇이고 내가 무엇인지를 직접적으로 확실하게 알고 있다고 본다. 그러나 사고가 무엇인지, 내가 무엇인지는 그렇게 직접적으로 확실한 것은 아니다. 니체는 우리의 사고는 자유로운 이성적 주체의 산물이 아니라 언어구조에 의해서 크게 제약되어 있다고 본다. '나'라는 사유의 주체가 있다고 보는 데카르트의 생각만 하더라도 사실은 주어와 술어로 이루어져 있는 인도유럽어의 언어 구조에 의해서 제약되어 있다.[3]

데카르트뿐 아니라 전통적으로 서양에서는 언어의 주어에 해당하는 단일한 실체로서의 고정불변의 영혼이 있다고 믿어왔으며, 이러한 영혼으로부터 모든 생각과 행동이 발원한다고 믿어왔다. 그러나 이러한 단일한 실체로서의 영혼이라는 개념은 허구에 불과하며 '나'라는 개념은 사실은 생각들에 의해 만들어진 파생물에 불과하다. 영혼은 사실은 복수의 다양한 충동과 본능으로 이루어져 있다. 이른바 '단일한 영혼'이란 사실은 어느 한 충동이나 본능이 다른 것들을 제압하고 통일을 이룬 상태에 불과할 뿐이다.

니체는 우랄알타이어는 주어 개념이 약하기 때문에 우랄알타이어를 사용하는 사람들은 인도유럽어족과는 다른 사고구조를 가지고 있을 것이라고 본다.[4] 이와 관련하여 니체는 감각자료를 관념의 기원으로 삼는 경험론도 비판한다. 우리의 의식은 로크가 말하는 것처럼 백지상태가 아니라 그것에는 언어에 의해서 규정되는 집단적 사유구조가 자리 잡고 있다는 것이다.

(2) 경험론

경험론은 올바르게 생각하기 위해서는 감각적 경험에 충실해야 한다고 본다. 그것은 갈릴레이나 뉴턴이 수립한 근대자연과학이 자연현상을 설명하는 데 거둔 성공의 원인을, 그것이 감각경험에 충실했다는 것에서 찾는다. 근대자연과학은 자연현상을 설명할 때 신이나 영혼과 같은 초감각적인 존재를 끌어들여 설명하지 않고 감각적으로 입증이

---

3 니체, 박찬국, 『우상의 황혼』(아카넷, 2015), 「철학에 있어서의 이성」 5절 참조.
4 니체, 김정현, 『선악의 저편』(책세상, 2002), 20번 참조.

가능한 사실에만 의지했다는 것이다.

경험론의 창시자인 로크는 의식을 백지와 같은 것으로 본다. 물론 우리의 의식은 보통은 갖가지 관념으로 가득 차 있지만 경험론은 우리가 그러한 관념을 다 떨쳐버리고 백지상태에서 사물을 인식할 수 있다고 본다. 이러한 백지상태에서 사물이 우리에게 제시되는 직접적인 통로는 감각기관들이다. 우리는 이러한 감각기관들에 반영된 감각자료들에 충실해야 한다. 이러한 감각자료들을 허구적인 관념을 통해서 왜곡해서는 안 되고 오히려 그것들에 철저하게 입각하여 관념을 형성해야 한다. 합리론은 가장 확실한 명증적 관념이 감각경험과 상관없이 존재한다고 보지만, 경험론은 우리에게 가장 확실한 것은 감각자료들이라고 본다.

경험론에 대해서는 우리의 의식이 과연 백지인가라는 물음이 제기될 수 있다. 우리는 과연 의식을 백지상태로 두고 인식할 수 있는가? 문자가 생기기 전의 인류의 의식도 백지는 아니었다. 당시 인류의 의식은 신화적인 관념들로 가득 차 있었다. 당시의 인류는 백지상태에서 세계를 경험하는 것이 아니라 신화적인 사고방식의 틀 안에서 보았던 것이다. 인간은 백지상태에서 세계를 경험하는 것이 아니라 항상 특정한 관념들의 틀에 따라서 세계를 경험한다.

(3) 칸트

칸트는 올바른 생각을 하기 위해서는 이성이 스스로에게 부여한 사고규칙에 따라서 감각자료들을 종합해야 한다고 보았다. 우리가 올바른 인식을 하기 위해서 준수해야 할 첫 번째 규칙은 모순율이다. 모순율은

'모순을 범하는 사고나 명제는 감각적인 경험과 대조할 것도 없이 그 자체로 오류이며, 그것에 상응하는 사태는 존재할 수 없는 것으로 간주해야 한다'는 사고 규칙이다. 예를 들어 우리는 감각적인 경험에 의하지 않고서도 '사각형은 둥글다'라는 명제와 같은 모순적인 명제는 그 자체로 틀리며, 그러한 명제가 가리키는 사태는 존재할 수 없다는 사실을 잘 알고 있다.

모순율과 같은 사고규칙은 우리의 실제 사고행위들에서 추상한 경험적인 법칙이 아니다. 이는 우리가 사고하면서 모순을 자주 저지르기 때문이다. 글 하나를 써도 우리는 드물지 않게 전후가 모순되게 쓴다. 따라서 모순율은 자연과학이 드러내는 자연법칙처럼 경험적인 사건들이 작용하는 법칙이 아니다. 모순율과 같은 사고법칙은 감각적 경험 이전에 우리가 이미 가지고 있는 사고규칙이다. 이러한 사고규칙은 감각적 경험에서 획득된 것이 아니기에 이성이 그 스스로에게 부여한 규칙이다. 이성은 자신이 따라야 할 규칙을 자신에게 부여하는 것이다. 칸트는 이러한 규칙을 선험先驗적인 규칙이라고 말하며, 이러한 규칙 중 대표적인 것이 바로 모순율이다.

어떤 사태가 자기모순을 범하지 않는다는 것은 그 사태가 존재할 수 있기 위한 최소한의 조건이다. 모순율은 근본적으로 이성이 스스로 정립한 사고규칙이지만, 그것은 우리에게 어떤 것이 존재할 수 있는 최소한의 조건을 규정한다. 그러나 모순율을 준수하는 사고라고 해서 진리를 인식하는 것은 아니다. 이는 모순율은 우리에게 어떤 것이 존재할 수 있는 최소한의 조건을 제시하고 있을 뿐 충분한 조건을 제시하고 있는 것은 아니기 때문이다.

'사각형은 둥글다'는 명제는 그 자체로 모순을 범하고 있기 때문에 우리는 그러한 명제의 타당성을 경험적으로 확인해보기 전에도 틀렸다고 말한다. 이에 반해 '달에는 토끼가 있다'는 명제는 그 자체로 모순을 범하는 명제는 아니지만 참된 명제는 아니다. 달에 우주선을 타고 가본 결과, 달에는 토끼가 없을 뿐 아니라 달은 토끼가 살 수 없는 지역으로 입증이 되었다. 이러한 사실은 어떤 명제가 참이 되기 위해서는 그 명제가 모순을 범하지 않고 있다는 것만으로는 불충분하고, 감각적인 경험을 통해서 확인되어야 한다는 사실을 보여준다.

'있다'든가 '없다'든가 하는 말은 우리가 모든 대상에 대해서 일반적으로 사용하는 말이다. 우리는 심지어 신이라든가 영혼과 같이 감각적으로 확인되지 않는 것들에 대해서조차 그것들이 '있다'거나 '없다'고 말하곤 한다. 이러한 말은 단순히 말에 그치지 않고 우리가 사물들을 사고할 때 사용하는 보편적인 형식이다. 이러한 보편적인 사고형식을 칸트는 범주라고 부른다. 그런데 칸트는 이러한 범주는 감각적으로 경험 가능한 사물들에 사용될 경우에만 객관적으로 타당하게 사용된다고 보았다. '어떤 것이 있다'는 것은 그 어떤 것이 '특정한 시간과 공간에 우리가 지각할 수 있는 방식으로 나타나 있다'는 것을 의미하며, '어떤 것이 없다'는 것은 그것이 '특정한 시간과 공간에 우리가 지각할 수 있는 방식으로 나타나 있지 않다'는 것을 의미한다.

'달에는 토끼가 없다'는 명제는 달이라는 특정한 공간과 우리가 확인하는 시점에 토끼가 없다는 것을 의미한다. 이 경우 그 명제는 '없음'이라는 범주를 제대로 적용하고 있다. 이에 반해 '신이 있다'는 명제는 신은 감각을 통해서 지각할 수 있는 존재가 아니기 때문에

'있다'는 범주를 잘못 적용한 명제라고 할 수 있다.

'있음'이나 '없음'과 마찬가지로 보편적으로 사용되는 말에는 '원인'이나 '결과'라는 말도 있다. 어떠한 사건도 원인이 될 수도 있고 결과가 될 수도 있다. 그러나 이 말도 객관적인 타당성을 갖기 위해서는 감각적으로 확인될 수 있는 사건에만 적용되어야 한다. 인격신을 믿는 종교에서는 '어떤 사람이 저지른 죄 때문에 신이 그 사람을 벌했다'고 주장하곤 한다. 그러나 이 경우에도 '신' 자체는 감각적으로 확인될 수 있는 존재가 아니다. 따라서 '신이 벌을 주는 사건'을 '어떤 사람이 죄를 저지른 사건'의 결과라고 우리는 말할 수 없다. 그렇게 강변하는 사람들은 그럴듯한 증거들을 제시하겠지만, 그들은 신의 존재를 믿지 않는 사람들을 설득할 수 없다.

칸트는 이성에는 사고형식인 범주를 감각 자료들에게 적용하는 규칙이 있다고 본다. 예를 들어 우리의 이성에는 '존재'나 '비존재'라는 범주를 감각적으로 나타나는 것들에 대해서만 적용하라는 규칙이 있다. 이러한 규칙을 무시하고 그러한 범주를 신이나 영혼과 같이 초감각적인 것들에게 적용하면 걷잡을 수 없는 사고의 혼란이 일어난다. 우리는 언뜻 이성적으로 사고하는 것 같으면서도 비이성적으로 사고하게 되는 것이다.

인류의 역사는 이렇게 범주를 잘못 적용함으로써 서로 합의도 볼 수 없는 신의 존재를 둘러싸고 인류가 서로를 살육까지 한 역사라고 볼 수 있다. 사람들은 종교적인 신앙뿐 아니라 정치적 이데올로기를 둘러싸고도 싸워왔다. 나치들은 독일 민족은 선한 존재라고 주장했고, 공산주의자들은 프롤레타리아를 선한 존재로 주장했다. 이들은 도저히 경험적으로 확인될 수 없는 이른바 선한 존재 자체로서의 독일 민족이나 프롤레타리아 계급에 '존재'라는 범주를 적용한다.

광신적인 종교는 이유를 따지지 말고 자신들의 교리를 사람들이 무조건적으로 믿을 것을 요구한다. 이렇게 무조건적으로 믿는 태도는 비이성적인 태도다. 어떤 사람이 신으로부터 치유의 은사恩賜를 받아서 환자를 치유하게 되었다고 주장해도, 이성은 그 사람이 환자를 치유하게 된 데는 신이 아니라 우리가 감각적으로 확인할 수 있는 원인이 있을 것이라고 생각할 것을 요구한다. 그 원인이 가까운 시일 내에 구명되지 않을지라도 이성은 언젠가는 그 원인이 구명될 것이라고 본다. 우리의 이성은 모든 것에게는 시간적으로 선행하고 감각적으로 확인될 수 있는 원인이 있다고 보며, 그러한 원인을 찾도록 명령하는 것이다. 이성의 이러한 명령에 따르지 않을 때 우리는 오류를 범하며 비이성적인 생각을 갖게 된다.

우리의 사고는 사고의 첫 번째 규칙인 모순율도 지키지 못하면서 모순을 범하는 경우가 많으며, '있음'과 '없음'이나 '원인'이나 '결과'와 같은 사고범주를 적용할 때 따라야 하는 규칙들을 어기는 경우는 더욱 많다. 범주를 사용할 때 우리가 지켜야 하는 이러한 사고 규칙들은 모순율과 마찬가지로 실제의 사고행위들로부터 추상한 경험적인 법칙이 아니다. 이는 우리가 그러한 규칙들을 따르지 않으면서 그릇되게 사고하는 경우가 많기 때문이다. 오히려 그러한 규칙들은 사고가 따라야 할 당위적인 규칙이다.

칸트는 우리가 자연을 올바르게 인식하려고 할 때 따라야 할 사고규칙이 있다고 보는 것처럼, 실천적인 삶의 영역에서도 올바르게 행위하기 위해서는 이성 자신이 정립한 도덕법칙에 따라야 한다고 본다. 칸트는 어떤 행위의 선악 여부를 판정하는 척도인 선의 개념을 제시해 주는 최고의 도덕법칙은 직접적으로 확실한 것으로서 이성에게 자명하게 인식된다고 본다. 이러한 도덕법칙은 '우리가 어떤 행위를 할 때 따르는 원리가 항상 동시에 보편적 원리로서 타당할 수 있도록 행위하라"는 내용을 갖는다.

예를 들어 진실을 말할 경우 자신에게 불리한 상황에서 거짓말을 하는 사람은 '진실을 말할 때 자신에게 불리할 때는 거짓말을 해도 좋다'는 것을 자신의 행위의 원리로 삼고 있다. 그런데 이러한 원리는 모든 사람이 따라야만 하는 보편적인 원리가 될 수 없다. 사람들이 자신에게 불리할 때 누구나 거짓말을 하면 사람들은 어느 누구의 말도 믿으려 하지 않을 것이고, 이 경우 사회는 붕괴되고 말 것이기 때문이다.

'진실을 말할 경우 자신에게 불리한 상황에서는 거짓말을 해도 좋다'는 것을 자신의 행위의 원리로 삼는 사람은 다른 사람들을 자신의 이익을 실현하는 데 필요한 수단으로 삼고 있는 셈이다. 이렇게 모든 사람이 비도덕적인 수단을 통해서라도 다른 사람들을 자기 이익을 위한 수단으로 삼으려는 사회 역시 붕괴되고 말 것이다. 이런 의미에서 칸트는 '우리가 어떤 행위를 할 때 따르는 원리가 항상 동시에 보편적 원리로서 타당할 수 있도록 행위하라"는 도덕법칙은 '다른 인간을 목적으로 대하고 수단으로 사용하지 말라'는 실천 강령으로 나타난다고 말하고 있다.

칸트는 인식론에서 우리가 이성이 정립한 사고규칙에 따를 때 참된 인식이 가능하다고 말했다. 대상이 아니라 이성이 정립한 사고규칙이 야말로 참된 인식을 가능하게 하는 것이다. 이렇게 인식이 대상이 아니라 이성 자신의 사고규칙에 의거한다는 사상을 칸트는 코페르니쿠스적인 혁명이라고 불렀다. 칸트는 윤리학에서도 이러한 코페르니쿠스적인 혁명을 수행한다.

윤리학에서도 칸트는 이성이 정립한 도덕법칙에 순수한 마음으로 따르는 행위가 선한 행위라고 본다. 어떤 행위가 단순히 외적으로 볼 때 도덕법칙에 부합되는지, 아니면 그 행위의 결과가 사회에 얼마나 많은 이익을 주는지가 아니라 우리의 의지가 얼마나 순수한 마음으로 실천이성이 정립한 도덕법칙에 따르느냐가 중요하다는 것이다.

4) 근대후기철학-시대정신과 사회구조, 그리고 욕망이 생각을 어떻게 규정하는가
(1) 헤겔과 마르크스

헤겔은 자신의 철학을 기독교의 근본이념을 논리적인 이성에 따라서 철저하게 밀고나간 것이라고 본다. 기독교의 근본교의는 '신은 무한한 존재'라는 것이다. 그런데 기독교에서는 전통적으로 신은 피안에 거주할 뿐 차안에 대해서는 관여하지 않는 것으로 간주되었다. 이와 함께 기독교에서 차안은 악과 고통으로 점철된 눈물의 골짜기로 간주되었다.

그러나 신을 이렇게 현세에 대해서는 무력하고 내세에서만 영향력을 갖는 존재로 보는 것은 실은 신을 유한한 존재로 전락시키는 것이다. 이렇게 현세에 대해서는 무력한 무한자를 헤겔은 가짜 무한자(die schlechte Unendlichkeit)라고 부른다. 이에 반해 참된 무한자(die wahre Unendlichkeit)는 현세와 대립되는 피안의 존재가 아니라 현세에서 자신을 전개하는 존재다. 진무한으로서의 이러한 신을 헤겔은 절대정신이라고 부른다. 현세는 신이 자신을 전개하는 장이기 때문에 현세는 악이 지배하는 것이 아니라 사실은 선이 지배한다. 우리가 흔히 악이라고 생각하는 인간의 욕구나 정열은 신이 자신을 전개하기 위해서 이용하는 것이다. 헤겔은 이러한 사태를 이성의 간지奸智라고 부르며, 이 경우 이성은 절대정신으로서의 신을 가리킨다.

헤겔의 형이상학은 일종의 표현적인 사유에 입각해 있다고 할 수 있다. 헤겔에서 자연과 역사의 주체는 절대정신인 바, 절대정신이 목표하는 것은 자신의 능력을 확인하고 자신의 위대함을 인식하는 것이다. 그러나 헤겔은 신이 자신을 인식하기 위해서는 자신을 표현하지 않으면 안 된다고 보고 있다. 신은 내면적인 반성에 의해서 자신을 인식하는 것이 아니라 자신이 표현한 것들의 위대함을 인식하는 방식으로 자신의 능력과 위대함을 인식한다는 것이다.

이는 인간이 자신의 진정한 능력을 인식하기 위해서는 자신을 내적으로 관찰하는 것을 넘어서 자신을 표현해보아야 하는 것과 마찬가지다. 인간은 자신을 위대한 화가로 상상해볼 수 있으나, 자신이 진정하게 위대한 화가인지를 알기 위해서는 화가로서의 자신의 능력을 표현해보지 않으면 안 된다. 절대정신 역시 자신을 제대로 인식하기 위해서는 자신을 표현하지 않으면 안 되며, 그렇게 절대정신이 자신을 표현한 것이 자연과 역사라고 헤겔은 보고 있다.

절대정신은 이렇게 자신을 표현하는 성격을 갖지만, 그러한 표현은 한 번에 그치지 않는다. 절대정신은 자신에게 잠재해 있는 능력을 완전히 개화시키기 위해서 자신을 다양한 형태로 표현한다. 절대정신이 자신을 표현하는 과정은 절대정신이 자신을 보다 완성된 형태로 실현해나가는 과정이다. 따라서 절대정신은 그 전의 표현을 부정하면서 보다 나은 표현형식을 전개한다. 이는 인간이 자신을 도야시켜나가는 과정과 유사하다고 볼 수 있다. 인간 역시 그 전에 자신을 표현했던 방식에 불만을 품고서 보다 완전한 표현방식을 강구해나가는 것이다.

헤겔이 말하는 신은 인간의 이해를 넘어서 있고 인간과 자연으로부터 유리된 신이 아니다. 그것은 이성에 의해 개념적으로 파악될 수 있다. 헤겔은 자연과 역사를 통해 절대정신이 자신을 전개해 가는 과정에 대한 합리적 이해가 인간으로 하여금 그가 어떻게 살아야 할지에 대한 방향을 제시해줄 수 있다고 보았다. 그리고 그는 이러한 합리적인 이해를 제공하는 것을 철학의 사명으로 보았다.

헤겔은 절대정신은 역사에서는 각 시대를 규정하는 시대정신으로 나타난다고 보면서, 이러한 시대정신을 객관정신이라고 부른다. 객관정신이란 인간 개개인이 갖는 주관적인 정신과는 달리 어떤 시대의 어떤 집단을 지배하고 있는 정신을 가리킨다. 헤겔에게 이성적으로 생각하고 행동하고 산다는 것은 칸트가 말하는 것처럼 모든 시대에 타당한 도덕법칙에 따라서 행위하는 것이 아니라, 각 시대에 나타난 절대정신인 객관정신을 분명히 파악함으로써 그것을 근거로 하여 생각하고 행동한다는 것을 의미한다. 이러한 객관정신에 따라서 살지 못하는 사람이나 국가는 몰락을 면치 못한다.

헤겔이 객관정신은 무엇보다도 각 시대의 정치와 종교와 예술, 그리고 철학을 통해서 나타난다고 보는 반면에, 마르크스는 오히려 객관정신은 각 시대의 생산양식에 의해서 규정된다고 본다. 특히 그것은 각 시대의 생산양식에서 생산수단을 장악한 지배계급에 해당하는 자들과 그들의 지원을 받는 정치인들과 종교인들과 철학자들, 그리고 예술인들에 의해서 형성된다. 따라서 각 시대의 객관정신은 절대정신의 표현이 아니라 지배계급의 계급적 이해의 표현일 뿐이다. 마르크스가 보았을 때, 헤겔의 철학 역시 결과적으로는 당시 지배계급의 이해관계를 합리화하는 철학에 지나지 않는다.

이와 관련하여 마르크스는 의식이 존재를 규정하는 것이 아니라 존재가 의식을 규정한다고 말하고 있다. 이 경우 마르크스가 말하는 존재는 각 시대의 생산양식을 의미하며, 의식은 그 시대 사람들의 생각을 직접적으로 규정하는 종교와 철학, 예술과 문화, 정치, 법, 윤리 등을 의미한다. 마르크스는 각 시대의 생산양식을 하부구조라고 부르고, 종교와 철학, 예술과 문화, 정치, 법, 윤리를 상부구조라고 부른다. 존재가 의식을 규정한다는 말은 하부구조가 상부구조를 규정한다는 말이다.

마르크스는 생산양식이 고대노예제에서 중세봉건제로, 중세봉건제에서 자본주의로 변화해왔다고 보며, 자본주의는 궁극적으로는 공산주의로 변화될 것이라고 본다. 생산양식은 생산력과 생산관계로 이루어지는데, 생산력은 일차적으로는 기술이나 효율적인 노동방법 같이 물질적 재화를 만들어낼 수 있는 능력을 의미한다. 생산관계는 귀족과 노예, 봉건영주와 농노, 자본가와 노동자와 같이 토지나 자본과 같은 생산수단을 둘러싼 소유관계를 의미한다.

그런데 마르크스에게 생산력이란 단순히 물질적 재화를 만들어내는 기술적 능력에 그치지 않고 그러한 기술적 능력으로 표현되는 인간의 전체적 능력을 가리킨다고 할 수 있다. 이러한 전체적인 능력에는 자연을 과학적으로 인식할 수 있는 능력, 창조적으로 노동하는 능력과 동시에 자신의 삶을 결정할 수 있는 능력을 포함하는 것이다. 따라서 마르크스가 생산력의 발전이야말로 역사 변화의 원천이라고 보는 것은, 달리 말하면 인간의 전체적인 능력의 발전이야말로 역사 변화의 원천이라고 보는 것이다.

특정한 생산관계는 일정한 기간 동안에는 생산력의 발전에 촉매작용을 하지만 일정 기간이 지나면 생산력 발전에 대한 질곡으로 작용한다. 인류의 역사란 어떤 생산양식에서 피지배계급으로 있던 사람들이 생산력의 발전을 저해하는 기존의 생산관계를 수호하려는 지배계급에 대해서 전개하는 투쟁을 통해서 새로운 생산관계가 수립되는 방식으로 끊임없이 생산력을 발전시켜온 역사다.

마르크스에서 이성적으로 생각하고 행동한다는 것은 새로운 생산양식이 대두되는 상황에서 새로운 생산양식을 구현할 계급의 편에서 생각하고 행동한다는 것은 의미한다. 이는 생산력의 발전이야말로 진보의 척도인데, 기존의 생산양식은 생산력의 발전을 저해하고 새로운 생산양식이 대두하는 것을 방해하기 때문이다.

마르크스는 자본주의체제에서 생산수단, 즉 자본을 소유하고 있지 않은 노동자 계급이야말로 공산주의라는 새로운 생산양식을 실현할 수 있는 주체라고 본다. 따라서 자본주의가 말기에 달한 시점에서 이성적으로 생각하고 행동한다는 것은 새로운 생산양식이 하루빨리 실현될 수 있도록 노동자들과 함께 혁명을 수행하는 것이다.

(2) 쇼펜하우어와 니체

서양의 철학전통에서는 인간을 이성적 동물로 보면서 인간의 본질을 구성하는 이성적 능력의 가장 핵심적인 부분을 의식적인 사고능력에서 찾는 경향이 있었다. 그러나 쇼펜하우어는 의식적 사고의 근저에는 생존을 유지하려는 의지나 종족보존에의 의지가 작용하고 있다고 본다. 따라서 이성은 보편적인 진리를 추구하는 것이 아니라 우리의 이기적인 욕망을 관철할 수 있는 수단을 발견하는 것에 지나지 않는다. 이런 의미에서 이성은 철저하게 도구적인 이성이며, 이러한 도구적인 이성에게 방향과 목표를 정하는 것은 우리가 언급한 것과 같은 실천적 이성이 아니라 생존의지나 종족보존에의 의지다.

헤겔이 모든 개체를 통해서 자신을 표현하는 우주적인 일자를 절대정신이라고 부르는 반면에, 쇼펜하우어는 그것을 맹목적인 생에의 의지로 본다. 각 개체의 생각과 행동을 규정하는 것이 자기보존과 종족보존을 향한 맹목적인 욕망인 것과 마찬가지로, 개체들의 근저에서 개체들로 자신을 표현하는 궁극적 일자의 본질은 맹목적인 생에의 의지(Wille zum Leben)다. 각 개체의 의지, 특히 인간 개개인의 의지가 무한하고 자신의 현재 상태에 대해서 항상 불만을 갖는 것처럼 우주적인 의지도 자신에 대한 불만에 차서 무엇인가를 끊임없이 추구한다. 그것은 헤겔의 절대정신처럼 이성적인 것이 아니라 맹목적인 것이다.

우주적 의지의 욕망은 무한하기 때문에 그것이 자신을 표현하는 각 개체의 욕망도 무한한 성격을 띤다. 따라서 개체들은 자신들의 무한한 욕망을 충족시키기 위해서 서로 투쟁한다. 헤겔이 절대정신이 지배하는 세계를 궁극적으로 선이 지배하는 세계로 보는 반면에,

쇼펜하우어는 이 세계를 생각할 수 있는 최악의 세계라고 본다. 그리고 우주적인 일자 역시 선한 신이 아니라 자신에 대한 내적인 불만에 가득 차 분열에 시달리는 존재라고 본다. 우주적 일자 내에서의 이러한 분열이 각 개체들 사이의 분열과 갈등으로 나타난다.

그런데 쇼펜하우어는 이성은 기본적으로 의지의 지배를 받지만, 그럼에도 불구하고 의지를 통제하고 더 나아가 의지를 부정할 수 있다고 말하고 있다. 쇼펜하우어는 의지를 극복할 수 있는 궁극적인 방법으로 금욕주의적 고행을 제시하고 있다. 우리의 의지는 개체 보존욕·종족 번식욕·이기심으로 나타난다. 따라서 개체 보존욕구와 연결되어 있는 식욕을 억제하는 조식粗食과 종족 번식욕을 억제하는 정결貞潔, 그리고 이기심과 연결되어 있는 탐욕을 억제하는 청빈淸貧이 금욕주의적인 고행의 3대 요건이 된다.[5]

쇼펜하우어는 이러한 금욕주의적인 의지부정도 결국 의지를 통해서 추구되기 때문에 금욕주의를 의지가 완전히 사라진 상태와 동일시해서는 안 된다고 말하고 있다. 의지가 완전히 사라진 상태로 진입하게 될 때 '갑작스런 은빛 섬광'처럼 평온한 희열이 우리를 엄습하게 된다. 이러한 상태를 그리스도교에서는 은총이라고 부르고, 불교에서는 깨달음이라고 부른다.[6]

니체는 쇼펜하우어와 같이 우리의 생각과 행동을 궁극적으로 규정하는 것은 이성이 아니라 의지라고 본다. 다만 의지의 본질을 파악하는 것과 관련해서 니체는 쇼펜하우어와 의견을 달리한다. 니체는 인간은

---

5 쇼펜하우어, 권기철, 『의지와 표상으로서의 세계』(동서문화사, 2005), p.971 참조.
6 쇼펜하우어, 위의 책, p.998 참조.

생존이나 종족보존이 아니라 힘의 고양과 강화를 의지한다고 본다. 이러한 의지를 니체는 힘에의 의지라고 부르고 있다.

전통적으로 선은 다른 사람들에게, 특히 곤경에 처한 사람들에게 도움을 주는 것으로 여겨졌고, 악은 다른 사람에게 해를 끼치는 것으로 여겨졌다. 그러나 니체는 선이란 우리의 힘을 고양시키는 데 도움이 되는 것이요, 악은 우리의 힘을 약화시키는 것이라고 보고 있다.

전통적인 선악 기준에 따르면 시저나 나폴레옹 같은 사람은 악한 사람들이다. 이들은 자신의 영광을 위해서 전쟁을 일으켜 무수한 사람들을 죽게 만들었기 때문이다. 그러나 니체는 시저나 나폴레옹과 같은 사람을 자신의 힘을 최대로 고양시키고 강화시킨 인간으로 본다. 또한 니체는 시저나 나폴레옹은 그렇게 자신의 힘을 최대로 고양시키고 강화시키면서 자신을 따르는 사람들의 힘도 고양시키고 강화시켰다고 본다. 시저나 나폴레옹을 따르는 사람들은 시저나 나폴레옹에 감화되어 죽음을 두려워하지 않는 불굴의 용사로 고양되었다는 것이다.

이런 맥락에서 선과 악이라는 전통적인 가치기준에 대해서 니체는 탁월함과 저열함이라는 새로운 가치기준을 제시한다. 나폴레옹이나 시저는 전통적인 가치기준에 비추어볼 때 악한 인간이지만 그들이 탁월한 인간이라는 것은 사실이다. 그들은 남다른 자기 통제력과 불굴의 용기와 지혜, 그리고 강력한 리더십을 가졌다.

힘에의 의지는 소유욕이나 명예욕, 그리고 남들을 압도하려는 호승심이나 지배욕과 같은 욕망 내지 정념을 통해서 표현되지만, 니체는 이러한 정념을 무분별하게 추구하면서 그것의 노예가 되는 것에 대해서는 반대한다. 니체는 오히려 이러한 욕망이나 정념을 절도 있게 구현할 것을 요구한다. 이런 의미에서 니체는 자신을 지배할 줄 아는 자만이 다른 사람들도 지배할 수 있다고 보았다. 시저나 나폴레옹은 자신의 욕망이나 감정 등을 적절하게 통제할 힘을 가졌기 때문에 다른 사람들을 지배하는 힘도 가질 수 있었다.

니체는 힘에의 의지가 우리의 생각과 행동을 규정한다는 점에서 강한 명령자, 알려지지 않은 현자라고 부르고 있다. 그것은 우리의 삶에 대해서 무엇인가 불만을 갖게 하면서 우리 자신을 보다 강하면서도 독립적인 존재가 되도록 몰아세운다. 니체에서 이성적으로 생각하고 행동한다는 것은 우리의 힘에의 의지가 보다 강화되고 고양될 수 있는 방향으로 발휘될 수 있는 방향으로 생각하고 행동한다는 것을 의미한다.

3. 어떻게 생각의 주인이 될 것인가?

우리는 앞에서 서양의 고대철학에서 근대철학에 이르기까지 서양의 대표적인 철학자들이 이성과 생각에 대해서 제시한 통찰들을 간략하게 살펴보았다. 여기서는 이러한 통찰들과 현대철학자들 중에서 에리히 프롬과 하이데거, 그리고 에른스트 카시러의 사상을 토대로 하여 이성과 생각에 대해서 고찰할 것이다.

우리는 흔히 자신을 모든 생각을 자유롭게 만들어내는 이성적 주체라고 생각하는 경우가 많다. 우리는 자신이 원하면 얼마든지 선하고 합리적인 생각을 만들어내고 그러한 생각을 실행에 옮길 수 있다고 생각한다. 그러나 우리는 우리의 생각을 자유롭게 만들어내지 못하는 것은 물론이고 자유롭게 통제하지도 못한다. 부정적인 생각들을 중단하고 싶어도 중단하지 못하는 경험은 누구나 했을 것이다. 더욱 더 심각한 것은 사람들은 자신을 이미 이성적인 주체로 생각하기 때문에 자신의 생각들을 선하고 합리적인 생각이라고 착각하면서 그것들을 고집하는 경우가 많다는 것이다.

우리의 생각들에는 진정한 이성적인 성찰에 의한 합리적이고 선한 생각도 있지만, 많은 경우 자신이 의식하지 못하는 이기적인 욕망들과 자신이 사는 시대와 사회를 지배하는 비이성적인 통념에 의해서 규정되어 있는 생각들이 많다. 따라서 우리가 자신의 생각의 주인이 되기 위해서는 무엇보다도 자신의 이기적인 욕망들을 꿰뚫어보고 이러한 욕망들을 제어할 수 있어야 하며, 비이성적인 시대적·사회적 통념에서도 벗어나 있어야 한다. 이런 의미에서 아리스토텔레스는 인간은 이성적 동물이지만 원래부터 이성적 존재가 아니라 이성적 존재로 자신을 도야해나가야 한다고 말한다.

우리의 이성을 흐리고 잘못된 생각을 만들어내는 것이 이기적인 욕망들과 그릇된 시대적·사회적 통념일 경우 우리는 이러한 욕망들과 시대적·사회적 통념의 본질적 성격을 통찰하고 그것들을 어떻게 극복해야 할지에 대해서 생각해야 한다. 따라서 인간의 욕망과 생각의 관계에 대해서 먼저 살펴본 후, 그 다음에 시대적·사회적 통념과 생각의 관계에 대해서 살펴볼 것이다.

1) 욕망과 생각

(1) 실존적 욕망과 생각

하이데거는 인간을 '자신의 존재를 문제 삼는 존재'라고 보면서 이러한 존재방식을 실존이라고 불렀다. 인간이 '자신의 존재를 문제 삼는다'는 것은 '어떻게 살 것인가'를 고뇌한다는 것을 의미한다. 인간이 이렇게 어떻게 살 것인가를 고뇌하는 것은 인간이 자신의 삶에 만족하지 못하기 때문이다. 자신의 삶에 만족하고 있다면 굳이 어떻게 살 것이지를 고뇌하지 않을 것이다. 인간은 '어떻게 살 것인지'를 고뇌하면서 자신이 만족할 수 있는 '좋은 삶'을 희구한다.

인간이 이렇게 자신이 어떻게 살 것인지를 고뇌할 수 있는 것은 동물과 달리 인간의 삶이 본능에 따라서 이루어지는 것이 아니라 자신의 생각에 따라서 형성되기 때문이다. 다시 말해서 인간은 본능의 조절장치가 약화되고 생각하는 능력인 자신의 이성에 따라서 삶을 영위해야 하는 존재다. 프롬은 인간이 갖는 이러한 성격 때문에 인간은 동물과는 근본적으로 다른 존재론적 상황에 처하게 된다고 말한다.

동물이 살고 있는 세계가 본능적인 구조에 의해서 제약된 환경세계인 반면에, 인간은 이른바 열린 세계에서 산다. 예를 들어 지렁이가 사는 세계는 시궁창이지만, 인간은 공간적으로 무한한 우주와 시간적으로 무한한 시간을 생각할 수 있다. 인간은 이러한 세계에 대해서 경이를 느낄 수도 있지만 두려움을 느낄 수도 있다. 이렇게 열린 세계는 가능성으로 가득 찬 세계이지만, 어떠한 가능성이 열릴지를 예측할 수 없기 때문이다. 이렇게 가능성으로 가득 찬 열린 세계에 내던져진 존재로서 인간은 희망과 같은 긍정적인 감정도 갖게 되지만 다른 동물들에서는 보기 어려운 부정적인 감정들을 갖게 된다. 이러한 감정들로 우리는 고독감과 무력감, 그리고 허무감을 들 수 있다.

인간은 이 세계에서 자신의 삶을 궁극적으로는 홀로 개척해나가야만 한다. 물론 가족과 친구들이 우리를 돕지만, 인생에서 우리가 내리게 되는 결단에 대한 책임은 궁극적으로는 자신이 져야만 한다. 이 점에서 인간은 동물에게서 볼 수 없는 고독감으로 인해 힘들어하는 존재다. 물론 동물도 가족이나 친구가 없을 때 고독감으로 고통을 받는다는 사실은 잘 알려져 있다. 그러나 인간은 가족과 친구가 있어도 삶의 무게를 짊어져야 할 것은 결국은 자기 자신일 뿐이라고 생각하면서 고독감을 느낀다. 고독감과 함께 우리는 이러한 부정적인 감정에서 벗어나려는 욕망을 갖게 된다. 그러한 욕망을 에리히 프롬은 결합과 합일을 향한 욕망이라고 부른다.

인간이 가능성으로 가득 찬 세계에서 느끼는 또 하나의 부정적인 감정은 무력감이다. 세계는 가능성으로 가득 차 있지만, 이러한 가능성은 우리에게 유리한 것일 수도 있고 불리한 것일 수도 있다. 어떤 가능성이 등장할지를 우리가 마음대로 정할 수 없으며, 우리는 살아가면서 세상일이 뜻대로 되지 않는다는 것을 절감하게 된다. 이와 함께 우리는 무력감을 느낀다. 이러한 무력감에서 벗어나고 싶은 욕망을 프롬은 초월과 창조에의 열망이라고 부르고 있지만, 우리는 힘을 갖고 싶어 하는 욕망, 니체 식으로 말하면 힘에의 의지라고 부를 수 있을 것이다.

우리 인간은 살아가면서 허무감을 느낄 수 있는 유일한 동물이다. 고독감과 무력감은 동물에서도 어느 정도 보이는 감정일 수 있지만,

허무감은 인간에게만 고유한 것 같다. 우리는 죽음을 목전에 두지 않고서도 삶이 결국은 죽음으로 끝난다는 사실과 아울러 우리의 온갖 노고와 우리가 쌓아올린 모든 부와 명예 등이 죽음과 함께 무의미한 것이 된다는 사실을 잘 알고 있다. 이와 함께 우리는 허무감을 느낀다.

이러한 허무감에서 벗어나고 싶은 욕망이 바로 의미에 대한 욕망이다. 이러한 욕망은 죽음에 직면해서도 자신의 삶은 의미가 있었다고 느끼고 싶어 하는 욕망이며, 자신의 목숨을 걸어도 좋은 '삶의 의미'를 갖고 싶어 하는 욕망이다. 이러한 의미는 우리를 허무감에서 벗어나게 해줄 뿐 아니라 우리의 삶에 확고한 방향과 지침을 부여한다. 인간은 가능성으로 가득 찬 세계에서 중요한 고비마다 결단을 해야 하지만 자신이 결단을 내릴 때 도움을 줄 방향과 지침을 갖고 싶어 한다. 이러한 방향과 지침은 우리가 그것들에 따를 때 우리의 삶이 의미로 충만한 삶이 될 것이라고 확신할 수 있는 방향과 지침이다.

고독감과 무력감과 허무감이라는 부정적인 감정들에서 벗어나고 싶어 하는 욕망인 결합에의 욕망과 힘에의 욕망, 그리고 의미에의 욕망은 욕망에 대한 본능적인 조절장치가 약화되고 생각하는 능력인 이성이 인간에게 나타나게 되었기 때문에 생긴 욕망들이다. 이러한 욕망들은 식욕이나 성욕처럼 동물들도 갖는 본능적인 욕망과는 달리 인간이 처한 특유의 존재론적 상황에서 비롯된 욕망들이다. 그것들은 인간이 이성을 갖게 됨으로써 '자신의 존재를 문제 삼으면서 어떻게 살 것인지를 고뇌할 수밖에 없는' 실존적 존재라는 데서 비롯된다는 점에서 우리는 그것들을 실존적 욕망이라고 부를 수 있을 것이다.

하이데거는 우리 인간이 자신의 존재를 문제 삼으면서 '좋은 삶'을 추구한다고 보았지만, 좋은 삶이란 결국은 실존적 욕망들을 건강한 방식으로 충족시키는 삶이라고 할 수 있다. 실존적 욕망들이 인간이 이성을 갖게 됨으로써 생겨난 이상 그러한 욕망을 충족시킬 수 있는 방법도 이성 자신이 강구해내지 않으면 안 된다. 우리가 앞에서 본 것처럼 서양의 대표적인 철학자들은 '좋은 삶'이란 무엇인가에 대한 다양한 사상을 제기하고 있지만, 이러한 사상들은 결국은 실존적 욕망들을 건강하게 충족시킬 수 있는 방법에 대한 사상들이라고 할 수 있다. 예를 들어 중세철학자들인 아우구스티누스와 아퀴나스는 우리가 사랑의 신에 귀의하여 신에 의지하는 삶이야말로 우리에게 결합에의 욕망과 힘에의 욕망, 그리고 의미에 대한 욕망을 충족시킬 수 있는 가장 좋은 길이라고 보는 것이다.

그러나 우리는 많은 경우 실존적 욕망들을 충족시킬 수 있는 길을 그릇된 데서 찾는다. 결합에의 욕망을 충족시키기 위해서 광적인 민족주의나 인종주의에 빠져들고, 힘에 대한 욕망을 충족시키기 위해서 자신보다 약한 자들이나 집단을 괴롭히고 심지어 전쟁을 일으키며, 의미에 대한 욕망을 충족시키기 위해서 광신적인 종교나 정치이데올로기에 빠지곤 한다. 광신적인 종교나 정치이데올로기는 이성이 만들어낸 그릇된 생각임에도 불구하고 그러한 그릇된 생각에 한 번 빠지게 되면 이성은 그것에서 헤어나기 어렵다. 오히려 이성은 그러한 그릇된 생각을 정당화하는 온갖 근거들을 만들어내면서 그것에 집착한다.

이성이 이렇게 쉽게 그릇된 생각에 빠지는 것과 함께 그것에 집착하는 것은 첫째로 인간이 진리 자체보다는 고독감과 무력감, 그리고 허무감에서 벗어나는 것을 더 절실하게 원하기 때문이며, 그러한 오류는 진리보다도 훨씬 더 쉽게 그러한 부정적인 감정들에서 벗어나게 해주기 때문이다. 광신적인 종교나 정치이데올로기는 그것들이 제시하는 교리나 이념만 무조건 신봉하면서 그것들을 믿는 집단에 대해서 강한 소속감을 갖게 되면 우리를 고독감과 무력감, 그리고 허무감에서 벗어나게 해주는 것이다.

에리히 프롬은 고독감과 무력감을 극복할 수 있는 가장 바람직한 방법은 '사랑'이라고 말하고 있다. 이 경우 사랑은 흔히 사랑이라는 미명으로 자신을 치장하는 상대방에 대한 소유욕과 집착이 아니라 상대방이 신체적·정신적으로 건강하게 성장할 수 있도록 배려하는 것, 그리고 상대방의 삶을 함께 책임지려고 하고 상대방의 고유한 인격을 존중한다는 성격을 갖는다. 따라서 이러한 사랑은 상대방의 장점과 단점, 그리고 상대방이 자신의 잠재력을 구현할 수 있는 방법에 대한 이성적인 통찰에 입각해 있다. 이러한 사랑을 할 수 있을 정도로 성숙한 사람은 한 개인만을 사랑하는 것이 아니라 모든 생명을 존중한다.

허무감을 극복할 수 있는 삶의 의미나 방향은 결국은 종교나 철학과 같은 것을 통해서 주어진다. 그러나 그러한 종교와 철학에서도 인간을 독선적이고 광신적으로 만들면서 인간의 건강한 성장을 저해하는 것들이 있는 반면에, 인간을 보다 관용적이고 지혜로우며 사랑으로 충만한 존재로 만드는 방식으로 인간의 건강한 성장을 돕는 것이 있다. 종교나 철학에서 중요한 것은 신이 존재하느냐 아니냐, 신이 인격신이냐 아니냐, 형이상학적인 근원적인 일자가 있는가 없는가 등이 아니라 그 종교나 철학이 인간이 지혜롭게 되고 사랑으로 가득 찬 존재가 되는 데 얼마나 도움이 되느냐다.

인간을 건강한 이성과 사랑으로 충만한 존재로 만드는 종교나 철학
은 사람들에게 어떤 교리나 교설을 맹목적으로 믿을 것을 요구하지
않는다. 오히려 그것은 사람들이 자신의 자기중심적인 에고에서 벗어
나 사랑으로 가득 찬 존재로 자신을 변혁할 것을 요구한다. 이러한
인격적인 변혁의 길은 힘든 길이다. 따라서 사람들은 이러한 길보다는
특정한 교리나 교설을 맹목적으로 신봉하면서 그것에 따라서 살면
구원과 해방이 주어진다고 주장하는 종교나 철학에 빠지기 쉽다.

실존적 욕망들로 인해 인간은 성인의 길을 걸을 수도 있지만 악마의
길을 걸을 수도 있다. 실존적 욕망들은 사랑, 친절, 연대, 자유, 그리고
진리를 구하려는 욕망이라는 건강한 형태로 나타날 수 있지만, 지배하
고 파괴하려는 욕망과 자신의 자유를 포기하고 종속되고 싶어 하는
욕망, 그리고 부와 명예에 대한 탐욕과 같은 욕망이라는 병적인 형태로
나타날 수 있다.

전자의 건강한 욕망들은 이성과 대립하는 것이 아니라 오히려 건강
한 이성적인 통찰에 입각해 있다. 이에 반해 후자의 욕망들에서 이성은
병적인 것으로 전락하여 오류를 진리로 착각하면서 그것에 광적으로
집착한다. 따라서 우리 내부에서는 이성과 욕망이 서로 대립하는
것이 아니라 병적인 이성에 근거한 병적인 욕망들과 건전한 이성에
입각한 건강한 욕망들이 서로 싸우고 있다.

건강한 욕망들이 우리의 마음에서 우위를 점하고 있을 경우 우리는
모든 상황에서 자신뿐 아니라 모든 사람이 함께 성장하고 행복하게
살 수 있는 방향으로 생각을 낼 것이다. 이에 반해 병적인 욕망들이

우위를 점하고 있을 경우에는 모든 상황에서 자신과 자신이 속한 집단이 다른 사람들이나 다른 집단들을 압도할 수 있는 방향으로 생각을 낼 것이다.

(2) 병적인 욕망을 건강한 욕망으로 전환하기

우리에게 일상적으로 일어나는 생각들이 어떠한 성격을 갖는지는 우리에게서 어떠한 종류의 욕망들이 지배하느냐에 따라서 규정된다. 따라서 일상적으로 일어나는 생각들이 건강한 방향으로 일어나도록 하기 위해서는 우리에게서 지배하는 욕망들을 건강한 욕망들로 전환해야 한다.

탐욕과 지배하고 파괴하고 싶은 욕망에 사로잡히는 성향은 사회적 환경의 산물이나 인간의 본능이 아니라 이성적인 존재로서의 인간에게 존재하는 잠재적 가능성이다. 그것은 단순히 사회적 환경의 산물이 아니라 인간 자신에게 존재하는 잠재적 가능성이기 때문에 사회적 환경이 설령 혁명적으로 바뀐다고 하여 사라질 수 있는 것이 아니다. 그럼에도 그것은 성욕과 식욕과 같은 본능이 아닌 하나의 잠재적 가능성이기 때문에 우리는 그것이 현실화되는 것을 막고, 그러한 병적인 욕망들을 사랑과 연대에 대한 건강한 욕망들로 전환할 수 있다.

그런데 이렇게 병적인 욕망들을 건강한 욕망들로 전환하는 것은 한 사람의 성격이 근본적으로 변화되는 것을 의미한다. 그것은 탐욕스럽고 이기적인 성격에서 자애로운 성격으로 전환하는 것이다. 우리는 서두에서 우리의 일상적인 생각들은 근본적으로 우리의 성격에 따라서 규정된다는 사실을 이미 언급했다. 우리가 건강한 방향으로 생각을 내기 위해서는 우리의 성격을 병적인 욕망이 지배하는 성격에서 건강한 욕망이 지배하는 성격으로 전환해야 한다.

그러면 우리는 어떻게 해서 병적인 욕망이 지배하는 성격을 건강한 욕망이 지배하는 성격으로 전환할 수 있는가?

우리는 앞에서 고독감과 무력감, 그리고 허무감이 인간이 이성을 갖게 됨으로써 불가피하게 갖게 될 수 없는 감정들인 것처럼 서술했다. 그러나 우리가 그러한 부정적 감정들을 갖게 되는 것이 과연 이성을 갖게 됨으로써 생기는 것이라면 그러한 부정적 감정들을 극복할 수 있는 궁극적인 방법은 이성을 포기하는 것일 것이다. 그러나 우리가 인간으로 태어난 이상, 이성은 우리에게 주어져 있는 것이기에 우리가 광기로 도피하지 않는 한 멋대로 포기할 수 있는 것이 아니다.

오히려 우리가 고독감과 무력감, 그리고 허무감을 느끼는 것은 이성을 갖고 있기 때문이 아니라 이성이 어떤 근본적인 종류의 오류에 빠져 있기 때문이다. 이러한 오류 역시 인간이 이성을 갖기에 범하게 되는 것이지만, 이성은 자기반성을 통해서 그러한 근본적인 오류에서 벗어남으로써 고독감과 무력감, 그리고 허무감도 극복할 수 있다.

우리가 고독감과 무력감, 그리고 허무감과 같은 부정적인 감정들을 갖게 되는 것은 이성 그 자체 때문이 아니라 이성이 근본적으로 자아에 대한 그릇된 관념에 사로잡혀 있기 때문이다. 우리가 고독감과 무력감, 그리고 허무감에 빠질 때 우리는 흔히 자신을 세상에 홀로 던져진 외로운 자아라고 생각하고 있다. 그런데 이렇게 자신을 외로운 자아라고 생각하면서 우리는 자신을 다른 것들과 구별되는 하나의 실체로 보고 있다.

이렇게 외로운 자아라고 생각하지 않을 경우에도 우리는 세상과 분리되고 다른 사람들과 비교되는 통일적이고 자유로운 실체로서의 자아가 있다고 생각한다. 그리고 우리는 그러한 자아가 몸과 마음을 자신의 것으로서 소유하고 있으며 모든 생각과 행동의 주인이라고 여긴다. 그러나 우리가 그렇게 집착하는 자아란 사실은 자연법칙에 따라 생성 소멸하는 신체, 그리고 성격, 사회적 지위와 재산 등의 집합체일 뿐이다.

우리는 이 모든 것을 소유하는 자유롭고 통일적인 자아가 존재한다고 생각하면서 이러한 자아가 사후에도 영속하기를 바란다. 그러나 신체나 사회적 지위나 재산이 소멸한다는 사실은 너무나 분명한 사실이기 때문에, 우리는 이른바 불멸의 영혼이라는 관념을 만들어내어 그러한 영혼이야말로 자아의 참된 핵심이라고 여기게 된다. 그러나 이러한 영혼은 허구에 불과한 것이기 때문에 우리가 영속하기를 바라는 것은 결국은 자신이 갖고 있는 특정한 정신적 능력이나 성격일 뿐이다.

우리는 통일적이고 자유로운 실체로서의 자아가 있다고 생각하면서 이러한 자아에 대한 나르시시즘적인 애착에 빠져 있다. 우리는 자신의 자아야말로 세상에서 가장 소중한 존재로 생각하는 것이다. 세상에서 이러한 자아의 욕망이나 생각이 관철되지 않을 때 우리는 고독감이나 무력감에 빠지게 되고 자아가 죽음과 함께 사라질 것이라고 생각하면서 허무감에 빠진다. 그러나 자아란 허구에 불과한 것이기 때문에 사실상 자아가 고독감과 무력감, 그리고 허무감을 느끼는 것이 아니라 다만 고독감과 무력감, 그리고 허무감만이 존재할 뿐이다.

우리가 집착하는 자아가 허구라는 사실을 깨닫고 자신이 집착해온 신체, 성격, 지위와 재산, 특정한 이념과 종교 등에서 벗어나게 될 때 우리는 모든 것과 하나가 된다. 이 경우 나와 너의 차이가 없어지면서 우리는 고독감에서 벗어나게 되며, 또한 세상에 내세울 '내'가 없다는 사실을 깨닫게 되면서 무력감에서도 벗어나게 되며, 죽음과 함께 사라질 자아도 없다는 것을 깨닫게 되면서 허무감에서도 벗어나게 된다.

여기서 이성에게는 세 가지 길이 존재한다는 사실을 알 수 있다. 첫째는 우리가 집착하는 자아의 허구성을 깨달아 모든 것과의 합일을 경험함으로써 고독감과 무력감, 그리고 허무감에서 벗어나는 길이다. 둘째는 우리가 집착하는 자아의 허구성을 깨닫지 못하고 오히려 자아에 집착하면서 자아를 강화하는 갖가지 사이비 방법을 통해서 고독감과 무력감, 그리고 허무감에서 벗어나려고 하는 길이다. 셋째는 그러한 사이비 방법의 무의미함과 허망함을 깨닫고 새로운 삶을 모색하려고 하지만 자신이 집착하는 자아의 허구성을 깨닫지 못하여 고독감과 무력감, 그리고 허무감에 빠지는 길이다. 이 세 번째 길은 흔히 절망과 염세주의로 귀착될 수 있다.

고독감과 무력감, 그리고 허무감은 근본적으로 자아에 대한 허구적인 관념에서 비롯된 것이지만, 그럼에도 불구하고 그것은 우리가 자신의 삶을 돌이켜 보면서 자아에 대한 허구적인 관념에서 벗어날 수 있는 계기로 작용할 수 있다. 그것들은 이성으로 하여금 그러한 부정적인 감정들이 생겨나게 되는 근본적인 원인을 찾아 나서게 하면서 깨달음에 이르게도 할 수 있는 것이다.

우리는 앞에서 서양철학의 대표적인 철학자들을 중심으로 하여 이성에 대해서 고찰해보았다. 다양한 차이에도 불구하고 이들 사이에는 상당한 일치가 존재한다. 이들은 모두 인간은 자신의 본질적인 능력에 해당하는 이성적인 잠재력을 최대한 구현했을 때 자신의 삶에 대해서 진정으로 행복을 느낄 수 있다고 본다. 물론 이성이 갖는 잠재력을 어떻게 파악할 것인가와 관련해서 이들 사이에는 차이가 보인다. 예를 들어 프롬에서 보는 것과 같이 모든 인간뿐 아니라 살아있는 모든 것에 대해서 사랑을 느끼는 능력과 같은 것은 노예제를 긍정했던 플라톤이나 아리스토텔레스에게는 낯선 것이었다.

어떻든 행복을 이렇게 이성적인 잠재능력을 최대한 구현하는 상태에서 우리가 느끼는 만족감과 희열이라고 볼 때, 그것은 프롬식으로 말해서 모든 것과의 진정한 결합에의 욕망과 자신의 잠재력과 동시에 살아 있는 모든 것의 잠재력도 함께 구현하려는 건강한 힘에의 욕망, 그리고 살아 있는 모든 것을 성스러운 의미로 가득 차 있는 것으로 보려는 참된 의미에 대한 욕망이 실현되어 있는 상태다.

2) 시대적·사회적 통념과 상징형식, 그리고 생각

인간은 실존적 존재로서 어떻게 살 것인지를 고뇌하면서 자신이 만족할 수 있는 '좋은 삶'을 추구한다. 하이데거는 어떤 삶이 '좋은 삶'인지에 대한 이러한 근본적인 생각을 형성하는 것이야말로 인간 이성의 가장 근본적인 능력이라고 본다. 흔히 우리는 이성을 과학과 수학 등의 학문을 추구하는 능력으로 생각하지만, 하이데거에게 이성의 일차적인 의미는 삶의 의미와 방향, 즉 '좋은 삶'에 대한 근본 생각을 형성하는 능력을 가리킨다. 인간은 동물처럼 본능에 따라서 사는 것이 아니라 '좋은 삶'에 대한 근본 생각에 따라서 산다.

'좋은 삶'에 대한 근본 생각은 단순히 머릿속에서 오고가는 생각의 하나가 아니라 우리의 온 몸과 마음을 규정하는 성격을 가지고 있다. 머릿속으로는 불교 신자나 기독교 신자라고 생각하면서 절이나 교회에 가면 부자가 되게 달라고 기원하는 사람이 있을 수 있다. 이 경우 이 사람은 부처의 가르침이나 예수의 가르침에 따름으로써 좋은 삶을 실현할 수 있다고 생각하지 않고, '돈만이 인간을 모든 고통에서 구원하면서 좋은 삶을 가져다준다'는 황금만능주의에 사로잡혀 있다.

우리가 '좋은 삶'을 어떻게 파악하느냐에 따라서, 다시 말해서 '좋은 삶'에 대한 근본 생각이 어떤 것이냐에 따라서 사람들의 삶의 성격이 달라지고, 이에 따라서 사람들이 내는 생각들도 근본적으로 다른 성격을 갖게 된다. 좋은 삶이 어떠한 삶인지에 대한 근본 생각이 우리의 열정과 욕망에게 방향을 부여한다. 그리고 우리가 갖게 되는 모든 생각과 행동은 이러한 열정과 욕망을 실현하기 위한 것이다.

우리는 앞에서 실천적 이성과 도구적인 이성을 구별했다. '좋은 삶'에 대한 근본적인 생각을 형성하면서 삶에 목표를 제시하는 것을 우리는 실천적 이성이라고도 부를 수 있을 것이다. 그리고 그러한 좋은 삶을 우리가 살고 있는 세계 속에서 구현하기 위한 여러 방도를 강구하는 이성을 도구적 이성이라고 부를 수 있을 것이다.

우리는 우선 대부분의 경우에는 어릴 적부터 부모와 사회를 통해서 우리에게 주입되는 '좋은 삶'에 대한 통념에 따라서 산다. 사람들은 많은 돈이나 높은 직위를 갖게 될 때, 혹은 특정한 종교집단에 소속되어 그 집단의 교리에 충실하게 살 때 자신의 삶이 좋은 삶이 된다고 생각한다. '좋은 삶'에 대해서 사람들이 갖는 근본 생각은 특정한 시대와 사회를 지배하는 통념에 따라서 규정되는 경향이 있는 것이다.

이러한 통념은 카시러의 용어를 빌리면 다양한 상징형식들을 통해서 형성된다. 상징형식이란 의미의 현현顯現과 구현으로서 나타나는 모든 감성적인 현상의 전체를 가리킨다. 이러한 상징형식에는 언어, 신화, 종교, 예술, 철학, 그리고 과학과 같은 것이 있다. 이러한 상징형식을 바탕으로 하여 인간은 자신과 세계를 이해하고 자신의 삶의 공간을 형성한다. 우리가 현실로서 지각하고 경험하는 세계는 이미 언어를 비롯한 상징형식들에 의해서 철저하게 관통되어 있는 세계다. 동물은 외부의 자극에 대해서 본능적으로 반응하지만, 인간은 상징을 매개로 하여 반응한다. 인간은 자연세계가 아니라 역사적으로 변화하는 상징세계 속에서 살고 있는 것이다.

세계가 우리에게 단순히 주어지는 것이 아니라 상징형식에 의해서 능동적으로 구성하는 것이라는 사실을 가장 잘 보여주는 것은 바로 과학이다. 과학은 수동적인 관찰을 통해서 행해지는 것이 아니라 도전적이고 창의적인 가설의 정립과 그러한 가설에 대한 검토에 의해서 행해진다. 이러한 가설은 특히 정밀과학에서는 의미가 엄밀하면서도 일의적—義的으로 정의될 수 있는 기호들로 이루어져 있으며, 과학의 정밀성은 이러한 기호들의 명료한 일의성에 의해서 가능하게 된다.[7]

7 Ernst Cassirer, *Philosophie der Symbolischen Formen, Dritter Teil: Phänomenologie der Erkenntnis*, Darmstadt, 1994, p.54 참조.

그러나 과학 외에도 세계를 구성하는 방식에는 여러 가지가 있으며 이러한 구성방식에 따라서 세계는 다르게 나타난다. 여기에서는 이러한 다양한 상징형식 중에서 신화, 언어, 과학만을 고찰할 것이다. 신화나 과학도 넓은 의미의 언어에 다 속한다고 할 수 있다. 따라서 우리는 신화적 언어나 과학적 언어에 대해서 말할 수 있다. 그러나 신화와 과학과 구별되는 것으로서 좁은 의미의 언어가 있다. 그것은 신화적인 것에서 벗어나 있으면서도 과학적인 것도 아닌 언어로서 사물을 실체와 이것에 속하는 속성들로 구성되어 있는 것으로 보는 독특한 상징형식을 가리킨다. 신화적 사고에서 벗어나 있는 세계에서의 일상 언어가 바로 이러한 언어라고 할 수 있다.

신화의 형상세계와 언어의 음성조직, 그리고 정밀한 과학적인 인식이 이용하는 상징적인 기호 모두는 세계를 구성하는 방식이다. 과학 못지않게 신화와 언어도 사물들을 분류하면서 세계 전체를 질서 짓는 것이다. 그런데 상징들은 개념의 영역에서 비로소 작용하는 것이 아니라 지각의 영역부터 이미 개입하고 있다. 신화와 언어에 의해서 규정된 지각세계도 우리에게 수동적으로 주어져 있는 것이 아니라 우리가 구성한 것이다. 이는 지각에는 인상을 외부로부터 수용하는 능력뿐 아니라 인상을 독자적인 형성법칙에 따라서 형태화하는 능력도 존재하기 때문이다.

신화와 언어를 '상징형식'이라고 부를 경우, '상징형식'이라는 표현에는 다음과 같은 전제가 포함되어 있는 것처럼 오해될 수 있다. 그러한 전제란, 신화와 언어 모두가 정신이 세계를 형태화하는 특정한 방식들로서 실재 자체라는 하나의 궁극적인 근원층으로 소급되며,

이러한 근원층은 흡사 낯선 매체를 통하듯 그러한 상징형식들을 매개로 하여 나타나게 된다는 것이다. 사람들은 이 경우 실재 자체는 상징형식을 통해서 드러나기보다는 오히려 은폐된다고 생각할 수 있다. 이 경우 상징형식은 실재 자체에 덧붙여지는 주관적인 이해방식에 불과한 것으로 보인다. 그러나 카시러는 실재와 상징형식의 이러한 분리는 사태 자체를 반영하는 것이 아니라 추상적인 반성의 산물이라고 본다.

예를 들어 신화적인 상징세계 속에서 사는 사람은 신화적 세계를 실재 자체로 경험하지, 실재 자체에 신화적인 상징형식이라는 주관적인 형식이 덧씌워진 것으로 보지 않는다. 오히려 우리가 현실로서 지각하고 경험하는 세계는 이미 상징형식에 의해서 구체적으로 규정되어 있는 세계다. 현대인들은 신화적인 세계가 아니고 좁은 의미의 언어에 의해서 구조화되어 있는 세계에서 살지만, 우리는 이러한 세계를 실재 자체로 경험하지 주관적으로 해석된 세계로 경험하지 않는다.

그럼에도 오늘날 우리가 무엇보다도 신화나 언어에 의해서 구조화된 세계를 허구적인 세계나 주관적으로 해석된 세계로 보는 것은 과학이라는 상징형식이 드러내는 것만을 실재로 보는 사고방식이 큰 영향력을 갖고 있기 때문이다. 사람들은 과학이 드러내는 세계만이 실재이고 우리가 일상적으로 경험하는 세계는 우리의 감각기관에 비추어진 주관적인 세계나 실재 자체가 아닌, 인간의 주관적인 해석을 반영한 세계에 불과하다고 보는 것이다.

철학에서도 일찍이 우리에게 드러나는 세계 이면의 실재 자체를 찾으려는 시도가 있어 왔다. 그러한 실재를 유물론은 물질에서, 합리론은 이른바 본유관념에서, 경험론은 감각자료들에서 찾으려고 했다. 그러나 카시러는 이것들 모두는 추상적인 반성의 산물에 지나지 않는다고 본다. 우리에게 실재는 상징형식을 창조하는 인간의 정신과 이렇게 상징형식에 의해서 구조화된 세계뿐이며, 나머지는 이것들로부터 추상된 것일 뿐이다.

(1) 신화

카시러는 신화는 언어와 마찬가지로 인간이 임의로 창조한 것이 아니라 어떤 의미에서 인간에게 주어진 것이라고 말하고 있다. 어떤 민족이 언어를 임의로 선택할 수 없는 것과 마찬가지로 그 민족은 신화를 자기 마음대로 선택할 수 없다. 언어가 그 민족을 규정하는 것과 마찬가지로 신화도 그 민족을 규정한다. 신화적 의식은 세계가 신들이나 정령들, 그리고 악령들로 이루어져 있다고 생각하면서 그것들의 힘에 의지하여 자신이 부딪히는 문제를 해결하려고 한다.

신화가 신을 인간과 유사한 것으로 보는 의인관擬人觀에 사로잡혀 있다는 견해가 오늘날에도 여전히 강력하게 지배하고 있다. 그러나 인간은 이미 완전하게 형성되어 있는 자신의 고유한 인격을 단순히 신에게 전이하면서 신에게 자신의 고유한 감정과 의식을 투사하는 것이 아니라, 오히려 신을 통해서 비로소 자신을 이해하게 된다. 인간이 토테미즘처럼 신을 생각하느냐, 아니면 그리스신화처럼 생각하느냐에 따라서 인간의 자기이해는 달라지는 것이다.

토테미즘에서 사람들은 자신의 조상을 동물이나 식물로 보면서 모든 것과의 막연한 통일성에 대한 느낌 속에서 산다. 인간이 이러한 느낌에서 벗어나 독자적인 인격성에 대한 의식을 갖게 되는 것도 신화가 새로운 내용을 획득할 때 가능하게 된다. 예를 들어 신이 그리스신화에서처럼 인간의 형상을 갖게 될 때 인간은 다른 동물이나 식물과의 통일성에 대한 느낌에서 벗어나게 된다고 본다.

다양한 신들과 정령들, 그리고 악령 등으로 이루어진 신화적인 형상세계는 신화적 정신이 창조한 것이지만, 이러한 창조는 아직 자유로운 정신적인 행위라는 성격을 띠지 않는다. 신화적 정신의 단계에서는 상징들을 자유롭게 만들어내는 자기의식적이고 자율적인 자아가 존재하지 않는 것이다. 신화적 의식은 언어나 상, 그리고 기호가 갖는 힘에 대한 신앙에 의해서 지배되고 있다. 이 경우 인간은 그것들을 자신에게서 비롯된 것으로 보지 않고 자립적인 주술적 힘을 갖는 것으로 생각한다.

예를 들어 어떤 사물에 대한 단어와 이름은 그 사물을 단순히 표시하는 기능만을 갖는 것이 아니라 그 사물 자체와 그것의 실재적인 힘들을 자신 안에 포함하고 있다. 따라서 신화적 의식은 달과 태양 혹은 폭풍우의 이름을 부르는 것만으로도 그것에 영향을 미칠 수 있다고 믿는다. 따라서 원시인들은 일식과 월식을 막기 위해서 달이나 태양의 이름을 큰소리로 외쳐 부른다. 신화적 의식은 자신이 만들어낸 단어들이나 형상들을 자신에 대해서 낯선 것으로서 두려워하고 그것들에 의해서 지배당하는 것이다.

인간이 자신을 자립적이고 자유로운 주체로 이해하기 위해서는 자신을 세계와 대치시키면서 그것에 대해서 자유롭게 작용을 가할 수 있는 존재로 생각해야 한다. 카시러는 신화가 고등종교로 발전하는 과정에서 비로소 '주관'과 '객관', '자아'와 '세계'의 점진적인 분리도 일어나며 이러한 분리과정에 의해서 인간은 다른 것들과의 혼돈스런 통일 상태에서 벗어나게 된다고 한다.

카시러는 자아가 자신을 이렇게 자기동일성을 갖는 구체적인 통일체로서 이해하게 되는 것은 무엇보다도 자신을 윤리적 의식의 주체로 파악할 경우에 일어난다고 본다. 인간이 자신을 윤리적 주체로 파악함으로써 인간은 자신을 신들과 정령들, 그리고 악령들 등에 의지하는 자로 보지 않게 되는 것이다. 그러나 윤리적인 길을 통한 자아의 이러한 각성도 종교를 통해서 준비된다. 카시러는 이러한 사태는 서양에서는 무엇보다도 구약성서의 예언자들에서 가장 극명한 형태로 보이고 있다고 본다. 구약성서의 예언자들은 신을 윤리적인 존재로 생각하면서 인간도 신에게 제물을 바치고 제의를 지내는 것에 의해서가 아니라 윤리적인 행위를 통해서 구원을 받을 수 있다고 보고 있는 것이다.

이렇게 윤리적인 행위가 결정적인 지위를 점하게 되자마자 인간은 또한 자신이 만들어낸 신화적 형상에 사로잡혀 있는 상태에서 벗어나게 되고, 주술적인 힘을 갖는 여러 신들과 정령들, 그리고 악령들에 대한 두려움에서 벗어나게 되었다. 왜냐하면 그는 자신이 어떠한 존재인지는 더 이상 그것들에 의해서 결정되는 것이 아니라 자신의 윤리적인 행위에 의해서 결정된다고 믿는 것이다.

신화가 지배하는 세계에서는 주술적 사고방식이 지배한다. 사람들은 주문이나 기도문을 외고 제사를 바치는 등의 행위를 통해서 신이나 정령, 그리고 악령의 마음을 움직일 수 있다고 믿었다. 그러나 인류의 이성이 성숙하게 되면서 신화 대신에 기독교나 불교와 같이 주술적인 사고방식에서 벗어나 있는 고등종교가 나타나게 된다. 물론 기독교나 불교를 믿는 많은 사람이 여전히 주술적인 사고방식의 단계에 머물러 있다. 이들은 신에게 기도를 하고 제의를 드림으로써 신의 마음을 자신들에게 복을 가져다주게 하는 방향으로 움직이려고 한다.

그러나 신화적 사고에서 벗어나 있는 기독교의 신은 인간에게 기도와 제사를 요구하는 신이 아니라 이웃사랑과 원수에 대한 사랑과 같이 높은 윤리적 덕을 구현할 것을 요구하는 신이다. 불교는 기독교보다 한 걸음 더 나아가 신들도 모두 윤회의 고통 속에 있는 존재로 보면서, 인간을 구원할 수 있는 것은 인간 자신뿐이라고 본다.

(2) 언어

신화적 세계는 혼돈스러운 세계는 아니고 나름대로의 구조와 내적 분절을 갖지만, 신화적 세계에서 사물들은 독자적인 실체로서 존재하지 않으며 종들도 서로 본질적인 차이를 갖는 것으로 존재하지 않는다. 오히려 신화에서는 모든 존재 형태가 유동적인 성격을 갖는다. 즉 신화에서는 모든 존재 형태는 서로 구별되기는 한지만 그렇다고 해서 서로 단절되는 것은 아니다. 어떤 존재 형태는 외관상으로는 서로 전적으로 대립되는 것처럼 보이는 다른 존재 형태로 얼마든지 변용될 수 있다. 신화에서는 탈신화화脫神話化된 문화에서 유개념과 종개념에 의해서 그어지는 모든 경계선이 끊임없이 이동하고 소멸하는 것이다.

예를 들어 토테미즘이 지배하는 곳에서 사람들은 자신을 동물과 동일한 것으로 보면서 자신을 수서동물이나 빨간 앵무새라고 자랑한다. 더 나아가 토테미즘에서 동물과 식물은 결코 선명하게 나누어지지 않는다. 개개의 부족은 토템동물에 대해서 가지고 있는 것과 동일한 외경심을 토템식물에 대해서도 갖는다. 토템동물의 살해를 금하거나 일정한 조건을 준수하고 일정한 주술적인 의식을 행한 후가 아니면 허용하지 않는 금령禁令은 토템식물을 먹는 것에 대해서도 적용된다. 더 나아가 인간은 자신이 특정 종류의 식물에서 비롯되었으며 인간이 식물로, 그리고 식물이 인간으로 변할 수 있다고 생각한다.

신화적 사고에서 벗어나면서 이성은 언어를 통해서 사물들의 종과 유를 구별하고 각각의 사물들을 각각 독자적인 실체로 보게 된다. 이성은 감각적으로 지각되는 특정한 지속적인 징표들을 주시하고, 이러한 징표들을 언어를 통해서 고정시키면서 어떤 대상은 바로 이것이고 다른 것이 아니라고 규정하는 것이다. 언어는 개념을 구성하는 것에 못지않게 지각을 구성하는 것에도 관여하고 있다.

그런데 단어들에 의해서 표시되는 것은 항상 언어가 자신을 정신의 참된 소재로서 구성하기 위해서는 넘어서야만 하는 개별적인 요인일 뿐이다. 이는 단어가 아니라 문장이야말로 언어의 참으로 기본적인 형상인 것이며, 언어적 '진술'의 형식을 완성하는 것이기 때문이다. 계사(繫辭, Kopula)의 '이다(ist)'는 언어의 이러한 새로운 차원, 즉 그것의 순수한 '표시기능'의 가장 순수하고 가장 간결한 형식이다.[8] 신화적인 사고는 전승되어 오는 신화적 관념들에 구속되어 객관적인

---

8 Ernst Cassirer, *Philosophie der Symbolischen Formen, Dritter Teil: Phänomenologie der Erkenntnis*, Darmstadt, 1994, p.527 참조.

사태를 파악하려고 하지 않는다. 이에 반해 언어는 객관적인 사태를 드러내려고 하며 자신이 표현하는 것이 객관적인 것이라는 사실을 나타나기 위해서 '이다'라는 계사를 사용하는 것이다.

(3) 과학

언어에 의해서 규정되어 있는 일상적 지각경험은 개개의 사실을 감각적인 관찰에 드러난 그대로 파악하고 그것들을 순수하게 기술하면서 연결하는 데 만족한다. 이에 반해 과학적 법칙은 관찰이 제공하는 구체적인 자료들에서 추상되는 것이 아니라 관찰자가 참으로 여기는 특정한 이론적 전제에 기초하여 그러한 자료들에 대응하는 것으로 간주되는 상징적 표상이 정립됨으로써만 성립한다.

과학적인 기호에서는 넓은 의미에서 언어의 구성작업이 계속해서 행해지는 것이지만, 언어는 새로운 논리적 차원으로 들어서게 된다. 왜냐하면 이러한 기호법에서 사용되는 기호는 직관적이고 재현적인 모든 것을 떨쳐버리고 순수한 '의미기호'가 되었기 때문이다. 이와 함께 우리에게 지각에서 성립하는 것과 같은 '대상에 대한 관계'와는 본질적으로 구별되는 어떤 새로운 양식의 '객관적' 의미연관이 나타나게 된다.

물리학의 대상도 언어에 의해서 구성되는 지각의 대상과 마찬가지로 하나의 복합적 전체를 형성하고 있기는 하지만, 그것은 감각적인 인상들의 전체가 아니며 수 규정들과 척도 규정들의 총체다. 여기에서는 더 이상 맛이나 냄새, 소리와 모양이 대상을 구축하는 재료가 되지 않고 전적으로 다른 요소들이 그것들 대신에 들어선다. 더 이상 사물은 향기나 맛, 색깔이나 소리로 '이루어지지' 않는다. 하나의 물체가 물리학적 의미에서 갖는 '본성'은 그것의 감각적 현상 방식에 의해서가 아니라 그것의 원자량, 굴절률, 전도율 등에 의해서 규정된다.

감각적 지각에 의해서 우리에게 직접 증시되고 접근될 수 있는 것이 되는 대상의 영역은 과학적인 인식의 체계 전체 내에서는 극히 작은 부분에 지나지 않는다. 가시적인 스펙트럼은 빨강에서부터 보라색에 이르는 무지개 색을 포함하고 있지만, 스펙트럼 전체 내부에서는 단 하나의 옥타브의 범위를 점하는 것에 지나지 않는다. 이에 반해 보라색을 넘어서 8에서 16까지의 옥타브에서 비로소 엑스선대帶가 시작되며, 빨강을 넘어서 30옥타브에서 무선 전신의 파장대波長帶가 시작한다.[9]

(4) 과학주의와 불교

카시러는 상징형식들을 창조하는 것은 각 개인들의 자의가 아니라 '이성의 순수한 활동'이라고 본다. 따라서 각각의 상징형식은 처음부터 자신들이 보편적인 타당성을 갖는다고 주장하면서 그 외의 상징형식을 허구적인 것으로 배척하는 경향이 있다. 신화적인 상징형식이 지배하는 곳에서 과학적인 상징형식은 이해되지 못하는 것을 넘어서 불경스런 것으로 배척받는다. 과학적인 상징형식이 지배적인 영향력을 갖는 시대가 된 오늘날에는 과학은 과학 이외의 상징형식은 허구적이거나 주관적인 것으로 배격한다.

---

9 Ernst Cassirer, *Philosophie der Symbolischen Formen, Dritter Teil: Phänomenologie der Erkenntnis*, Darmstadt, 1994, p.514 참조.

　과학만이 진리를 드러내고 인간이 매사에 의지할 것은 과학뿐이라고 보는 사고방식은 과학주의라고 불린다. 오늘날 일반적인 사람들뿐 아니라 철학에서도 이러한 과학주의는 크게 위세를 떨치고 있다. 오늘날에는 과학이라는 상징형식이 신화는 물론이고 일상 언어나 예술과 고등종교와 같은 상징형식을 대체해야 할 상징형식으로 인정되고 있는 것이다. 이러한 분위기에 따라서 심지어 기독교나 불교와 같은 고등종교마저도 물리학이나 생물학의 최신이론들을 원용함으로써 자신들의 교리를 정당화하려 한다.

　그러나 카시러는 신화적 세계에서 우리가 사물을 경험하는 방식은 과학에 의해서 완전히 제거될 수 없는 세계경험의 기저층을 형성하고 있다고 본다. 이 기저층을 카시러는 표정체험이라고 부르고 있다. 신화는 산도 강도 표정을 갖는 것으로 본다. 예를 들어 파도가 격렬하게 치는 파도에서 신화는 바다의 신의 분노를 본다. 이러한 표정의 세계에서 우리가 체험하는 것은 어떤 의미에서 투명하게 자신의 내적 생명을 그대로 보이고 있다.

　예술은 물론이고 우리의 일상 언어도 표정이라는 이러한 근원적 현상에 결부되어 있다. 예술은 오늘날에도 살아 있는 생명은 물론이고 산이나 강과 같은 무기물에서도 표정을 보고 그 표정을 드러낸다. 예술은 말없이 서 있는 커다란 산에서 어떤 위엄을 보고 그것을 표현한다. 우리도 일상적인 삶에서 많은 경우 산에서 표정을 읽는다. 따라서 오늘날의 일상 언어에서조차도 '웅장한 산'이라든가 '장엄한 산' 혹은 '유유히 흐르는 강'과 같은 말에서 보듯 많은 말이 어떤 종류의 표정가表情價, 즉 어떤 특정한 '인상人相학적인 성격'을 포함하고 있다.[10]

과학은 현실이 일차적으로 자신을 드러내는 표정의미를 도외시하면서 객관적인 자연 질서를 구성하고 이러한 질서의 법칙성을 파악하려고 한다. 그러나 이러한 도외시에 의해서 표정현상들의 세계 자체가 소멸될 수는 없다. 이러한 표정현상은 결코 '주관적인' 것이 아니고 도리어 우리의 지각이 경험하는 근원적인 실재다. 따라서 신화적 지각을 지배하고 있는 근본경향은 그것이 세계를 이해하는 다른 방식들에 의해서 아무리 배척되고 변형을 겪게 될지라도 완전히 소실되지는 않는다. 신화적 의식의 '내용들'의 몰락은 그 내용들을 낳는 이성적 '기능'의 몰락을 의미하지 않는다.

불교는 과학적 상징형식에 가까운 것인가? 아니면 신화적 상징형식이 정화淨化되고 고양된 것인가? 과학을 하기 위해서 필요한 것은 사물들의 작용법칙을 탐구해 들어가는 냉철한 지성이다. 불교도 우리가 집착하는 자아라는 것이 오온의 집합에 불과하다는 것을 냉정하게 드러낸다. 이 점에서 불교적 사고방식은 과학적 사고방식에 가까운 것처럼 보인다. 그러나 불교는 자아를 분석하는 것을 넘어서 자아에 대한 집착을 버릴 것을 요구한다. 구체적으로 말해서 그것은 자아에 대한 집착에서 비롯되는 탐욕과 분노를 버릴 것을 요구하며, 이렇게 순연純然해진 마음으로 세계와 사물의 성스러운 얼굴을 볼 것을 요구한다.

이에 반해 과학은 인간에게 자기집착을 버릴 것을 요구하지도 않고 탐욕과 분노를 버릴 것을 요구하지도 않는다. 과학은 이기적인 사람이

---

10 Ernst Cassirer, *Philosophie der Symbolischen Formen, Dritter Teil: Phänomenologie der Erkenntnis*, Darmstadt, 1994, p.524 참조.

든 이타적인 사람이든 냉철한 지성만 있으면 누구나 할 수 있다. 그러나 불교는 우리가 집착하는 자기를 허구로 깨닫고 완전히 새로운 인간으로 변화될 것을 요구한다. 이렇게 탐진치貪瞋痴 삼독을 버린 인간이 보는 세계는 자연과학이 드러내는 세계가 아니다. 그것은 모든 사물의 신성 내지 불성이 자신을 내보이는 세계다.

(5) 상징형식의 역사적 변화와 차축시대 이념의 탄생

인간의 정신은 상징형식을 통해서 자신을 표현하는 방식으로만 존재한다. 그런데 상징형식은 역사적으로 변화해왔다. 이러한 사실은 인간의 정신활동도 역사적으로 변화한다는 것을 의미한다.

심리학에서는 인간이 자신의 불변적인 심리법칙에 따라서 신화나 종교, 그리고 철학 등을 만들어낸다고 보면서 그것들을 이러한 심리법칙으로 환원하여 이해하려고 한다. 이러한 심리학주의적인 입장에 반해서 카시러는 어떤 특정한 시대의 인간이 어떤 삶을 살고 어떤 식으로 사유하느냐는 오히려 신화나 종교, 그리고 철학에 의해서 규정된다고 본다. 왜냐하면 어떤 시대의 인간도 아무런 생각 없이 사는 것이 아니라 항상 자신과 세계에 대한 전체적인 이해 안에서 사는 바, 이러한 이해는 그 시대를 규정하는 신화나 종교 혹은 철학에 의해서 주어지기 때문이다.

철학에서도 근대초기철학에서 보듯 인간의 정신은 내면적인 반성을 통해서 드러나는 것으로 간주되어왔다. 그러나 역사적으로 변화하는 상징형식을 고려하지 않고 인간 정신에 대한 내면적인 관찰로 시종하는 것은 인간 정신이 갖는 역사성을 드러내지 못한다.

오늘날에는 뇌의 물리화학적인 작용에 대한 고찰을 통해서 인간 정신을 이해하려는 시도가 득세하고 있다. 그러나 인간의 뇌가 역사적으로 변하는 것이 아니고, 극히 오랜 기간 동안 그 구조가 동일하게 머무는 한 뇌의 물리화학적인 작용에 대한 고찰에서는 정신활동의 역사적인 측면은 철저하게 무시될 수밖에 없다.

또한 마르크스와 같은 사람에게서 대표적으로 보이는 것이지만, 신화나 종교, 그리고 철학과 같은 상징형식을 특정한 사회구조의 산물로 보는 것 역시 상징형식의 본질을 오해하는 것이다. 왜냐하면 하나의 사회구조도 인간이 자신과 세계에 대해서 갖는 전체적 이해와 무관하게 단순히 주어지는 것이 아니라 그러한 이해에 의해서 철저하게 규정되어 있기 때문이다. 상징형식들은 어떤 시대에 사람들이 갖는 자기이해나 세계이해를 반영하는 것이 아니라 오히려 그것들을 형성한다. 따라서 어떤 시대의 사회구조도 오히려 상징형식들에 의해서 규정된다. 상징형식들을 통해서 개인과 공동체 사이의 특정한 관계와 공동체 자체의 구조가 산출되는 것이다.

우리는 앞에서 인간은 자신의 존재를 문제 삼는 실존적 존재라는 사실을 보았지만, 인간은 자신의 존재를 다양한 상징형식을 통해서 형성해나간다. 그리고 인간은 항상 육신을 갖고 세계 속에서 다른 존재자들과 관계하면서 존재하는 '세계-내-존재'이기 때문에 인간의 자기형성은 항상 세계형성과 함께 수행된다. 인간의 자기형성과 세계형성이 함께 수행되는 장은 인간의 이성이 창출해내는 상징형식들이다.

플라톤 이래의 서양철학에서 주도적인 흐름에 해당하는 자기실현의

목적론에서 이성은 신화적 상징형식의 구속에서 벗어나 신을 이성적이
고 윤리적인 존재로 보게 되었으며, 이러한 신의 빛 아래에서 인간은
자신도 이성적이고 윤리적인 존재로 보게 되었다. 고대 그리스철학은
중세를 지배한 기독교 철학처럼 이른바 신적인 계시에 입각하지 않고
이성에 의해서 파악하려고 했지만, 고대 그리스철학과 기독교는 인간
에게 높은 윤리의식을 요구한다는 점에서 동일하다고 할 수 있다.
그것들은 인간의 삶의 목적이 세속적인 복을 구하는 데 있는 것이
아니라 자신의 이성적 능력을 온전히 구현하는 데 있다고 보았다.
이러한 근본이념은 근대 이후에도 서양의 형이상학의 역사에서 면면히
이어지고 있다.

　이러한 근본이념은 앞에서 서양에서만 보이는 것도 아니고 동양에서
도 보이는 것이다. 이러한 근본이념은 동서양을 막론하고 야스퍼스가
차축시대라고 일컬었던 기원전 800년 전부터 기원후 200년 사이에
형성되었다. 이러한 근본이념이 중국의 공자와 노자, 인도의 부처,
그리스의 철학자들, 구약성서의 예언자들, 예수, 소크라테스, 이슬람
교 등에서 여러 형태로 형성되면서 인류의 이성은 신화적 사고의
단계를 넘어서 새로운 도약을 하게 된 것이다. 이러한 도약과 함께
인간에게는 다른 인간뿐 아니라 다른 생물들의 고통도 배려하고 모든
인간뿐 아니라 살아 있는 모든 것을 존중해야 한다는 보편적인 양심이
일깨워졌다.[11]

　자기실현의 목적론을 주창하는 서양철학의 흐름은 차축시대에 일어

---

11 K. Jaspers, *Vom Ursprung und Ziel der Geschichte*(München, 1963), P.327
　참조. 야스퍼스, 황문수, 『철학적 사유의 소학교』(문예출판사, 1972), p.34 참조.

난 이성의 도약과 함께 시작된 것이기에 그것이 자신의 상징형식을 형성하는 방식은 신화라는 상징형식이 형성되는 방식과는 근본적인 차이를 보이게 된다. 신화적 상징형식은 언어와 마찬가지로 누가 창안했는지를 알 수 없다. 이에 반해 서양철학에서 상징형식은 자기 시대의 영향을 받더라도 특정한 철학자들에 의해서 창안되며, 선대 철학자들에 대한 비판과 대결을 통해서 형성된다. 플라톤은 그 전 시대의 철학자들과 대결하는 가운데 이데아라는 개념을 중심으로 갖는 상징체계를 형성하며, 아리스토텔레스 역시 플라톤과의 대결을 통해서 자신의 상징체계를 형성하는 것이다.

4. 현대의 그릇된 사회적 통념과 이성적 인간

우리는 앞에서 '어떻게 하면 생각의 주인이 될 것인가'라는 문제를 중심으로 하여 우선 서양의 대표적인 철학자들이 이성과 생각에 대해서 제시한 통찰들을 간략히 살펴보았다. 그 후 프롬과 하이데거를 중심으로 하여 인간의 생각이 실존적 욕망들에 의해서 어떤 식으로 규정되는지를 살펴보면서 어떻게 하면 소유와 지배를 향한 병적인 욕망을 사랑과 연대를 향한 건강한 욕망으로 전환할 수 있는지를 살펴보았다. 그리고 마지막으로 카시러를 중심으로 하여 인간의 생각이 어떤 시대의 시대적·사회적 통념을 규정하는 상징형식에 의해서 어떤 식으로 규정을 받는지를 살펴보면서, 우리의 생각이 앞으로도 계속해서 의거해야 할 상징형식을 차축시대에 건립된 상징형식들에서 찾았다.

'어떻게 하면 생각의 주인이 될 것인가'라는 문제를 서양철학의 주류를 형성하는 자기실현의 목적론은 인간은 어떻게 하면 진정한 의미에서 이성적인 인간이 될 것이라는 문제로 고찰했다고 할 수 있다. 생각의 주인이 되는 인간은 자신의 이성적인 잠재력을 충분히 구현함으로써 매 상황에서 올바른 생각을 내는 사람이다. 이러한 인간은 사랑과 연대를 향한 욕망과 같은 건강한 욕망들이 소유와 지배를 향한 병적인 욕망들을 압도한 인간이다. 또한 이러한 인간은 그릇된 시대적·사회적 통념에 지배되지 않고 이성에 따라서 자율적으로 사고하는 존재이다.

이러한 이성적인 인간이 본격적으로 등장한 시대를 우리는 인간이 신화적인 사고를 넘어서 자신의 이성을 통해서 세계와 삶에 대해서 생각하기 시작한 시대로 볼 수 있다. 이러한 시대를 우리는 앞에서 차축시대라고 불렀지만, 이러한 차축시대에 건립된 이상적인 인간상은 오늘날에도 여전히 우리에게 삶의 지표가 되는 인간상이다.

우리는 앞에서 각 시대마다 인간이 지향하는 이상적인 인간상이 그 시대를 지배하는 상징형식에 따라서 달라지는 것을 보았다. 차축시대에 건립된 이상적인 인간상은 오늘날 두 가지의 왜곡된 상징형식에 의해서 공격을 받고 있다고 할 수 있다. 그것은 한편으로는 광신적인 종교적·정치적 이데올로기에 의해서, 그리고 모든 것을 과학적인 기술에 의해서 해결할 수 있다고 믿는 과학기술만능주의에 의해서 위협을 받고 있는 것이다.

광신적인 종교나 이데올로기는 이성의 결여가 아니라 이성의 타락에서 비롯된 것이다. 광신적인 종교나 이데올로기를 창안한 사람들은 뛰어난 사고능력을 가진 사람들이다. 이들과 이들을 신봉하는 사람들의 문제점은 자신들의 교리나 이론을 절대적 진리로 믿으면서 자신들이야말로 절대적 진리를 구현해야 할 사명을 갖는 선한 자로 믿는다는데에 있다. 이들은 인간이 진정으로 선한 존재가 되기 위해서 필요한것은 어떤 교리나 이론을 믿는 것이 아니라 자기 내부에 존재하는모든 종류의 아만我慢을 버리고 자신의 자기중심성을 철저하게 자각하고 버려야 한다는 사실을 알지 못한다. 이들은 자신들이 특정한 교리나이론을 위해서 자신을 희생할 각오가 되어 있고, 또한 자신을 희생한다는 이유로 자신들은 이미 이타적이고 선한 자들이라고 생각한다.

과학기술만능주의는 인간을 다른 존재자들과 마찬가지로 과학적으로 파악되고 기술적으로 조작될 수 있는 존재로 본다. 그것은 인간은자신의 다양한 욕구를 기술적 산물들에 의해서 충족시킬 때 행복한삶을 영위할 수 있을 것이라고 본다.

서양철학에서 인간 삶의 궁극목적을 자기실현에서 찾는 흐름은인간은 특정한 종교적 교리나 철학적 이론을 맹신하거나 기술적 산물들에 수동적으로 의지함으로써 행복하게 된다고 보지 않는다. 그것은인간이 자신의 유한성과 자기중심성을 끊임없이 자각하고 자신의이성을 도야하고 성숙시키면서 모든 상황에서 자신과 아울러 모든인간에게 이로운 생각을 내는 인간이 될 경우에만 행복하게 될 수있다고 본다. 이러한 통찰은 오늘날의 우리에게도 여전히 큰 의의를갖고 있다.

참고문헌

니체, 김정현, 『선악의 저편』, 책세상, 2002.

니체, 박찬국, 『우상의 황혼』, 아카넷, 2015.

박찬국, 『내재적 목적론』, 세창출판사, 2012.

서은국, 『행복의 기원-인간의 행복은 어디서 오는가, 생존과 번식, 행복은 진화의 산물이다-』, 21세기 북스, 2014.

로베르트 슈페만, 박찬구·류지한 옮김, 『도덕과 윤리에 관한 철학적 사유』, 철학과 현실사, 2001.

칼 야스퍼스, 황문수, 『철학적 사유의 소학교』, 문예출판사, 1972.

쇼펜하우어, 권기철, 『의지와 표상으로서의 세계』, 동서문화사, 2005.

에른스트 카시러, 박찬국 옮김, 『상징형식의 철학 II - 신화적 사유』, 아카넷, 2014.

에리히 프롬, 김병익, 『건전한 사회』, 범우사, 1975.

황문수, 『사랑의 기술』, 문예출판사, 1979.

최혁순, 『소유냐 존재냐』, 범우사, 1978.

Cassirer, Ernst, *Philosophie der Symbolischen Formen, Dritter Teil: Phänomenologie der Erkenntnis*(Darmstadt, 1994).

Heidegger, M., *Sein und Zeit*, 12판(Tübingen, 1972).

Jaspers, Karl, *Vom Ursprung und Ziel der Geschichte*(München, 1963).

Müller, Max, *Der Kompromiß oder Vom Unsinn und Sinn menschlichen Lebens - Vier Abhandlungen zur historischen Daeisnsstruktur zwischen Differenz und Identität*(Freiburg/München, 1980).

Robert Spaemann/Reinhard Löw, *Die Frage Wozu? - Geschichte und Wiederentdeckung des teleologischen Denkens*(München/Zürich, 1985).

정보처리적 관점에서 본 선과 생각

김성구(이화여자대학교 물리학과 명예교수)

본고는 선과 생각의 관계를 중도의 이치로 접근하여 '생각'과 '선'을 현대 과학적 용어와 개념으로 설명하고자 하였다. 이를 위해 먼저 생각과 관련된 몇 가지 개념들, 즉 생명, 마음, 의식, 정서에 대한 과학적 정의와 불교적 정의를 비교 검토하여 그 차이점과 공통점을 분명히 하였다. 그러나 생각의 의미가 너무 넓어 생각에 관한 과학적 용어로는 이성적 사유를, 불교의 개념으로는 상(想, saṃjñā, saññā)과 희론(戲論, prapañca, papañca) 및 의도(cetanā)만을 고려하였다. 생각은 마음의 개념과 떼려야 뗄 수 없는 관계에 있으므로 우리는 인지과학에서 말하는 몇 가지 마음 개념들, 정보처리 시스템, 미래를 설계하는 능력, 확장된 마음 개념(체화된 인지) 및 내러티브 인지의 개념을 소개하고 이들 개념들을 물리학적으로도 검토하였다. 그리고 이들 개념들이 생각 및 선과 어떤 관계를 갖는지 검토하였다. 마음과 생각의 개념적 이해를 위해 인지과학과 물리학의 양쪽에서 접근하는 것은 물질을 떠나서 마음을 이해할 수 없고 마음을 떠나서 물질을 이해할 수 없기 때문이다.

생각과 선을 정보처리적 관점에서 접근하여 생각은 '정보처리함'으로, 선은 '정보처리하지 않음'으로 해석하고, 이 관점에서 볼 때 선과 생각에서 본 사물의 모습은 이중성을 이룬다는 것을 보였다. 이것을 줄여 선-생각의 상보성이라 부르고, 선-수행 시에는 생각이 선을 방해하지만 큰 틀에서는 생각이 선에 도움이 됨을 보였다. 선과 생각을 이중성으로 본다는 것은 선과 생각을 모두 중도의 이치로 접근한다는 뜻이다.

---

1. 서론 : 생각할 문제

이 글의 목적은 깊은 선정에 드는 데 생각이 어떤 역할을 하는지, 선과 생각의 관계를 중도의 이치로 접근하여 '생각'과 '선'을 현대 과학적 용어와 개념으로 설명하는 것이다. 이것은 물론 사물의 실상을 바로 알고, '생각'이 선-수행에 도움이 될 것인지 아니면 방해가 될 것인지를 검토하여 불법수행에 도움을 주기 위함이다. 이 목적을 위해 생각과 관련된 몇 가지 개념들, 생명, 마음, 의식, 정서에 대한 사전적 정의와 과학적 정의 및 불교적 정의를 비교 검토하여 앞으로 사용할 개념들을 명확히 할 것이다. 그리고 중도의 이치를 과학적으로 정립한 상보성 원리로써 선과 생각의 관계를 정립할 것이다.

미국의 박물학자 존 뮤어(John Muir, 1838~1914)는 "어떤 것을 따로 끄집어내려고 할 때 분명한 것은 우주만물 삼라만상이 그것에 걸려 딸려 나온다는 사실이다"라고 말한 바가 있는데, 존 뮤어의 말은 개념과 언어에도 해당한다. 뜻이 분명한 기본적인 몇 개의 개념이나 단어가 있어 이 단어들을 토대로 다른 개념이나 단어의 의미를 정할 수 있는 것이 아니다. 개념과 단어에는 물질의 원자에 해당하는 단어가 없다.[1] 단어들은 서로가 서로를 결정한다. 생각이라는 '개념'도 마찬가지다. '생각'과 관련된 여러 가지 개념들을 살펴보아야 생각의 참뜻이 어느 정도 드러날 것이다.

생각은 마음과 떼려야 뗄 수 없는 관계에 있으므로 우리는 생각과 마음의 뜻을 종합적으로 살펴볼 것이다. 생각과 마음은 특별히 설명하지 않더라도 누구나 쉽게 이해할 수 있는 개념인 것 같지만, 생각과 마음 또한 물질과 생명 및 의식 등 다른 개념들을 언급하지 않고서 이해할 수 있는 개념들이 아니다. 모든 것이 서로 연결되어 있어서 어떤 것 하나를 먼저 정의하고 이를 바탕으로 다른 것을 정의하는 것은 불가능하다. 그것이 불교의 연기법이다. 생각의 의미를 이성적 사유로 한정하면 생각의 뜻이 분명해지는 것 같지만, '이성적 사유'라는 분명한 뜻마저도 선禪과 교敎의 입장에서 보면 그 역할이 달라진다. 그렇기 때문에 우리는 생각과 관련된 여러 가지 개념들을 살펴봄으로써 생각이라는 개념을 관계론적으로 고찰할 것이다.

앞으로 논의를 계속하기 전에 여기서 참고로 미리 말해둘 일이

---

1 엄밀히 말하자면 물질을 구성하는 원자나 소립자들도 다른 것들과의 관계를 통하여 그 존재가 드러날 뿐이다. 세상에 다른 것과의 관계를 맺지 않고 독립적으로 존재하는 것은 아무 것도 없다.

하나 있다. 삼라만상參羅萬像 두두물물頭頭物物 행주좌와行住坐臥 어묵동정語默動靜이 모두 선禪 아닌 것이 없다고 하는데, 이 말은 '평상심이 도'라는 말과도 같고, 삶이 그대로 선이라고 하는 말과도 같다. 이 말은 참으로 맞는 말이고 불법수행은 그렇게 하여야 하지만, 이 말을 바탕으로 선과 생각을 논하는 것은 벅찬 일이다. 이 말대로 불법을 수행한다면 올바른 생각은 삶에서 떨어질 수가 없다. 올바른 생각이 없으면 바른 삶을 살 수 없기 때문이다. 생활 속의 선에서 순간순간 일어났다 사라지는 생각의 기능과 역할을 일일이 고찰하는 것은 복잡할 뿐만 아니라 보통 까다로운 일이 아니다.

복잡한 설명을 피하기 위해 이 글에서는 '선'이라고 하면 오직 좌선坐禪만을 '선'으로 생각할 것이다. 따라서 이 글에서는 선-수행이라고 하면 계·정·혜 삼학三學 중 앉아서 정定을 닦는 것만을 뜻하며, 계·정·혜 삼학을 종합적으로 닦는 것을 불법-수행이라고 하여 선-수행과 불법-수행이라는 말을 구별하여 사용할 것이다. 그리고 선-수행도 간화선과 사마타-위빠사나(止觀, śamatha-vipaśyanā) 수행법으로 나누어 고찰할 것이다. 원리적으로 보면 간화선도 사마타-위빠사나 수행에 속한다고 할 수 있지만, 간화선은 선의 경지를 '깨침'과 '못 깨침' 두 단계로만 나누는 데 반해 초기경전에서 붓다는 선의 경지를 아홉 단계로 나누어 구차제정九次第定을 설한다. 그만큼 선에 대한 붓다의 설명과 간화선의 조사들의 설명에는 차이가 있다. 뿐만 아니라 생각과 선-수행의 관계에 있어서도 간화선을 말하는 조사들과 구차제정을 설하는 붓다의 설법에는 어느 정도 차이가 있기 때문에 선-수행을 두 가지로 나누어 고찰하는 것이다.

이 장章에서는 앞으로 논의할 문제가 무엇인지, 또 왜 그것이 문제인지를 제시하고 이 문제점을 중심으로 관련된 문제들을 하나씩 검토해나갈 것이다. 생각과 선의 관계에 대해서는 선과 교의 견해가 다르고 간화선의 선사들과 초기불교의 구차제정을 설명하는 붓다의 견해가다르기 때문에 논의할 문제를 명확하게 하는 것이 중요하다.

1) 선과 교의 관점

선禪이라고 하면 간화선看話禪을 말하는 한국과 중국의 선가禪家에서는 예로부터 수행자들에게 '이성적 사유'(알음알이, 分別智)²로써 무엇을 짐작하거나 알아내려 하지 말고 반야(般若, prajñā, paññā)³로진리를 직관하라고 일러왔다. 불교수행의 특징이라고 할 수 있는정념(正念, sammā sati)도 일체의 선택이나 판단을 멈추고 조용히지켜보는 것을 뜻한다. 그렇다면 통상적인 의미에서 '이성적 사유'를뜻하는 생각은 분별지와 관련된 개념이므로 선禪의 관점에서 보면

---

2 이 글에서 사용하는 '분별'은 불교용어가 아니고 국어사전의 풀이를 따른다.
  즉 '분별'은 "사물을 종류에 따라 나누어 가름"이나 "무슨 일을 사리에 맞게
  판단함"을 뜻한다. 따라서 분별지는 분별하는 지혜를 뜻한다. 여기서 불교용어를
  사용치 않고 국어사전의 풀이를 따르는 이유는 단어의 뜻을 간단하고 명확하게
  하기 위함이다. 불교용어로서의 '분별分別'이나 '분별지分別智'로 번역하는 범어
  나 빠알리어의 단어는 여러 가지가 있고 이들 단어가 가리키는 뜻이 다 다르다.
  불교용어로서의 분별이나 요별을 사용할 필요가 있을 때는 범어나 빠알리어를
  병기할 것이다.
3 다른 문자를 병기할 필요가 있을 때에는 한자-영어-범어-빠알리어의 순서로
  병기할 것이다.

생각은 깨달음에 방해가 된다. 그러나 달리 생각하면 이런 생각이야말로 오히려 이분법적 사고에서 오는 단순한 결론이라고 할 수도 있다.

 교教의 관점에서 보면 생각은 그 능력을 키워야 하는 덕목이다. 비록 궁극적 진리를 찾고 깨달음을 추구하는 마음이 심층심리 속에 자리 잡고 있는 어떤 충동에 의한 것일지라도, 그 생각이 의식 위에 떠오른 순간부터는 이성적 사유에 의해 어느 길을 가야 할지 결정해야 한다. 불교와 같은 깨달음의 종교를 택하여 수행을 할 것인지, 아니면 다른 믿음의 종교를 택하여 신에게 헌신 할 것인지, 그것도 아니면 학문을 하여 사물에 관한 이치를 탐구할지 결정하는 것은 이성적 사유다. 그리고 불교를 선택하였다고 할지라도 이성적 판단이 없다면 불교 신행의 기본원리인 신해행증信解行證 가운데 '해解'가 있을 수 없다. '해'가 없다면 나머지는 본능적인 충동에 이끌려 하는 것이고, 그것이라면 그것은 기계일 뿐이다. '해解'뿐만 아니라 '행行'을 위해서도 바른 생각이 필요하다. 깊은 선정에 들기 위해서는 계戒를 지키는 것이 필수이기 때문이다. 계를 지키지 않고서는 올바른 선정에 들 수 없고, 올바른 선정에 들지 못하면 사물을 있는 그대로 보는 지혜가 싹틀 수 없다. 뿐만 아니라 옳고 그름을 판단할 수 있는 능력이 없다면 '올바른 행위(戒)'를 할 수가 없다.
 '교教'의 관점에서 보면 생각과 선은 둘 중 하나만 옳은 것이 아니다. 생각과 선은 중도의 관점에서 바라보아야 한다. 중도란 이 세상의 운행을 위해서는 대립되는 두 가지 개념 중 하나만 옳거나 필요한 것이 아니고 둘이 조화를 이룸으로써 이 세상이 돌아가고 있다는 원리를 뜻한다. 선禪과 교敎, 통찰지(pajānāti)와 분별지(알음알이, vijānāti)도 둘 중 하나만 택하면 사물의 참모습을 볼 수 없다. 분별지는 달을 가리키는 손가락과 같아서, 손가락 없이는 달이 어디 있는지 알 수 없듯이 분별지 없이는 진리에 이르는 길에 들어설 수가 없다. 선-교, 반야-분별지는 반드시 중도의 관점에서 바라보아야만 진리에 이르는 길에 들어설 수 있고, 바른 길에 들어서야 진리를 볼 수 있다.

2) 간화선과 지관

생각의 뜻을 아직 분명히 정의하지 않았지만 그 뜻을 이성적 사유로 한정하면, 중국 선종의 간화선과 초기불교의 지관(止觀, samatha vipassanā)에서 선과 생각의 관계를 보는 시각에는 어느 정도 차이가 있다. 이미 위에서 언급한 바와 같이 간화선은 그 태도가 명확하므로 여기서 간화선에서 관해서는 또다시 논할 필요가 없을 것 같지만, 그렇지는 않다. 과학자의 직관과 간화선 수행자의 돈오를 비교해볼 필요가 있다. 간화선 수행자의 돈오와 과학자의 직관적 깨달음 사이에는 어떤 종류의 유사성이 있기 때문이다. 그렇기 때문에 이성적 사유가 과학과 간화선에서 어떤 역할을 하는지 둘을 비교해보면 선과 생각의 관계를 이해하는 데 큰 도움이 될 것이다.

(1) 과학자의 직관과 간화선의 깨달음

물리학자 아인슈타인(Albert Einstein, 1879~1955)은 진리를 찾는 데 있어서 종교와 과학의 역할을 수레의 두 바퀴에 비유하였다. 그는 진리를 찾는 것은 논리나 이성적 사유가 아니라 종교적 감정(religious feeling)이라고 보았다.[4] 그리고 과학의 역할은 이렇게 찾은 진리를 인간이 이해할 수 있는 방식으로 정리하는 것이라고 말했다. 그는 이런 말을 한 다음, 종교적 감정에 관해서 간단히 설명한 후 "진리를 찾도록 이끄는 이 종교적 감정은 느껴보지 않은 사람은 이해할 수 없는 것이다"[5]라고 말했다. 아인슈타인이 한 이 말을, 그가 발표한 일반상대성이론의 내용과 이론을 발견한 과정을 생각해보면 물리학과 거리가 먼 사람들도 그가 그렇게 말할 만하다고 수긍할 수 있을 것이다.

1905년 특수상대성이론을 발표할 즈음, 아인슈타인은 여러 가지 사고실험(思考實驗, thought experiment)을 통해 빛이 질량이 큰 별의 주위를 지나갈 때는 빛의 경로가 휘어질 것이라는 사실을 알았다. 이 사실을 알아내고서 아인슈타인은 빛과 물체의 운동을 함께 기술하는 물리법칙을 세울 필요가 있음을 깨달았다. 여기까지는 이성적 사유에 의해 도달할 수 있는 일이었다. 그러나 필요성만 느꼈을 뿐 아인슈타인은 아무리 생각해도 자신의 생각에 맞는 새로운 물리법칙을 찾을 길이 없었다. 그것은 그럴 수밖에 없는 것이, 별의 주위를 지나가는 빛의 경로가 휘어져야만 한다는 것을 아는 것과 빛의 경로가 휘어지도록 만드는 물리법칙이 무엇인지를 찾아내는 것은 별개의 문제였기 때문이다.

전설처럼 전해지는 이야기에 의하면 아인슈타인은 사람이 높은 건물에서 떨어지는 것을 보고서 떨어지는 그 사람은 아무런 힘을 느끼지 않는다는 것을 새삼스럽게 깨달았다고 한다.[6] 자유낙하를 하는

4 Max, Jammer, *Einstein and Religion*, Princeton University Press, 1999, p.32.
5 Max, Jammer, 위의 책, p.52.

물체가 힘을 느끼지 않는다면 중력장에서 움직이는 모든 물체들, 지구를 도는 달이나, 태양계의 행성들이나, 태양계 밖의 별들이나, 별들의 모임인 은하(銀河, galaxy)나 무엇이든지 그것들은 아무런 힘을 느끼지 않아야 할 것이다. 힘을 느끼지 않는다는 것은 아무런 힘을 받지 않는다는 것으로 해석할 수 있다. 여기까지는 이성적 사유에 의해 알 수 있는 사실들이다. 그런데 태양과 지구와 달을 비롯해 그 많은 천체들은 아무런 힘을 받지 않는데도 어떻게 직선운동을 하지 않고 그렇게 정교하게 어떤 곡선을 그리며 움직이는 것일까? 태양계의 일이라면 뉴턴의 만유인력의 법칙에 따라 천체들은 질서정연하게 움직인다는 것을 거의 완벽하게 설명할 수 있다. 그런데 아인슈타인이 새삼스럽게 깨닫고 보니 그것들은 아무런 힘을 받지 않는데도 정확하게 뉴턴의 법칙에 따라 질서정연하게 움직이고 있다. 이것을 어떻게 설명할 수 있을까? 이것이 아인슈타인이 해결해야 할 문제였다.

중력장에서 중력에 의해 움직이는 물체들은 모두 자유낙하를 한다는 사실로부터 아인슈타인은 빛이 휘어지는 것은 공간이 휘어졌기 때문이라고 보았고, 천체들이 중력장에서 움직이는 것도 모두 시공간이 휘어졌기 때문에 그렇게 움직이는 것이라고 보았다. 아인슈타인이 깨달은 것은 빛이든 천체이든 모든 물체는 자유롭게 움직이는데, 공간이 휘어졌기 때문에 천체들이 우리가 관찰한 것과 같은 모양으로 움직인다는 것이었다. 공간이 평평하면 빛도 물체도 모두 직선운동을

---

6 물리학의 기초를 배운 사람이라면 누구나 지구 중력에 끌려 아래로 떨어지는 사람은 자유낙하를 하므로 아무런 힘을 느끼지 않는다는 것을 알게 마련이다. 이것을 아는 데는 건물에서 사람이 떨어지는 사건이 일어날 필요가 전혀 없다.

할 것이다. 공간이 휘어져 있으면 빛이나 물체나 모두 공간의 휘어진
모양에 따라 움직일 것이라는 것이 아인슈타인의 깨달음이었다. 이
직관적 깨달음은 선승의 돈오처럼 그냥 직관적으로 아인슈타인의
머리에 떠오른 것이었지, 논리나 이성적 사유에 의해 이끌어낼 수
있는 아이디어가 아니었다.[7]

물체의 운동은 시공간의 모양에 따라 결정되고, 시공간은 물체의
분포에 따라 결정된다는 이론을 아인슈타인의 일반상대성이론이라고
하는데, 사람들은 일반상대성이론은 아인슈타인의 깨달음이 없었더
라면 지금까지 나오지 않았고 앞으로도 나오지 않을 가능성이 크다고
말한다. 그만큼 아인슈타인의 직관적 깨달음이 대단하다는 뜻이다.
사람들의 말이 사실이든 아니든 물체의 운동이 시공간의 기하학적
모양에 의해 결정된다는 것은 큰 깨달음이지만, 이것을 인간이 이해할
수 있는 방식으로 정리하지 않으면 아인슈타인의 깨달음은 있으나
마나 한 것이었다. 표현하지 못하는 깨달음이라면, 적어도 과학에서는
그것은 공상空想에 불과한 아이디어일 뿐이다. 아인슈타인은 자신의

---

7 이 사실을 말해주는 일화가 하나 있다. 일반상대성이론에 관한 논문을 아인슈타인
보다 5일 정도 더 빨리 완성했다고 알려진 독일의 수학자 힐베르트(David Hilbert,
1862~1943)는 이런 말을 했다고 한다. "여기 괴팅겐에 있는 사람이라면 누구도
4차원 기하학에 관한 한 아인슈타인보다 더 잘 안다. 그러나 일반상대성이론을
완성한 사람은 수학자가 아니라 아인슈타인이다." 힐베르트는 순전히 수학적인
공식에만 의존한 것이었고, 그 물리적 의미에 대해서 별로 고려하지 않았던
것이다. 반면에 아인슈타인은 수학에는 약했지만 자신의 직관적 깨달음에 의해
공간의 기하학적 모양이 뜻하는 물리적 의미를 꿰뚫고 있었던 것이다. 이것이
일반상대성이론을 완성한 공을 아인슈타인이 갖게 된 주된 이유이다.

깨달음을 인간이 이해할 수 있는 방식으로 정리하기 위해 곡면 기하학 (geometry of curved space)을 10년간 공부하고, 1915년 휘어진 공간에서 움직이는 물체의 운동을 기술하는 일반상대성이론을 발표하였다. 선승의 깨달음도 말로 표현하지 못하면 그것은 저 은하계 너머 어느 별에서 일어난 일이나 다름없을 것이고, 꿈에서 깨달은 것과 아무런 차이가 없을 것이다. 이것이 선과 교를 중도의 관점에서 보아야 하는 이유 중 하나라고 말할 수 있을 것이다.

아인슈타인의 깨달음은 깨달음이 오느냐 오지 않느냐 둘 중 하나이지 그 중간 단계라는 것은 없다. 시공간의 기하학적 모양에 따라 물체의 운동이 결정된다는 깨달음이 오지 않았다면 아인슈타인이 아무리 생각을 많이 했다고 하더라도 물리학은 뉴턴의 고전역학에서 한 발자국도 나갈 수 없었을 것이다. 간화선의 수행자들도 돈오를 하느냐 못하느냐 둘 중 하나일 뿐 그 중간이라는 것이 없다. 간화선에 대해서는 이 정도만 살펴보고, 다음 소절小節에서는 초기불교에서 선과 이성적 사유의 관계를 어떻게 생각했는지 살펴보도록 하자.

(2) 구차제정

초기불교의 관점에서는 생각은 미묘한 방식으로 선과 자리를 함께하기도 하고 멀리하기도 한다. 선정의 깊이에 따라 생각이 도움을 주기도 하고 방해가 되기도 한다. 사유와 지속적인 고찰은 선정의 초기단계에서는 선에 드는 데 도움을 준다. 물론 선의 최고경지인 상수멸정(想受滅定, saññā-vedayita-nirodha)에 이르러서는 일체의 생각(想, saṃjñā, saññā)에서 벗어나게 되고 벗어나야 하지만, 지각(想)은 선정 최고의 단계인 상수멸정에 이를 때까지 미묘한 역할을 한다. 붓다는 초기경전 여러 곳에서 색계 초선부터 상수멸정에 이르기까지 아홉 단계의 선정 이 생각과 어떤 관계가 있는지 설명한다. 붓다의 설법을 들어보자.

비구들이여, 나는 내가 원하는 대로…… 사유(vitakka, thought, 尋) 와 숙고(vicāra, sustained thinking, 伺)를 갖추고, 감각적 욕망을 떨쳐버린 데서 생겨나는 희열과 행복을 갖춘 첫 번째 선정에 든다. …… 나는 내가 원하는 대로 사유와 숙고가 멈추어진 뒤, …… 삼매에서 생겨나는 희열과 행복을 갖춘 두 번째 선정에 든다. …… 나는 내가 원하는 대로 희열이 사라진 뒤, 평정하고 정념이 있고 올바로 알아차리며 신체적으로 행복을 느끼며, …… 세 번째 선정에 든다. …… 나는 내가 원하는 대로 행복과 고통이 버려지고 만족과 불만도 사라진 뒤, …… 청정한 네 번째 선정에 든다. …… 나는 내가 원하는 대로 공무변처, …… 비상비비상처, …… 상수멸정에 들어 머문다. …… 나는 아무 번뇌가 없는 심해탈(心解脫, ceto-viuti) 과 혜해탈(慧解脫, paññā-vimuti)을 지금 여기서 실현하고 구족하여 머문다.[8]

붓다는 위의 설법에서 분명히 사유(尋, vicāra)와 숙고(伺, vicāra)를 갖추고 초선에 들지만, 제2선 이후부터는 사유와 숙고를 멈춘다고 한다. 그리고 제3선부터는 정념이 계속된다고 하였다. 여기서 말하는

---

8 『쌍윳따니까야』(S16 : 9) ; 『맛지마니까야』(M 111) ; 『디가니까야』(D9) 「뿟따빠 따경」.

사유와 숙고는 '의문을 가지고 탐색하며(尋)', '지속적으로 생각하고 살피는 것(伺)'을 뜻한다. 쉽게 말해 사유와 숙고는 '이성적 사유'를 뜻한다고 볼 수 있다. 그렇다면 이성적 사유는 분명히 색계 초선에서는 도움을 주지만 그 이상의 경지에서는 사라져야 한다. 여기까지만 생각한다면 위의 내용은 간화선에서 하는 말과 그다지 차이가 나지 않는다고 볼 수 있다. 간화선에서는 궁극적인 깨침만을 '깨침'으로 인정하고 그 중간에서 어느 정도 마음이 맑아지는 것은 인정하지 않기 때문에, 색계 초선 정도의 단계에 이르는 데 사유와 숙고가 필요하다고 하더라도 그런 것은 중요하다고 생각하지 않을 것이다. 그러나 그렇게 단순하게 결론을 내리는 것은 아직 이르다. "나는 내가 원하는 대로……"라는 말 때문이다. 이 말은 사유와 숙고가 멈추더라도 생각이 멈추는 것은 아니라는 것을 뜻한다. '무엇을 원하는 대로 하려고 마음먹는 것'도 생각이기 때문이다.

우리가 어떤 일을 할 때 생각 없이 한다면 그것은 무의식적으로 자동적으로 그렇게 하는 것이다. 우리는 자신이 원하는 대로 선택하는 것을 생각 없이 한다고 말하지 않는다. 생각을 하고 판단한 후 선택을 한다. 그런데 붓다는 위의 설법에서 선정의 여러 단계를 들어가고 나갈 때 사유와 숙고가 멈춘 깊은 선정 가운데서도 자신이 원하는 바에 따라 그렇게 한다고 한다. 심지어 선정의 최고단계인 상수멸정에서도 자신이 원하는 바에 따라 드나든다고 한다. 사유와 숙고가 멈추었는데 자신이 원하는 대로 한다는 것은 생각이 끝까지 남아 있고 필요하다는 뜻이기도 하다. 그뿐만 아니다. 위의 인용문에서는 많은 구절들을 생략하였지만, 『디가니까야』(D9) 「뽓따빠따경」에는 선의 각 단계마

256

다 그전에 있었던 '인식(想, saṃjñā, saññā)'은 사라지고 '미묘하고 참된 인식(想)'[9]이 생겨나 희열과 행복을 준다고 설한다.

일반적으로 '상想'은 벗어나야 할 관념으로 알려져 있다. 붓다는 초기경전 곳곳에서 오온이 무상·고·무아임을 알라고 설한다. 이것은 '없는 것'을 있다고 보는 그릇된 관념에서 벗어나라는 것이지 모든 관념이 잘못되었다는 것은 아니다. 무상상(無常想, annica saññā)이나 부정상(不淨想, aśubha saññā) 등 사물의 참모습을 익혀야 하는 관념 도 있다. 수행이 깊어지면 올바른 관념이 생겨나고, 올바른 관념은 선-수행에 도움을 준다. 그래서 붓다는 아홉 개의 선정 단계에서 각 단계에 따라 버려야 할 '상'과 도움이 되는 '상'에 대해 설한 것이다. 희열과 행복을 주기에 생각(想)은 선-수행에 도움을 준다고 할 수 있다. 그렇지만 어떤 고정된 상想에 머무르면 더 높은 선의 경지에 이를 수 없다. 선-수행에서 발전이 있으려면 이전 단계의 '상'이 주는 희열과 기쁨에서 벗어나야 한다. 이를 붓다는 "……이와 같이 어떤 인식(想)은 공부지음에 의해서 일어나고 어떤 인식(想)은 공부지음에 의해서 사라진다. 이것이 공부지음이다"[10]라고 설한다. 물론 상수멸정 에 이르면 모든 인식(想)과 느낌(受)은 사라지고, 그때 진정한 깨달음 이 온다. 그래서 상수멸정이라는 이름이 붙은 것이다.

---

9 『디가니까야』(D9) 「뽓타빠따경」. 'sukhuma-sacca-saññā'를 대림 스님은 '미묘 하고 참된 인식'이라고 번역하였고, 전재성 박사는 '실재에 대한 지각'이라고 번역하였다.
10 위의 『디가니까야』(D9) 「뽓타빠따경」.

위에서 설명한 바와 같이 선과 교, 붓다와 간화선의 조사들은 선정 중에 일어나는 생각의 의미와 역할을 다르게 본다. 선의 최고경지에 이르러서는 생각과 느낌이 사라져야 한다는 점에서 간화선의 조사들이나 붓다의 설법 사이에는 차이가 없지만, 선의 중간단계에서 일어나는 사유와 숙고에 대해서는 분명히 차이가 있다. 수행자들에게 중요한 것은 선의 중간단계에서 일어나는 생각을 어떻게 정리하느냐 하는 문제일 것이다. 생각이 선-수행에서 행하는 역할에 대해 간화선의 조사들과 붓다의 설법이 왜 다른가 하는 문제는 선-수행을 하는 사람이라면 반드시 짚고 넘어가야 할 문제이다. 이 문제의 고찰이 바로 이 글의 주요 내용 중 하나이다. 사실 생각과 선의 관계는 어떤 면에서 역설이 있다고 말할 수 있다.

3) 선과 생각의 역설

선-수행을 꾸준히 하던 중 외계의 사물과 자신이 하나가 됨을 경험하였다고 하는 하버드 대학교의 뇌과학자 제임스 오스틴(James H. Austin, 1925~)은 선의 의미를 뇌과학적으로 설명하면서 이런 말을 하였다. "선-수행은 일종의 생각하지 않음이라고 할 수 있다."[11] 그가 한 이 말은 선가禪家에서 오랫동안 전해오던 말과 다를 바가 없다. 그렇지만 그는 이 말만으로 그친 것이 아니라 이 말에 덧붙여 선의 역설을 지적하였다. 그의 말을 요약하면 이렇다. 호흡을 고르면서 생각 없이 조용히 앉아 있으려고 해도 입정 초기에는 여러 가지 생각들이 떠올라

---

11 제임스 H, 오스틴 지음, 이성동 옮김, 『선과 뇌의 향연』, 대숲바람, 2012, p.33.

선-수행을 방해한다. 이 방해를 극복하기 위해서는 지속적인 훈련이 필요하다. 생각하는 것을 비롯해 모든 노력이 다 선을 방해하지만, 선의 초기단계에서는 정신이 산란해질 때마다 이를 깨닫고 호흡에 집중하거나 화두를 다시 잘 챙기거나 정념에 집중하는 등 이 방해를 극복하려는 지속적인 노력이 있어야 한다. 이것은 선의 역설이다. 실제로 선-수행을 해본 사람이라면 오스틴의 말에 동의할 것이다. 그의 말대로 선에는 역설이 따른다. 선에 따라오는 역설은 뇌 사진에도 나타난다. 이 역설이 바로 생각과 선-수행의 관계를 중도적 관점에서 보아야 하는 이유다.

위의 역설에 덧붙여 이성적 사유에 대해서도 몇 가지를 더 생각해보아야 한다. 정말 이성적 사유가 전혀 깨달음에 도움이 되지 않는 것일까? 이성적 사유를 통해 문제를 발견하고 문제의 해결을 위해 고민하면서 자신의 한계를 깨닫는 과정이 선에는 필요 없는 것일까? 묻고 비판하는 정신이 없는 사람이 앉아만 있다고 해서 선이 추구하는 궁극적 깨달음을 얻을 수 있을까? 무상·고·무아의 이치를 말해준 붓다의 가르침이 간화선의 수행자가 깨달음을 얻는 데 전혀 도움이 되지 않았을까? 화두나 공안의 이치를 이성적으로 접근하여 풀어보려고 노력하는 것은 깨닫는 데 아무런 도움이 되지 않았을까? 이성적 사유가 아인슈타인의 깨달음에 전혀 도움이 되지 않은 것일까? 이 문제는 실제 수행에서 모든 수행자가 겪게 되는 문제이기 때문에 잘 생각해볼 필요가 있다. 이 문제는 제5장 결론 부분에서 중도의 원리를 설명할 때 다시 논하게 될 것이다.

생각에는 그 생각이 일어나는 것을 통제할 수 있는 것도 있고,

생각이 일어나는 것을 통제할 수 없는 것도 있다. 이성적 사유는 그것이 일어나는 것을 통제할 수 있는 것이지만, 붓다가 「뿟따빠따경」에서 설한 상(想, saṃjñā, saññā)은 통제할 수 없는 생각이다. 이 문제를 고찰하기 위해서는 먼저 생각의 의미를 명확히 정립할 필요가 있다. 생각의 뜻이 너무 넓기도 하고 우리가 통상적으로 사용하는 생각의 의미와 불교에서 사용하는 생각의 의미가 다르기 때문이다. 그 예로 바로 위의 붓다의 설법에 나오는 '상'을 들 수 있다.

'상想'은 대상의 모습을 마음에 잡아 개념을 만들고 거기에 의미를 부여하고 이름을 붙이는 마음의 작용이라고 할 수 있다. 그러나 이렇게 설명한다고 해서 불교에서 말하는 '상'의 개념을 제대로 설명했다고 할 수 없을 것이다. '상'은 마음의 작용을 이해하지 못하면 쉽게 이해할 수 없는 개념이기 때문이다. 국어사전에서 설명하는 생각의 의미만으로는 생각과 불교수행의 관계를 기술하는 데 부족한 점이 있다. 국어사전의 설명만으로는 생각이 왜 선-수행에 도움을 주기도 하며, 또 방해가 되기도 하는지를 이해하기 쉽지 않다. 생각과 선에 관한 설법의 내용을 제대로 이해하려면 생각에 대한 불교용어를 알아야 한다. 불교인들은 수행을 통해 마음의 움직임과 작용을 잘 살피고 그 움직임이나 상태를 기술하기 적합한 용어와 개념을 개발해왔기 때문이다.

2. 생각

우리는 일상적으로 생각이라는 말을 사용하지만 그 의미는 굉장히 넓다. 국어사전을 찾아보면 생각의 뜻을 대략 12가지 정도로 기술한다.[12] 사전에서 열거하는 12가지 의미는 우리가 일상적으로 '생각'이라는 말을 할 때 나타내고자 하는 내용을 거의 다 담고 있다고 할 수 있다. 그러나 국어사전에 나오는 풀이만으로는 '상(想, saṃjñā, saññā)'과 같은 불교용어를 제대로 설명해낼 수 없다. 상想은 보통 지각(perception)이나 인지(cognition)를 뜻한다고 말하지만, 그 표면적인 뜻의 이면에는 또 다른 뜻이 있다. '상'의 표면적인 뜻의 이면에는 생각하는 대상에 대하여 마음이 정보를 처리하여 어떤 의미를 만든다는 뜻이 담겨 있다. 이렇게 미묘한 뜻이 있으므로 국어사전에 나오는 풀이만으로는 '상'의 의미를 바르게 나타낼 수 없다. 이런 이유로 우리가 일상적으로 사용하는 생각의 의미를 명확히 해두고, 생각을 뜻하는 불교용어를 택하여 그 뜻을 정리해둘 필요가 있다.

---

12 『새국어사전』, 두산동아, 1998. 다른 국어사전의 내용도 아래에 열거한 것과 대동소이하다.
  (1) 머리를 써서 궁리함, 사고思考
  (2) 가늠하여 헤아리거나 판단함, 분별
  (3) 마음이 쏠림, 바라는 마음, 관심, 욕심
  (4) 무엇을 이루거나 하려고 마음먹음
  (5) 어떤 사물에 대해 가지는 견해
  (6) 느끼어 일어나는 마음
  (7) 새로운 것, 잊고 있던 것이 떠오름, 깨달음
  (8) 지난 일을 돌이켜 봄, 기억
  (9) 앞날을 머릿속에 그려봄, 예측, 상상
  (10) 그리거나 염려하는 마음
  (11) 마음을 써 줌, 배려, 고려하는 마음
  (12) 그렇게 여김, 간주

1) 이성적 사유

국어사전에 나오는 생각의 의미는 넓지만, 그중 특별히 중요한 것은
이성적 사유와 의도일 것이다. 의도는 불교용어에서 살펴보기로 하고,
여기서는 이성적 사유의 의미만을 살펴보겠다. 사유에는 주관적이고
자의적인 사고도 있지만 객관적이고 논리적인 사유도 있다. 객관적이
고 논리적인 사유란 이성적 사유를 뜻한다. 객관적이고 논리적인
사유라면 그 사유는 일정한 법칙에 따라 전개된다는 뜻인데, 우리는
그 법칙을 논리의 법칙이라고 부른다.

사람이 옳고 그름을 판단하는 기준은 논리의 법칙이다. 사람들은
사유에 의해 얻은 결론이 논리에 맞으면 그것이 옳은 것이고, 논리에
맞지 않으면 그른 것이라고 생각한다. 이런 생각을 바탕으로 그리스인
들은 이성적 사유를 통해서 진리에 도달할 수 있다고 믿었다. 지금은
이성제일주의에서 벗어났다고는 하지만 아직도 서양철학의 기본정신
은 이성적 사유로써 진리를 추구한다는 것이다. 그러나 이성은 그렇게
절대적인 것이 아니다. 모든 명제의 옳고 그름을 이성적 사유로써
판단할 수는 없다, 논리의 법칙은 객관적인 대상에 대해서만 성립하기
때문이다. 사유의 주체가 자신을 사유의 대상으로 삼고 자신에 대해
기술한다면 논리의 법칙은 더 이상 성립하지 않는다. 주체가 자신에
대해 언급하는 것을 논리학에서는 자기언급(自己言及, self-reference)
이라고 말하는데, 이때는 주체가 객체도 되는 것이다. 주체와 객체가
분리되지 않으면 주체＝객체가 되어, 즉 주체가 주체(A)이기도 하고
주체 아닌 것(A-), 즉 객체이기도 하여 모순율에 어긋나게 된다.

철학자 칸트(Immanuel Kant, 1724~1804)가 일찍이 지적한 바가

있지만, 인간의 이성에는 분명히 이율배반적인 성질이 있다. 그리고 실제로 인간의 이성적 사유(분별지)에는 어떤 한계가 있다는 엄밀한 수학적 증명이 있다. 그 증명이 바로 괴델(Kurt Friedrich Gödel, 1906~1978)의 불완전성 정리(incompleteness theorem)이다.[13] 불완전성 정리가 말하는 것에는 두 가지가 있는데, 하나는 수학의 공리체계 안에는 풀 수 없는 문제가 항상 존재하기 마련이라는 것이고, 다른 하나는 하나의 공리체계가 완벽하다면, 이 체계가 완벽하다는 것을 증명하려면 이 공리체계보다 더 큰 공리체계가 필요하다는 뜻이다. 이 정리가 말하는 것은 수학에 어떤 모순이 있다는 것은 아니다. 불완전성 정리가 말하는 것은 인간의 이성에는 근원적으로 어떤 한계가 있다는 것이다.

불완전성 정리가 이성의 한계를 말했다고 해서 진리를 찾는 데 있어서 이성적 사유가 별로 도움이 되지 않는다거나 쓸모가 없다는 것을 뜻하지는 않는다. 이성의 한계가 있음을 알아낸 것은 바로 이성의 힘이다. 이성은 스스로의 한계를 알아낼 수 있을 만큼 옳고 그름을 판단하는 데 있어서 정교하고 강력한 힘을 갖고 있다. 진리를 찾는 사람은 무슨 문제든지 일단 논리적으로 끝까지 따져본 후에 이성의

---

13 괴델의 제1불완전성 정리: 수학의 공리체계가 완전하다면, 즉 모순이 없다면, 이 공리 체계 안에 는 옳고 그름을 증명할 수 없는 명제가 적어도 하나는 이 공리체계 안에 존재한다.

괴델의 제2불완전성 정리: 수학의 공리체계가 완전하다면, 즉 모순이 없다면, 이 공리 체계에 아무런 모순이 없다는 사실을 이 공리 체계만으로 증명하는 것은 불가능하다.

한계를 깨닫는 것이 중요하다. 이성적 사유 없이 무조건 눈을 감고 있으면 수행자는 오히려 헛된 망상에 사로잡히고 헛것을 진리라 여기게 될 것이다. 이성적 사유를 멈추면 미신에 빠지기 쉽다. 이성적 사유를 통해 이성의 한계를 깨달을 때, 그때 비로소 선이 시작된다고 할 수 있다. 불완전성 정리에서 말하는바 더 큰 공리체계로 나아가는 것이 바로 선이다. 이런 뜻에서 이성적 사유는 선-수행에 직접적으로는 방해가 되지만, 불법-수행을 위해서는 꼭 필요하다고 할 수 있다.

이성에 한계가 있더라도 옳고 그름을 가려내는 방법으로 사람들이 택할 수 있는 것은 논리적이고 이성적인 사유에 의해서이다. 이성의 한계가 있다는 것은 논리적으로 옳고 그름을 판단할 수 없는 문제가 있다는 뜻이지, 논리적으로 명확하게 판가름할 수 있는데도 그것을 가려내지 말라는 뜻은 아니다. 명백히 논리에 맞지 않으면 그것은 문제가 있는 것이다. 논리는 옳고 그름을 판단하는 데 있어서 그만큼 중요한 것이다. 불완전성 정리를 발표하여 이성의 한계를 지적한 수학자 괴델도 논리의 법칙을 잘 따르면 인간의 이성에는 오류가 없다고 말했다. 그리고 불교도 이성적 사유를 중요시한다. 무착(無着, Asanga, 300~390?)이 쓴 『중변분별론中邊分別論』에서 말하는 '분별分別'은 범어 'vibhakti'의 한자어로서 'vibhakti'는 '올바르게 변별하다'라는 뜻이다. 즉 논리적으로 옳고 그름을 잘 가려낸다는 뜻이다. 붓다의 설법도 그리스철학자 못지않게 논리적이다. 그런데 왜 붓다는 선정이 깊어지면 사유와 숙고가 사라지고, 사유와 숙고가 완전히 사라진 뒤 상수멸정에 이르러서야 사물의 참모습을 본다고 했을까? 그리고 선종禪宗에서는 왜 언어도단言語道斷 심행처멸心行處滅을 말하고 불립

문자不立文字 교외별전敎外別傳을 주장했을까? 그것은 바로 희론(戲論, prapañca, papañca)과 상(想, saṃjñā, saññā) 때문이다.

2) 생각에 관한 불교의 용어와 개념

생각에 대한 불교용어나 개념은 국어사전의 풀이와는 비교도 할 수 없을 만큼 훨씬 많지만,[14] 이 절에서는 이 글의 내용과 관련이 있는 것으로서 중요한 것을 골라 세 가지에 대해서만 특별히 살펴보고자 한다. 그 세 가지는 상(想, saṃjñā, saññā)과 희론(戲論, prapañca, papañca)과 의도(cetanā)이다.

수학은 인간 지성의 결정체라고 할 수 있다. 그러나 공리에 오류가

---

14 이 글의 내용과 관련된 것으로서 다음과 같은 것을 들 수 있다.

(1) 느낌(受, vedanā) : 감각기관에 들어온 정보를 느낌으로 아는 것

(2) 상(想, saṃjñā, sañña) : 개념, 관념, 대상의 모습을 마음에 잡는 표상작용

(3) 행(行, saṃskāra, sañkhāra) : 의도적 행위, 우리의 존재를 성립시키는 형성력

(4) 식(識, vijñāna, viññāṇa) : 요별了別, 식별하다(vijānāti)

(5) 변별(vibhakti) : 올바르게 변별하다. (『중변분별론』의 분별)

(6) 비량(比量, anumāna-pramāṇa) : 간접적 인식인 추리推理

(7) 비량(非量, apramāṇa) : 착오적인 지각

(8) 정사유 : sammā-saṃkappa

(9) 망분별(妄分別, vikalpa)

(10) 기억(anusaraṇa) : 계속해서 생각함

(11) 사유(vitarka, vitakka) : 일어난 생각, 생각이 시작되는 단계

(12) 고찰(vicara, vicāra) : 둘 다 언어적 행동

(13) 희론(prapañca, papañca): 사념의 확산. 생각의 뿌리로부터 아예 떨어져나가 주제도 없이 사념들이 꼬리를 물고 돌아다니는 것

있으면 아무리 논리적으로 완벽하게 명제를 이끌어내더라도 그 명제는 진리일 수가 없다. 이는 마치 3단 논법에서 대전제가 틀리면 논리의 결론이 틀릴 수밖에 없는 것과 같다. 사람이 사물을 기술할 때 공리처럼 의심 없이 옳다고 믿고 있는 관념이 상(想, saṃjñā, saññā)이다. 우리는 아무런 전제조건 없이 무슨 생각을 하는 것이 아니다. 무슨 생각이든 그 생각은 무엇을 대상으로 삼는데, 그 대상이 사실은 우리가 만든 '상想'이다. '상想'은 그 자체로서도 생각이지만 우리는 '상'을 바탕으로 생각을 한다. 그런데 범부가 가진 이 '상想'은 사물의 본질과는 관계가 없는 그릇된 관념일 경우가 대부분이다. 이 그릇된 관념으로 인해 희론(戱論, prapañca, papañca)이 생겨난다. 공리에 잘못이 있으면 수학체계가 무너지듯이 그릇되고 왜곡된 관념을 바탕으로 사유를 하면 그 사유에서 얻은 결론은 아무런 의미가 없을 것이다. 그리고 그렇게 해서 얻은 결론은 사람을 그릇된 길로 이끌 것이다.

'상'과 '희론'만큼 중요한 생각이 의도(cetanā)이다. 붓다는 "비구들이여, 의도(cetanā)가 업이라고 나는 말하노니, 의도한 뒤 몸과 말과 마음으로 업을 짓는다"[15]라고 설할 정도로 의도는 인간이 하는 일에 결정적이라고 할 만큼 중요한 역할을 한다.

(1) 상(想, saṃjñā, saññā)

붓다의 설법에는 '강을 건넜으면 뗏목을 버리라'는 말이 나온다.[16] 이 말은 일체의 것에서 상相을 갖지 말고 버리라는 뜻이다. 불경에 자주

---

15 『앙굿따라니까야』(A6:63) 「꿰뚫음 경」.
16 『금강경』 ; 『맛지마니까야』(M22) 「뱀의 비유 경」.

나오는 한자어 '상相'과 '상想'은 모두 범어 'saṃjñā'를 번역한 것으로서 둘 다 같은 뜻이다. '상(想, saṃjñā, saññā)'은 '대상의 모습을 마음에 잡는 표상작용'을 뜻하는데, 이 말은 사람이 사물을 보고 그 내용을 마음에 새길 때 대상에 대한 정보를 어떤 상징으로 표현하여 저장한다는 뜻이다. 현대 과학적 용어로 표현하자면 정보에 대한 어떤 상징, 그것이 바로 상想이다.

우리가 대상을 접하고 그 대상을 인식할 때, 대상이 그대로 마음속에 들어오는 것이 아니다. 대상이 마음에 들어오는 것이 아닌데 인식이 마음에서 일어나는 것은 인간의 마음이 대상에 대한 정보를 처리하여 어떤 상징으로 재再표현(representation)하고, 이 표현을 마음이 인식하는 것이다. 즉 인간의 인식 또는 앎이란 바로 이렇게 다시 표현된 내용이다. 그래서 앎 또는 인식의 내용을 표상(representation)이라고 한다. 과학적 용어로 표현하자면, 대상에 대한 어떤 정보가 감각기관을 통하여 머리에 들어오면, 두뇌신경의 각 부분은 이 정보를 분산 처리하여 의미 없는 신호를 주고받은 뒤, 나중에 분산 처리된 정보를 종합하여 어떤 상징이나 신호로 표현하고 어떤 의미를 만들어낸다. 이렇게 인간은 대상에 대한 정보를 처리하여 어떤 의미를 만들어내고 다시 이 의미를 대상에 부여하고 이름을 붙인다. 알고 보면 인간의 인식이란 결국 이 의미와 대상을 동일시하는 것이다.

인간이 대상에 대해 갖는 생각, 즉 상想의, 내용은 바로 자신이 대상에 부여한 의미이다. 따라서 세상에 객관적 실재란 없다. 객관적 실재가 없다는 것은 양자역학적 해석과도 일치하고 생물학적 관찰과도 일치한다. 관찰자가 다르면 물리계의 상태는 다르게 나타날 수 있고,

동물의 종이 다르면 그 동물이 보는 세계도 달라진다. 감각기관과 두뇌/마음이 다르면 들어온 정보도 다르고, 들어온 정보를 다르게 처리하고 대상에 대한 의미도 달라지기 때문이다. 인간이 사물에 대해서 갖는 상(想, saṃjñā, saññā)은 결국 자신의 마음이 조작해낸 관념에 불과하다. 조작해내는 마음을 행(行, saṃskāra, saṅkhāra)이라고 하는데, 이 행行에 의해서 '상'이 생긴다고 할 수 있다.

인간이 보는 사물의 모습이란 다름 아니라 자신이 만들어낸 표상일 뿐이다. 사물의 참모습을 보는 것이 불교수행의 목적이고, 그 목적을 달성하기 위한 수단 중 하나가 선禪이다. '선'이란 '상想'에서 벗어나 사물의 참모습을 보는 수단이니, '상'은 궁극적으로는 '선'을 방해하기 마련이다. 진리를 보기 위해서는 상에서 벗어나야 하고, 벗어나는 수단으로 '선'을 하지만 '상'에서 벗어나는 것은 쉬운 일이 아니다. 앞서 말한 대로 '상'은 새로운 선의 경지에 들어갈 때마다 새로운 상이 생겨나기도 하고 없어지지도 하면서 새로운 상은 희열과 행복을 주고 선-수행에 도움을 주기 때문이다. 상에서 벗어나는 것이 왜 그렇게 어려운지를 알려면 불교에서 말하는 마음의 구조와 작용을 알아야 한다. 이 문제는 앞으로 살펴보기로 하고, 여기서는 희론의 의미를 살펴보도록 하자.

(2) 희론(戲論, prapañca, papañca)

희론戲論[17]은 보통 무의미하고 무익한 이론을 가리키는 뜻으로 사용하는데, 원래의 뜻은 사념의 확산이다. 사념의 확산이란 주제로부터 벗어난 생각들이 꼬리를 물고 계속해서 일어나는 것을 뜻한다.

희론에 관한 붓다의 설법은 초기경전 여러 곳에 있지만, 간단하게 이해할 수 있는 것은 붓다의 설법 내용을 제자들에게 다시 설명해준 마하깟짜나(Maha-Kaccana)의 해설이다.

벗들이여, 시각과 형상을 조건으로 해서 시각의식이 생겨나고, 그 세 가지를 조건으로 접촉이 생겨나고, 접촉을 조건으로 느낌이 생겨나고, 느낀 것을 지각하고(sañjānāti), 지각한 것을 사유하고 (vitakketi), 사유한 것을 희론하고(papañceti), 희론한 것을 토대로 과거·미래·현재에 걸쳐 시각에 의해서 인식될 수 있는 형상에서 조작되고 오염된 지각과 관념이 일어납니다.[18]

위의 설명을 구체적 상황을 예로 들어 풀이하겠다. 누가 새끼줄을 뱀으로 잘못 보았다고 하자. 감각기관과 새끼줄이 접촉하자 두뇌(마음)가 새끼줄과의 접촉에서 온 정보를 처리하여 어떤 느낌을 만들어낸

---

17 빠알리어 빠빤차(papañca)를 불교계에서는 보통 희론戲論이라고 번역하는데, 니까야를 번역한 전재성 박사는 희론이라고 번역하고, 대림 스님은 사량분별이라고 번역하였다.

18 『맛지마니까야』(M18) 「꿀덩어리 경」. 희론에 관한 붓다의 설법을 잘 이해하지 못한 제자들은 존자 마하깟짜나(Maha-Kaccana)를 찾아가 희론에 대한 풀이를 부탁하자, 자세한 설명을 한 후 이 말로 간단히 정리하였다.

다. 사람은 이 '느낌'을 지각하는데, 그냥 지각하는 것이 아니라 어떤
'상(想, saṃjñā, saññā)'을 만들고서 이 '상'을 통하여 지각한다. 지금의
경우 새끼줄을 본 사람이 만든 '상'은 뱀이다. 느낌과 '상'을 만드는
것은 분리된 과정이 아니라 함께 일어난다. 이 사람은 새끼줄을 보자
뱀을 느낀 것이고, 느낌과 더불어 이 사람의 머리(마음)에는 뱀의
'상'이 만들어진다. 뱀의 '상'이 만들어진 이상, 즉 뱀이라고 지각한
이상 이 사람 앞에 놓인 것은 새끼줄이 아니라 뱀이다. 그리고 이
사람은 자신이 본 뱀에 관해 사유하고 연구한다. 자신의 사유를 바탕으
로 이 사람은 뱀에 관한 온갖 이론과 얘기를 만들어낸다. 이 사람이
뱀이라는 '상'을 만들고 난 후의 모든 느낌과 생각과 만들어낸 이론과
얘기가 희론(戲論, prapañca, papañca)이다.

희론(prapañca)은 사람으로 하여금 뒤바뀐 생각으로 세상을 보게
한다. 이 사실을 용수는 『중론』에서 다음과 같이 읊는다.

업과 번뇌가 소멸하기 때문에 해탈이라고 부른다. 업과 번뇌는
망분별(妄分別, vikalpa)에서 생기고, 망분별은 희론에서 생기지만,
희론은 공성空性에서 소멸한다.[19]

희론과 망분별로 인해 사람은 '없는 것'을 있다고 보고, '있는 것'을
없다고 본다. 망분별에서 벗어나야 사람은 사물의 실상을 보게 될
것이다. 사물의 실상을 보는 것이 '선'이므로, 사물의 실상을 가리는

---

19 『중론』 제18 관법품 5.

'상'과 희론은 선-수행에 방해가 된다. 그러나 상과 희론은 없애고자 마음먹는다고 해서 없어지는 것이 아니다. 이들은 인간의 심층심리 깊숙한 곳에서 생겨난 생각이므로 이것들이 어떻게 해서 생겨나는지 알아야 한다. '상'과 '희론'이 생길 수밖에 없는 이유를 알려면 생명과 의식에 관해 알 필요가 있다.

(3) 의도(cetanā)

정의하기에 따라서 모든 생명체가 다 의도를 갖고 무슨 행동을 한다고 볼 수도 있지만, 여기서는 이성적 사유를 하는 인간만 생각하기로 하자. 그렇다면 의도란 무슨 일을 하려고 마음속에 품은 생각을 뜻한다고 할 수 있을 것이다. 그런데 의도라고 말할 때는 자유의지라는 개념이 따라오기 마련이다. 자유의지가 있는지 없는지는 철학과 과학에서 아직까지 논란거리로 남아 있지만 적어도 불교에서는 자유의지가 있다고 본다. 앞 장에서 설명한 바이지만 구차제정의 각 단계를 설하면서 붓다는 "나는 내가 원하는 대로……"라는 말을 여러 번 반복했는데, 인간의 자유의지를 인정하지 않으면 이런 말을 할 수 없을 것이다. 그밖에도 붓다는 무인무연론(無因無緣論, 우연론), 숙작인론(宿作因論, 숙명론), 존우화작설(尊祐化作說, 신의론)을 모두 배격하고[20] 의도가 업이라고 설하는데,[21] 이 설법들은 모두 불교가 자유의지를 인정하는 것이라고 보아도 좋을 것이다. 자유의지가 없다면 불법-수행도 의미가 없을 것이다.

---

20 『중아함경』 제3권 「도경」 ; 『앙굿따라니까야』(A3.61) 「이교도의 경」.
21 『앙굿따라니까야』(A6:63) 「꿰뚫음 경」.

사람이 어떤 의도를 가질 때, 그런 의도를 갖게 되는 원인은 최소한 두 가지가 있다. 바로 이성과 감성이다. 이 둘은 조화를 이룰 때도 있지만 충돌할 때도 있다. 감성과 이성이 조화를 이룰 때 무슨 일이든 잘 되기 마련이다. 그런데 감성은 이성이나 의지로 쉽게 통제할 수 있는 것이 아니다. 감성이란 생명체의 진화과정에서 만들어진 본능에 그 뿌리를 두고 있기 때문이다. 사람이 이성과 감성의 틈바구니에 끼었을 때는 대체적으로 사람들은 감성을 따르게 마련이다. 많은 경우 사람들은 그릇된 일인 줄 알면서도 욕망의 힘에 끌려 절제된 생활을 하지 못한다. 사람이 바르고 옳은 일을 하겠다는 의도를 가지고 불법-수행을 결심하더라도 하찮은 일에 그 결심이 무너지고 마는 것은 이성의 힘이 감성보다 약하기 때문이다. 선-수행에서도 마찬가지다. 어떤 특정한 선정 상태에 들 때, 편안함을 느낀다면 거기에 머무르고 싶을 것이다. 머무르고 싶은 마음은 감성의 영역이다. 그러나 그곳이 최고의 경지가 아니라는 것을 아는 것은 이성의 힘이다. 이때 이성과 감성이 조화를 이룬다면 수행자는 갈등 없이 낮은 단계의 경지에서 나와 보다 높은 경지에 이르기 위해 더 수행에 힘쓸 것이다.

감성과 이성의 조화를 생각해보면 붓다가 "……이와 같이 어떤 지각(想)은 공부지음에 의해서 일어나고 어떤 지각(想)은 공부지음에 의해서 사라진다. 이것이 공부지음이다"라고 설한 뜻을 이해할 수 있다. 그러나 선-수행 시 이성과 감성의 조화가 중요하다고 해서 수행자가 자기 마음대로 생각을 일으키거나 그만둘 수가 없다. 생명체의 본능에 따라 생각이 자신의 뜻과는 상관없이 일어나기도 하고 사라지기도 하기 때문이다. 이런 이유로 우리는 생명과 의식의 문제를

생각하지 않을 수 없다. 생명과 의식의 문제를 이해할 때 선의 의미를
보다 더 잘 이해할 수 있을 것이다.

이제 이 소절을 마치기 전에 지금까지 설명해왔던 생각의 의미를
정리해두겠다. 먼저 이 글에서 다루는 생각의 의미는 '이성적 사유',
상(想, saṃjñā, sañña), 희론(戱論, prapañca, papañca), 의도(ceta-
nā) 이렇게 네 가지로 한정된다. 이 넷은 모두 그 작용과 진행과정을
사람이 잘 알 수 있어서 표층의식에서 일어나는 현행식 같지만 넷
사이에는 큰 차이가 있다. '상'과 '희론'과 '의도'는 모두 심층의식에서
현행된 것으로서 사람이 자신의 자유의지대로 조절할 수 있는 것이
아니다. '나'라는 것이 존재한다거나 세상 사물을 객관적 실재로 보는
'상'과 이 '상'을 바탕으로 전개되는 희론은 심층의식의 작용 때문에
그렇게 인식하는 것이다. '의도'도 마찬가지다. 자신이 마음먹은 것이
의도라고는 하지만 마음을 먹는 것 역시 심층의식의 작용 때문에
그런 마음을 먹는 것이다. 인간의 의도의 바탕에는 재물욕, 식욕,
색욕 등 오욕락을 만족시키고자 하는 욕망이 깔려 있다. 이런 것들은
자신이 그런 생각이나 인식에서 벗어나려고 노력한다고 해서 쉽게
되는 것이 아니다. '상'과 '희론'과 '의도'와는 달리 이성적 사유는 자신의
판단과 자유의지로 어떤 사유를 갖거나 그만둘 수 있다. 이를테면
'나'라는 것은 두뇌나 잠재의식이 만들어낸 환영이라는 과학적 연구결
과를 알게 되었을 때, 이것의 옳고 그름을 판단하고 이 연구 결과를
사실로 받아들이느냐 아니냐는 자신의 판단과 의지로 결정할 수 있는
것이다. 그리고 인간의 논리적 사고의 법칙을 불대수(Boolean alge-

bra)²²로 표시할 수 있는데, 이것은 이성적 사유가 편견이나 선입견에 이끌리지 않고 객관적으로 전개된다는 사실을 말해준다. 이성적 사유는 무의식에 잠재된 힘에 의해 영향을 받는 여타의 생각과는 그 작용하는 바가 다르다.

3. 생명과 의식

생명체가 이 세상을 살아가는 한 먹고 먹히는 관계는 피할 수 없는 생명의 법칙이자 자연의 법칙이다. 먹이사슬의 꼭대기에 있는 인간이라면 말할 것도 없다. 먹고 먹히는 이 생태계에서 살아남으려면 생각이 꼭 필요하다. 선-수행에 방해가 되는 상(想, saṃjñā, saññā)과 희론(戲論, prapañca, papañca)도 생명체가 생명을 유지하기 위해서 필요한 기능이다.

"대각을 한 사람은 무아의 경지에서 매 순간 현재로서만 살아간다"는 말이 있는데, 현재로서만 살아간다는 말은 '지금, 여기'라는 말이나 '평상심이 도'라는 말과도 일맥상통하는 말이다. 그렇게 살 수 있다면 더 이상 바랄 것이 없겠지만, 자연계의 생명체는 결코 그렇게 살아가지 않고 그렇게 살아갈 수도 없다. 박테리아를 비롯해 모든 생명체는 생명을 유지하기 위해서는 의식을 가지고 미래를 설계해야 한다. 미래를 설계하기 위해서 꼭 필요한 것이 '상'과 '희론'이다. 특히 인간과

---

22 9세기 중반 영국의 수학자 조지 불(George Boole, 1815~1864)은 참(true)과 거짓(false)라는 이진법을 이용하여 논리적 명제를 수학적으로 표현할 수 있는 대수체계를 창안하였는데, 이 대수체계를 불대수(Boolean algebra)라고 한다.

같은 고등생명체는 단순히 생명을 유지하는 것에만 만족하지 않고 사물에 의미를 붙이고 의미 있는 삶을 살기 위해 미래를 계획하고 설계한다. 그 결과 삶의 의미를 찾아 선을 한다. 그러나 선이 아무리 중요하더라도 생명을 유지하지 않으면 선을 할 수 없고, 생명을 유지하려면 다른 생명체를 먹이로 삼아야 하고, 다른 생명체를 먹이로 삼으려면 상과 희론이 있어야 한다. 물론 선-수행에서는 상과 희론이 중간단계에서는 도움을 주기도 하지만 궁극적으로는 방해가 된다. 이렇게 삶과 선-수행은 모순 속에서 이루어진다. 물론 이 모순은 극복되어야한다. 모순을 극복하는 것이 선이고, 중도의 이치다.

1) 생명

일체의 것에서 실체[23]를 인정하지 않는 불교의 연기법에서 보면 모든 것이 '그것'으로부터 시작되는 제일원인이라는 것이 없다. 태초나 지금이나 세상은 사건의 바다일 뿐[24] 어떤 '존재'라는 것이 없다. 연기법에서 보면 오직 천천히 변하는 것과 빨리 변하는 과정이 있을 뿐이다. 물질이

---

23 여기서 말하는 실체實體는 불교에서 말하는 자성(自性, svabhāva)을 뜻한다. 자성이라고 하지 않고 실체라고 한 것은 '실체'가 '자성'보다 더 현대적 감각에 맞는 용어이기 때문이다. 우리나라 철학계에서 실체를 다른 '사물과 구분되는 성질'(essential nature) 또는 '동일성을 유지하는 개체적 성질'이라는 뜻으로 사용하고 있으므로 자성 대신 '실체'라는 말을 써도 무방할 것이다.

24 『잡아함경』권13, 「335경」의 "有業報而無作者"는 불교가 세상을 사건(event) 중심으로 본다는 것을 뜻한다. 설일체유부說一切有部에서 제법諸法이 "刹那生 刹那滅"한다고 본 것도 물리학적으로 해석하면 사물을 사건 중심으로 세상을 본 것이 된다. 사실 사건 중심의 세계관은 연기법의 자연스런 귀결이다.

나 정신(마음)이라는 것은 이 흘러가는 과정들 중, 즉 '사건의 흐름' 가운데 어떤 것에 의미를 부여하고 그런 이름을 붙인 것에 불과하다. 그래서 용수는 그것들을 가명(假名, prajñapti, paññatti)이라고 불렀다. 그러나 불교와는 달리 과학에서는 19세기 이래로 유물론이 성행하면서 물질을 제일원인이라고 본다. 마음도 생명도 다 물질에서 비롯되었다는 것이 주류 과학계의 견해다. 이렇게 제일원인을 상정하고 세상에 무엇이 존재한다는 존재중심의 세계관에서 보면 태초에, 적어도 우주의 대폭발 이후에는 물질이라는 '어떤 것'이 존재하고 있었다. 대폭발 이후 이 우주에는 100억 년 동안 물질만이 존재해왔고, 생명은 없었다. 이 기간 동안에는 오직 인과(因果, causality)만 있었고, '의식'이나 '마음'이라는 것이라는 것이 없었다. '생각'이라는 것도 물론 없었다. 이 시기에도 분명히 변화가 있었고 정보가 처리되었지만, 유물론적 관점에 의하면 변화나 정보는 결정론적 인과율에 따라 기계적으로 처리되었기 때문에 선택이라는 것이 없었다. 그런데 유전자(遺傳子, gene)와 같은 복제자(複製者, replicator)가 출현하면서 사정이 달라졌다.

복제자의 출현과 더불어 생명이 탄생하면서 이 세상에 선택이라는 것이 생겼다. 물론 물질에도 선택적으로 반응하는 것이 있어서 물리학에 선택률(selection rule)이라는 것이 있고 생화학에서는 수용체(受容體, recepter)라는 말을 사용하고 있지만, 물질의 선택은 주어진 법칙에 따라 기계적으로 일어나는 것이어서 생명체가 자신에게 불리한 것은 피하고 유리한 것을 선택하는 것과는 그 의미가 다르다. '선택'이라는 것은 분명히 물질에는 없는 성질이다. 물질이 제일원인임에도 불구하

고 물질로 이루어진 생명체라는 것이 물질에 없는 성질을 갖고 있다면
생명은 물질에서 창발된 것이다. 창발(創發, emergence)이란 구성요
소에는 없던 것이 구성요소로 이루어진 집단에 나타나는 집단 성질
(collective property)을 가리키는 말이다. 생명이 물질에서 창발된
것이라면 생명을 물질과는 다른 것으로 정의할 필요가 있을 것이다.
그런데 생명을 정의하는 일이 생각만큼 간단하지 않다.

　생명의 정의에는 다 셀 수 없이 많을 정도로 여러 가지가 있지만,
이 중 어느 것도 생명의 본질을 제대로 설명해내지 못한다. 왜냐하면
무생물과 생물의 경계가 뚜렷하지 않기 때문이다. 이를테면 가이아
이론(Gaia hypothesis, Gaia theory)과 같은 것이다. 가이아 이론에
의하면 지구도 하나의 생명체로 볼 수 있다. 그래서 가이아 이론을
주창한 제임스 러브록(James Ephraim Lovelock, 1919~)은 지구가
살아 있는 하나의 생명체라는 뜻에서 대지의 여신 가이아(Gaia)의
이름을 따 지구에 '가이아'라는 이름을 붙였다. 가이아 이론에 따르면
은하계도 하나의 생명체로 볼 수 있고, 심지어는 우주 자체도 하나의
생명체로 보게 될 가능성이 있다. 어쩌면 가이아 이론이 옳을지도
모른다. 그러나 가이아는 우리가 자연계의 생명체를 보고 갖게 된
생명의 개념과는 너무나 다르다. 그렇다고 해서 자연계의 생명체가
갖고 있는 특질들을 다 모아서 생명의 정의를 내린다고 해서 이 문제가
해결되는 것은 아니다. 컴퓨터 프로그램에 불과한 인공생명(artificial
life)도[25] 자연계의 생명체와 똑같이 행동한다. 예쁜 꼬마선충

---

25 보통 영문자로 줄여서 'Alife' 또는 'AL'로 표시한다. 컴퓨터나 '인공적' 매체에
　생물학적 현상을 재생하기 위한 시도로서 새로운 분야에 붙인 이름인데, 여기에

(Caenorhabditis elegans)의 뉴런과 근육 및 감각기관을 프로그램화한 뒤 컴퓨터로 조성한 가상의 물속에 담가두면 실제 벌레처럼 움직인다. 사실 오래 전에 컴퓨터의 발명자인 폰 노이만(John von Neumann, 1903~1957)은 자신과 꼭 같은 기계를 복제하여 생산하는 기계의 개념을 도입하였는데,[26] 인공생명의 개념은 여기서 시작하였다. 컴퓨터 모의실험을 통하여 디지털 생명체의 생태를 살펴보면 인공생명도 자기복제를 하고 진화를 한다. 몸이 있느냐 없느냐의 문제를 제외하면 자연계의 생명체와 인공생명을 구별할 길이 없다. 이렇게 생명을 정의하기 어려운 것은 과학이 아직 생명의 본질이 무엇인지 모르기 때문이다. 생명의 본질을 모르는 이상 생명이 무엇인지 정의하는 것은 사실상 불가능하다. 그렇지만 살아남으려고 노력하는 것, 이것은 자연계에 있는 모든 생명체가 갖고 있는 기본적인 성질로서 생명의 특질 중 하나라고 할 수 있을 것이다.

복제자가 출현하면서 복제자가 살아남는 일이 중요해졌다. 복제에 성공하려면 살아남아야 하고, 살아남으려면 생존에 해가 되는 일은 피하고 도움이 되는 일은 추구해야 할 필요가 생겼기 때문이다. 복제자

는 세 가지가 있다. 'soft Alife'는 생명현상을 연구하는 방법이 컴퓨터 소프트웨어를 통해 접근하는 것이고, 'hard Alife'는 로봇과 같이 하드웨어를 통해 접근하는 것이며, 'wet Alife'는 유전자 조작과 같이 생물화학적인 방법과 대상을 통해 접근하는 것이다. 보통 인공생명이라고 하면 'soft Alife'을 가리킨다.

26 John von Neumann, ; Arthur W. Burks, *Theory of Self-Reproducing Automata.*, University of Illinois Press (1966). 1940년대 컴퓨터 없이 노이만이 자기복제를 하는 기계를 개념적으로 설계한 것을 Arthur W. Burks이 1966년 그 내용을 이 책에 실었다.

의 출현과 더불어 결정론적 인과만 있던 이 세상에 생명현상이 나타난 것이다. 이런 뜻에서 복제 역시 생명의 특질 중 하나라고 할 수 있을 것이다. 생명체를 '살아남기 위해 애를 쓰고 자식을 낳으려고 노력하는 존재'로 본다면, 생명체는 불교에서 말하는 유정(有情, sattva)과 같은 의미가 된다.[27] 유정이란 느낌을 느끼는 존재라는 뜻인데, '느낌'이야말로 생명체가 살아가기 위해 가져야 할 꼭 필요한 요소이기 때문이다. 생명체가 살아가기 위해 유리한 것은 택하고 불리한 것을 피하는 데는 느낌을 따르는 것처럼 편리한 방법이 없다. 유정이 고통을 느끼는 것은 생존에 어려움을 느끼거나 생명에 위협을 받을 때이고, 기쁨을 느끼는 것은 생존과 번식이 순조로울 때이다. 모든 생명체는 자신의 생명을 유지하고 자손을 퍼뜨리기 위해 노력한다. 그것이 바로 생명활동이다. 즉 생명체는 매 순간 어떤 목적을 가지고 생명활동을 한다고 할 수 있다. 목적이 있기에 생명체는 매 순간 선택을 하고, 선택을 위해 생명체는 의식을 갖게 된다. 생명과 더불어 의식이 생기고 목적이라는 것이 생겼다. 목적이 생기면서 환경을 살피고 상황을 판단할 필요와 판단할 수단이 생겼다. 선-수행이나 불법수행도 생명체가 자신의 행복을 위해 판단하고 선택한 행동 중 하나이다.

2) 의식

생명체는 살아남기 위해 감각기관을 통해 들어오는 정보로부터 외부세계를 인식하고 느끼는데 이것이 느낌과 '식識'이다. 그리고 이 느낌과

---

27 유정은 느낌을 가진 존재로서 유정이 노력하는 것이 바로 생명체로서의 기능을 다하려는 것이기 때문이다.

인식을 통해 생명체는 미래에 일어날 일을 예감하고 어떤 일을 할지 선택한 후 행동을 한다. 미물의 경우, 미래에 일어날 일을 예감하고 행동한다는 것은 자신이 취할 행동에 따라 단순히 앞으로 전개될 상황이 자신에게 유리할지 불리할지 판단하고, 자신에게 유리하다고 판단되는 쪽으로 상황이 전개되도록 행동을 취하는 것이다. 그러나 인간과 같은 고등생물의 경우에는 상황판단과 취할 행동이 그렇게 단순하고 간단하지 않다. 두뇌의 작용이 말할 수 없이 복잡하기 때문이다.

인간이 보는 외계란 객관적인 실재가 아니다. 인간이 보는 외계의 사물이란 인간의 뇌가 감각기관을 통해 들어온 정보를 처리하여 느낌을 느끼고 느낌에 맞는 이미지를 만든 것이다. 이 이미지를 통해 인간은 자기가 보는 세상을 그려낸다. 인간이 보는 세상 사물이란 두뇌가 구성한 이미지에 언어적 사고를 통해 의미를 부여하고 이름을 붙여, 잠정적으로 그 존재를 설정한 것으로서 가립(prajnapti)된 존재일 뿐이다. 이렇게 언어를 통해 의미를 만들어내는 개념적 사고가 바로 상(想, saṃjñā, saññā)이다. 그리고 사람은 이 '상想'을 바탕으로 미래에 일어날 일을 예상하고 미래에 자기가 경험할 상황을 몇 가지 그려낸다. 이들 상황을 그려내는 것이 희론이고,[28] 희론이 마련한 미래의 상황 중 어느 쪽이 자신에게 유리할 것인지 검토한 다음 무슨 일을 하려고 마음속에 품은 생각이 의도이고, 사람은 의도에 따라 어떤 행동을 취하게 된다. 이렇게 느낌과 인식과 의도와 의식, 즉 수·상·행·

---

28 희론을 통해 먼 미래를 그려내면 그것이 미래학이다.

식은 연결되어 있다.

수·상·행·식을 안다는 것은 마음을 안다는 것인데, 불교의 마음 개념 중 마음의 구조와 기능에 대해서는 유식불교가 가장 체계적으로 설명하고 있다고 판단되므로 이 글에서는 앞으로 유식불교의 용어와 개념으로 생각과 의식과 마음의 작용을 기술할 것이다.

(1) 제6식과 요별

의식에 관한 사전의 설명은 다음과 같다.

- 철학사전[29] : 인간에게 특유한 심리적 활동의 총체. 의식은 인간의 지식, 감정, 의지라는 일체의 활동을 포함한다.
- 국어사전[30] : 깨어 있을 때의 마음의 작용이나 상태, 어떤 일을 마음에 둠, 자각. 불교에서는 대상을 총괄하며 판단 분별하는 심적 작용.
- 불교사전[31] : 알고 사고하는 마음, 생각하는 마음.

사전에서는 복잡하게 설명하고 있는 것 같지만, 그 뜻을 살펴보면 위의 각 사전에서 말하는 '의식'은 그 작용을 인식주체가 알고 있는 표층의식이다. 표층의식이라면 유식불교에서 말하는 '제6식'과 그다 지 다르지 않다. 제6식의 작용은 요별(vijñāna)이다. 요별은 구별하여

---

29 철학사전편찬위원회, 『철학사전』, 도서출판 중원문화, 2009.
30 『새국어사전』, 두산동아, 1998.
31 編者 吉祥, 『불교대사전』, 弘法院, 2005.

아는 것을 뜻하니, 우리가 일상적으로 말하는 이성적 사유의 바탕이라고 할 수 있다.

　사물을 '이것'과 '이것 아닌 것'으로 나누는 것은 인간적 지혜의 시작이다. 옳고 그름을 판단하는 인간의 지성과 논리의 법칙은 이분법적인 사물의 인식, 즉 요별에 그 바탕을 두고 있다. 사물을 옳고 그름, 존재와 비존재, '이것'과 '이것 아닌 것'으로 나누어 보는 이분법적 사고는 서양 합리주의 철학의 바탕이자 고전물리학의 바탕이기도 하다. 앞 장에서 설명한 사유(vitakka, thought, 尋)와 숙고(vicāra, sustained thinking, 伺)도 이분법적 인식에 바탕에 두고 있고, 붓다에 의하면 사유와 숙고는 색계 초선에서는 중요한 작용을 한다. 사유와 숙고를 통해 선과 악을 구별할 수 있고, 수행의 이치를 살펴 바른 생활과 바른 수행을 할 수 있다. 팔정도에서 두 번째 위치를 차지하고 있는 정사유(正思惟, samyaksaṅkalpa, sammā-saṅkappa)에서 말하는 '사유(saṅkappa)'도 요별을 바탕으로 바른 사유를 하는 것이다.[32] 제6식의 기능인 요별은 불법-수행을 하는 데 분명히 도움을 주는 역할을 한다. 그런데 연기법의 이치에서 보면 요별은 사물을 바르게 인식하는 것이 아니다. 그렇다면 제6식의 대표적 기능인 요별은 어디선가 진리를 보는 데 방해가 된다. 진리를 보는 데 방해가 된다는 것은 선-수행에 방해가 된다는 뜻이다.

　연기법이 옳다면 세상 사물을 이분법적으로 나누어 보는 것은 불가능하다. 앞으로 설명하겠지만 우주는 '나눌 수 없는 하나(undivided

---

32 정사유를 뜻하는 빠알리어 'sammā-saṅkappa'에서 사유를 뜻하는 'saṅkappa'는 일어난 생각을 뜻하는 vitakka(thought, 尋)와 같은 뜻이다.

wholeness)'이다. 그러나 요별로서는 '나눌 수 없는 하나'의 모습을 볼 수 없다. 인간의 사물인식 방식이 이분법적이어서 어쩔 수 없이 사물을 '이것'과 '이것 아닌 것'으로 나누어 보지만, '이것'이 어떤 것이든 그것은 잠정적으로 그러한 것일 뿐 사람이 '이것'이라고 인식한 그것은 사물의 참모습이 아니다. 이것이 바로 이성의 한계이고, 붓다가 색계 이선二禪 이후부터는 사유와 숙고가 정지된다고 설한 이유이고, 선가에서 알음알이를 벗어나라고 말하는 이유라고 볼 수 있을 것이다. 그러나 이성의 한계가 있다고 해서 이성적 사유로 보고 판단한 것이 거짓이라는 뜻은 아니다. 단지 전체를 보지 못하고 부분만을 본다는 뜻이다. 이 문제는 제6장에서 다시 논할 것이다. 다음 절에서는 요별을 떠나 사물의 참모습을 보는 불교의 수행법에 관해 살펴보겠다. 그것은 정념으로서 '깨어 있음과 고요함(寂寂惺惺)'을 전제로 한다.

(2) 정념과 삼매: 선의 역설

우리가 보통 의식이라고 말할 때, 우리는 '깨어 있음'과 의식하는 '대상'이 있음을 전제로 한다. 즉 통상적으로 말하는 의식이란 깨어 있음을 전제로 무엇에 대한 의식을 뜻한다. 특별히 의식하는 대상이 자기 자신의 정신작용임을 아는 것을 자의식自意識이라고 하는데, '깨어 있음'과 자의식이 있기 때문에 불교수행의 특징이라고 할 수 있는 정념(正念, sammā-sati)수행이 가능하다. 왜냐하면 자기의 마음을 관하는 것이 정념수행의 필수요소이기 때문이다.[33]

---

33 『쌍윳따니까야』 45:8, 올바른 정념은 몸·느낌·마음·사물(四念住 : 身受心法)을 관하는 것이다.

사물의 참모습을 보는 것이 선의 목적이지만, 사물이 본질적으로 중도의 모습을 취하고 있다면 이분법적인 사고에 바탕을 두고 있는 인간의 사물인식 방식으로는 결코 사물의 참모습을 볼 수 없다. 중도는 하나의 사물이 논리적으로 양립할 수 없는 두 가지 성질의 조화로 이루어졌음을 뜻하기 때문이다. 중도를 보지 못할 때 사람은 이 세상이 모순으로 가득 차 있는 것으로 보게 된다. 이 모순에서 벗어나기 위해서는 분별하는 마음을 쉬어야 하고 반드시 깨어 있어야 한다. 사물의 참모습을 보려면 옳고 그름의 판단이나 좋고 나쁨의 선택이 없이 조용히 대상을 바라보아야 한다. 어떤 이분법적인 판단이나 선택이 있으면 사물은 그렇게 선택한 대로 보이게 마련이기 때문이다. 이분법적인 사고를 쉬고 사물을, 그리고 자신의 마음을 조용히 바라보는 것이 정념수행이다. 정념수행에서는 잡생각이든 건전한 이성적 사유이든 일체의 것에 대하여 판단을 해서는 안 된다. 즉 생각이 있어서는 안 된다. 이때는 생각이 있으면 수행에 방해가 된다. 그것을 우리는 붓다의 설법을 전하는 초기경전 곳곳에서 확인할 수 있다.[34] 두 가지만 살펴보자.

…… 무엇이 바른 정념인가? 비구는 몸에서 몸을 관찰하며 머문다. 세상에 대한 욕심과 싫어하는 마음을 버리면서 근면하게, 분명히 알아차리고 정념을 하면서 머문다. 느낌에서……, 마음에서……,

---

34 「대념처경(Mahāsatipaṭṭhāna sutta(D22)」, 「염처경(Satipaṭṭhāna Sutta(M10)」, 『중아함』 24권 「98경(염처경)」, 「Bojjhaṅga-saṃyutta(S46)」, 「Satipaṭṭhāna saṃyutta(S46)」를 대표적인 경전으로 꼽을 수 있다.

법에서 법을 관찰하며 머문다. 세상에 대한 욕심과 싫어하는 마음을
버리면서 근면하게, 분명히 알아차리고 정념하면서 머문다. ……
비구들이여, 비구는 어떻게 알아차리는가? …… 나아갈 때도, 물러
날 때도 …… 마실 때도 씹을 때도 맛을 볼 때도 …… 대소변을
볼 때도 분명히 알아차리면서 행한다. 가고 서고 앉고 잠자고 깨고
말하고 침묵할 때도 분명히 알아차리면서 행한다. …… 비구들이
여, 비구는 정념의 확립(satipaṭṭhāna)과 올바른 알아차림(sampa-
jañña)을 실천해야 한다.[35]

여름의 마지막 달에 모든 곡식을 마을에서 거두어 들였을 때에
소치는 사람들이 소들을 지키면, 그는 나무 아래나 노지에서 노닐면
서 '여기 소들이 있다'라고만 할 정도로 정념을 확립했다. 수행승들
이여, 이와 같이 나는 착하고 건전한 것들에 대해서는 '여기 그러한
상태가 있다'라고만 할 정도로 정념을 확립했다.[36]

위의 설법에서 정념수행의 특징을 알기 위해 주목해야 할 문구는
두 가지이다. 하나는 판단 없이 그냥 바라보는 것과 바르게 아는
것, 즉 정념과 바른 앎(正知, sampajañña)은[37] 다른 것이라고 하는
것이고, 다른 하나는 잠잘 때도 분명히 알아차리면서 행한다는 것이다.

35 「사띠경(sati sutta)」, S47:2.
36 『맛지마니까야』 19 「두 갈래 사유의 경」.
37 여기서 말하는 '바른 앎(sampajañña)'은 추론하여 아는 것이 아니라 즉각적으로
   꿰뚫어 안다는 뜻이다.

지켜봄에는 앎이 따르기 마련인데 왜 붓다는 지켜봄과 앎을 구별했을까? 그것은 지켜본다고 해서 사물의 참모습이 바로 나타나지 않기 때문이다. 새끼줄을 보고 뱀이라고 놀라는 것도 지켜보고 아는 것이지만 잘못 보았기 때문에, 즉 잘못된 '상想'으로 인해 바른 앎이 생기지 않은 것이다. 잘못된 상想이 생기는 것은 철저하게 깨어 있지 못하기 때문이다. 사물을 바로 보려면 깨어 있어야 하는데, 우리는 사물의 참모습을 볼 정도로 깨어 있지 못하다. 우리의 마음은 한시도 가만히 있지 못하고 이리저리 산만하게 떠돈다. 붓다의 표현에 의하면 마치 원숭이가 숲에서 놀 때에 나무들을 오가면서 이 나뭇가지를 놓자마자 바로 다른 나뭇가지를 잡는 것과 같이 그 마음이라는 것은 한 순간에 일어났다가 다른 순간에 사라지고 밤낮으로 바뀐다.[38] 자신을 관한다고 하지만 이런 마음으로는 자신을 관할 수 없을 것이다. 이런 마음을 가라앉혀 한 곳에 집중할 수 있도록 자신의 마음에 눈을 떼지 않는 수행법이 바로 정념수행이다.

붓다는 잠잘 때도 분명히 알아차리라고 하는데, 잠잘 때도 분명히 알아차린다는 것은 의식과 무의식이 조화롭게 활동한다는 것을 뜻한다. 궁극의 경우, 해탈 열반의 경지에서는 의식과 무의식의 구별이 없이, 유식불교의 용어로 말하자면 제6식, 제7식, 제8식이 모두 깨어 있어서 표층의식처럼 마음에서 일어나는 일을 알 수 있다. 열반은 타고 난 재처럼 번뇌의 불길이 완전히 꺼진 상태이니 자신도 모르게 진행되는 무의식적 작용이란 것이 있을 수 없기 때문이다. 이런 일은

---

38 『잡아함경』 권12, 「290(무문경)」.

뇌/신경과학적으로 볼 때는 불가능하다. 그러나 붓다는 이 일이 가능하다고 한다. 그런 일이 가능하도록 우리가 우리의 마음을 훈련시킬 수 있다는 뜻이다. 우리가 우리의 마음을 훈련시키는 것은 깨어 있는 상태에서 하는 일이다. 범부의 경우 깨어 있는 것은 제6식이다. 어떻게 제6식을 훈련시켜 잠잘 때도 깨어 있게 할 수 있는지 마음의 개념에 대해 알아보자. 마음 개념과 관련하여 다음 장에서는 인지과학과 뇌/신경과학의 마음 개념을 살펴보려고 한다. 이는 이들 과학이 직접적으로 생각과 선-수행의 관계에 어떤 의미 있는 내용을 전달하기 때문임은 아니다. 우리가 생각하는 문제와 직접적으로 관련이 있는 것은 유식불교에서 말하는 아뢰야식(ālaya-vijñāna)과 말나식(manas)이다. 인지과학과 뇌/신경과학을 살펴보려고 하는 것은 이들 과학이 유식불교에서 말하는 심층심리를 현대 과학적 용어와 개념으로 이해하고 기술하는 데 도움을 주기 때문이다.

4. 인지과학의 마음 개념

인지과학은 인지(認知, cognition), 즉 '앎'이 무엇인지, '앎'이 어떻게 구현되는지를 통해 마음을 기술하는 학문이다.[39] 이 점에서 '앎(識, vijñapti)'을 통해 마음과 세상을 이해하고 설명하는 유식(vijñapti -mātra)불교와 인지과학은 적어도 마음을 보는 시각이 같다고 할 수 있다. 인지과학이 탄생할 초창기에는 '앎'을 지능(知, intelligence)

---

39 이정모 지음, 『인지과학』, 성균관대학교출판부, 2009 ; José Luis Bermúdez 지음, 신현정 옮김, 『인지과학』, 박학사, 2012.

으로 좁게 해석했었지만, 알고 보면 '앎'은 인간의 지능과 정서 및 동기를 모두 포함하고 있다. 그뿐만 아니라 컴퓨터 같은 인공물이나 동물과 같은 행위자(agency)도 인간과 같은 유사한 지능을 보이기 때문에 인지과학에서 정의하는 마음 개념은 종래의 심리학보다 훨씬 더 넓다고 할 수 있다.

인지과학은 복합적인 학문으로서 관련된 학문도 많고 마음 개념도 여럿이어서 여기서 인지과학의 마음 개념을 전부 자세히 살펴볼 수는 없다. 이글의 주제인 '생각'과 앞으로 설명할 유식불교의 아뢰야식과 관련된 마음 개념만 자세히 살펴보고, 다른 마음 개념에 대해서는 간략히 살펴보겠다.

1) 인지주의

생물과 무생물은 완전히 다른 것 같지만 공통적인 것도 많다. 자동제어 현상과 같은 것이 좋은 예다. '음의 되먹임'(negative feedback)을 기본원리로 하는 자동제어 현상은 미사일이나 온도조절 장치와 같은 인공물에서만 나타나는 것이 아니라 자연의 생태계와 생명체의 조직이나 인간사회에도 나타난다. 그리고 인간의 두뇌가 하는 일도 관점을 달리 해서 보면 디지털 컴퓨터가 하는 일에 비해 특별히 다른 것이 아니다. 정보처리라는 측면에서 본다면, 비록 정보를 처리하는 방식은 다르지만 동물의 두뇌나 컴퓨터 같은 인공물도 인간의 두뇌가 하는 일과 다를 바가 없다고 할 수 있다. 1956년 미국 다트머스 대학(Dartmouth College)에서 열린 학술모임을 계기로 인공지능학(artificial intelligence)이 탄생하였고, 이들 학술회의에 참여한 심리학자, 언어학자, 전기공학자, 신경과학자, 정보이론 학자 등이 공통적으로 생각한 것은 마음의 기능이란 본질적으로 정보처리라는 것이었다. 마음을 새로운 각도에서 보는 이 혁명적 발상을 훗날 사람들이 인지주의(cognitivism)라고 부르는데, 인지주의를 바탕으로 탄생한 새로운 학문이 인지과학이다.

마음이란 결국 하나의 정보처리 시스템이라고 보는 인지주의도 1980년대 중반을 기점으로 마음의 연구에서 두뇌의 구조와 기능을 중요시하느냐 아니냐에 따라 고전적 인지주의와 신연결주의(또는 신인지주의)로 나뉜다. 고전적 인지주의는 세 가지 기본 철학을 바탕으로 두뇌와 마음의 특성을 바라보고 있는데, 그 세 가지란 기능주의(functionalism)와 표상주의(representationalism) 및 계산주의(computationalism)이다. 기능주의란 어떤 것들의 특징을 규정하는 것은 그 기능이지 물질적 재료나 물리적 구조가 아니라는 관점이고, 표상주의란 컴퓨터가 기호(symbol)로써 정보를 저장하는 것과 마찬가지로 대상에 대한 정보가 어떤 상징으로 재표현(representation)되어 머리에 저장된다는 관점이다. 그리고 계산주의란 컴퓨터가 입력된 자료(정보)를 처리할 때 내장된 규칙에 따라 기호를 조작하여 '정보를 변경하고 처리하는 것(computation)'과 마찬가지로 정신적 과정도 두뇌에서 일어나는 일종의 계산적 과정이라는 것이다. '계산적'이라는 것은 산술적인 의미에서의 계산이 아니라, 정보처리 과정의 세부단계 절차들을 명확히 규정할 수 있으며 형식화할 수 있다는 뜻이다. 두뇌와 디지털 컴퓨터는 그것을 이루는 물질과 구조는 다르지만, 기능적인 면에서 보아 다 같은 정보처리 시스템이라면 뇌의 상태를 직접 조사하는 것보다 컴퓨터의 작동원리를 통하여 마음을 연구하는 것이 더 쉽고 응용성도 클 것이다.

고전적 인지주의는 인공지능의 발전과 인지심리학의 탄생에 결정적인 역할을 하고 인지과학의 핵심사상으로서 자리를 잡았지만, 지나치게 컴퓨터 유추적(computer metaphor)이어서 결점도 많았다. 디지털 컴퓨터는 사전에 내장된 고정된 규칙에 따라 오류를 범하지 않고 정보를 처리함으로써 단순한 계산에서는 오류를 범하는 법이 없지만, 회로에 약간의 손상이 오거나 상황이 조금만 달라져도 반응하지 못한다는 단점이 있다. 반면에 생명체는 오류를 통해 학습하고 환경의 변화에 적절히 반응하며, 두뇌에는 가소성이 있어 두뇌 신경회로에 손상이 있더라도 정보를 분산 처리하기 때문에 정보처리에 별 문제가 없다. 뿐만 아니라 고전적 인지주의에 입각하여 만든 로봇은 간단한 장애물도 피하지 못하고, 강아지와 고양이를 구별하는 것도 힘들고, 강아지에 옷을 입혀도 그것이 강아지인 줄 모른다. 무한에 가까운 다양성을 보편적으로 설명하면 다른 동물들과 혼돈되고, 너무 구체적으로 설명하면 대부분의 개가 포함되지 않기 때문이다. 반면에 어린아이도 고양이와 강아지를 쉽게 구별하고 일상적인 문제는 작은 곤충이 컴퓨터보다 더 빨리 해결한다. 디지털 컴퓨터와 생명체는 확실히 다르다. 고전적 인지주의가 가진 더 큰 문제점은 마음의 작용 메커니즘이 사전에 내장된 인지적 규칙에 의하여 좌우된다는 하향식(top-down) 접근방식이다. 인간은 외부에 실재하는 세계를 표상하고 내장된 규칙에 따라 모든 유사한 상황에 똑같이 반응하고 상황이 조금만 달라져도 제대로 대응하지 못하는 존재가 아니다. 유기체는 외부환경의 변화에 적절히 반응하는 존재이다. 그렇다면 생명체의 두뇌를 고려하여 마음을 보는 틀을 바꿀 필요가 있을 것이다. 여기에서 1980년 중반에 신인지주의가 등장한다.

신인지주의는 인간 두뇌의 구조와 역할을 중시하여 1980년대 중반에 대두한 사상이다. 두뇌를 유추(brain metaphor)하여 이론적인 인공신경망(artificial neural network)을 만들고, 컴퓨터 시뮬레이션을 통해 신경망의 작동을 연구하고 이를 통해 두뇌에서 일어나는 일과 마음을 설명하겠다는 것이다. 신인지주의에서는 정보 단위들이 고전적 인지주의 주장에서처럼 상징 또는 상징구조로서 기억-표상이 저장고 내의 어떤 특정 위치에 저장되는 것이 아니라, 처리 단위들 간의 연결성 정도의 값과 각 단위에 대한 비중 값을 통해 대량의 처리 단위들의 연결에 분산되어 저장되어 있다고 본다. 뿐만 아니라 신경망은 사전에 내장된 규칙에 의해 정보가 하향식으로 처리되는 것이 아니라 명확한 의미가 없는 신호들을 서로 주고받으며 망 전체의 협동에 의해 의미를 만들어나가는 상향식 접근(bottom-up)방식을 취한다. 이런 뜻에서 신인지주의를 창발론(創發論, emergentism)이라고 할 수 있다.

인공신경망은 두뇌가 작동하는 여러 가지 핵심적인 원리들을 구현할 수 있다는 희망을 가지고 시작하였으나, 두뇌신경망의 복잡한 활동을 모방하기에는 턱없이 간단하여 인공신경망을 통한 지능의 연구는 한동안 진전이 없었다. 그러던 중 2006년 딥러닝(deep learning)의 실용화를 가능케 한 심층신경망(deep neural network)이 개발됨으로써 사정이 달라졌다. '딥러닝'이란 기계가 스스로 학습하는 기계학습

(machine learning) 분야 중 하나이다. 딥러닝 기법으로 인해 강아지와 고양이를 구분하지 못하던 인공지능이 이제는 사람보다도 더 사람의 얼굴을 인식하는 능력이 뛰어나게 되었다. 참고로 말하자면 인공지능이 한국인·중국인·일본인의 얼굴을 구분해내는 확률이 75%에 이르는데, 미국 사람들이 한·중·일 세 나라 사람을 식별하는 확률은 39%이다. 그리고 바둑 프로그램인 알파고의 실력은 이제 사람이 도저히 따라갈 수 없는 정도로 그 실력이 뛰어나다. 그렇다고 해서 신경망 모형들이 실제 생명체의 두뇌와 유사한 기능을 한다는 것은 아니다.

두뇌유추가 신인지주의의 기본철학이지만, 신인지주의 철학에 입각하여 구성한 대부분의 인공신경망들은 보편적인 의미를 제외한다면 어느 면에서도 생물학적으로 그럴듯하지 않다. 인공신경망은 한 가지 기능에서만 뛰어날 뿐이다. 사람은 바둑도 두고 가사노동과 비서일도 잘 수행하는 등 자신이 판단하여 여러 가지 일을 자발적으로 잘 하지만, 여러 가지 일을 다 잘 하는 인공지능은 없다. 그뿐만이 아니다. 사람의 두뇌는 물질적으로는 분명히 하드웨어이지만 동시에 필요에 따라 소프트웨어도 스스로 만들어내는 데 반해 인공신경망은 외부의 누군가가 소프트웨어를 만들어주어야 한다. 고전적 인지주의도 신인지주의도 여러 가지 문제점들을 갖고 있지만, 고전적 인지주의와 신인지주의는 상호보완적으로 작용하여 인공지능의 연구에 앞으로도 기여하게 될 것이다.

고전적 인지주의와 신인지주의는 모두 정보처리라는 기능을 제외한다면 인간 마음의 작동원리를 제대로 반영한다고 할 수 없지만 생각을 이성적 사유 또는 논리적 판단이라고 보면, 고전적 인지주의에서 말하는 계산주의는 논리적 사고를 이해하는 데 결정적인 도움을 준다. 생각이 논리적 사고만을 뜻하는 것이 아니므로 논리적 사고의 진행과정을 다 안다고 해서 생각의 개념을 완전히 이해할 수 있는 것은 아니지만, 생각이라는 개념이 담고 있는 여러 가지 뜻을 하나의 집합이라고 볼 때 논리적 사고는 그 부분집합이므로 논리적 사고의 진행과정을 알면 생각이 담고 있는 뜻의 일부를 정확히 알 수 있다. 컴퓨터의 논리회로와 인간의 논리적 사고의 법칙은 모두 불대수(Boolean algebra)로 표시할 수 있다. 인간의 논리적 사고과정과 컴퓨터의 연산을 불대수로 기술할 수 있다는 것은 이성적 사유가 객관적이며 진리의 일면을 가리키고 있다는 것을 뜻한다고 볼 수 있을 것이다. 그리고 신인지주의도 생각의 불교적 용어인 상상(想像)의 의미를 이해하는 데 도움을 준다.

옆의 그림을 볼 때 사람은 이 그림이 정지해 있는 그림이라는 사실을 알고 있음에도 불구하고 이 그림이 움직이는 것으로 착시현상을 일으킨다. 그런데 인공지능도 사람처럼 착시현상을 일으킨다는 연구 결과가 있다. 이는 인간이 자신의 두뇌가 만드는 어떤 그릇된 상상(想像)에 입각하여 세상을 보는 것이 두뇌의 실수 때문만은 아니고 어떤 근원적인 이유가 있음을 암시하는 것이라고 할 수 있다. 근원적인

이유가 있다는 것은, 복잡계에서 자발적으로 어떤 질서가 창발하는 (emergent) 것처럼 인간의 두뇌나 인공신경망이 정보를 처리하는 과정에서 일어나는 자연스런 현상이 착시나 착각일 수도 있다는 뜻이다. 이것을 좀 더 확대하여 해석하면 우리가 보는 세상이 질서정연한 법칙에 따라 움직이는 것처럼 보이더라도 그것은 자연스럽게 일어나는 일종의 착시나 착각으로서 마음이나 두뇌가 만들어낸 환영일 수 있다고 생각할 수도 있다. 실제로 위의 그림에서 보듯이 우리가 경험하는 착시나 착각이, 그것이 착시나 착각인 줄 알더라도 착시나 착각이 계속되는데, 이는 심층심리의 영향이 이성적 사유를 무시할 만큼 강하고 우리의 생각이나 판단이 심층심리의 조종을 강하게 받는다는 것을 뜻한다. 그렇게 강력한 결과를 가져오는 심층의식을 유식불교에서는 아뢰야식과 말나식의 작용이라고 본다. 아뢰야식에 관해서 논의하기 전에 먼저 신경과학으로부터 생각과 마음의 의미를 살펴보자.

2) 신경과학

마음을 하나의 정보처리 시스템으로 본다는 면에서 신경과학도 인지주의와 같은 입장을 취한다. 그렇지만 신경과학에서는 두뇌를 단순히 성능 좋은 컴퓨터로 보지는 않는다. 신경과학에서는 "심리상태는 두뇌상태와 동일하다"는 관점을 가짐으로써 두뇌를 떠나서는 마음을 생각할 수 없다고 본다. 즉 인지주의에서 말하는 기능주의를 받아들이지 않는다. 컴퓨터 기능주의가 소프트웨어-하드웨어 이원론인 것에 반해 신경과학은 철저히 환원론적 유물론이다. 이것은 물질이 존재하는 모든 것의 제일원인이고, 정신(마음)이란 두뇌라는 물질에서 일어나는 어떤 과정이라고 보는 것이다. 즉 '마음'이라는 것은 두뇌 신경에서 일어나는 전기화학적 반응의 과정에서 나타나는 하나의 현상에 '마음'이라는 이름을 붙인 것에 불과하다는 것이다. 이런 철학을 바탕으로 신경과학은 인간의 마음의 작동원리에 관해 많은 연구 성과를 거두었고 많은 것을 말하지만, 여기서는 생각과 선-수행에 관련된 내용만 살펴보겠다.

뇌/신경과학을 통해 생각에 관해 우선적으로 말할 수 있는 것은 사람(범부)이 지각하는 모든 것은 두뇌가 만든 것이라는 사실이다. 우리가 경험하는 현실이라는 것은 결코 실재가 아니다. 감각기관을 통해 들어온 정보를 처리하여 두뇌가 사람으로 하여금 그렇게 보고 생각하도록 구성하고 의미를 붙인 것이다. 두뇌가 만들었다는 면에서 볼 때 현실과 가상현실 사이에는 아무런 차이가 없다. 가상현실도 기계가 보낸 전기신호를 두뇌가 받아 이를 처리한 것이기 때문이다. 이런 뜻에서 우리가 보는 세상이란 한 편의 영화와 같은 것이다. 결국 우리가 사물이나 상황을 판단하는 관점은 우리가 그렇다고 믿는 것일 뿐이다. 신경회로가 이 믿음을 만들어내는 것이니 신경과학적 관점에서 보면 믿음은 결국 어떤 특정한 신경회로망의 연결을 가리키는 이름일 뿐이다. 앞에서 설명한 '상(想, saṃjñā, saññā)'은 이렇게 신경회로가 '만든 것'이기도 하고 이 '만들어진 것'을 대상으로 삼고 이 대상을 지각하는 것이기도 하다. 따라서 '상'이 잘못된 것이라면 이 잘못된 '상'은 선-수행을 방해하고 무상상처럼 올바른 '상'이라면 선-수행에 도움이 된다. 그러나 올바른 '상'도 그것은 두뇌가 만든 것에 불과하기 때문에 궁극적으로는 '상'에서 벗어나야 사물의 참모습을 볼 수 있다. 그것이 선이다. 그러나 완전한 깨달음을 얻기 전에는 이 '상'에서 떠날 수가 없다.

생각을 '이성적 사유'로만 한정한다면 신경과학이 전해주는 메시지는 단순명쾌하다. 앞서 소개한 제임스 오스틴은 "선수행은 당신의 전두엽을 편하게 쉬는 것이다"라는 말을 했는데, 이는 기능성자기공명영상(fMRI)으로 깊은 선정에 든 사람의 전두엽 사진을 찍으면 전두엽이 그 활동을 멈추고 있다는 뜻이다. 전두엽은 기억과 계획, 사고의 유연성, 추상적 사고의 원천으로 적절한 행동을 권장하고 부적절한 행동을 자제하며, 규칙을 습득하고 감각기관을 통해 들어온 다양한 정보 중에서 중요한 것만 골라내는 기능을 수행하는 역할을 담당하고 있다. 그러므로 전두엽이 쉰다는 것은 추리나 판단 등 이성적 사유가 멈춘다는 것을 뜻한다. 그러나 선에는 항상 역설이 따라다니는데, 뇌 사진에서도 그 역설이 나타난다.

기능성자기공명영상(fMRI)이나 뇌전도(腦電圖, EEG)를 통해 선정에 잠긴 사람들의 뇌를 조사하면 '두뇌가 안정과 동요라는 모순적 상태(paradox of calm commotion)'에 있음을 확인할 수 있다고 한다.[40] 안정(calm)과 동요(commotion)는 논리적으로 상반된 개념인데, 선정에 잠긴 뇌에서 이 두 상태가 동시에 나타난다는 것은 논리적으로 전기스위치가 동시에 '켜짐(on)'과 '꺼짐(off)'의 상태에 있다고 하는 것과 마찬가지다. 깊은 명상 가운데 나오는 감마뇌파의 발생도 선의

---

40 장현갑 지음, 『마음챙김』, 미다스북스, 2009.

역설을 말해준다. 감마뇌파는 사람이 일상적인 생활을 할 때는 방출되지 않고, 사람이 극도로 긴장하거나 흥분상태에 있을 때 방출되는 뇌파인데, 뇌과학자들이 관찰한 바에 의하면 티베트 승려는 깊은 명상 속에서 놀랄 만큼 침투력이 강한 감마뇌파를 발생시켜 마음의 광범위한 영역을 통합하고 하나로 묶는다고 한다.[41] 보통사람들은 극도로 흥분하거나 긴장할 때 감정에 끌려 바른 판단을 하지도 못하고 일을 합리적으로 처리하지 못한다. 감마뇌파가 발생하는 상황에 직면하면 보통사람들은 제대로 정신을 차리지도 못하는데, 티베트 승려들은 감마뇌파가 방출되는 그런 상태가 바로 고도의 정신집중 내지는 정신통일을 뜻한다고 하니 이것은 역설이 아닐 수 없다. 이런 역설 가운데 생각과 선-수행의 관계에서 신경과학이 말해주는 것 중 특별히 흥미 있는 것이 하나 있다. 그것은 간화선과 정념-사마타-위빠사나 수행이 서로 대립적인 수행법에 바탕을 두고 있지만 그 효과는 같다는 것이다.

신경과학적 연구만으로 선에 관한 모든 것을 밝힐 수 있다고 볼 수는 없지만, 적어도 하버드 대학교의 허버트 벤슨(Herbert Benson, 1935~)이 1975년 『이완반응(The Relaxation Response)』이라는 책을 출판한 이래 선의 효과와 의미에 관한 신경과학자들의 관심이 크게 늘었고, 이에 따라 많은 연구가 이루어졌다. 이런 연구 가운데 생각과 선-수행의 관계를 고찰하는 데 있어서 펜실베이니아 대학교의 앤드류 뉴버그(Andrew Newberg, 1966~)의 연구가 아주 흥미로운

---

41 릭 핸슨·리처드 멘디우스 지음, 장현갑·장주영 옮김, 『붓다브레인』, 불광출판사, 2010, p.28.

자료를 많이 제공한다.[42] 많은 종교와 신비주의 전통에서 개발한 선과
명상의 기법은 셀 수 없을 정도로 많지만 앤드류 뉴버그는 선과 명상
기법을 두 가지로 나누어 관찰하였다. 그 두 가지란 수동적 접근(The
Passive Approach)과 능동적 접근(The Active Approach)이다. 수동
적 접근은 마음에서 모든 의식적인 생각과 감정과 지각을 마음으로부
터 없애려는 목적으로 하는 것이고, 능동적 접근이란 마음을 특정
대상, 어떤 생각이나 사물에 완전히 정신을 집중시키는 것을 목표로
하는 방법이다.

앤드류 뉴버그에 의하면 불교 선-수행 기법의 대부분은 수동적
접근에 해당하고, 불교도들이 만트라를 낭송하거나 염불을 하는 것,
타오르는 촛불이나 반짝이는 물체를 응시하는 것, 기독교 신자들이
하느님이나 십자가의 상징물에 마음을 향한 채 기도하는 것은 능동적
접근에 해당한다. 이 분류대로라면 정념-사마타-위빠사나를 수행하
는 것은 수동적 접근에 해당하고, 간화선이나 참구염불과 같은 수행법
은 능동적 접근에 해당한다고 할 수 있다. 간화선에서 화두에 집중하고
의념을 강하게 일으키는 것이 어떤 대상에 정신을 집중하는 것에
해당하기 때문이다.

앤드류 뉴버그의 설명에 따르면 선-수행 기법에서 일어나는 역설이
란 다름 아니라 수동적 접근법으로 선-수행을 하면 두뇌 신경계 중
억제계(quiescent system)의 기능이 강화되고, 능동적 접근법으로
수행을 하면 흥분계(arousal system)의 기능이 강화된다. 그러나 선이

---

42 앤드루 뉴버그 외 지음, 이충호 옮김, 『신은 왜 우리 곁을 떠나지 않는가』,
한울림, 2001.

깊어짐에 따라 억제계든 흥분계든 어느 쪽이든 그 기능이 극에 달하면 역설이 일어나 반대쪽 기능도 폭발적으로 반응하여 억제계와 흥분계의 활동이 모두 최대한으로 증대한다. 이럴 때 수행자에게서 자아의 개념이 사라지고 우주와 자신이 하나가 된 느낌을 느낀다고 한다. 앤드류 뉴버그가 말하는 이 경지가 간화선에서 말하는 화두 타파나 구차제정의 상수멸정과 어떤 관계가 있는지는 아직 연구된 바가 없다. 그러나 우주와 자신이 하나가 되는 자타불이의 경지는 붓다도 말한 바이고, 뇌과학자들도 후상부두정엽의 기능이 정지되면 사람은 자기와 외부세계를 구별하는 감각을 잃게 된다는 사실을 확인한 바가 있다.[43] 그렇다면 우리는 간화선과 사마타-위빠사나 수행의 효과는 궁극적으로 일치한다고 추론할 수 있다. 달리 말하자면 분별 내지는 요별을 담당하는 뇌 부위나 회로가 선의 중간단계에서는 잠잠하다가 극에 이르면 다시 활성화된다는 뜻이다. 우리는 이 추론을 뒷받침하는 확실한 신경과학적 증거는 아직 발견하지 못했지만 허버트 벤슨이 관찰한 '안정과 동요'가 이 추론을 간접적으로 뒷받침한다고 볼 수 있다. 왜냐하면 안정(calm)은 '생각하지 않음'과, 동요(commotion)는 '생각함'과 관련이 있기 때문이다. 그러나 비록 확실한 신경과학적 관찰 결과는 없다고 하더라도 이 추론을 뒷받침하는 사리뿟따의 설명은 있다.

　도반이여, 통찰지(pajānāti)와 분별지(vijānāti), 이것들은 결합되어

---

43 후상부두정엽(posterior superior parietal lobe)은 공간적 위치와 방향을 구별하는 기능을 한다.

있지 분리되어 있지 않습니다. …… 꿰뚫어 아는 그것을 분별해서 알고, 분별해서 아는 그것을 꿰뚫어 압니다.[44]

뇌/신경과학은 인간의 고차원적인 정신활동을 생물학적 기반에서 설명하는 데 큰 성과를 거두었고 의학적으로도 큰 기여를 한 것이 사실이다. 그렇지만 마음을 뇌로 환원시킬 수 있다는 것은 분명히 잘못이고, 두뇌만으로 마음을 만든다는 생각도 잘못이다. 이 글의 성질상 이런 문제가 있다는 것만을 지적할 뿐 여기서 이 문제를 더 자세히 논할 수는 없다. 다음 절에서는 정보처리의 의미를 지금까지와는 다른 각도에서 살펴보도록 하자.

3) 확장된 마음과 내러티브 인지

마음 개념에 대한 정보처리적 접근은 뛰어난 발상이지만 인지과학의 마음 개념에는 정보처리적 접근만 있는 것이 아니다. 마음을 보는 틀이 무엇이냐에 따라 인지과학을 보통 3~4단계로 나누어 본다. 인지과학의 제1패러다임은 마음 개념에 대한 정보처리적 접근으로서 마음을 컴퓨터 유추를 통해 연구할 수 있다고 보는 고전적 인지주의다. 제2패러다임은 정보처리적 접근이기는 하지만 고전적 인지주의가 지나치게 컴퓨터 유추적이어서 여러 가지 문제점이 있다고 보고, 두뇌 유추(brain metaphor)를 통해 인공신경망을 만들고 컴퓨터 시뮬레이션을 통해 두뇌의 작동원리와 마음을 연구할 수 있다고 보는

---

[44] 「교리문답의 긴 경」(M43).

신연결주의와 마음＝두뇌로 보고 두뇌를 직접 연구함으로써 마음을 연구할 수 있다고 보는 신경과학이 여기에 속한다. 그러나 위에서 지적한 바와 같이 인지과학의 제2패러다임에도 문제는 있다.

대략 1990년을 전후로 그전의 인지과학의 마음 개념에 문제가 있다고 본 일단의 과학자, 철학자들 사이에서 마음의 개념을 여러 가지 새로운 각도에서 이해하고 정의하려는 움직임이 있었다. 철학자들로 하여금 이런 생각을 하도록 실마리를 제공한 사람들은 인공지능이나 로봇공학에 종사하는 과학자들이었다. 마음을 새로운 각도에서 이해하고 정의하려는 이러한 움직임은 하나로 결집되지 못한 채 독립적으로 이루어져 왔지만 마음 개념에 대해여 최소한 세 가지 공통적인 요소를 갖고 있다. 그 세 가지란 첫째 유기체와 환경을 이원론적으로 구분할 수 없다는 것이고, 둘째 마음의 상태는 시간에 고정된 것이 아니라 마음과 환경은 분리될 수 없는 하나의 동력학적 시스템이라는 것이며, 셋째 마음은 진화의 산물이라는 것이다. 이 공통적인 요소를 정리하면 새로운 이론을 구성할 수 있는 하나의 개념적 틀이 형성되는데, 그 틀이 마음에 대한 '체화된 마음(＝EM)-접근'이다. EM-접근을 인지과학의 제3패러다임이라고 부르는데, EM-접근이란 마음＝두뇌라고 보는 것이 아니라, 마음이란 환경(시공간적)-신체-뇌신경의 총체의 창발적 속성(創發的 屬性, emergent property)으로 보는 것이다. EM-접근에서 보는 이 새로운 마음 개념을 확장된 마음(extended mind), 또는 체화된 마음(embodied mind)이라고도 부른다. 'EM-접근'의 마음 개념을 '확장된 마음'이라고 부르는 것은 마음이 두뇌에 한정된 것이 아니고 우주 전체와 시공간적으로 연결된 어떤 사건

내지는 현상으로 보기 때문에 그렇게 부르는 것이며, 체화된 마음이라고 부르는 것은 마음이란 컴퓨터 소프트웨어와 같은 존재가 아니라, 살아서 활동하는 몸을 가진 생명체가 구체적인 몸을 통하여 환경과 상호작용을 함으로써 나타나는 현상이라고 보기 때문이다.

'EM-접근'에서는 마음을 연구하는 것이 간단하지 않다. 인지주의나 신경과학은 마음을 컴퓨터나 두뇌로 보기 때문에 마음을 대상으로 접근하고 연구하는 방법이 결정된다. 그러나 'EM-접근'에서는 환경(시공간적)-신체-뇌신경의 총체의 창발적 속성으로 보기 때문에 마음을 다른 무엇으로 환원시켜 보는 것이 불가능하다. 따라서 마음을 연구하는 대상을 잡을 수도 없고 연구방법도 정하기가 어렵다. 이 문제에 대해 명쾌한 답을 제시하는 이론이 발제론(發製論, enactivism)이다.

바렐라·톰슨·로쉬가 제시한 발제론은[45] 'EM-접근'의 이론 중 하나인데 불교의 중도사상을 기반으로 구성한 마음의 이론이다. 이 이론에서 말하는 발제(發製, enaction)란 무엇을 만들어낸다는 뜻이다. 이 이론의 핵심 내용은 발제적 인지(enactive cognition)로서, 발제적 인지란 주관과 세계가 인지를 통해 서로를 만들어간다는 것이다. 여기서 주관은 생명체를 가리킨다. 주관과 대상과 인지는 함께 정의되는 것으로 어느 것이 먼저 정의되는 것이 아니다. 한순간의 인지행위에 주관과 객관이 함께 참여한다. 주관과 대상의 만남에서 인지가 발생하지만 셋 중 어느 것이 먼저 구성되는 것이 아니다. 대상 역시 인지에 의해 구성되고 주관 역시 인지에 의해 변한다. 그리고 셋은 끊임없는

---

45 프란시스코 바렐라·에반 톰슨·엘리노어 로쉬 지음, 석봉래 옮김, 『몸의 인지과학』, 김영사, 2013.

상호인과에 의해 변하고 있다.

한순간의 인지행위에 주관과 객관이 함께 참여한다는 것은, 한순간의 인지행위에 전 우주가 참여한다는 뜻이다. 주관-객관-인지행위 사이의 상호작용은 끊임없이 비선형적(非線型的, non-linear)으로 일어나기 때문에 인지행위에 의해 대상이 규정되지만, 대상이 규정되는 것과 함께 주관의 행위도 바뀐다. 인지행위를 통해 대상이 규정되고 주관도 바뀌는 것이다. 이렇게 주관의 행동이 변하면서 세계에 대한 주관의 감각도 다시 변하게 되는 것이다. 한마디로 말하자면 셋은 연기적으로 얽혀 있다는 뜻이다. 발제론에서 마음을 대하는 태도는 마음을 연구하는 학문 중 다른 어떤 분야보다도 유식불교와 유사하다고 볼 수 있다. 물론 'EM-접근'에서는 인지(앎)란 살아 있는 생명체의 몸을 통해서 일어나는 마음작용이라고 본다는 면에서 유식불교와는 다르다. 유식불교에서 말하는 아뢰야식은 생명체의 몸이 죽어서도 활동하는 마음작용이라는 면에서 '체화된 마음' 개념과는 크게 다르다. 그러나 지금 살아서 활동하는 사람의 마음작용만을 생각한다면 유식불교의 아뢰야식과 'EM-접근'의 마음 개념은 비교할 만하다.

살아 있는 몸에서만 마음작용이 일어난다고 보느냐 아니면 몸이 죽어도 마음작용이 계속된다고 보느냐 하는 차이점은 있지만, 살아 있는 몸만 고려한다면 발제론은 유식불교를 뒷받침하는 인지과학의 이론이라고 볼 수 있다. 여기서 이성적 사유에 의한 것과 선에 의해 진리를 탐구하는 것이 수렴한다고 볼 수 있다. 아뢰야식의 작용은 깊은 선정을 통해 발견한 것으로서 인간의 추론이나 이성적 사유로서 발견할 수 없는 것이지만, 확장된 마음 개념은 로봇 공학자와 철학자의 관찰과 이성적 사유를 통해서 나온 개념이고 이론이다. 아뢰야식과 'EM-접근'의 마음 개념 사이에 유사성이 있다는 것은 진리를 찾는 데 있어서 선과 이성적 사유는 상호보완적이라는 것을 암시한다고 말할 수 있을 것이다.

인지과학의 제4패러다임(?)은 전혀 다른 새로운 관점에서 출발한다. 마음을 보는 이 새로운 관점을 내러티브 인지(narrative cognition)라고 하는데, 이야기를 꾸미는 능력이 마음의 기능이라는 것이다. 사람의 삶의 기본은 이야기이며, 사람은 이야기를 통해 자아를 형성하고 문명과 문화를 창조한다는 것이 내러티브 인지의 기본 관점이다. 내러티브 인지의 관점에서 마음을 해석하면 희론을 하는 인간의 마음이 문명을 가져왔다는 뜻이 된다. 왜냐하면 이야기를 꾸미는 능력이 바로 미래를 설계하는 능력이며 희론을 만드는 바탕이기 때문이다. 이성적 사유가 없다면 죽음과 고통을 예견하지 못했을 것이고 미래를 상상하고 설계하는 능력도 없었을 것이다. 그런 능력이 없었다면 수행도 선도 없었을 것이다. 사물의 실상을 보는 데 방해가 되는 희론이 문명건설의 원동력이기도 하다는 것은 선과 생각의 역설을 의미한다고 볼 수 있을 것이다. 선도 생각도 사물의 실상을 찾는 방법이기 때문이다.

EM-접근과 내러티브 인지는 정보처리와는 무관한 것 같지만, 정보처리라는 말을 하지 않을 뿐 이 개념들도 정보처리라는 개념을 떠난 것이 아니다. 어떤 시스템이든 변화가 있다면 그것은 정보를 처리했다는 뜻이기 때문이다. 생명체도 지구도 돌멩이도 우주도 정보를 처리하는 방식만 다를 뿐 다 정보를 처리한다. 그래서 프로그래밍 유니버스[46]

라는 말도 있는 것이다. 내러티브 인지 역시 암묵적으로 정보처리의 의미를 담고 있다. 이야기를 꾸민다는 것은 미래를 설계한다는 뜻이고, 미래를 설계한다는 것은 현재 주어진 정보가 앞으로 어떻게 처리될 것인가를 뜻하는 것이기 때문이다.

세상 모든 것이 정보를 처리한다면 선과 생각마저 정보처리의 관점에서 살펴볼 필요가 있다. 생각은 정보처리를 의미한다. 논리적 사유라면 정보처리의 방식을 불대수로 기술할 수 있을 만큼 그 처리방식이 객관적이고 명확하다. 선은 생각과 달리 정보를 처리하지 않는 것이다. '정보를 처리하지 않음'이라고 해서 정보처리와 무관한 것이 아니다. 정보처리를 하는 수많은 방법 중의 한 방법으로 '정보처리하지 않음'도 있는 것이다. 정보처리도 사물을 보는 방법이고 '정보처리하지 않음'도 사물을 보는 방법이다. 어느 쪽이 사물의 실상을 보도록 이끄는가 하는 것은 별개의 문제다. 이제 인지과학의 마음 개념을 살펴보는 것은 여기에서 그치고, 다음 절에서는 아뢰야식의 작용에 관해 살펴보도록 하자.

5. 아뢰야식

생각은 의지로 통제할 수 있는 것도 있고 통제할 수 없는 것도 있다. 이성적 사유는 자신의 뜻대로 통제할 수 있지만 표상은 그렇지 않다.

---

46 세스 로이드 지음, 오상철 옮김, 『프로그래밍 유니버스』, 지호, 2007. 이 책은 우주를 하나의 양자컴퓨터로 보고 있다. 그렇다면 EM-개념의 마음을 양자 컴퓨터 유추라고 부를 수 있을 것이다.

표상은 표층의식에서 만들어지는 것 같고, 또 자신이 지각하는 것을 다 알고 있는 것 같지만 결코 그렇지 않다. 어렸을 적의 경험과 느낌을 바탕으로 사람의 신경회로가 만들어지고, 신경회로가 사물에 대한 표상을 만든다. 이 표상이 바로 상(想, saṃjñā, saññā)이다. '상'을 만드는 것은 표층의식이 아니라 심층의식인데, 유식불교에서는 금생의 경험뿐만 아니라 전생의 경험까지도 심층의식 속에 식물의 씨앗처럼 자리를 잡고 있다가 현실에서 싹이 터서 구체적으로 활동한다고 본다. 전생의 경험까지 담고 있는 이 심층의식이 아뢰야식(ālaya -vijñāna)이다. 생각과 선의 관계를 알려면 이 아뢰식에 대한 고찰이 필요하다. 사람이 왜 그런 생각을 하게 되는지, 또 그 생각을 어떻게 처리할 수 있는지를 알기 위해서는 이 아뢰야식에 대한 고찰이 꼭 필요한 것이다.

1) 복잡계와 아뢰야식

중생심衆生心을 가리켜 『화엄경』과 『대승기신론』을 비롯하여 많은 경전과 논서들이 일심一心이라고 부른다. 일심은 개체로서의 '나'가 갖는 작은 마음이 아니라 '나'를 포함하여 우주의 모든 것을 담고 있는 큰마음을 뜻한다. 일심은 '나눌 수 없는 하나(undivided whole-ness)'로서 주와 객을 아우르는 큰마음이지만, 범부는 이 근원적인 하나를 보지 못하고 이 하나를 인식주관과 인식대상으로 나누어 본다. 이런 이유로 『대승기신론』에서는 이 근원적인 마음인 일심을 범부의 경우엔 다른 이름으로 불러 아뢰야식이라고 칭한다. 따라서 아뢰야식은 모든 사람에게 공통된 심층의식이고 우주 삼라만상이 전개되는 바탕이 되는 식이라고 할 수 있다. 이것을 가리켜 유식불교에서는 범부가 보는 이 세상을 아뢰야식의 식전변(識轉變, vijnana-parinama)이라고 하는 것이다.

이 세상이 아뢰야식의 식전변이라면 아뢰야식은 모든 중생의 마음에 담긴 내용과 이 우주 전체의 정보를 담고 있는 정보의 집합(集合, set)이라고 볼 수 있다. 따라서 이 세상에서 일어나는 모든 사건의 정보와 모든 중생의 마음에서 일어나는 사건의 정보는 하나도 빠짐없이 아뢰야식에 저장되어야 한다. 왜냐하면 아뢰야식은 일심의 다른 이름이고, 일심이 바로 주와 객을 아우르는 큰마음이기 때문이다. 아뢰야식에 저장된 정보를 유식불교에서는 종자(種子, bīja) 또는 습기(習氣, vāsanā)라고 말하는데, 종자는 스스로 어떤 결과를 만들어 내는 능력이 있다.

아뢰야식에 저장된 종자는 디지털 컴퓨터에 저장된 정보처럼 가만히 머물러 있는 것이 아니다. 종자와 종자는 끊임없는 상호작용을 하고, 이 상호작용을 통해 부단히 사건이 일어난다. 사건은 한 번 일어나고 사라지지만, 그냥 사라지는 것이 아니라 앞의 사건이 원인이 되어 새로운 사건이 생기면서 끊임없이 사건이 일어나고 사라지기 때문에 사건들은 하나의 흐름을 형성하고 있다. 사건의 흐름으로 인하여 아뢰야식은 역동적으로 움직이는 종자의 파동 또는 정보의 파동으로 가득 차 있다. 역동적인 이 정보의 흐름을 심상속心相續이라고 한다. 『유식삼십송』과 『해심밀경』은 "일체종자식一切種子識은 폭류暴流 같다"라고 하여, 종자들이 역동적으로 움직이는 것을 폭포의 흐름에 비유하고 있다. 일체종자식은 물론 아뢰야식의 다른 이름이다. 심상속이란 잔잔

한 시냇물과 같이 흐르는 정상류가 아니라 종자들이 만드는 사건들이 폭류와 같이 흐르는 것을 가리키는 이름이다. 뿐만 아니라 종자들은 심층의식 속에 갇혀 있는 것이 아니다. 유식불교에서 제6식이라고 부르는 표층의식과 아뢰야식은 끊임없이 영향을 주고받는다. 사람이 현실을 살아가면서 행한 모든 생각과 말과 행동에 대한 정보가 끊임없이 아뢰야식에 종자로 저장되고, 아뢰야식에 저장된 정보 중 일부는 조건이 되면 표층의식으로 올라와 현실의 삶에 작용하여 구체적으로 활동한다. 이것을 종자의 현행現行이라고 한다. 이것은 아뢰야식이 복잡계(複雜系, complex system)를 이루고 있다는 것을 뜻한다. 계 (系, system)란 명확하게 정의된 성질을 가진 구성원으로 이루어진 어떤 대상을 말한다.[47] 아뢰야식의 구성원이란 물론 종자들이다. 구성원이 하나인 계도 생각할 수 있고, 구성원이 하나도 없는 공집합도 하나의 계로 생각할 수 있다.

복잡계를 정의하는 것은 간단하지 않지만 복잡계가 갖추어야 할 필수조건만 말하자면 이렇게 말할 수 있다. "복잡계는 '열린 계(open system)'이고[48] 구성원들 사이나 계와 외부와의 관계가 비선형적(非線型的, non-linear)이다." 비선형적 관계란 원인과 결과의 관계가 비례하지 않는 것을 말한다. 되먹임(feed back)이 있으면 원인과 결과

---

47 키 큰 남자들의 집단과 같은 것은 그 구성원의 성질이 명확하지 않다. 남자라는 것은 명확하게 정의되지만 '키가 크다'는 것은 명확하게 정의된 성질이 아니기 때문이다.

48 그 구성원들이 외부와 상호작용을 하면 그 계를 열린 계(open system)라 하고, 외부와 상호작용을 하지 않으면 닫힌 계(closed system)라고 한다.

사이에는 비선형적이 된다. 연기법이 바로 복잡계를 설명하는 법칙이다. 그리고 이 세상이 바로 복잡계를 이루고 있다. 이 세상이 아뢰야식의 식전변이고 이 세상이 복잡계를 이루고 있다면 아뢰야식이 복잡계를 이루고 있음을 추론하는 것은 어렵지 않을 것이다.

복잡계는 그 행동을 예측할 수 없이 복잡하지만 '자기 조직(self organization)'의 능력이 있어 거기서 고도의 질서가 창발되기도 한다. 유식불교에도 자기조직이나 창발에 해당하는 개념이 있다. 바로 아뢰야식에 있는 집기集起의 기능이다. 아뢰야식은 일상생활에서 당장 발생하여 작용하는 현행식現行識은 아니지만 집기의 기능이 있어 인간의 삶과 현상계를 현재와 같은 모습으로 결정짓는 근원적인 마음이다. 집기란 여러 가지를 불러 모아 새로운 현상을 불러일으키는 능력을 말하는데, 현대적인 용어로 바꾸면 창발성 내지는 자기조직의 능력이 될 것이다.[49] 아뢰야식에서 일어나는 대표적인 창발현상으로는 제7식 '말나식'과 '6식'의 출현을 들 수 있다.

아뢰야식은 발생면에서도 존재면에서도 근원적인 식이다. 그러나 8식 가운데 아뢰야식을 제외한 나머지 일곱 개의 식, 안이비설신眼耳鼻舌身의 전5식과 제6식 및 제7식은 아뢰야식으로부터 전변轉變한 식으로서 모두 아뢰야식으로부터 창발되었다고 할 수 있다. 이제 우리는 제6식과 제7식이 아뢰야식으로부터 창발되었다는 사실로부터 생각과 선의 관계를 지금까지와는 다른 각도에서 바라볼 수 있다. 생각과 선의 관계를 새로운 관점에서 살펴보기 위해 먼저 사물을 보는 두

---

49 또는 스스로 결과를 일으키는 종자의 능력, 즉 공능功能을 자기조직의 능력이라고 볼 수도 있다.

가지 관점, 환원주의와 전일주의에 대해 알아보자.

2) 환원주의와 전일주의

사람이 사물을 이해하고 기술하는 방법에는 크게 두 가지 관점이
있다. 하나는 사물을 자세히 분석하여 구성요소를 알아내고 구성요소
의 작용과 성질을 조사함으로써 사물 전체의 성질을 이해할 수 있다는
관점이다. 다른 하나는 사물과 현상을 구성요소의 합계가 아니라
하나의 통합된 전체로 이해해야 한다는 관점이다. 전자를 환원주의
(reductionism), 후자를 전일주의(holism)이라고 하는데, 만일 전체
가 단순히 부분의 합이라면 환원주의 입장에서 모든 사물을 기술하지
못할 이유가 없다. 그러나 만일 전체가 부분의 합으로는 결코 설명하지
못하는 어떤 집단성질(collective property)을 갖는다면 이 사물을
이해하기 위해서는 부분들의 성질과 함께 사물 전체를 '분리할 수
없는 하나'로 이해하여야 할 것이다. 신경과학자들이 두뇌상태를 조사
함으로써 마음 상태를 알 수 있다는 생각은 환원주의적 관점의 한
예다. 그러나 여기서 자세한 이유를 설명할 수는 없지만 두뇌신경의
상태를 다 조사한다고 해서 마음의 상태를 다 알 수 있는 것은 아니다.
격한 통증, 빨간색의 빨강, 사과의 맛 등 감각질(qualia)은 주관적인
느낌일 뿐 두뇌신경세포를 들여다본다고 해서 알 수 있는 것은 아니다.
마음이나 의식을 '하나의 통합된 전체'로 이해할 필요도 있다.

전일주의의 관점을 이해하는 데에는 이론 생물학자이자 복잡계
이론가인 스튜어트 카우프만(Stuart A. Kauffman, 1939~)의 말이
도움이 될 것이다.

생명, 행위 주체성, 가치, 행동은 이런 의미에서 우주의 실재들이다. 이것이 창발성 이론의 입장이다. …… 센강의 강둑을 거니는 연인은 실재적인 사실로서 센강의 강둑을 거니는 연인이지, 그저 움직이는 입자들이라고만은 할 수 없다.[50]

이 우주 내의 물리계는 대부분 복잡계를 이루고 있지만, 1980년대 이후 카오스와 복잡계를 본격적으로 연구하기 전까지 과학을 주도해온 것은 환원주의였다. 물리학이 물질의 구성요소인 소립자와 그 상호작용을 바탕으로 원자 이하의 미시적 세계에서부터 우주 전체에 이르는 거시적 세계에 이르기까지 그 안에서 일어나는 물리현상을 성공적으로 기술한 것은 환원주의가 사물을 기술하는 데 얼마나 훌륭한 관점인지 잘 말해주고 있다. 분자생물학도 마찬가지다. 분자생물학은 DNA 구조와 작용을 비롯하여 생명현상을 개체-기관-세포 소기관-분자의 순서로 내려가는 방법으로 물질을 분석하여 생명현상을 연구하는 데 무척 성공적이다. 그러나 복잡계가 과학자들의 주목을 받은 다음부터는 사정이 달라졌다. 환원주의 입장에서 복잡한 비선형 현상을 다루는 데에는 한계가 있기 때문이다. 환원주의적 관점에서 많은 것을 설명하더라도 거기에는 반드시 빠진 것이 적어도 하나쯤은 있기 마련이다. 환원주의의 관점에서 알 수 있는 것이 무엇이고, 빠트릴 수밖에 없는 것이 무엇인지 영국의 신경생물학자 맥케이(Donald MacCrimmon MacKay, 1922~1987)가 잘 설명하였다.[51] 그의 설명을

---

50 스튜어드 카우프만, 김명남 옮김, 『다시 만들어진 신』, 사이언스북스, 2012.
51 Donald M. MacKay, *The Clockwork Image*. 맥케이는 이 책에서 전기공학자가

바탕으로 하여 다음과 같은 경우를 생각해보자.

피겨스케이트 선수가 얼음 위에서 춤을 출 때 이 춤추는 동작을 보고 이해하는 데는 두 가지 관점이 있다. 하나는 관객으로서 예술적 측면에서 몸동작과 팔다리의 동작이 만드는 예술성을 감상하는 것이다. 다른 하나는 순전히 스포츠 과학의 기술적인 측면에서 높은 점수를 받는데 유리한 몸동작을 하도록 선수를 지도하기 위해 근육의 움직임을 분석하고 조사하는 것이다. 특정한 동작을 만들기 위해 스케이트의 날 어디에 힘을 주고 팔다리의 각도는 어떻게 유지해야 하는지 등 좋은 점수를 받기 위해 여러 가지 동작과 자세를 분석하고 연구하는 것이다. 이 사람에게는 점수만 있을 뿐 예술의 감상이란 없다. 스포츠 과학자는 환원주의 관점에서 선수의 동작 하나하나를 분석해서 본 것이고, 관객은 전일주의 관점에서 춤의 예술성을 본 것이다. 둘 다 피겨스케이트 선수의 춤을 보고 감상했지만 둘은 완전히 다른 것을 본 것이다. 스포츠 과학기술자는 선수의 근육 움직임에 대해 조사할 것은 다 조사하고 알 수 있는 것은 다 알았다. 이 사람이 선수의 몸동작에 대해 모르는 것은 없다. 그러나 빠진 것이 하나 있다. 선수가 추는 춤의 예술성이다.

스포츠 과학자와 관객 둘은 서로 다른 것을 보고 있지만 관객이 보고 있는 춤의 예술성과 스포츠 과학자가 분석하고 있는 몸의 동작이 분리된 것은 아니다. 몸의 동작을 떠나 예술성을 생각할 수 없고,

---

네온사인의 작동원리를 공학적으로 잘 이해하고 설명하더라도 그가 말한 것은 광고의 의미와는 무관한 것이라고 설명함으로써 환원주의와 전일주의의 차이점을 설명하였다.

예술성을 떠나서는 몸의 동작은 아무런 의미를 가질 수 없다. 예술성과 몸의 동작은 이렇게 연기적으로 얽혀 있다. 연기적으로 얽혀 있지만 몸의 동작을 분석하고 연구한다고 해서 거기서 예술성을 알 수는 없다. 역으로 예술성을 안다고 해서 어떻게 하면 그런 예술성을 보여주는 동작을 할 수 있는지 그 원리나 이유를 아는 것이 아니다.

생각과 선의 관계도 몸짓의 분석과 춤의 예술성에 비유할 수 있다. 선도 과학(분별)도 사물의 실상을 찾기 위한 수단이다. 생각만으로는 결코 사물의 실상을 볼 수 없고 직접적으로는 선-수행에 도움을 주지 못하지만, 그리고 간화선의 선승들은 생각이 오히려 방해가 된다고 하지만, 생각은 간접적으로 선-수행에 도움을 준다. 그 사실은 제6식과 아뢰야식의 상호작용을 살펴보면 알 수 있다.

3) 선과 생각의 순환

생각이 어떻게 선-수행에 도움을 주는지 이해하려면 먼저 제6식과 제7식 및 아뢰야식의 존재론적 의미와 이들의 관계를 알 필요가 있다. 이를 위해 창발의 의미를 미리 정리해둘 필요가 있다.

복잡계의 특성 중 하나는 복잡계에서 스스로 고도의 질서가 창발된다는 것이다. 한마디로 창발이라고 하지만 인식론적 관점과 인과의 문제를 어떻게 보느냐에 따라 창발의 개념도 여러 가지로 나뉜다. 단순히 인식론적으로 볼 때 구성요소(하위계층)에는 없는 성질이나 행동이 전체구조(상위계층)에서 자발적으로 불시에 출현하는 현상을 인식론적 창발이라고 한다. 만일 창발된 것이 그 자체의 존재성을 가진다면 이를 존재론적 창발이라고 한다. 생명과 같은 것이 존재론적 창발의 좋은 예다. 생명은 물질에서 창발된 것이지만 생명을 생명이라는 존재로 이해해야지, 물질의 차원에서 생명을 설명할 수는 없다. 창발은 이렇게 인식론적 창발과 존재론적 창발로 나누어 설명하지만, 전체와 구성요소 간의 인과관계에 따라 다시 약한 창발과 강한 창발로 나누어 설명한다. 계(system)를 구성하는 요소들 간의 기본적인 상호작용의 결과로 계에 새로운 성질이 생겨나지만 이 새로운 성질이 하위구조에 인과적 영향을 미치지 않으면 이를 '약한 창발'이라고 한다.[52] 반면에 '창발된 거시구조'가 하위계층의 구성요소에 인과적 영향을 미칠 때 이를 '강한 창발'이라고 한다. 생명이 강한 창발의 좋은 예다. 논란이 있지만 마음이나 의식도 강한 창발의 좋은 예다. 마음은 두뇌(물질)에서 나왔지만 마음은 두뇌나 물질에 영향을 미치기 때문이다.[53]

　유식불교에 의하면 제6식과 제7식은 아뢰야식에서 만들어진 것이

---

52 물 분자 H_2O 하나하나에는 물이나 얼음과 같은, 액체나 고체라는 성질이 없지만 H_2O가 많이 모이면 물, 얼음 같은 집단 성질이 창발된다. 집단 성질을 가진 상위계층, 예를 들면 한 동이의 물이 물 분자에 '되먹임 작용'을 하여 어떤 인과적 결과를 일으키는 것은 아니다. 물, 얼음 같은 집단성질은 '약한 창발'의 한 예라고 할 수 있다.

53 네사 캐리 지음, 이충호 옮김, 『유전자는 네가 한 일을 알고 있다』, 해나무, 2015 ; 페터 슈포르크 지음, 유영미 옮김, 『인간은 유전자를 어떻게 조종할 수 있을까』, 갈매나무, 2013. 후성유전학에 의하면 유전자는 우리가 먹는 음식, 말과 행동과 생각에 의해 수시로 바뀔 뿐만 아니라, 명상도 후성유전인자에 영향을 미칠 수 있다. 허버트 벤슨은 명상이 직접적으로 몸의 체온을 올리는 것도 확인하였다. 허버트 벤슨 외 지음, 장현갑 외 옮김, 『과학명상법』, 학지사, 2003.

다. 즉 창발된 것이다. 제6식과 제7식은 모두 존재론적 창발이자 강한 창발이다. 제6식과 제7식은 아뢰야식에서 창발된 것이지만 마치 독립적인 존재처럼 아뢰야식을 상대로 상호 영향을 주고받는다. 이래서 우리는 생각의 근원을 심층의식에서 찾고 심층의식을 정화시키는 법을 찾아야 한다. 이제 제6식과 제7식 및 아뢰야식의 관계를 통해 선과 생각의 관계를 살펴보겠다.

우리가 이성적 사유에 의해 수학처럼 정교한 논리체계를 세우더라도 논리의 대전제가 잘못되어 있으면 그 논리체계는 무의미할 것이다. 수학의 공리체계나 논리의 대전제는 논리적으로 증명할 수 있는 것이 아니고 직관이나 경험에 바탕을 두고 세운 하나의 가정일 뿐이다. 사람이 사물을 인식하고 판단하는 필요한 대전제인 '상想'도 사실상 하나의 가정인데 이 '상'을 만드는 것이 아뢰야식과 말나식의 작용이다.

심층의식이 만들어 놓은 그릇된 대전제 중 하나가 유물론이다. 우리는 아무리 생각해봐도 물질의 존재를 부정할 길이 없을 것 같다. 그러나 양자역학에 의하면 물질이란 그 실체를 부정할 수 없는 객관적 실재가 아니다. 물질의 기본을 이루는 소립자나 원자는 관찰자의 관찰에 의해 나타난 관계론적 존재일 뿐이다. 즉 가립된 존재일 뿐이다. 그런데 우리는 외계에 물질이 객관적 실재로서 존재한다고 생각한다. 그리고 인식주체인 '나'라는 것이 존재한다고 생각한다. 이것을 가리켜 불교에서는 아집我執과 법집法執이라고 하는데, 유식불교에 의하면 이런 집착을 불러일으키는 것은 제7식이다. 제7식은 우리가 그 작용하는 바를 알 수 없는 심층의식이지만 현실에서 구체적으로 작용하는 현행식이다. 제6식도 하나의 생명체인 오취온을 자아라고 생각하고 있지만, 우리가 갖고 있는 강한 자아의식은 심층심리이면서 강렬하고 집요한 제7말나식이 아뢰야식을 상대로 자아라고 집착하기 때문이다. 자아의식이 있으면 자기가 아닌 것이 존재하게 마련이다. 여기서 '이것'과 '이것 아닌 것'의 대립이 시작되고 번뇌와 속박이 생겨난다.

아집과 법집으로 인해 없는 것을 있다고 보고, 없는 것을 있다고 하는 표상을 가지고 사물을 본다면 대전제가 이미 틀렸기 때문에 아무리 정교한 논리를 전개하더라도 거기서 얻은 명제는 무의미할 것이다. 따라서 사물을 바르게 보려면 제6식과 제7식의 작용이 멈추어야 한다.[54] 무상정無想定에 들면 제6식이, 상수멸정에 들어가면 제7식의 작용이 정지된다. 이때는 그릇된 인식(想)으로부터 자유롭고 번뇌가 일어나지 않지만 정에서 나오면 다시 그릇된 인식을 갖게 되고 번뇌는 다시 일어난다. 깊은 인간존재의 근저에 잠재한 아뢰야식이 있기 때문이다. 따라서 상(想, saṃjñā, saññā)은 표층의식인 제6식에서 작용하는 현행식이지만 그것의 뿌리는 제7식과 제8식에 두고 있으므로 수행자가 원하는 대로 생각을 통제할 수 없다. 그릇된 '상'이 생기면 범부는 그것이 참인 줄 알고, 그릇된 관념이나 표상을 바탕으로 사유를 하게 된다. 사물을 바르게 보고 번뇌에서 벗어나려면 아뢰야식에 있는 유루종자有漏種子를 정화시켜야 한다. 유루종자란 사람으로 하여금 사물에 대한 그릇된 인식을 갖게 만들고 이로 인하여 번뇌를 일으키는 번뇌의 종자라는 뜻이다.

제7식과 아뢰야식은 죽어서도 그 작용을 멈추지 않는 심층의식이므

---

54 제6식이 멈추면 전5식은 멈추게 마련이므로 전5식은 따로 고려할 필요가 없다.

로 쉽게 정화시킬 수 없지만, 제6식에 기반을 둔 이성적 사유를 바탕으로 올바른 수행을 함으로써 번뇌의 종자를 남기지 않고 단절시킬 수 있다. 그것이 불법-수행이다. 불법-수행으로 심층의식을 정화시킬 수 있는 것은 생겨난 마음(제6식과 제7식)과 생기게 한 마음(아뢰야식)이 서로 인과가 되어 종자는 현행을 낳고 현행은 종자를 낳기 때문이다. 선-수행에 의해 마음을 정화시킬 수 있는 것은 말할 필요도 없지만, 이성적 사유에 의해 바른 생각을 갖고 바른 말과 바른 행동을 하면 아뢰야식이 정화된다. 마치 향냄새가 옷에 스며들 듯 몸과 말과 뜻으로 일으킨 행위와 생각이 아뢰야식에 배어든다. 이성적 사유는 사람이 번뇌에서 벗어날 수 있도록 아뢰야식을 훈습시킬 수 있다. 바르게 훈습된 종자는 다시 현행하여 바른 생각과 바른 행동을 하게 되고, 그러면 수행자는 마음이 안정되고 올바른 상想을 갖게 된다. 그러면 사물의 실상에 대해 바른 견해를 갖게 되고 선-수행이 보다 더 잘된다.

생각은 직접적으로는 선-수행에 방해가 되지만 종자의 훈습과 현행의 순환관계를 통해 불법수행에 큰 도움을 준다. 달리 말하자면 큰 틀에서는 선-수행에 도움을 준다. 바른 생각은 불법-수행에 꼭 필요하다고 말할 수 있다.

6. 중도의 원리

양자역학의 철학적 기반을 마련한 물리학자 보어(Niels Bohr, 1885~1962)는 다음과 같은 말을 하였다.

얕은 진리는 그 반대가 틀렸다는 것을 가리킨다. 하지만 더 깊은
진리가 있다면 그의 반대 역시 더 깊은 진리가 된다.

보어가 한 이 말은 입자-파동의 이중성(二重性, duality)이 자연계
물질의 본질이라는 뜻이다. 파동은 연속적인 양으로서 하나 둘 하고
셀 수 없다. 빛이 파동이라는 증거는 100% 확실하다. 보어의 말대로라
면 빛이 파동이라는 사실이 얕은 진리라면 빛은 하나 둘 하고 셀
수 없어야 한다. 그러나 깊은 진리라면 그 반대도 진리가 될 것이다.
실제 실험결과는 빛을 하나 둘 하고 셀 수 있다. 모든 소립자가 다
그렇게 행동한다. 어떻게 관찰하느냐에 따라 소립자는 하나 둘 하고
셀 수 없기도 하고, 하나 둘 하고 셀 수 있기도 하다. 모든 소립자는
파동이기에 그것은 동시에 두 곳에 있을 수 있다. 그러나 그것은
입자이기도 하기에 꼭 한 곳에만 있어야 한다. 소립자는 동시에 여러
곳에 있기도 하고, 꼭 한 곳에만 있기도 한다. 이것이 소립자들의
행동이다. 입자와 파동은 논리적으로 양립할 수 없는 개념인데, 그것은
인간의 사물인식 방식에서 볼 때 그렇다는 것일 뿐 자연이 인간의
사물인식 방식에 따라 행동하라는 법은 없다. 인간의 인식 방식이야
어떻든 자연은 이중성을 가지고 있다. 자연이 사람의 사물인식 방식에
따라 행동하지 않는다는 것은, 사람은 조작된 표상을 그대로 참된
것으로 받아들인다는 것을 뜻한다.

정보의 처리라는 관점에서 볼 때 생각과 선도 양립할 수 없는 개념이
다. 선과 생각도 선-생각의 이중성으로 생각할 수 있을까?[55] 선과
생각을 선-생각의 이중성으로 볼 수 있다고 하더라도, 생각을 하면서

동시에 선을 할 수는 없다.[56] 그러나 선-수행을 하는 사람의 마음은 '정보처리함'과 '정보처리하지 않음'의 마음 상태가 중첩되어 있다고 볼 수 있을 것이다. 상태가 중첩되어 있음에도 불구하고 자신이 무엇을 하는지 살펴보면, 생각을 하면서 동시에 선을 할 수 없는 것으로 인식할 것이다. 이러한 마음의 상태는 미시세계의 소립자가 행동하는 방식에 비유할 수 있다.[57] 그리고 또한 선과 생각을 선-생각의 이중성으로 볼 수 있다면, 선과 생각을 중도의 관점에서 바라보아야만 한다. 왜냐하면 이중성이 중도를 뜻하기 때문이다. 중도라면 진리를 찾는데 있어서 생각과 선은 상호보완적일 것이다. 중도의 원리를 과학적 이론으로 정립한 것을 상보성 원리라고 한다. 상보성 원리를 알아보자.

---

55 정확히 표현하자면 선을 통해 본 사물의 모습과 분별심으로 본 사물의 모습을 사물의 이중성이라고 할 수 있는가 하는 것이다. 그러나 긴 표현이 거추장스러워 여기서는 간단히 선-생각의 이중성이라고 표현하였다.

56 이중성을 갖는다고 해서 논리적으로 양립할 수 없는 성질이 동시에 나타나는 것은 아니다. 소립자들은 입자-파동의 이중성을 갖지만 입자의 성질과 파동의 성질이 동시에 나타나는 법은 없다. 입자성과 파동성은 논리적으로 양립할 수 없는 개념이기 때문에, 비록 소립자가 이중성을 갖더라도 입자성과 파동성이 동시에 나타나지 않는 것이다.

57 우리는 전기스윗치가 '켜짐(on)'과 '꺼짐(off)'의 상태 중 어느 하나의 상태에만 있다고 보지만, 미시세계의 소립자의 상태는 중첩이 오히려 일반적이다. 그러나 중첩상태에 있지만 어느 상태에 있는지 관찰하면 언제나 어느 하나의 상태에만 있는 것으로 나타난다.

1) 상보성 원리

보어는 음-양의 개념을 자연현상을 기술하는 기본 개념으로 보고 이를 물리학적 원리로 정리하였다. 이 원리를 상보성 원리(相補性原理, complementary principle)라고 부르는데 그 내용은 이렇다. "자연현상은 반드시 서로 상보적인 두 조(組, set)의 물리량으로 기술되며 서로 짝이 되는 한 쌍의 상보적인 양은 동시에 정밀하게 측정할 수 없다." 여기서 상보적인 두 가지 물리량이란 논리적으로 서로 대립되는 개념을 가진 물리량을 뜻한다. 그리고 어떤 '기본적인 물리량'을 물리계를 나타내는 상태라고 이해해도 좋다. 그러면 기본적인 물리량에 대응하는 상보적인 물리량이란 '상태에서 벗어나는 경향'이 된다. 예를 들어 기본적인 물리량이 입자의 위치를 말한다면, 그 '위치에서 벗어나려는 경향'이란 그 입자의 속도가 된다. 즉 입자와 속도가 서로 상보적인 물리량이다. 상보적인 물리량을 위치와 속도로 잡을 때는 일반적으로 불확정성 원리라고 부른다. 사실 불확정성 원리와 상보성 원리는 같은 원리라고 해도 무리가 아니다. 불확정성 원리가 처음 발표되었을 때 "위치와 속도를 동시에 정밀하게 측정할 수 없다"고 한 것을, 모든 물리량에 대해 불확정성 원리가 성립하도록 불확정성 원리를 일반화시키고 불확정성 원리에 철학적 의미를 부여한 것이 상보성 원리이다.

상보적인 물리량 둘을 동시에 정밀하게 측정할 수 없다는 것은 인식의 한계를 말한다. 인간에게는 제1장에서 설명한 불완전성 정리에 따른 이성의 한계와 함께 불확정성 원리/상보성 원리가 뜻하는 인식의 한계도 있다. 이성과 인식에는 원리적으로 이런 한계가 있기 때문에 이성적 사유만으로는 궁극적 진리에 이를 수 없다. 그래서 궁극적 진리를 보려면 선이 필요한 것이다. 그러나 선과 생각이 이중성을 이룬다면 선과 생각은 진리를 찾는 데 있어 상보적이어야만 한다.

보어는 상보성 원리를 음양설陰陽說의 물리적 표현이라고 불렀는데, 이렇게 말하면 자연은 음과 양의 이원론적 구조로 이루어졌다고 말하는 것 같지만 그렇지 않다. 상보성이란 파동성과 입자를 가리키는 말이다. 그러니 상보성은 이중성과 같은 말이다. 다만 이중성이라고 하면 하나의 사물이 '논리적으로 양립할 수 없는 두 가지 성질'을 갖는다는 것을 뜻하는 데 비해, 상보성이라고 한 것은 우주는 음양陰陽의 조화로 이루어졌다는 것을 말하기 위해서다. 즉 우주는 중도의 원리에 의해 운행된다는 것을 뜻한다. 음양의 조화를 말하기 위해 상보성 원리를 다음과 같이 표현할 수도 있다.

자연현상은 하나의 고정된 개념만으로는 결코 기술할 수 없고, 반드시 이 개념과 짝이 되는 대립되는 개념을 함께 사용해야만 사물을 제대로 기술할 수 있다.

"고정된 하나의 개념으로는 사물을 기술할 수 없다"는 것은 존재와 비존재, 단멸과 상주 중 어느 것 하나만으로는 사물의 실상을 기술할 수 없다는 말에도 적용되는 것이니, 상보성 원리는 바로 불교에서 말하는 중도의 원리와 같다고 말할 수 있다. 이제 상보성 원리를 통해 생각과 선의 의미를 생각해보자.

2) 생각과 선의 상보성

정보처리의 관점에서 보면 앞에서 말한 바와 같이 선에서 말하는 정념(samyak-smṛti, sammā sati)이나 관觀은 정보처리를 하지 않는 것에 해당한다. 선-수행 시에는 사물을 있는 그대로 보기만 할 뿐 어떤 판단이나 선택을 하지 않기 때문이다. 반면에 생각, 그중에서도 이성적 사유 또는 논리적 사유는 정보를 처리하는 방식을 뜻한다. 앞서 제3장에서 컴퓨터의 논리회로와 인간의 논리적 사고의 법칙은 모두 불대수(Boolean algebra)로 표시할 수 있다고 말한 바가 있는데, 이는 인간이 논리적으로 정보를 처리하는 방식을 따라 컴퓨터가 같은 방식으로 정보를 처리하도록 설계했다는 뜻이다. '정보처리함'과 '정보처리하지 않음'은 논리적으로 양립할 수 없는 개념이다. 논리적으로 양립할 수 없는 개념의 짝이라고 해서 그들 모두가 사물의 이중성 또는 상보성을 나타낸다고 할 수는 없다. 그러나 대립적인 두 개념이 같은 하나의 사물이 가진 서로 모순적인 두 가지 성질을 말하는 것이라면 그 둘은 서로 상보적인 개념이라고 할 수 있고, 그 사물은 이중성을 갖는다고 말할 수 있다. 선과 생각의 경우 사물의 참모습을 보는데 있어서 '정보처리하지 않음'을 통해서 본 것과 '정보처리함'을 통해 본 사물의 모습이 전혀 다르다면 선과 생각은 상보적인 개념이고 그 사물은 이중성을 갖고 있다고 할 수 있다. 달리 말하자면 생사도 부정할 수 없는 삶의 모습이고 열반도 부정할 수 없는 삶의 모습이라면 삶은 생사-열반의 이중성을 갖는다고 말할 수 있다. 그래서 용수는 '생사 즉 열반'이라고 말했을 것이다. '생사 즉 열반'의 뜻을 분석하면 그 뜻이 바로 현대물리학이 말하는 이중성과 꼭 같기 때문이다. 그리고 열반은 선을 통해서 본 삶의 모습이고 생사는 이성적 사유로써 본 삶의 모습이라면 선과 생각은 삶을 보는 상보적인 방법이라고 말할 수 있다. 선-생각의 상보성/이중성을 입자-파동의 이중성과 비교해 보자.

소립자로부터 입자의 성질을 관찰할 때에는 거기서 파동성은 결코 나타나지 않는다. 마찬가지로 파동성을 볼 때는 거기에 입자성은 나타나지 않는다. 입자성과 파동성은 논리적으로 양립할 수 없는 개념이기 때문에 둘을 동시에 보는 것은 불가능하다. 그러나 소립자는 관찰 방식에 따라 입자일 수도 있고 파동일 수도 있다. 선과 생각의 관계도 마찬가지다. 선-수행을 할 때는 생각이 방해가 된다. 생각을 하면 선-수행이 되지 않는다. 정보를 처리하는 것과 정보처리를 하지 않는 것이 동시에 진행될 수는 없기 때문이다. 그러나 입자성도 파동성도 둘 중 하나만으로는 소립자의 성질을 바르게 기술하지 못한다. 소립자의 성질을 바르게 기술하기 위해서는 입자성과 파동성 둘 다 필요하듯이 궁극적 깨달음에 이르고 사물의 참모습을 보기 위해서는 선과 생각이 모두 필요하다. 앞서 설명한 바와 같이 전일주의 관점에서 본 것과 환원주의 관점에서 본 것이 다른 것처럼 선과 생각(분별심)으로 본 사물의 모습은 전혀 다르다. 다르다고 해서 어느 한 쪽이 틀린 것이 아니라 둘 다 사물의 한 쪽 모습이라고 해야 할 것이다.

사물을 이성적 사유로써 분별하고 판단하는 우리는 세상 사물에서 차별상을 본다. 그런데 붓다를 비롯해 선승들은 사물의 보편성과 평등성을 말한다. 붓다의 설법을 들어보자.

비구들이여, 흙도 없고, 물도 없고, 불도 없고, 바람도 없는 그런
영역(sphere)이 있다. 그 속에는 이 세간도 없고, 출세간도 없고
…… 그것은 만들어진 것이 아니며 …… 이것은 괴로움의 끝이다.
…… 비구들이여, 태어나지 않은 것(不生, a not-born), 변하지 않는
것(不變, a not-become), 만들어지지 않은 것(不作, a not-made)이
있고 …… 그렇지 않다면 태어남, 변화, 지어짐으로부터 벗어남도
없을 것이다.[58]

위의 설법에서 흙도, 물도, 불도, 바람도 없다는 말은 지수화풍으로
이루어진 이 세상이 더 이상 인식대상으로서 존재하지 않는다는 뜻이
다. 인식대상이 사라졌기에 인식과 지각도 사라질 수밖에 없다. 그리고
거기에는 고통도 없다. 그래서 붓다가 체험한 이 경지를 상수멸정이라
고 한다. 지각이 사라졌다는 것은 아무것도 없다는 것이 아니라 주와
객이 하나로 합일되어 있다는 것을 뜻한다. 그런데 우리가 분별심으로
보고 이성적 사유로써 판단하는 이 세상은 분명히 지수화풍으로 이루
어졌고, 인식대상과 인식주관의 구별이 있고, 고통도 있다. 범부가
보는 세상은 분리되어 있고 여러 가지 차별이 있다. 깨달은 이가
본 것과 범부가 본 것 중 어느 하나만이 옳다는 것은 있을 수 없을
것이다. 범부가 보는 세상은 범부의 마음이 지어낸 것이라고 해서
그것을 '없는 것'이라고 할 수는 없다. 지어낸 것일지라도 그것은 질서정
연한 법칙에 따라 운행된다. 지어낸 대로 그것은 사물의 한 모습이다.
범부가 보는 세상은 그 나름대로 사물의 한 모습이고, 석가모니 붓다나

---

58 『우다나』 80-81.

조사들과 같이 깨달은 자가 보는 세상은 그 또한 사물의 다른 모습이라고 말할 수밖에 없다.

범부와 부처가 보는 세상의 차이는 고전 물리학자와 현대 물리학자가 보는 세상의 차이와 유사하다. 고전 물리학자는 하나의 대상에 대해 입자나 파동 중 하나만을 본다. 반면에 현대 물리학자는 하나의 대상에서 입자를 보기도 하고 파동을 보기도 한다. 마찬가지로 범부는 이 세상 사물에서 분리성과 차별상만을 보는 데 반해, 부처는 분리성과 비분리성을 보고 차별상과 함께 보편성과 평등성을 본다.

같은 사물을 두고 한쪽은 비분리성(non separability)을 말하고 다른 쪽은 분리성(separability)을 말하는 것이 이상하지만, 우리가 경험하는 물리계에도 비분리성 또는 불이不二라고 말할 수 있는 현상이 있다. 양자 얽힘(quantum entanglement)이 바로 물리계에서 볼 수 있는 비분리성이다.

우리는 적어도 물질계에서는 일상적으로 사물의 분리성을 경험하고 있다. 우리는 통상적으로 두 물체 사이에 빈 공간이 있으면 두 물체가 분리되었다고 생각한다. 그리고 두 물체 사이에 공간이 있으면 한쪽에서 사건이 있어날 때 그 사건의 정보가 다른 쪽으로 전달되는 데 시간이 걸린다. 특수상대성이론에 의하면 공간적으로 분리된 두 지점 사이에 정보가 전달되는데 걸리는 시간은 빛의 속도와 같다. 그런데 어떤 경우에는 두 물체의 사이의 공간이 아무리 멀리 떨어져 있더라도 마치 두 물체는 분리되지 않은 것처럼 한쪽에서 일어난 사건이 다른 쪽이 즉각적으로 영향을 미친다. 이런 경우 두 물체 사이에는 '양자 얽힘'이 있다고 하는데, 양자 얽힘의 쉬운 예는 어떤 하나의 입자가 둘로 분리되어 반대편으로 날아가는 경우이다. 이때 어느 한쪽 입자의 물리량을 측정하면 그 측정결과로부터 반대편으로 날아간 입자의 물리량을 즉시 알 수 있다. 이것은 두 입자가 공간적으로 떨어져 있다고 생각하면 설명이 되지 않는다. 왜냐하면 두 입자가 떨어져 있다면 한쪽에서 측정한 측정결과에 대한 정보가 다른 쪽으로 전달되는 데에는 시간이 걸리기 때문이다.

양자 얽힘이 있으면 두 물체는 공간적으로 떨어져 있어도 떨어진 것이 아니다. 즉 양자적으로 얽힌 두 물체는 '비분리성'을 갖는다. 물질계의 비분리성을 생각하면 수행자가 상수멸정에서 우주와 자신이 하나가 됨을 느끼는 것이 이상한 일도 아니다. 깊은 선정에 들어서 보면 세상 모든 것이 하나로 연결되어 있고 인식주관과 인식대상도 분리할 수 없는 하나이지만, 분별심에 바탕을 둔 이성적 사유로 분별하고 판단할 때는 세상 사물은 분명히 분리되어 있다. 붓다를 비롯해 자신과 우주가 하나임을 깨달은 사람들이라고 해서 강이 강인 줄 모르고 산이 산일 줄 몰랐을까? 사물의 보편성과 차별상, 이 두 가지 견해 중 어느 것이 옳고 그른 것은 아니다. 사물의 참모습을 보기 위해 선을 하는 입장에서 보면 역설처럼 들릴 수 있지만, 두 가지 관점 모두를 가지고 사물을 보아야 사물의 참모습을 본 것이라고 할 수 있다. 차별상 가운데 통일성과 보편성을 보고 보편성 가운데서 차별상을 볼 수 있어야 사물의 참모습을 본 것이라고 할 수 있다. 즉 생각과 선은 사물을 보고 판단하는 데 있어서 상보적이다.

3) 반야와 분별지의 조화

이제 제1장에서 물음만 남겨놓고 논의하지 않았던 문제로 돌아가 보자. 그 문제들은 이런 것이었다. 무상·고·무아의 이치를 말해준 붓다의 가르침이 간화선의 수행자가 깨달음을 얻는 데 전혀 도움이 되지 않았을까? 화두나 공안의 이치를 이성적으로 접근하여 풀어보려고 노력하는 것은 깨닫는 데 아무런 도움이 되지 않았을까? 이성적 사유가 아인슈타인의 깨달음에 전혀 도움이 되지 않은 것일까? 불교유식학에 의하면 그렇지 않다. 아뢰야식과 제6식 사이에 종자의 훈습과 현행이 끊임없이 일어나기 때문이다. 현대 심리학으로 살펴봐도 현대 심리학에서 말하는 심층의식과 표층의식의 의미와 역할이 불교유식학과는 다르긴 하지만 심층의식과 표층의식 사이에는 끊임없는 상호작용이 있다. 그렇다면 평소에 생각하고 노력하던 것이 선승이나 과학자의 깨달음에 어떤 영향을 미쳤음을 어렵지 않게 짐작할 수 있다.

아인슈타인이 뉴턴 역학을 모르고 뉴턴 역학의 문제점을 몰랐더라면, 또 일반상대성이론을 향한 여러 가지 고민과 이성적 사유가 없었더라면 시공간의 모양에 따라 물체의 운동이 결정된다는 직관적 깨달음이 없었을 것이다. 이는 마치 발명가가 무수한 실패 끝에 결정적인 아이디어를 얻고 훌륭한 발명을 하는 것과 유사한 이치라고 할 수 있다. 이는 선-수행에서도 마찬가지다. 호흡을 고르면서 조용히 앉아 있으려고 해도 입정 초기에는 여러 가지 생각들이 떠올라 선-수행을 방해한다. 이 방해를 극복하기 위해서는 지속적인 훈련이 필요하다. 생각하는 것을 비롯해 모든 노력이 다 선을 방해하지만, 선의 초기단계에서는 정신이 산란해질 때마다 이를 깨닫고 호흡에 집중하거나 화두

를 다시 잘 챙기거나 정념에 집중하는 등 이 방해를 극복하려는 지속적
인 노력이 있어야 한다. 이것은 하나의 역설이지만 선에는 언제나
역설이 따르게 마련이다. 앞서 설명하였지만 선에 따라오는 역설은
뇌 사진에도 나타난다. 이 역설이 바로 생각과 선-수행의 관계를
중도적 관점에서 보아야 하는 이유다.

선과 생각의 관계는 물리학자 보어와 드브로이(Louis de Broglie,
1892~1987)가 한 말을 연상시킨다. 보어는 중도의 이치를 말하는
상보성 원리를 해설하면서 "명확성(Klarheit)과 진리성(Wharheit)은
상보적이다"라고 말한 적이 있고, 드브로이는 "인간 정신이 약간 모호
하게 틀을 지운 개념들은 실재와 대체로 맞아 들어간다. 그러나 극도로
정확성을 기하려고 하면 이상형이 되어 그 내실이 사라진다"는 말을
하였는데, 이들의 말은 선-수행 시 일어나는 생각을 수행자가 어떻게
처리해야 하는지 그 방법을 말해준다.

일어나는 생각은 통제할 수 있는 것도 있지만 통제할 수 없는 것이
더 많다. 생각이 방해가 된다고 해서 일어나는 생각에 통제를 가해
생각을 없애는 것에 정신을 쏟는다면, 즉 올바른 선-수행에 정확성을
둔다면 통제가 마음을 교란시켜 선에 방해가 된다. 그렇다고 해서
일어나는 생각에 전혀 통제를 가하지 않고 정신을 집중하지 않으면
잡념이 끝날 줄 모르고 계속 일어나거나 혼침에 빠지게 된다. 여기서
생각에 대한 적절한 통제가 필요하다. 적절한 통제가 정념이다. 간화선
에서는 큰 의문을 갖는 것이다. 그러면 붓다가 「뽓따빠따경」에서
설명한 것처럼 선-수행에 도움이 되는 상이 일어나기도 하고 사라지기
도 한다.

깊은 진리는 그 반대도 깊은 진리라는 말 역시 선과 생각의 관계에 딱 들어맞는 말이다. 선-수행만을 생각하면 무슨 생각이든 선에 방해가 되기 마련이다. 그러나 이렇게만 생각하면 그것은 얕은 생각이다. 보어가 말한 바와 같이 선과 생각이 깊은 진리를 나타낸다면 생각(이성적 사유)도 진리 추구에 도움을 주어야 한다. 실제로 진리를 찾는다는 큰 틀에서 불법-수행을 생각하면 선과 생각은 상보적으로 작용한다. 즉 선-수행도 이성적 사유도 필요한 것이다. 보어가 한 말은 역설 같지만 선과 생각에도 적용된다.

중도란 이 세상의 운행을 위해서는 대립되는 두 가지 개념 중 하나만 옳거나 필요한 것이 아니고 둘이 조화를 이룸으로써 이 세상이 돌아가고 있다는 원리를 뜻한다. 선禪과 교教, 반야(般若, prajñā, paññā)와 분별지(알음알이, kalpanā, vikalpa, vikalpa-jñāna)도 둘 중 하나만 택하면 사물의 참모습을 볼 수 없다. 반야로 사물의 본질을 꿰뚫어보았다고 하더라도 이성을 무시하면 그것은 미신에 불과할 뿐이다. 깨달은 내용을 반드시 이성이 받아들일 수 있게 풀어내야 한다. 그것이 불법-수행이다.

참고 문헌

네사 캐리 지음, 이충호 옮김, 『유전자는 네가 한 일을 알고 있다』, 해나무, 2015.

릭 핸슨·리처드 멘디우스 지음, 장현갑·장주영 옮김, 『붓다브레인』, 불광출판사, 2010.

세스 로이드 지음, 오상철 옮김, 『프로그래밍 유니버스』, 지호, 2007.

스튜어드 카우프만, 김명남 옮김, 『다시 만들어진 신』, 사이언스북스, 2012.

앤드루 뉴버그 외 지음, 이충호 옮김, 『신은 왜 우리 곁을 떠나지 않는가』, 한울림, 2001.

이정모 지음, 『인지과학』, 성균관대학교출판부, 2009.

장현갑 지음, 『마음챙김』, 미다스북스, 2009.

장현갑 외 옮김, 『과학명상법』, 학지사, 2003.

제임스 H, 오스틴 지음, 이성동 옮김, 『선과 뇌의 향연』, 대숲바람, 2012.

José Luis Bermúdez 지음, 신현정 옮김, 『인지과학』, 박학사, 2012.

페터 슈포르크 지음, 유영미 옮김, 『인간은 유전자를 어떻게 조종할 수 있을까』, 갈매나무, 2013.

프란시스코 바렐라·에반 톰슨·엘리노어 로쉬 지음, 석봉래 옮김, 『몸의 인지과학』, 김영사, 2013.

Donald M. MacKay, *The Clockwork Image*.

Max, Jammer, *Einstein and Religion*, Princeton University Press, 1999.

John von Neumann, ; Arthur W. Burks, *Theory of Self-Reproducing Automata.*, University of Illinois Press (1966).

『새국어사전』, 두산동아, 1998.

철학사전편찬위원회, 『철학사전』, 도서출판 중원문화, 2009.

編者 吉祥, 『불교대사전』, 弘法院, 2005.

『쌍윳따니까야』

『맛지마니까야』

『디가니까야』

『앙굿따라니까야』

『우다나』

『금강경』

『중아함경』

『잡아함경』

『해심밀경』

『중변분별론中邊分別論』

『중론』

『유식삼십송』

생각, 나를 살게 하는 길은 있는가

성승연(서울불교대학원대학교 상담심리학과 교수)

생각은 인간의 행복과 불행을 결정짓는다. 생각이 지나온 과거의 의미를 규정하고 현재를 선택하며 미래를 위한 삶의 방향을 결정한다. 인간 삶을 좌우하는 생각이 항상 우리의 바람과 의지대로 움직이는가? 그렇지 않다. 원치 않는 생각을 할 때가 있고, 벗어나고픈 생각에 빠져 있기도 하다. 반면 독창적인 생각, 이타적인 생각으로 자신을 살리고 세상을 발전시키기도 한다. 생각의 실체가 무엇이길래 이렇게 기능하는가. 많은 사람들은 생각 때문에 행복하기보다 생각으로 인해 불행하거나 고통스럽다.

이 글은 심리학, 특히 상담심리학의 관점에서 '생각'을 생각해보고자 한다. 심리학자들은 인간이 어떻게 많은 지식과 정보들을 처리하면서 대처해 왔는지 사고과정에 대해 다양한 관점에서 이유를 규명해 왔다.

생각의 심리학적 특성을 이해하고 실제 생각이 어떻게 우리의 발목을 잡는지, 그 족쇄에서 어떻게 벗어날 수 있는지 새로운 생각의 길을 찾아보고자 한다.

---

1. 생각의 양면성

"인생은 우리가 하루 종일 생각하는 것으로 이루어져 있다."
- 랠프 월도 에머슨

우리는 늘 생각한다. 아침에 눈뜨면서부터 저녁에 잠드는 순간까지 의도하든 의도치 않든 생각으로 가득 찬 하루를 보낸다. 다채롭고 복잡한 이미지를 떠올리고 상상의 나래를 펼치며 책에서 쏟아지는 새로운 정보에 푹 빠져 있을 때도 있다. 전심전력 기울인 중요한 선택 앞에서 고심할 때도 있고, 때론 삶의 방향이 바뀔지 모르는 결정을 하면서 그간의 노력을 회상하기도 한다. 설레었던 과거나 두려운 미래를 생각하며 이런저런 느낌 속에 젖어들기도 한다. 어린 시절의 고립감을 떠올리며 현재도 외롭다는 생각에서 벗어나지 못할 수도 있다. 이렇듯 생각이라고 표현되는 범주는 아주 광범위하지만 사람들은 혼란스러워하지 않는다. 누구에게도 생각의 규칙을 제시받지 않았지만 암묵적으로 약속이나 한 듯이 생각하고, 생각을 말하고 생각을 쓴다. 생각이 뭐냐는 질문에 누구도 똑같은 답이 나올 거란 예상을 하지 않는다.

다양하게 경험되는 생각이 때로 우리의 삶을 좌우할 때가 있다.

어떤 생각은 즐겁고 열정적인 활기를 만든다. 반면 어떤 생각은 희망이 꺾이듯 슬프고 불행하다. 누구는 남들이 이해할 수 없는 생각으로 생을 마감하기도 한다. 또 다른 사람은 남들이 떠올리지 못한 생각으로 새로운 발견을 하고 돈을 벌며 명예를 얻기도 한다. 더 나아가 인류를 구하기도 한다. 때로 어떤 선택을 하느냐의 문제가 개인의 운명, 공동체의 운명, 국가의 운명을 결정한다. 생각은 우리를 이롭게 하기도 하고 우리를 불행에 빠뜨리고 파괴시키기도 하는 것이다.

상담 장면에서 보면, 이로운 생각과 해로운 생각 위에서 갈등하며 위태롭게 서 있는 불안한 사람들을 만나게 된다. 낙관적으로 살아가는 사람도 있지만 결정적 순간에 늘 부정적으로 생각하며 힘겨워하는 사람이 많다. 이들이 좋은 생각, 자신을 돕는 생각을 하지 못하는 이유는 무엇인가. 그건 아마 생각의 실체를 모르고, 생각을 대할 줄 모르며, 우리가 알고 있는 생각 너머의 세계를 모르기 때문일 것이다.

우리가 떠올린 생각이 자신을 돕거나 파국으로 몰아갈 수 있는 것처럼 삶을 압도하지만 생각 그 자체에 대해서 주목하지 않게 된다. 너무 익숙하고 일상이며 문제의식을 가져보지 않았기 때문일 것이다.

누구나 떠올릴 수 있는 생각에 관한 질문을 해본다. 생각이 무엇인가? 생각은 어떻게 만들어지는가? 생각은 왜 우리를 힘들게 하는가? 어떻게 하면 생각이 우리를 이롭게 할 수 있는가? 본고에서는 상담심리학적 관점에서 답을 생각해본다. 자극과 정보를 처리하는 심리적 속성을 살펴보고, 상담 장면에서 나타나는 심리적으로 고통받는 사람들의 생각을 검토해보고자 한다. 또한 생각을 어떻게 이해할 수 있을지, 어떻게 스스로 괴롭히는 생각을 해결할 수 있을지 사례를 통해 이해해보고, 유익한 생각이란 어떤 것인지 살펴보고자 한다.

2. 생각의 심리학적 이해

1) 생각의 의미

사람들은 언제나 생각하고 있지만 생각의 실체에 관해 구체적으로 알지 못한다. 서로 간에 무엇을 생각이라 하는지 암묵적이고 개략적인 동의를 하고 있는 셈이다.

생각의 사전적 의미는 매우 다양하다. '사물을 헤아리고 판단하는 작용', '어떤 사람이나 일 따위에 대한 기억', '어떤 일을 하고 싶어 하거나 관심을 가짐. 또는 그런 일', '어떤 일을 하려고 마음을 먹음. 또는 그런 마음', '앞으로 일어날 일에 대하여 상상해봄. 또는 그런 상상', '어떤 일에 대한 의견이나 느낌을 가짐. 또는 그 의견이나 느낌'이라고 정의된다(국립국어원 표준국어대사전, 2018).

심리학에서의 생각은 사고, 인지, 정보처리과정 등의 개념으로 설명된다. 사고(thinking)[1]라는 용어를 주로 사용하는데, '문제 해결의 과정에서 그 결론에 이르기까지의 심리 작용(심리학용어사전, 1999)'이라고 정의한다. 사고를 의도적이고 방향성이 있는 정신활동이며 해석과 의미추구라는 목표를 가지고 이루어지는 표상(기호, 상징, 지식 등)의 조작으로 정의하기도 한다(윤혜경, 2010). 일반적으로 쓰이는 생각이 포괄적인 의미를 갖고 있다면, 심리학에서 사고는 어떤 의도나

---

1 심리학에서는 일반적으로 생각이라는 용어보다 사고(thinking)를 주로 사용한다. 이글에서는 생각과 사고를 같은 의미로 병용하기로 한다.

방향성을 가지고 진행하는 과정에서 일어나는 심리적 작용을 말하는 것이라고 볼 수 있다. 사고는 생각과 비슷하게 쓰이는 유사어이면서 생각의 의도와 과정에 좀 더 초점화된 용어이다. 더 상위의 개념으로 인지(cognition)가 있는데, 다양한 상황에서 사고를 통하여 문제를 해결하고 각종 고도의 기술을 수행할 수 있는 특성을 통틀어 칭한다(이정모, 1996).

일상적으로 사용되는 생각은 의도를 갖고 판단하는 일, 기억, 의도, 관심, 상상, 느낌 등 무의식적이거나 즉각적인 마음활동을 모두 포함한다. 생활의 대부분 영역에서 사용하는 것이 어색하지 않을 정도로 광범위한 범주로 보인다. 이에 비해 심리학에서의 사고는 어떤 목적을 가지고 해결해가는 과정에서의 심리적 작용에 초점이 있다. 사고에 관해 '의도를 실천하는 적극적 작용'으로 정의한 바 있는 윤혜경(2010)은 사고의 구성요소를 인지조작과 지식, 사고태도의 세 가지로 제안했다. 특히 모든 사고는 기존경험을 종합한 선행지식에 기초해서 이루어지며 반드시 지식을 도구로 활용하게 된다고 설명한다.

2) 생각 연구의 역사

마음의 이치를 과학적으로 규명하여 인간 삶을 이해하고 돕고자 하는 심리학의 역사에서 생각에 관한 연구는 핵심적 역할을 했다. 이 과정에서 생각에 관한 관점이 어떤 방식으로 변화했는지 살펴볼 수 있다. 생각(사고)은 어떤 특징을 보이는가? 사고가 마음의 특성을 지닌 형이상학적 실체라고 보는 데카르트와 다르게 토마스 홉스는 사고를 물질적 과정으로 보는 기계론적 견해를 제시하였는데, 사고를 물질적

과정으로 보는 이 입장이 사고를 과학적으로 연구하게 만들었다
(Denise Dellarosa, 1988). 이것이 심리학이 출발한 계기가 되었다.

(1) 과학적 심리학과 행동주의

과학적 심리학을 시작한 분트와 티치너[2]는 마음의 구조와 과정을 밝히
는 것을 목적으로 연구를 진행했는데, 사고의 기본요소를 파악해서
법칙을 규명하고자 했다. 이런 의미에서 구성주의자로 불렸다. 사고가
물질적 과정이라는 전제하에 기본 요소를 파악하였는데 모든 심적
사상을 심상(images)과 감정(affections), 감각(sensation)의 세 유형
으로 분류하였다(Titchener, E. B. 1910; Denise Dellarosa, 1988에서
재인용). 여기에 사용된 방법론은 자신의 내적 감각을 관찰하여 기술하
는 내성법이었다. 그러나 이 방법론의 한계 때문에 구성주의 접근은
실패하게 된다. 그것은 관찰 가능하지 않은 내적 반응들을 강조하고
행동 및 관찰될 수 있는 외적 행동을 무시한 결과였다. 결국 행동주의
학파를 태동시켰고 행동주의자들은 사고 같은 심적 개념을 제쳐두고
관찰 가능한 행동을 대상으로 연구하게 되었다. 파블로프의 단순연합
학습, 스키너의 강화 같은 개념들을 기초로 유기체의 행동이 어떻게
변화되는가에 관심을 두고 연구를 진행하였다.

---

2 1879년 분트(Wilhelm Wundt)가 독일의 라이프찌히에 실험실을 세우면서 과학적
  심리학이 시작된다. 이후 티치너(Titchener)는 미국에 실험실을 세웠다.

(2) 사고와 형태주의

구성주의와 행동주의 모두에 반대하며 등장한 새로운 학파는 형태주의 심리학이었다. 사고, 문제해결, 지각 같은 복잡한 인간행동에 관한 주제를 설명하고 싶어했으나 검증 가능한 이론을 제시하지 못했다. 또한 도구와 기법을 갖추지 못한 한계 때문에 행동주의만큼의 영향력은 없었다. 그들은 사고와 같은 고차원적인 심적 현상을 단순한 요소나 자극-반응의 단순한 연쇄로 분해할 수 없다는 신념을 전제했다. 이것이 널리 알려진 "전체가 그 부분의 합보다도 큰 것"을 의미한다. 형태주의자들(Bartlett, 1932; Dencker, 1945; Wertheimer, 1945; Denise Dellarosa, 1988에서 재인용)은 사고도 능동적이며 구성적인 과정이라고 보고 어떤 학파보다 사고와 추론의 본질에 관심을 가졌으며, 이를 설명하기 위해서 내적 상태를 전제해야 하는 필요성을 가지고 있었다. 도구와 기법의 부재 때문에 설명하지 못했지만, 이들이 관심을 가졌던 사고와 추론은 추후 인지혁명을 예고했다고 볼 수 있다.

(3) 인지심리학과 사고과정

1950년대를 기점으로 다양한 학문이 협업하여 인지심리학이란 새로운 학문이 만들어진다. 이들은 마음이 어떻게 조직화되고 기능하는지 그 방식을 이해하려고 했다. 극단적인 자극-반응 행동주의자에 반대하면서 자극-유기체-반응 이론을 채택한다. 이 신기능주의자들은 살아 있는 유기체가 자극을 받아들이고 반응을 만드는 분명한 역할을 한다고 이해했다(Woodworth, R. S., 1958). 이후 공학, 언어학, 전산과학, 신경과학 등을 포괄하는 인지과학으로 확장되면서 정신과정에 대한 과학적 연구가 활성화되었다. 인지혁명이라고 일컬어지는 이 시도는 내적 상태와 과정을 과학적으로 증명할 수 있도록 다양한 발전을 이끌어냈다.

수학자(Allen Turing, 1936, 1963), 신경생리학자(Karl Lashley, 1951), 인지심리학자들(Bruner, Goodnow, & Austin, 1965)은 사고가 자동화될 수 있다고 보고 정보처리의 개념을 제안하면서 뇌에도 적용될 수 있음을 밝혔다(Dellarosa, 1988). 정보처리체계로서 인간을 이해하는 관점에서 볼 때 사고는 지식의 생성, 변환, 활용과 관련된 고등정신과정으로 형태파악과정, 기억과정, 주의과정, 언어화과정을 모두 포함하는 포괄적 개념이다(이정모, 2001). 정보처리 이론은 외부 정보가 여러 처리과정에 의해 변화되고, 다른 형태로 부호화되어 저장되며, 다시 인출되는 과정에 관심을 둔다. 이에 따라 인간의 인지능력을 설명하는 인지모형을 제안한다. 인간의 정보처리 용량에 한계가 있음을 밝히고, 이 한계가 사고과정의 한계를 설정한다는 주장(George Miller, 1956)[3]이다. 인지구조의 한계가 지식을 학습하고 사고할 때 영향을 주게 된다. 인지구조에 대한 연구가 활성화되면서 인지과정에 대한 관심도 증가했다. 다양한 감각기관을 정보의 경로로 생각하여 마음의 과정을 흐름도(flow chart)로 표기한 마음 모형이 등장(Donald Broadbent, 1958)했고, 인간이 환경에 반사적으로 반응하는 수동적 수용자가 아니고 적극적인 정보처리자로 보아야 한다는 결론에 이르렀다.

---

3 Miller는 우리의 정보처리 용량의 한계를 설정하고 기억 폭을 chunking이라 칭하며 마법의 수 7 더하기 또는 빼기 2를 제안하였다.

인지과정에 컴퓨터 모형을 적용하고 실제 모델을 개발하면서 (Newell, Shaw, & Simon, 1958) 인간의 문제해결 방식에 대한 이해를 높였다. 뇌가 지각표상, 기억, 다른 경험을 만들기 위해 정보를 처리한다는 현대 인지이론의 기본 생각을 구축했고, 이것은 현대 심리학 이론의 바탕이 되었다. 그러나 사고에 대한 연구가 컴퓨터 모형으로만 설명되는 것은 아니고 인간 정신과정의 복잡성을 제대로 보여주지 못한다는 비판 또한 존재한다(Neisser, 1967). 특히 형태주의자인 베르트하이머(Wertheimer, 1985)는 컴퓨터 시뮬레이션이 인간추리의 핵심을 제대로 설명하지 못한다면서 이해라는 중요한 과정이 빠져있다고 강력하게 비판했다. 이러한 논란이 있지만 그럼에도 인지혁명에 컴퓨터 모형이 미치는 영향은 지속되고 있고, 인간 심리과정의 수행특징을 연구하는 데 공헌하고 있다.

3) 생각을 가능하게 하는 요소들

(1) 개념 - 나누기와 묶기

아침에 일어나 보통 TV 뉴스를 보거나 신문을 읽으면서 새로운 소식과 정보를 알게 된다. 일을 하면서, 사람들을 만나면서 날마다 새롭게 보고 들은 정보는 실로 엄청나다. 정보를 통해 학습하기 이전에도 우리는 이미 많은 사전지식을 가지고 있다. 이 많은 정보들은 어떻게 우리에게 지각되고 기억되는 것인가? 혼란에 빠지지 않고 많은 정보들이 어떻게 정리되는가?

개념은 사고를 이해하는 기본적인 요소이다(Edward E. Smith, 1988). 이것은 세상을 유목으로 분할하는 방식을 말하는데, 지식을 구성하는 단위를 개념과 범주라고 칭한다. 넘쳐나는 자극 정보들 속에서 당황하지 않고 대처를 할 수 있는 것은 우리의 경험을 개념으로 정리할 수 있기 때문이고, 이것은 모든 인지과정의 기초가 된다(신현정, 2011). 새로운 것을 학습하고, 의사소통하며, 추론하는 많은 부분은 개념화하고 범주화하는 관계를 포함한다.

산책 중에 목줄이 풀어진 개와 마주쳤을 때, 어떻게 이것이 위험한 상황이라는 걸 알 수 있는 걸까? 여기에는 개와 목줄이라는 개념이 사용된다고 본다. 목줄 없는 개가 사람을 공격했다는 뉴스를 본 것과 지금 마주한 상황을 연결하는 것이 개념이다. 한 상황의 대상과 다른 상황의 대상을 개념의 한 사례로 보는 것이 가능해야 학습이 가능하다. 이러한 개념은 심적 부하를 덜어주는 인지적 절약(cognitive economy)의 기능이 있다. 세상의 정보를 유목(class)으로 묶어내지 않으면 뉴스에 등장한 개와 산책에서 목격한 개는 다른 이름으로 불려야 하고 기억해야 하는 용량은 헤아릴 수 없이 많아지게 된다.

앞에서 마주친 동물이 개라고 아는 것은 개의 외양에 대한 사전지식이 있어야 한다. 그 동물이 돼지나 고양이가 아니고 개라고 안다는 것은 세 동물을 구별할 수 있어야 가능한 일이기 때문이다. 개는 애완용이라 집에서 기르고 사람과 친근한데 위험하다는 생각을 할 수 있는 것은 그 개의 목줄이 풀어진 상태를 직접 목격했기 때문이고, 목줄이 없는 개가 사람을 공격할 수 있다는 사전지식을 생각해내야 가능한 일이다. 걷다가 만난 목줄 없는 개를 피하는 행동은 몇 가지 사전지식과 직접정보가 결합해서 나온 것이다. 목줄 없는 개는 한 장면이지만 개념은 주어진 정보 이상을 추구하게 된다.

더 나아가 개념은 단순개념이 더해져서 복합개념, 복합사고를 형성한다(Osherson & Smith, 1981). 개와 목줄의 두 단순개념이 더해져서 목줄 있는 개는 안전하다, 목줄 없는 개는 위험하다와 같은 복합개념, 복합사고를 만들 수 있게 되는 것이다. 사고를 구성하는 개념이 한계가 있을 수밖에 없는데, 일정한 규칙에 의해 개념들이 결합되면서 사고의 영역을 확장할 수 있다는 점, 인간사고의 창의성을 반영한다는 점에서 중요한 의미를 가진다(신현정, 2011).

개념은 나누기와 묶기로 설명할 수 있다. 어떤 정보가 입력되었을 때 그 자극은 다른 자극과 구별되어야 한다. 그 자극의 독특성을 통해 구별된 후에는 기존의 유사정보에 묶어진다. 나누어 보는 것, 묶어서 보는 것은 인간의 지각특성이라고 할 수 있다. 이렇게 보지 않는다면 넘쳐나는 정보가 처리되지 못하고 생각은 진행이 어렵게 되는 것이다.

(2) 추론

불확실성에 직면해서 예측을 해가며 지식을 확장해가는 추론과정은 일상에서 매우 필요한 부분이다. 인간의 양적 사고는 논리적 상징이나 수리적 계산을 사용하는 형식적 추론체계와 직관적이고 비언어적 처리를 사용하는 비형식적 추론체계로 나누어볼 수 있다(정윤경, 2009). 형식적 추론은 교육과 직접적 훈련으로 길러지고, 비형식적 추론 능력은 일상생활의 활동을 통해 자연스럽게 발달된다. 추론은 외현적으로 주어지는 정보를 넘어서는 구성적 처리이다. 따라서 선행지식에 기반해야 한다. 또한 추론은 이해과정의 핵심이라고 볼 수 있다. 추론은 어떤 대상을 주목해서 패턴을 관찰하고 잠정적 가정을 하는 것이다.

추론에 실패할 경우 유·무형의 손실이 발생하기 때문에 가능한 정확한 추론을 하려고 한다. 1년간 아르바이트를 하면 다음 학기 등록금을 모을 거란 예측을 한 대학생이 추론에 실패하면 큰 낭패를 겪게 된다. 농부가 수요 예측을 잘못하면 쌀이 남아돌아 손해를 보기도 한다. 추론의 대상이 사회적 이슈라면 재산뿐 아니라 인명손실의 위험에 직면할 수 있다. 대규모 터널공사를 했으나 교통량이 예상에 못 미치는 일이 발생하거나 태풍예보에 실패해서 많은 사람들이 곤란을 겪을 수 있다.

가용한 정보를 분석해서 정확한 예측을 하는 것이 필요한데 예측 실패가 일어나는 이유에 대해 최근 연구들은 근시안적 인지 경향성을 주목한다(Fernbach, Dalows, & Sloman, 2010, 2011a, 2011b). 근시 안적 인지 경향성은 주어진 정보를 활용할 때 주의가 덜 가는 정보는 무시하는 경향성을 일컫는다. 이러한 현상은 인지과정 오류로 보기도 하고, 인지적 절약 차원에서는 적응적인 상태라고 보기도 한다.

(3) 판단 및 의사결정과 오류

인간은 사고를 통해 정보나 자극을 탐색하고 의미를 부여해서 판단이나 결정 및 문제해결을 한다. 이때 사고는 개인이 지닌 선행지식이 기반이 된다. 우리의 일상에서는 끊임없이 결정해야 할 일들이 일어난다. TV 채널은 무엇을 볼까, 짬뽕과 자장면 중 무엇을 주문할까, 주말에 몰아서 장을 볼까 하는 것과 같이 선택해야 할 일들이 많다.

그런데 이러한 일들은 의사결정하기가 비교적 쉽다. 그 이유는 상대적으로 확실한 결과가 예상되기 때문이다. 반면 이직요청을 받아들일까, 오래 연애한 상대와 결혼을 해야 할까, 어떤 주식에 투자를 할까 하는 문제들은 의사결정이 쉽지 않다. 의사결정이 어려워지는 것은 불확실성 때문인데, 무슨 일이 일어날지 모르거나 무슨 일이 일어나기를 원하는지 모르는 경우에 그렇다(Baruch Fischhoff, 1988).

불확실성을 타개하려면 정확한 정보에 근거해서 판단하고 처리해야 하지만, 실제 현실은 충분한 정보가 제공되기보다 불확실한 상황에서 판단을 내리게 되는 경우가 많다. 선행 연구들도 사람의 지각과 의사결정과정이 별로 합리적이지 못하고 편파와 오류를 내포하고 있다고 보고한다. 의사결정과정의 정보처리 편파를 연구한 노혜경(2014)은, 사람들은 정보처리과정 중에 자신의 주변 환경에서 정보를 접하고, 그 중 일부의 정보를 입력하고, 그 중 일부만을 회상하며, 또 그 중 일부만을 판단과 결정에 반영한다고 보고했다. 즉 모든 정보를 고려하지 않고 일부 정보만을 의사결정에 사용한다는 것이다. 실제 사람들은 의사결정과정에서 많은 오류가 나타나는데, 자기 태도에 일치하는 정보를 선택적으로 받아들이거나, 자신과 관련된 정보를 선별적으로 기억하는 경향이 있다.

그럼에도 불구하고 정보에 기반한 체계적 정보처리보다 휴리스틱(heuristics) 처리가 우수하다는 최근 연구결과들이 많다(Dijksterhuis, 2004; Forest & Feldman, 2000; Gigerenzer, 2007). 휴리스틱 처리는 시간과 정보가 불충분해서 합리적 판단을 할 수 없을 때 제한된 정보만으로 즉흥적·직관적으로 판단하고 선택하는 의사결정 방식을 의미한다. 이러한 결과들은 개인의 인지능력이 제한적이기 때문에 모든 정보를 세밀히 처리하지 못하지만 적은 수의 중요한 정보를 통해 효율적인 의사결정을 하는 것으로 이해된다.

불확실성이 가장 큰 변수일 때 신중할 필요가 있다. 결정을 내리기 전 세상과 자신을 돌아보고 이해하려는 노력을 기울여야 한다. 명료하게 인식하지 못하지만 실제 선택하지 않는 조건이나 사실들을 종합해서 추론하고 판단하고 결정하게 된다.

3. 상담 장면에서의 생각

상담은 연구를 통해 밝혀진 심리학적 지식을 바탕으로 상담 전문가가 고통에 빠진 개인을 돕는 과정이다. 어려움에 왜 빠지게 됐는지, 문제의 유형이 어떤 것인지, 어떻게 또 다른 문제를 만들어내는지, 내담자를 전체적으로 이해하고 실제에 적용하는 상담이론에는 여러 관점들이 있다. 이 입장들의 공통점은 어떤 치료든 상담과정을 거치면서 종국에는 스스로 생각해서 이해하고 깨닫고 받아들여야 한다는 것이다. 각 이론마다 철학과 인간관, 치료적 결론에 이르는 방법론의 차이가 있지만 내담자는 자신의 생각과 경험으로 시각의 전환을 이뤄야 한다.

상담은 말을 통해 치유하는 일종의 대화 치료(talking-cure)이다. 상담이 성립되고 치료가 이루어지려면 자신의 어려움을 말로 표현해야 한다. 이 언어화과정에 정화와 통찰과 내면화가 포함되어 있다. 고통을 지닌 내담자가 상담자와 대화를 통해 자기 어려움을 토로하면서 정화와 통찰과 내면화를 성취하고 시각의 전환을 경험하게 되는 것이

상담이다. 다음에 제시되는 내용은 상담의 주요 이론을 생각의 관점에
서 살펴본 것이다.

1) 생각에 관한 몇 가지 치료적 관점

(1) 깊은 성찰과 정신분석

인간의 무의식을 가정했던 프로이드는 심리적 사건들이 개인의 과거와
인과적으로 관련되어 있다고 생각했다(Arlow, 2000). 이 전제는 심리
치료에서 매우 의미 있는 함의를 주었고 이후 다른 치료이론에 영향을
미쳤다. 프로이드는 과거가 현재의 정신활동에 지속적인 영향을 미치
고, 또한 마음속의 힘들이 서로 상호작용하며 타협한다고 보았다.
우리 내부에 존재하지만 받아들일 수 없는 고통스러운 생각과 경험을
억압하면서 병리적 증상이 생긴다는 것이다. 이러한 억압과 부인에
사용되는 심리적 에너지가 상당해서 삶의 일부 혹은 대부분이 매여
있다고 할 수 있다.

　이 접근에서 궁극적인 치료는 개인이 적극적인 사고나 연상을 통해
연상의 의미나 연상들 사이의 관련성을 숙고하여 인식을 확장하도록
하는 것이다. 이를 통해 억압되거나 억제되었던 내적 자료들이 언어화
되고 검증 가능하게 되면서 증상에서 벗어나게 된다. 치료는 억압된
경험들, 생각과 감정을 깊은 성찰로 회복시킨다. 내담자는 자신을
직면할 수 있는 내적인 힘이 있어야 하고, 그 과정을 진행할 만큼
사고할 수 있는 역량이 요구된다.

(2) 자기회복과 인간중심치료

인간중심적 접근은 유기체가 지닌 실현 경향성을 기본적으로 전제한다. 모든 개인은 고유의 잠재력을 실현하려는 경향을 가지고 있고 이 경향성은 생명이 있는 한 유지된다고 보았다. 이 접근에 의하면 개인은 고유한 특정 경험 속에서 외적으로 부여받은 조건부 가치에 의해 자기개념이 형성된다. 외부에서 요구된 기준에 의해 형성된 자기개념 때문에 진정한 자기 자신으로 살지 못하게 되는 것이 문제를 일으킨다고 보았다(Rogers, C., 1980). 중요한 주변인들이 바람직하다고 인정하는 것을 자신의 욕구로 받아들이기 때문에 진정한 자신의 욕구와 의무적으로 마땅히 해야만 하는 생각을 구별하지 못한다는 것이다.

인간중심치료는 상담과정에서 자기 자신에 대한 지각과 감정이 중요하다(Raimy, 1948). 심리적으로 불안하고 불일치한 내담자가 상담자와 접촉하며 공감적인 치료적 분위기 속에 존중받는 새롭고 독특한 경험을 하면서 변화가 일어나는데, 자기에 관한 확장된 인식이 생기게 된다. 치료적 관계 경험을 중시하는 이유는 얼어붙은 땅에 봄기운이 새싹을 틔우듯 기본적인 환경만 조성해주면 스스로 자신을 회복할 것이란 확신을 갖기 때문이다. 결과적으로 내담자는 자신을 신뢰하고 주도적으로 자기 삶을 개척할 수 있게 된다.

(3) 역기능적 사고 해결과 인지치료

인지치료의 기본 생각은 즉시 자각하지 못하는 신념에 의해 행동이 영향 받을 수 있다는 것이다. 이 신념은 무의식적인 것이기보다는 주의를 기울이면 알 수 있는 의식적 신념이나 현재 경험과 관련된 것들이다. 따라서 심리적인 문제에서 인지의 우선적인 중요성을 강조하고 치료의 과업을 부적응적 가정을 변화시키는 데 둔다. 우울증 치료를 위해 개발된 인지모델은 우울이 왜곡된 인지 때문에 생겨나며 역기능적 신념이나 자동적 사고를 수정하는 것이 해결방법이라고 주장하였다.

이에 따르면 역기능적 사고를 두 수준으로 구분하는데, 하나는 특정상황과 관련된 사고로 주의를 기울이면 의식할 수 있는 자동적 사고라고 한다. 다른 하나는 역기능적 신념, 핵심 신념, 도식이라고 부르는 것으로 상황 특정적이기보다는 좀 더 일반적이고 추상적인 사고를 말한다. 혼란스런 정서에 선행하는 역기능적 신념을 찾고 이에 근거한 자동적 사고를 바꾸는 방식으로 치료하게 된다. 자동적 사고를 수정하여 우울을 감소시키고, 핵심 신념을 변화시켜서 변화의 지속성을 추구한다.

(4) 공상의 자각과 온마음상담

윤호균(2001, 2005, 2007, 2018)은 불교의 연기론에 기반해서 온마음 상담 이론을 구성하고 새로운 관점을 제시했다. 온마음상담은 치료이면서 수행을 지향하는 모델로서, 기본적인 전제는 인간이 온전한 존재라는 믿음을 갖고 존재의 참모습을 자각하고 드러내는 것에 있다. 여기서 괴로움과 문제는 마음과 상황의 산물로 만들어지고, 괴로움의 원인이 공상에 기인한다고 보았다. 자신이 구성한 생각, 곧 공상을 사실로 바라보고 집착하는 것이 문제를 만든다는 것이다.

이 이론은 괴로움이 생기는 과정을 세 가지로 설명한다. 무지와 착각이나 오해, 그리고 집착에 원인이 있다는 것이다. 온전함에 대한 자각의 결여가 무지를 낳고, 착각과 오해를 진실이라고 여기며 집착하여 매달리는 것이 괴로움을 낳는다고 보았다. 온전함에 대한 믿음과 자비와 지혜를 지닌 깨어 있는 상담자의 특별한 태도 속에서 내담자는 공상에서 깨어나게 된다. 이를 통해 내담자는 있는 그대로 보고, 새롭게 보고, 자신의 뜻대로 살 수 있다고 본다.

위에서 제시한 주요한 상담이론인 정신분석치료, 인간중심치료, 인지치료, 온마음상담에서 생각은 어떤 기능을 하는가? 상담이론에 기반한 상담의 실제 목표는 괴로움에 빠진 개인이 고통스런 증상에서 벗어나 스스로 원하는 삶을 살고 성장할 수 있도록 돕는 것이다. 각각의 상담이론이 주장하는 문제원인, 발달과정, 해결방법은 차이가 있지만 궁극적인 목표는 같다고 할 수 있다. 문제형성 과정에서 공통적으로 외부에서의 자극과 경험들이 개인의 생각에 의해 확대, 왜곡되는 지점이 있다.

과거의 경험들은 현재를 발목 잡는다. 과거의 경험은 인지, 정서, 행동의 차원으로 체험되어 하나의 틀로서 잠재하고 그것이 현재의 인지, 정서, 행동에 영향을 미치는 것이다. 총체적으로 집약되어 만들어진 틀은 인지와 정서가 서로 영향을 주고받으며 악순환을 만들어내지만 결국엔 인지적 틀거리로 경험된다. 나는 무능하다, 나는 형편없는 존재다, 무시당하는 것이 당연하다 등등의 생각으로 고착이 된다. 상담은 이 누적된 총체적 틀거리로부터 영향을 최소화하고 분리하는 과정이다. 결국, 인간이 고통을 겪는 핵심적 이유는 외부 자극을 받아들이는 생각에 달렸다는 것이, 정도의 차이는 있으나 주요한 치료 이론가들의 중론이다.

2) 생각을 바라보는 새로운 치료적 시각

앞에서 언급한 것처럼, 생각이 고통을 증폭시키거나 완화시키는 핵심적 역할을 한다는 데에는 이론의 여지가 없다. 최근 생각을 어떻게 다룰 것이냐에 관해 전과 다른 새로운 입장이 나타났다. 문제가 되는 생각을 수정, 대체하던 것에서 생각하는 방식을 다루려는 관점으로 전환하였다. 이 접근은 사적 경험에 접촉하지 않고 회피하는 것이 문제의 핵심이라고 보고 동양의 수행 원리인 마음챙김에 기반해서 지금-여기를 깊이 자각하는 것을 통해 있는 그대로 수용하는 방법을 채택한다. 이는 생각을 포함한 여러 가지 사적 경험의 내용을 바꾸기보다 이에 대한 관계를 변화시키는 것에 초점을 두는 것이다. 사적 경험의 수용을 중심으로 하는 인지행동치료의 새로운 흐름은 기존의 한계를 받아들이고 확장적인 변화를 모색한다.

이 접근은 그간 인지치료가 우울증치료에 상당히 기여하였으나, 생각의 내용을 수정하거나 교체하는 것에서 생각하는 방식을 새롭게 할 필요가 있다는 입장을 취한다(Hayes et al., 1996; Roemer & Orsillo, 2002). 우울증의 정서상태가 사고에 영향을 주고 부정적 자기 판단을 만든다는 판단 하에 수용을 통해 부정적 사고와 감정을 자기와 동일시하지 않도록 제안했다. 병리적 원인 중 상당 부분이 신체적 감각, 기억, 사고, 정서, 행동 등의 개인적 경험들을 회피하면서 생겨난다고 보고, 알아차림 원리를 활용해서 경험을 수용하는 방식의 맥락의 변화를 시도하는 것이 치료적이라고 보았다(Strosahl, & Robinson, 2008). 경험을 회피하게 되면 고통을 직면하고 대응하면서 얻는 긍정적 결과의 기회를 놓친다는 것이다. 통제하려는 것이 더 큰 절망과 우울을 낳기 때문에 통제 의도를 내려놓고 현상을 있는 그대로 경험하는 것이야말로 반복되는 문제에서 벗어날 수 있는 길이라고 보았다.

이 접근은 기존의 관점, 즉 '문제가 되는 것은 역기능적 생각이니 생각을 수정하거나 교정하는 것이 필요하다'는 방식의 한계를 지적한다. 그간 우울한 정서를 인지가 매개할 거라는 전제하에 문제가 되는 인지 내용을 재구조화하는 방식을 취했다. 그러나 문제는 생각은 그것이 가진 특성상 늘 변하고 새롭게 떠오르기 때문에 어쩔 수 없이 새로운 문제가 끊임없이 발생한다는 것이다. 여기에는 늘 바람직하거나 마땅한 정답이 있는 것처럼 제안되기 때문에 의도적으로 변화를 모색하는 통제적인 방법이 상담의 효과를 약화시키기도 한다.

특히 그동안 부정적 사고가 우울한 정서를 유발한다고 믿었으나 우울 정서일 때 부정적 사고가 촉진된다는 연구결과들이 보고되면서 새로운 관점이 요구되었다(Teasdale, 1993). 우울과 같은 정서는 활력이나 동기수준을 떨어뜨리기 때문에 이것이 다시 일상에서의 부적응을 초래하게 된다. 이 때문에 여러 경험들을 회피하는 선택을 하게 되고, 또다시 우울 속에 빠지는 반복적인 악순환이 일어나는 것이다. 여기서 수용은 생각을 자신과 동일시하거나 실제적 사실로 보는 것이 아니라 마음에서 일어나는 하나의 사건으로 볼 수 있는 것을 말한다.

(1) 새로운 접근법들

인지내용보다 인지과정에 초점을 맞추는 상위인지자각의 방법을 활용하면서 MBSR, MBCT, DBT, ACT 등과 같은 다양한 치료방식이 나타났다.

MBSR은 존 카밧진(Kabat-Zinn, 1979)에 의해 개발된 스트레스를 관리하는 프로그램으로 마음챙김, 신체감각에의 집중과 이완의 요소 등을 활용하여 자동적 반응에서 벗어나서 사려 깊은 반응으로 이행하면서 주요 증상이 개선되고 긍정정서가 개발되는 성과를 보였다. MBCT는 우울증의 재발방지에 초점을 두고 존 티즈데일 등(Teasdale, 1999; Segal, Williams, & Teasdale, 2002)이 개발한 프로그램으로 자동적 사고에 관해서 탈중심적 태도를 통한 상위인지적 자각을 증진시킨다. DBT는 경계선 성격장애 환자들을 대상으로 마샤 리네한 (Linehan, 1993)이 개발한 치료법으로 마음챙김을 핵심기제로 삼는다.

ACT는 헤이즈 등(Hayes, Strosahl, & Wilson, 1999)이 개발한 접근법으로 경험에 대한 회피가 심리적 고통을 만든다고 보고 마음챙김을 통해 회피를 낮추고 기꺼이 경험하면서 수용하는 방식을 취했다.

(2) 새로운 접근의 함의

각기 다양한 증상에 맞춰서 개발된 치료방식은 앞서 언급한 몇 가지 공통점을 갖는다. 우선 이 치료법들은 마음챙김에 기반한다. 핵심 인지 또는 정서를 수정하는 것이 아니고 새로운 방식으로 관계를 맺는다. 즉 내용 수정에서 과정 수용으로의 전환을 추구한다. 경험의 수용, 상위인지자각, 인지적 탈융합 같은 방법을 주로 사용한다. 이 공통점이 의미하는 바는 생각에 대한 생각의 전환이다. 치료적 맥락에서 통제할 수 없는 생각 자체보다 생각의 방식, 방법으로 초점을 확장했다. 또한 생각과 감정을 회피하거나 그것과 갈등하는 것이 아니라 있는 그대로 수용하는 법을 채택한 것은 일어나는 생각을 조절하려는 의도를 내려놓는 것을 의미한다.

생각이 일어나는 과정 자체를 있는 그대로 허용하여 받아들임으로써 생각에 종속되는 것이 아니라 그저 하나의 생각으로 바라볼 수 있게 된다. 소모적이지 않게 자신이 가치 있다고 판단한 일에 전념할 수 있다. 이러한 관점의 변화는 상담 관계의 변화도 선도할 가능성이 있다. '삶은 원래 고통인 것이다'라는 시각은 내담자의 현 상태를 문제시하지 않는 태도를 가지게 되며, 이는 상담 관계를 전문가와 문제를 가진 사람의 만남이라는 전형적 양식에서 탈피하게 하는 계기가 될 수도 있다.

3) 희망, 살겠다는 생각

'내 감정은 지겹다.
나는 아무에게도 쓸모가 없다.
나는 구제불능이라고 생각한다.
나는 일하러 돌아가고 싶지 않다.
나는 그냥 도망가서 죽고 싶다.
난 전혀 쓸모가 없다. 그러니 살아서 뭘 하겠는가?

무슨 일이 일어나든지 상관없다.

죽었으면 좋겠다.'

- Rogers, C.(1967) Jim Brown 사례 중에서

내담자들은 위와 같이 어려움을 호소한다. 때로 매우 극단적이고 비관적이며 무력한 상태로 상담에 등장한다. 자기 비난에 빠진 내담자는 더 나은 행동방식을 잘 모른다고, 스스로 형편없는 사람이라며 실망하고 좌절한다. 자신은 쓸모가 없다는 생각을 반복하면서 말이다. 벽에 막힌 것 같은 느낌, 아무것도 떠오르지 않는 생각, 혹은 쳇바퀴 돌듯 반복되는 생각 속에서 무력감을 느끼면서, 그럼에도 불구하고 상담을 하겠다는 것은 나름의 큰 결단을 내린 의도가 있는 행위이다. 괴로움에 당면해서 스스로 해결할 수 없다고 생각한 좌절의 순간이지만 어떤 방법이 있을 거라는 일말의 기대를 걸고 마음을 낸 것이다. 중요한 부분은 분명 문제를 안고 괴롭다고 하는 호소나 그 어려움을 벗어나고자 하는 결단으로 상담에 온다는 것이다. 가장 크게 괴로운 순간, 가장 도전적이고 어려운 선택을 하는 것이다.

실제 상담을 받으러 오는 내담자 중 상당수는 상담 시작에 대한 내적 갈등을 한다. 종종 어려움에 맞닥뜨리고 그것을 벗어나려고 노력하지만 누군가에게 자신의 참모습을 드러내겠다는 결심을 한다는 것은 아주 특별한 선택이다. 비용과 시간을 부담하며 자신의 마음을 마주해서 들여다보는 새로운 시도를 하려고 나선 것이다. 살아가던 습을 멈추는 것이니 쉬운 일이 아니다. 이것을 상담에서는 동기(motivation)라고 하는데, 부정적 생각 때문에 죽을 것 같아도 손

내밀어 지푸라기라도 잡고 싶은 희미한 희망 같은, 살겠다는 생각이다. 상담에 참여하는 것 자체가 동기수준이 높다는 것을 의미하고, 계속 상담을 받으며 도움을 받겠다는 준비도를 보여주는 것이며, 이런 사람일수록 상담의 성과가 높다(Miller & Rollnick, 1991)는 보고가 있다. 또한 동기가 회피하던 내적 상태에 주의를 기울이고 수용하여 통합하는 데 기여한다(Greenberg & Safran, 1987)는 연구 결과들은 회복하고자 하는 동기의 가치를 설명해준다.

4. 생각이 얼마나 우리의 한계를 만드는가

- 상담사례를 통해본 생각의 작용: 엘리스와 글로리아의 상담사례 (1986)[4]

삶의 과정에서 괴로움을 겪을 때 심리치료를 찾게 된다. 뭐가 문제인지 찾아보고 해결하고자 하는 바람에서다. 이때는 자신의 삶이 장막에 갇힌 느낌이고 다양한 심리적 증상이 수반된다. 무엇이 문제였을까? 아래 제시된 상담사례를 통해서 그 과정을 살펴보기로 한다. 엘리스 (Ellis, 1963, 1994)는 대표적인 상담접근법 중 하나인 합리적 정서적 행동치료(REBT)의 창시자이다. REBT는 정서적 결과의 원인이 개인의 신념체계에 있다고 보고 그 생각을 바꾸도록 접근한다.

---

4 이 사례는 상담접근법의 비교를 위해 Ellis와 인간중심 접근의 Rogers, 게슈탈트치료의 Perls가 차례로 글로리아라는 내담자와 공개상담을 진행하였는데, 그 중 Ellis의 사례이다.

글로리아: 제가 박사님과 얘기하고 싶은 가장 큰 문제는 독신 생활에 적응하는 거예요. 남자들과의 관계가 가장 크죠. … (중략) … 제가 끌리는 남성, 관계를 맺고 싶어 하는 유형의 남성들에게는 가까이 갈 수가 없어요. 수줍음을 느끼거나, 아무튼 뭔가 잘 되지 않는 것 같아요. 제가 요즘 데이트를 하는 남자들은 별로 존경하지 않는 사람들이에요. 저는 그것을 그렇게 즐기지 않아요. 관계가 피상적이고 별로 재미가 없지요. 나한테 문제가 있는 건지 잘 모르겠어요. 저는 존경스러운 사람을 만나고 싶거든요.

엘리스: 당신의 수줍음에 대해서 이야기를 해보죠. 당신이 적합하다고 생각하는, 원하는 누군가를 만났다고 가정해봅시다. 당신의 수줍음의 원천을 같이 찾아보도록 하지요. 그것이 바로 당신이 수줍음을 만들어내는, 스스로에게 하는 말이지요. 당신은 이 사람을 만났습니다. 그리고 당신은 수줍고 당황스러운 느낌을 느낍니다.

글로리아: 네, 그렇지만 저는 대개 그것을 보여주지 않아요. 대개는 태연하게 행동하지요.

엘리스: 네.

글로리아: 저는 다른 사람이 나에게 행동하듯이 행동해요. 사실 저는 가볍게 행동하죠. 저는 그리 지적이지는 않은 것 같아요. 저는 전형적인 멍청한 금발 여자처럼 행동해요. 그 사람들과 있을 때 저는 제 자신이 아닌 것 같아요.

엘리스: 네. … (중략) … 사람들은 단순한 감탄문으로 스스로에게 뭔가를 말합니다. 이제 당신이 자신에게 말하는 것이 뭔지를

찾아보지요. 당신이 마음에 드는 사람을 만났습니다. 이제 가볍게 행동하기 전에 자신에게 무슨 말을 하는지 생각해보세요.

글로리아: 나는 그의 기대에 미치지 못해. 그 사람에게 합당한 사람이 아니야. 그는 나보다 우월해. 내가 이런 사람을 원하더라도 그 사람에게 매력을 느끼게 할 사람은 아니야.

독신여성 내담자인 글로리아는 상담자 엘리스에게 호감이 있는 남성에게 다가갈 수 없는 문제를 호소한다. 그녀는 마음에 드는 남성 앞에서 가볍고 멍청한 여자처럼 행동해서 스스로 자신이 아닌 것 같다고 느낀다. 자신이 그의 기대에 미치지 못하고 그는 나보다 우월하고 내게 매력을 느끼지 못할 거라고 생각한다.

① 증상 - 호감 있는 남성에게 가까이 다가서지 못함. 가볍고 멍청한 여자로 행동함.

② 생각 - 상대는 나보다 우월하다. 나한테 매력을 못 느낀다.

엘리스: 그것이 문장의 첫 부분입니다. 그리고 그것은 진실일 겁니다. 아마 그는 어떤 면에서 당신보다 우월할 것이기 때문입니다. 그가 당신에게 끌리지 않을 수도 있습니다. 그러나 당신이 "나는 그가 나보다 더 우월해"라고만 말한다면 그것이 당신을 불편하게 하지는 않습니다. 이제 당신은 거기에 두 번째 문장을 덧붙입니다. "만약 그렇다면 그것은 끔찍한 일이야"라고 말이지요.

글로리아: 글쎄요. 그렇게 극단적이지는 않은 것 같아요. 저도 그것에 대해 생각하거든요. 대개 '나는 또 기회를 잃는구나'라고

생각하죠. 내가 자신감이 있다고 생각한다면 나의 가장 좋은 면을 보여주기를 원하겠지요. 그러나 이렇게 겁을 먹을 때면 저는 모든 나쁜 면들을 보여줘요. 나는 가볍고, 내가 좋은 면을 보여줄 수 없다는 것에 화가 나지요. '나는 또 기회를 놓치는구나. 이 사람과 가까워지는 것은 좋은 기회인데 나는 다시 기회를 놓치는구나' 하고 생각하게 되지요.

엘리스: 하지만 그렇다고 하더라도 당신은 뭔가 또 다른 말을 하고 있는 것이 분명해요. 만일 당신이 단지 "나는 다시 기회를 놓쳤어"라고 말한다면, "좋아. 다음번에는 이번에 배운 것을 활용해서 좀 더 잘 할 거야"라고 말할 수 있을 거예요. 그런데 당신은 여전히 수줍고, 당혹스럽고, 부끄러워해요. 당신이 다시 기회를 놓쳤다는 것 때문에 당신의 실수에 대해서 뭔가 나쁜 감정이 있는 거지요.

글로리아: 이것이 선생님이 하시는 말씀과 맥락이 같은지 모르겠어요. 그러나 제가 느끼는 것은 그렇게 하고 난 다음에 의심스럽다는 거예요. 나는 내가 좋아하지 않는 사람에게만 매력적으로 느껴지는 유형의 여자가 아닌가? 나한테 문제가 있나? 내가 좋아하는 남자를 찾을 수 있을까? 나는 항상 그렇지 않은 남자만 만나는 것 같아요.

엘리스: 이제 당신은 내가 이야기하고 있는 것에 점점 더 가까이 가고 있어요. 당신은 "내가 좋은 남자들에게는 매력이 없는 그런 유형의 여자라면 그것은 끔찍한 일이고 내가 원하는 것을 결코 얻을 수 없을 거야"라고 말하고 있으니까요. 그것이 두려워하는

것이죠.

호감이 있는 이성이 '나보다 우월해'라는 생각으로 시작해서 '내게 문제가 있나?'로 확산되는 과정에 인식하지 못하는 몇 단계의 생각들이 숨어 있다. 상담자의 언급처럼 상대가 나보다 우월하다는 생각 자체는 문제가 없을 수 있다. 세상에 나보다 우월한 사람은 많고 그런 이를 자주 만날 수 있으니까. 그러나 거기서 멈추지 않고 생각은 더 나아간다. 끔찍하다든가, 기회를 놓쳤다든가, 자신을 의심한다든가, 나는 매력이 없다고 보는 것이다.

③생각 - 기회를 또 잃는다. 기회가 없을 것이다. 끔찍하다. 나한테 문제가 있다.

글로리아: 저는 자신에 대해 그런 생각을 갖는 것이 싫어요. 저는 자신을 더 높은 기준 위에 놓고 싶어요. 저는 제가 그저 그런 사람이라고 여겨지는 것이 싫어요.

엘리스: 당신이 그저 그런 사람이라면 그것이 그렇게 끔찍한 일인가요? 그것이 불편할 수도 있지요. 불쾌할 수도 있고요. 당신은 그것을 원치 않을 거예요. 하지만 자신이 그저 그런 평범한 사람이 된다고 해서 수줍음, 당혹감, 부끄러움과 같은 감정을 가져야 할까요? 그렇지는 않을 거예요. 당신은 자신이 그저 그런 사람이라면 그것은 끔찍한 일일 거고 당신 삶에는 좋은 일이 없을 거라고 말하고 있는 거예요.

글로리아: 나는 내가 원하는 것을 결코 얻을 수 없을 거예요. 제가

그저 그런 평범한 사람이라면, 그리고 내가 그것을 받아들인다면 나는 내가 원하는 것을 결코 얻을 수 없을 거예요. 그리고 나는 내 남은 삶을 그런 평범한 사람과 보내고 싶지는 않아요.

엘리스: 당신은 자신의 기회가 줄어든다고 믿고 있지만 꼭 그런 것은 아니에요. 평범한 여자가 멋진 남자를 만나는 경우도 있잖아요. 그렇죠?

글로리아: 맞아요.

엘리스: 당신은 일반화를 하고 있는 거예요. 당신은 이렇게 말하지요. "아마 나는 어려운 시기를 맞게 될 거야." 그러고 나서 비약을 하는 거예요. "나는 아무 것도 얻지 못할 거야"라고 말이에요. 당신이 어떻게 최악의 상황으로 비약해 가는지 알겠어요?

글로리아는 자신이 그저 그런 매력 없는 평범한 사람으로 여겨지는 것이 아주 싫었고, 그렇게 되면 자신이 원하는 것을 얻을 수 없다고 생각했다. 상담자는 글로리아가 하나의 생각-한 조건에서 성립할 수 있는-을 항상 그럴 것이라고 믿고 있다고 봤다.

④ **생각 - 매력이 없는 사람은 원하는 것을 얻을 수 없다. 항상 그럴 것이다. 나는 매력이 없다.**

글로리아: 네, 하지만 그럴 때는 영원히 그 상태가 지속될 것 같아요.

… (중략) …

글로리아: 맞아요. 박사님, 저는 내가 왜 그런지 모르겠어요. 제가 정말 원하는 것은 그것을 얻는 쪽으로 가기 위해 뭔가 하는

거예요.

엘리스: 무엇 때문에 그렇게 못하죠?

글로리아: 모르겠어요. 저는 내가 왜 원하는 사람들에게 매력이
없는지, 왜 두려워하는지 알았으면 좋겠어요. 박사님이 저를
도와주셨으면 좋겠어요. 앞으로는 그렇지 않을 수 있도록.

엘리스: 이제까지 말씀으로 보면, 제 생각에는 당신은 단지 그
한 사람의 남자와의 관계에서 실패하는 것을 두려워하는 것
같지 않아요. 당신이 새로운, 좋은 남자와 데이트를 할 때 문제가
되는 거지요. 이제 당신이 마음에 들어 하지 않는 사람들은 배제하
도록 하지요. 당신은 단지 그 한 사람을 놓치는 것을 두려워하고
있는 것이 아니에요. 당신은 이 사람을 놓치면 다른 사람도 놓칠
거고, 그러면 당신이 원하는 것을 얻지 못할 거고, 그렇게 된다면
끔찍한 상황이 된다고 생각하고 있어요. 당신은 큰 불행을 겪게
되는 거예요.

글로리아: 그렇군요. 하지만 내가 계속 그렇게 한다는 것이 바보같
이 느껴져요.

엘리스: 뭘 계속한다는 거죠?

글로리아: 저는 내가 관심 있어 하는 남자들과 있을 때 있는 그대로
의 내가 될 수 없어요.

엘리스: 맞아요. 당신 스스로 그렇게 만드는 거예요.

글로리아: 저는 늘 그래요. 제가 남자의 마음에 드는 것에 대해
지나치게 불안해하지 않는다면 좀 더 있는 그대로의 내가 될
수 있을 거예요. 그러면 상대방도 나와 있는 것이 더 즐겁겠지요.

결국 저는 저의 좋지 않은 모습을 남자에게 보여주고 있는 거죠.

엘리스: 맞아요.

글로리아: 어떻게 내가 존경하는 사람에게 나 자신의 있는 그대로의 모습을 보여줄 수 있을까요?

엘리스: 당신이 스스로를 어떻게 평가하는지 보세요. 당신은 계속해서 자신의 '좋지 않은' 부분에 대해서 말하고 있어요. 당신이 관심 있어 하는 사람이 당신의 이러한 속성, 이러한 특징을 좋아하지 않을지도 몰라요. 하지만 나는 그가 당신을 한 사람으로 무시한다고는 생각하지 않아요. 그런데 당신은 그렇게 생각하는 것 같아요.

글로리아: 저는 상대방이 저에 대해 생각하는 것보다 스스로를 더 비하해요.

엘리스: 맞아요. 그게 제가 말하는 거예요.

글로리아는 있는 그대로의 자신의 모습을 상대 앞에서 보이는 것을 두려워하고 불안하게 여기는데, 스스로 자신 없고 비하하는 생각을 하고 있다. 자신의 약점을 지나치게 부각해서 생각한다.

⑤ 생각 - 내 좋지 않은 부분을 생각하면 난 진짜 별로다.

글로리아: 그러나 상대방은 저를 좋아하지 않아요.

엘리스: 맞아요. 제가 아까 말했지요. 사람들이 당신을 좋아하지 않는다고 하더라도 당신이 사람들을 충분히 만나면, 물론 그렇게 하기가 어려울 수도 있지만 가능은 합니다. 당신은 당신을 좋아하

362

고 당신도 좋아하는 사람을 만나게 될 거예요. 하지만 당신이 자신을 과소평가한다면 문제를 엄청나게 복잡하게 만드는 거예요. 당신은 "어떻게 나 자신이 될 수 있을까?"에 집중하지 않지요. 이런 것을 바꿔보세요. 당신이 단점을 가지고 있다고 해서 그것만 크게 생각하고 자신의 존재를 온전히 받아들이지 않는다면 자신의 능력을 제약하게 되지요. 자신이 할 수 있는 많은 일들을 못하게 되는 거예요.

글로리아: 제가 그렇게 하고 있어요.

엘리스: 맞아요. 당신은 자신의 한 부분인 단점에만 마음을 쏟는 거예요. 우리가 앞에서 한 이야기처럼 당신은 자신의 한 부분, 수줍음, 남자들하고 있을 때 편안하지 않은 것에만 너무 많은 관심을 쏟고 있어요. 그게 자신의 전부인 것처럼 말이에요. 단지 단점 때문에 당신은 자신의 전체 모습에서 가장 좋지 않은 모습만을 자기 모습으로 가지고 있는 거죠. 우리는 지금 당신이 모든 것을 잘 하고 있다고 말하고 있는 것은 아녜요. 그렇지는 않을 거예요. 하지만 단점이 있음에도 불구하고 지나치게 자신을 비하하지 않고 자신을 인정할 수 있다면 그 단점에 대해서도 잘 대처할 수 있을 거예요. 그 문제가 더 단순해져서 다룰 수 있게 되는 거죠. 자기 자신이 되는 것이 중요한 거예요. 자신이 단점을 가지고 있지만 온전히 자신을 받아들이는 것을 생각해보세요.

글로리아: 좋아요.

엘리스: 당신이 데이트를 하러 간다고 생각해보지요. 당신은 남자들과의 관계에서 계속 어려움을 겪어요. 그러고 나서 이렇게

말해요. "좋아. 나는 이 배움의 과정을 거쳐야 해. 그건 그렇게 나쁜 것이 아니야. 한동안은 그렇게 잘 하지 못할 거야. 이것도 스케이트를 배우는 것과 같아. 정말로 잘 타게 될 때까지는 몇 번 넘어져야 하겠지." 자신을 정말로 받아들인다면, 자기 자신이 된다면, 결국은 누군가 한 사람을 만나게 될 거예요. 그리고 그 사람과 좋은 관계를 맺게 되겠지요. 단 하루가 아니라, 단 한 번이 아니라 오랫동안 말이에요. 그 사람과 결혼을 할 수도 있고요.

글로리아: 오랫동안 좋은 관계를 맺는다고요. 저는 결혼에 대해서는 많이 생각하지 않아요. 지속적인 관계를 원하지요.

엘리스: 맞아요. 지속적인 관계요. 우리는 당신에게 어떻게 행동해야 할지에 대한 테크닉을 알려주고 싶지는 않아요. 테크닉이라면 상대방이 후에 알아차릴 수도 있지요. 그래서 결국 당신은 당신 자신이 되어야 해요. 당신이 지금 느끼고 있는 문제에 대해서 그리 많이 고민하지 않는다면 나가서 남자를 만나고 편안하게 자기 자신이 될 수 있어요. 스스로에게 "나는 이 남자와 더 즐겁게 지내기 위해서, 이 남자가 나와 더 즐겁게 지내게 하기 위해서 뭘 해야 할까?" 삶에서 가장 기본적인 것이 즐기는 거예요. 그런데 우리는 삶의 즐거움을 잊고 사는 경향이 있지요. 즐겁게 지내는 것을 위해 노력해보세요. 당신이 그것에 성공하면 정말 좋은 일이지요. 실패한다면 좋지 않겠지요. 하지만 그것은 그저 당신이 그 사람에게 맞지 않은 사람이거나, 그 사람이 당신에게 맞지 않은 사람이었을 뿐이에요. 이것이 당신 행동 때문이었거나,

당신의 잘못이었거나 그런 것은 아니지요. 그들이 당신에게 맞지 않은 사람이었거나 당신이 그들에게 맞지 않은 사람이었을 뿐이에요. 이 사람들이 당신을 거절할 때 당신은 내가 뭔가 잘못된 거야. 이것은 내 잘못이야. 이렇게 생각하지요. 그런 건 아니에요. 그저 당신이 그들에게 맞지 않았을 뿐이에요. 누구의 잘못도 아니죠. 서로 맞는다는 게 있는 거잖아요.

글로리아: 네, 맞아요. 그렇겠네요.

엘리스: 당신이 있는 그대로의 자신을 정말로 받아들이기 위해서는 노력이 필요해요. 저는 보통 환자들에게 이러한 과제를 내주지요. 그리고 자기 자신이 되기 위해서 노력을 하는지 확인을 해요. 때로는 자기 자신이 된다는 것이 상대방에게 상처를 줄 수도 있지요. 당신은 그저 자신이 되는 것에서 시작할 수 있어요. 그리고 자기 자신이 될 수 없었기 때문에 생겨난 자기 비하나 기타의 부적절한 느낌을 서서히 줄여갈 수 있어요. 하지만 당신이 자신이 되려고 노력하는 것이 그리 쉬운 일이 아니에요. 자신을 늘 지켜보면서 동시에 자기 자신으로 있을 수는 없으니까요.

글로리아: 그렇겠네요. 하지만 그것이 습관처럼 되겠어요.

엘리스: 어느 정도 지나면, 용기를 가지고 노력한다면 그렇게 될 거예요. 당신은 상대방이 나를 좋아하지 않을지도 몰라. 나는 그를 잃을지도 몰라. 이런 생각들을 계속 할 수도 있겠지요. 그렇지만 그런 생각이 들면 그 습관적인 사고에서 마음을 돌려서 자기 자신이 되려고 노력할 거예요. 저는 당신이 좀 더 실질적이 될 수 있다고 믿어요. 비효율적인 사고를 적게 할 거고요. 특히

수줍음을 타는 것이 개선될 거예요. 이제는 "맙소사 내가 이렇게 못난 사람이라니 끔찍해"라고 말하지 않고 상대방이 정말 좋은 사람이라는 것에, 어떻게 내가 그 사람과 즐겁게 지낼 수 있을지에 주의를 모을 거예요. 그것에 마음을 모으는 거지요.

상대방이 나를 좋아하지 않는다는 생각 때문에 자신에게 집중하지 못한다. 자신의 욕구나 여러 생각을 살필 겨를이 없다.

⑥생각 – 상대방이 나를 좋아하지 않는다. 나는 그와 헤어질 거다. 잃을 거다.

글로리아: 선생님은 내 관계가 그 반대라는 것을 알고 계시는군요. 내가 상대방에게 어떻게 더 매력적인 사람이 될 수 있을까요? 어떻게 하면 그 사람이 좋아할까요?

엘리스: 내면에서 자신이 좋은 사람이라고 믿지 않으면 스스로를 즐길 수 없어요. 내가 매력적이지 않고 이 사람의 마음에 들지 않는다면 스스로를 받아들이기를 거부하는 거지요. 그게 말씀하시는 게 아닌가요?

글로리아: 맞아요. 하지만 엘리스 박사님, 내가 마음에 드는 사람을 만날 때면 그 사람과 관계를 지속하고 싶어 하지요. 그 사람도 나를 받아들여서 꽤 잘 진행이 되요. 그런데 저는 계속해서 자신을 지켜보게 되요. 내가 잘 하고 있는지, 앉는 것은 괜찮은지, 너무 술을 많이 마시는 건 아닌지 걱정을 하면서 말이에요. 그저 편안하게 있지를 못하고 그가 날 좋아하는지 좋아하지 않는지를 살피게

되지요.

엘리스: 당신이 말씀하신 것은 합리적 정서적 치료에서의 기본적인 가정을 잘 설명하고 있습니다. 당신은 다른 사람이 자신을 어떻게 볼 것인가에만 마음을 쓰기 때문에 자신이 관계를 잘 해나가고 상대방이 당신을 좋아한다고 해도 자신에게 계속해서 이렇게 말합니다. "오늘 내가 잘 해낼까? 내일 잘 해낼까? 앞으로도 계속 잘 해낼까?"라고요. 당신은 결코 자기 자신이 되지 않습니다. 당신이 '삶에서 내가 원하는 것이 뭘까? 나 같은 사람이 있을 텐데. 나를 그저 그런 사람 중 하나로 보자.' 이렇게 생각하면 마음을 편하게 가질 수 있을 거예요. 아시겠어요? 이제 남은 시간이 별로 없군요. 당신의 삶에 도움이 될 수 있는 구체적인 방법을 정리해보도록 하지요. 어떻게 해야 할지, 새로운 사람을 만날 때 어떻게 해야 할지를 물으셨지요? 이런 구체적인 부분에 대해서는 잘 모르겠습니다. 하지만 지금까지 했던 얘기에서 답을 찾을 수 있을 거예요. 당신이 우리가 얘기했던 것을 실천할 수 있다면, 그것은 정말 용기가 필요한 일이지요. 그리고 자신이 원하는 것에 마음을 기울인다면, 물론 시간이 좀 걸리기는 하겠지만 말이에요. 시간이 걸린다는 것이 그리 유쾌한 일은 아니지만 그렇다고 그렇게 끔찍한 일도 아니에요. 시간을 갖고 노력해보세요. 그러면 당신은 자신을 풀어놓을 수 있을 거예요. 그리고 새로 만나는 모든 사람들을 편안하게 대할 수 있을 거예요. 그러한 만남은 버스에서 일어날 수 있고 칵테일파티나 길거리에서 일어날 수도 있겠지요. 당신은 어디서든 좋은 사람을 만날 수 있어요.

친구에게 좋은 사람을 소개해 달라고 부탁할 수도 있고요. 그러나 중요한 것은 당신이 스스로를 좋아할 수 있어야 합니다. 또한 나쁜 상황이라도 그것을 용인할 수 있어야 해요. 물론 그것이 좋지 않다는 것에는 저도 동의합니다. 제가 당신에게 드리는 숙제는 나가서 남자들과 데이트를 하고 스스로가 어려움을 겪는 상황을 직면하라는 것입니다. 당신이 이 순간에 찾을 수 있는 가장 멋진 남자를 찾아서 만나세요. 그리고 자기 자신이 되세요. 스스로에게 자기 자신이 되도록 용기를 불어넣으세요.

글로리아: 선생님 말씀은 내가 병원에 가서라도 의사가 매력적이면 그렇게 하라는 말씀이신가요? 그 의사와 개인적인 이야기를 나눠보라고요?

엘리스: 물론이죠. 만약 그가 당신에게 좋은 사람이라면요. 마음에 드는 사람이라면 누구라도 그렇게 해보세요.

글로리아: 선생님은 그런 자를 받아들이시겠지만 아주 뻔뻔스럽게 느껴지는데요.

엘리스: 그게 뻔뻔하다고 칩시다. 그렇다고 당신이 무엇을 잃겠어요? 가장 나쁜 경우는 그가 당신을 거부하는 거지요. 그렇다고 당신이 스스로를 거부할 필요는 없어요. 이제까지 한 이야기를 생각해보면 그렇게 할 수 있겠어요?

글로리아: 네, 그럴 수 있을 것 같아요. 박사님 말씀이 나가서 사람들을 만나면서 시도해볼 수 있도록 저를 격려하는군요. 박사님 말씀이 옳아요.

엘리스: 맞아요. 그렇게 하면 당신은 안전하지요. 하지만 불행히도

당신은 그 순간에 자신이 원하는 것을 얻을 수가 없어요. 그러니
시도해보세요. 그러면 무슨 일이 벌어질지 궁금한데요.

상대에게 매력적인 사람이 되고 싶지만 혹시 실수할까 하는 생각에
집중하느라 나 자신이 되기 어렵다.

⑦ 생각 - 매력적인 사람이 되려면 실수하면 안 된다.

→ 나 자신이 되어야 한다.

글로리아는 호감이 있는 남성에게 다가갈 수가 없는 문제를 갖고
있다. 마음에 드는 남성 앞에 서면 멍청한 여자처럼 행동해서 스스로
나 자신이 아닌 것 같다고 느낀다. 자신이 상대의 기대에 미치지
못하고, 그는 우월하고 내게 매력을 느끼지 못할 거라고 생각한다.

왜 그런가? 글로리아처럼 생각한다면 누구라도 자신감이 없고 위축
되며 불행감을 느낄 것이다. 마음에 드는 이성이 우월한 사람이면
스스로 위축되고 철수(withdrawal)해서 '내가 매력 없다, 내가 문제가
많다'는 식의 생각 속에 빠진다. 그녀는 매력 없는 평범한 사람으로
여겨지는 것이 싫었는데, 평범하면 상대가 나를 좋아하지 않을 거라는
생각을 가지고 있었다. 그녀는 자신의 있는 그대로의 모습은 별로라는
자신만의 믿음(공상, 비합리적)이 있었다. 타인 앞에 진짜 모습을 보이
는 것이 두렵고 불안하며 자신을 비하하게 된다. 그래서 혹시 실수할까
봐 신경 쓰며 자신의 욕구를 돌보거나 두루 여러 각도로 바라볼 수
없게 되었다. 글로리아는 사람들이 좋아하지 않을 거라는 자신의
생각 속에 갇혀서 자신의 진짜 모습은 생각해본 적도 경험해본 적도

없는 듯하다. 이 때문에 친밀한 관계에 대한 욕구가 있음에도 마음에 드는 이성과 제대로 관계를 맺지 못한다. 자기의 진짜 모습은 별로고 사람들이 안 좋아할 거라는 생각은 사실일까? 글로리아는 이것이 사실인지 제대로 검토해보지 않았다. 자신이 그렇게 믿고 있을 뿐이다.

이 상담은 내담자가 전에 촘촘히 생각해본 적 없는 이 과정을 있는 그대로 드러내 보이고 내담자의 합리적이지 않은 생각과 신념에 치료자가 도전한다. 적극적으로 논박하기도 하고 설득도 해가면서 내담자가 스스로 알아차리고 느끼고 깊이 생각할 수 있도록 돕는다. 자신의 끔찍했던 세상이 자신의 생각이었음을 말이다.

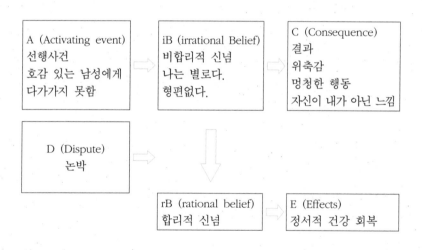

글로리아 문제의 이해도(REBT의 관점으로)

위 그림은 글로리아 상담 내용을 REBT의 상담 관점으로 도식화해본 것이다. 선행사건이 결과를 가져온 것이 아니라 비합리적 신념이 결과를 가져왔음이 드러난다. 이 합리적이지 않은 신념을 논박하여 합리적인 신념으로 수정하는 과정이 상담이고, 그 결과는 긍정적일 것으로 예상한다.

엘리스(Ellis, 1986)는 사람들이 가지고 있는 비합리적인 자기평가가 사실에 기초하지 않은 신념을 나타내고, 그것을 뒷받침할 경험이 없으며, 일종의 미신이나 도그마적인 종교 체계에 가깝다고 말한다. 또한 이것이 불안, 우울, 죄책감, 그 밖의 자기 파괴적인 감정을 만들어 낸다는 것이다. 과거 경험에서 만들어진 생각을 현재에도 스스로 자기주입하면서 유지 강화하고 있다는 점이 괴로운 이유라고 지적한다.

5. 어떤 생각이 우리를 유익하게 하는가?

글로리아 사례에서 드러났던 것처럼 생각은 우리에게 족쇄가 될 때가 있다. 이 경우, 생각은 각자가 가진 욕구를 알 수 없게 하고, 아직 드러나지 않은 잠재성을 가로막으며 어떤 가능성도 자신과 관련 없이 느끼게 한다. 더 좋은, 날개가 될 수 있는 바람직한 생각이 있는가? 로버트 루트스타인(Root-Bernstein, 1999)은 무엇을 생각하는가보다 어떻게 생각할 것인가가 더 중요하다고 지적했다. 어떻게 생각하는 것이 사람들에게 더 유익하고, 더 발전적이며 긍정적인 것인가? 여기에 다섯 가지 대안을 제시한다.

1) 조건화를 벗어난 생각

많은 경우 각자의 처지가 만든 삶의 조건은 그의 생각 및 감정에 많은 영향을 주게 된다. 심리학자들은 생의 초기 환경이 얼마나 유의미한 영향을 주는지 연구해왔다. 부모의 심리적 건강상태, 돌봄에 대한 기본적 태도, 사회경제적 지위, 성장기의 기타 환경 등은 사람마다 다르고 그 정도나 수준에 따라 개인의 성격이나 생활방식을 결정짓는다. 특히 부모 돌봄의 질은 그 내용에 따라 대단히 큰 영향을 미치게 된다. 이러한 조건에 영향을 받으면서 좌절하고 상처가 되었던 경험이 고유의 독특한 생각을 형성한다. 그것을 분리하지 못하고 제한된 생각으로 사는 것이다.

예를 들어 A는 많은 형제들 중에 주목받지 못하는 서열에 있었는데, 부모가 늘 장남과 막내를 챙기면서 A에겐 관심을 주지 않았다. 어른이 되고나서도 그는 자신이 부족하기 때문에 사람들이 좋아하지 않고 무시한다고 생각했다. A는 살아가면서 자신이 가치 있고 소중한 사람이라는 생각을 거의 하지 못했다. '나는 부족해'라고 반복해서 한 생각이 사실처럼 되어버린다.[5] 그 시절의 조건에서 만들어진 경험이 다른 상황, 다른 조건임에도 항상 같은 생각을 하는 것에서 벗어날 필요가 있다. 어린 시절과 현재의 상황을 구별하는 것, 어린 나와 지금의 나를 제대로 보는 것이 절실하다.

---

5 수용전념치료에서는 이러한 내용을 탈융합이라고 한다. 관계구성이론에서 보면 인지는 현재적 기능이 없으며 과거 맥락에서 학습한 것으로 본다.

2) 직관, 닫히지 않은 생각

마음의 소리를 들은 적이 있는가? 우리는 종종 무엇을 알게 되었을 때, 어떻게 알게 됐는지 설명할 순 없지만 정답을 알 때가 있다. 이것은 오감을 느끼듯 감정의 동요를 지각하는 자연스레 타고난 능력을 말한다(Jung, 1978). 예술가나 과학자들의 지성을 관찰해보면 이러한 직관을 통해 창조적 상상을 하는 것을 볼 수 있다. 직관은 타고난 능력이기 때문에 특별한 사람들의 전유물이 아님에도 보통은 그러한 직관을 인식하지 못하거나 믿지 못한다. '그렇게 할 걸 그랬어!', '그런 생각을 하지 않은 게 아닌데' 등 이런 경험들은 누구에게나 있을 것이다. 마음을 가라앉히고 집중된 상태에서 깊은 곳, 마음의 소리를 들어보도록 권한다.

3) 생각의 끝을 가보는 생각

생각의 끝을 가보았는가? 특별한 경우를 제외하고 어떤 생각을 끝까지 진행해보지 않는다. 어떤 주제로 연구하거나 프로젝트에 참여해서 결과를 내야 하는 그런 특수한 상황이 아니라면 일상적으로는 생각은 이리저리 흘러간다. 꼬리에 꼬리를 무는 생각, 뭉게구름처럼 피어나는 생각, 처음에 무슨 생각으로 시작했는지 길을 잃어버린 생각 등을 경험하게 된다. 내가 생각을 한 것인지 생각이 생각을 한 것인지 알 수 없을 때도 있다. 어떤 내담자는 상담에 와서 자신이 생각을 조절할 수 없어서 일을 할 수 없다고 호소하기도 한다. 그가 말하는 생각을 조절할 수 없다는 것은, 생각하면 늘 실패가 예상되었기 때문에 어떤 일을 전력투구해서 할 수 없었고 나중에는 시작도 어려워졌다는 것이다.

사실 실패나 실수는 빈번하게 일어나는 일이다. 그것이 끔찍하게 여겨지고 내게는 일어나서는 안 되는 일이라고 생각하기 때문에 멈추게 되고 새로운 시작이 어려워진다. 실패를 하면 그 다음엔 어떤 일이 일어나는가? 그리고 그 다음엔? 예상할 수 있는 가장 끝은 무엇인가? 아마도 진짜 끝까지 생각을 이어갈 수 있다면 그 끝에는 어떤 생각이 있는 것일까? 아무 일도 없다는 것을 경험하게 될 것이다. 내가 그어놓은 생각의 감옥에 갇혀 있었다는 것을 알게 되면 새로운 경험이 열리게 되는 것이 당연하다.

4) 창조적 생각

창의적인 사람들이 있다. 소위 천재라고 불리며 일반사람들이 생각하지 못한 일들을 해내는 다양한 분야의 탁월한 인재들이다. 유전적으로 우월하거나, 엄청나게 많은 노력과 열정을 쏟아 붓거나, 운이 좋게 시대적 맥락을 잘 만나서 빛나는 업적으로 연결되는 등 그들의 역량에는 여러 이유와 배경이 있을 것이다. 그들 자신은 어떤 생각을 했을까? 그들은 어떤 방식으로 생각했을까?

창의적인 사람들의 생각에는 공통적으로 보이는 특징들이 있다 (Bauerlein & Tubali, 2015). 아주 뚜렷한 공통점은 관습에 매이지 않고 자유로운 사고를 하면서 자신만의 독특성을 가진다는 것이다. 관습에 매이지 않는다는 것은 어떤 틀에 생각을 묶어두지 않는다는 것을 말하는데, 생각이 막히지 않고 흘러가게 허용한다. 어떤 생각도 막지 않고 허용하는지, 자신에게 자문해보는 것도 하나의 방법이다. 쉬운 것 같지만 매우 어렵다.

또한 이성적, 언어적 사고 이전에 감각적이고 시각적 이미지를 통한 발견을 하고 이를 언어화한다고 한다. 마치 시인이나 작가들이 내적인 느낌을 타인이 받아들일 수 있는 외적인 언어로 전환하는 것처럼, 언어 이전의 경험들을 살려내는 것이다.

창의적인 사람들은 열정을 갖고 개인적 차원에 머무르지 않고 전체적 조망을 가진다. 이것이 내게 도움이 되는가에서 이것이 사람들에게 도움이 되는가를 질문하는 것이다. 개인의 유익에서 벗어나 인류 공통의 삶의 문제를 생각하는 것이다. 이러한 특징들은 보통사람들도 참조할 만한 생각의 방법일 수 있다.

5) 행동하지 않는 상상

생각하는 것만으로 사람이 충만해지기도 한다. 어떤 행동 그 자체보다 그 행동을 기대하는 과정이 신체적으로, 그리고 심리적으로 자극이 되고 동기가 되기 때문이다. 희망하는 것, 공상하는 것이 우리를 긍정적으로 활성화시킨다. 반대로 생각하면 섣부른 행동이 화를 불러일으키는 것이다. 상담과정에서 내담자가 자신의 욕구가 좌절되거나 그러한 상태를 상담자가 알아주지 않을 때 상담 밖에서 문제행동을 하는 경우가 있다. 이런 것을 acting out이라고 하는데, 내담자 자신에게 상당히 큰 손실을 입히기도 한다. 이 경우도 자신의 상태에 대한 생각과 인지를 충분히 하지 않은 채 행동화해 버리는 것이고, 결과적으로 설익은 행동들이 나타나게 된다. 풍부하고 충만한 공상, 유익한 공상, 상상이 수반하는 긍정적 정서는 이를 실천하려는 의욕과 동기를 만들고 노력하게 한다.

6. 나와 너를 위한 생각, 우리 모두를 위한 생각

생각은 우리가 살아 있다는 증거이다. 살아 있어도 생각할 수 없다면 인간으로서 할 수 있는, 누릴 수 있는 기능을 제대로 할 수 없다. 기억도, 이해도, 판단도, 배움도 이룰 수 없다. 우리는 생각을 통해서 행복과 불행을 오간다. 개인을 넘어서 타자와의 관계, 세계와의 관계, 더 확장해서 인류의 발전과 파괴도 생각에 달렸다. 과연 생각은 곧 존재라고 할 수 있다.

생각은 본래적으로 내가 살 수 있게 한다. 생각의 속성이 그렇게 쓰임을 가진다. 의식해서 크게 애쓰지 않아도 감당할 수 있게 생각을 쓴다. 불확실하고 불안한 세상에 던져진 사람들이 구조적으로, 살기 위해서 대상을 나누어보고, 쪼개어보고, 더하고, 편을 가른다. 불확실한 조건 속에서도 가능성을 찾기 위해 고심한다. 자신의 지식과 정보에 기대어 막연하고 알 수 없는 세상을 추론하고 미래를 예측한다. 이 과정에서 오류와 고통과 실패가 있다. 절망하며 무너지기도 한다. 그러나 바로 그 순간, 그 지점에서 다시 생각할 수 있다. 실낱같은 희망의 줄기를 잡고 마음을 내어 필사적으로 살고자 한다. 실수를 바로 잡고 괴로움을 넘어가며 좌절을 받아들인다. 더 큰 인식의 문이 열리고 앞으로 나아간다. 삶의 조건 때문에 매인 마음을 내려놓고 멀리 보고, 다양한 각도에서 생각해볼 필요가 있다. 자신이 만들어놓은 생각의 틀, 감옥이라는 것을 자각하고 깨달을 때 세상은 이미 전에 보던 그 세상이 아니다. 그러면 내가 다시 보이고, 남도 다르게 보이고, 사회도 새롭게 경험될 수 있을 것이다. 숨어 있던, 눌려 왔던 새로운 내가 발견될 것이다. 그때 생각의 문이 활짝 열릴 수 있을 것이다. 나를 열고 나면 이웃과 어울려 조화롭게 사는 것도 어렵지 않을 것이다.

　마음의 깊은 곳을 성찰하여 자신에게 진솔해진다면 많은 심리적 어려움이 걷어진다. 있는 그대로 자신에게 솔직해질 때 나를 억압하던 많은 장치는 해제된다. 프로이드나 로저스가 역설하는 것도 이것 아닌가. 생각을 붙잡고 생각이 막을 때 진짜 나와 분리된다. 진정한 생각은 삶에 대한 심오한 통찰을 제공한다. 그리하여 인간정신의 새로운 지평이 열린다. 우리 안, 상상할 수 없을 만큼 광활한 미지의 땅에 발 디뎌보는, 그러한 생각의 시대를 열어봄은 어떠한가.

참고문헌

국립국어원, 표준국어대사전, 2018, 국립국어원 누리집.

노혜경, 『정보처리과정의 편파와 의사결정』, 「한국심리학회지: 사회 및 성격」, 28(2), 2014, pp.177~202.

신현정, 『개념과 범주적 사고』, 학지사, 2011.

윤호균, 『공상, 집착, 그리고 상담온마음 : 상담접근의 한 모형』, 「한국심리학회지: 상담 및 심리치료」, 13(3), 2001, pp.1~18.

_____, 『심리상담의 기제』, 「한국심리학회지: 상담 및 심리치료」, 17(1), 2005, pp.1~13.

_____, 『온마음 상담』, 「한국심리학회지: 상담 및 심리치료」, 19(3), 2007, pp.505~522.

_____, 『온마음 상담』, 한국상담심리학회 동양상담연구회 특별 심포지움 발표자료. 2018.

윤혜경, 『인지발달과 인지발달 중재 프로그램: 개관』, 「인지발달중재학회지」 1(1), 2010, pp.1~19.

이정모, 『인지심리학의 제 문제』, 성원사, 1996.

이정모, 『인지심리학』(대우학술총서 511), 아카넷, 2001.

정윤경, 『비율추론을 중심으로 본 아동기 형식적-비형식적 양적 추론체계의 발달』, 「한국심리학회지: 발달」 22(3), 2009, pp.169~182.

Bartlett, F. C. (1932). *Remembering: An experimental and social study.* Cambridge University Press.

Bauerlein, T., & Tubali, S. (2015). *Denken wie Einstein.* Hoffman und Campe Verlag, Hamburg. (배명자 역, 『천재들의 생각법』, 새로운 현재, 2016).

Broadbent, D. E. (1958). A history of introspection. *Psychological Bulletin. 50.* pp.169~189.

Bruner, J. S., Goodnow, J., & Austin, G. (1965). A study of thinking. New York: Wiley. In R. J. Sternberg & E. E. Smith(Ed.). *The psychology of human thought*. Cambridge University Press.

Dellarosa, D. (1988). History of thinking. In R. J. Sternberg & E. E. Smith(Ed.). *The psychology of human thought*. Cambridge University Press.

Dijksterhuis, A. (2004). Think different: The merits of unconscious thought in preference development and decision making. *Journal of Personality and Social Psychology, 87*, pp.586~598.

Duncker K. (1945). On problem solving. *Psychological Monographs. 58*, pp.1~110.

Ellis, A. (1962). *Reason and emotion in psychotherapy.* Secaucus, NJ: Citadel.
_____, (1986). Comments on Gloria. *Psychotherapy, 23.* pp.647~648.
_____, (1994). *Reason and emotion in psychotherapy.* Revised and Updated. Secaucus, NJ: Carol Publishing Group.

Fernbach, P. M., Darlow, A., & Sloman, S. A. (2010). Neglect of Alternative Causes in Predictive But not Diagnostic Reasoning, *Psychological Science, 21*, pp.329~336.

_____, (2011a). Asymmetries in Predictive and Diagnostic Reasoning, *Journal of Experimental Psychology: General, 140*, pp.168~185.

_____, (2011b). When Good Evidence Goes Bad: The Weak Evidence Effect in Judgment and Decision-Making. Cognition, 119, pp.459~467.

Fischhoff, B. (1988). Judgment and Decision Making. In R. J. Sternberg & E. E. Smith(Ed.). *The psychology of human thought*. Cambridge University Press.

Forest, J. A., & Feldman, R. S. (2000). Detecting deception and judge's involvement: Lower task involvement leads to better lie detection, *Personality and Social Psychology Bulletin, 26*, pp.118~125.

Gigerenzer, G., (2007) *Good Feelings, s: The Intelligence of the Unconscious,*

Viking Penguin, NewYork.

Greenberg, L. S., & Safran, J. D. (1987). *Emotion in Psychotherapy.* New York: Guilford.

George Miller, 1956. The magical number seven, plus or minus two: Some limits on our capacity for processing information. *Psychological Review, 63,* 81~97.

Hayes. S. C., Wilson, K. G., Giggord, E. V., Follette, V. M., & Stroshal, K. (1996). Emotional avoidance and behavioral disorders; A functional dimensional approach to diagnois and treatment. *Journal of consultation and Clinical Psychology, 64,* pp.1152~1168.

Holyoak, K. J., & Nisbett, R. E. (1988). Inductive method. In R. J. Sternberg & E. E. Smith(Ed.). *The psychology of human thought.* Cambridge University Press.

Jung. C. G. (1976). *Psychological Types.* Princeton, NJ.: Princeton University Press.

Lashley, K. (1951). The problem of serial order in behavior. In L. A. Jeffress(Ed.). *Cerebral mechanisms in behavior: The Hixon Symposium*(pp.112~135). New York: Wiley.

Linehan, M. M.(1993). *Cognitive behavioral treatment of borderline personality disorder.* New York: Guildford Press.

Miller, W., & Rollnick, S. (1991). *Motivational interviewing: Preparing people to change addictive behavior.* New York: Guilfords.

Neisser, U. (1967). *Cognitive psychology.* Englewood Cliffs, NJ: Prentice-Hall.

Newell, A., Shaw, J. C. & Simon, H. A. (1958). Elements of a theory of human problem solving. *Psychological Review, 65,* pp.151~166.

Newell, A., & Simon, H. A. (1972). *Human problem solving.* Englnad Cliffs, NJ: Prentice Hall.

Osherson, D. N., & Smith, E. E. (1981). On the adequacy of prototype theory as a theory of concepts. *Cognition 9,* 35~58.

Pavlov, I. P.(1941). lectures on conditioned reflexes. *In Conditioned reflexes and psychiatry(2)*, (W.H. Gantt, trans.). New York: International. p.179

Raimy, V. C. (1948). Self-Reference in counseling interviews. *Journal of Consulting Psychology, 12,* 153-163.

Robert S. Woodworth(1958, p31)

Rogers, C.(1980). *A way of Being.* (오제은 역, 『사람중심상담』, 학지사, 2007).

Rogers, C.R., & Wood, J. K. (1974). Client-centered theory: Carl R. Rogers. In A. Burton (ed.), *Operational theories of personality* (pp.237~254). New york: Brunner/Mazel.

Root-Bernstein, R. (2001). *Sparks of Genius: The Thirteen Thinking Tools of the World's Most Creative People.* Mariner Books. (박종성 역, 『생각의 탄생』, 에코의 서재, 2007).

Segal, Z. V., Williams, J. M., & Teasdale, J. D. (2002). *Mindfulness-based cognitive therapy for depression: A new approach to preventing relapse.* New York: Guilford Press.

Smith, E. E.(1988). Concepts and thoughts. In R. J. Sternberg & E. E. Smith(Ed.). *The psychology of human thought.* Cambridge University Press.

Statt, D. A. (1999). *The concise dictionary of psychology.*(정태연 역, 『심리학용어사전』, 끌리오, 1999).

Strosahl, K. D., & Robinson, P. J. (2008). *The mindfulness and acceptance workbook for depression: Using acceptance and commitment therapy to move through depression and create a life worth living.* Oakland: New Harbinger.

Teasdale, J. D. (1993). Emotion and two kinds of meaning: cognitive therapy and applied cognitive science. *Behavior Research and Therapy, 31,* 339-354.

Teasdale, J. D. (1999). Metacognition, mindfulness and the modification of mood disorders. *Clinical Psychology and Psychotherapy, 6,* 146-155.

Titchener, E. B. (1910). *A textbook of psychology.* New York: Macmillan.

Turing, A. M. (1936). On computable numbers, with an application to the Entscheidungs problem. *Proceedings of the London Mathematical Society,*

Ser. 2, 42. 230-265.

_____, (1963). Computing machinery and intelligence. In E. A. Feigenbaum & J. Feldman (Eds.). *Computers and Thought.* New York: McGraw-Hill.

Wertheimer, M. (1985). A Gestalt perspective on computer simulations of cognitive processes. *Computers in Human Behavior, 1.* 19-33.

찾아보기

■ 책을 만든 사람들

박찬욱   (밝은사람들연구소장)

윤희조   (서울불교대학원대학교 불교와심리연구원장)

한자경   (이화여자대학교 철학과 교수)

이필원   (동국대학교 경주캠퍼스 파라미타칼리지 교수)

오용석   (원광대학교 마음인문학연구소 HK연구교수)

김성구   (이화여자대학교 물리학과 명예교수)

박찬국   (서울대학교 철학과 교수)

성승연   (서울불교대학원대학교 상담심리학과 교수)

'밝은사람들연구소'에서 진행하는 학술연찬회에 관심이 있으신 분은
전화(02-720-3629)나 메일(happybosal@hanmail.net)로 연락하시면
관련 소식을 받아보실 수 있습니다.

생각, 키워야 하나 없애야 하나

초판 1쇄 인쇄 2018년 11월 2일 | **초판 1쇄 발행** 2018년 11월 12일
집필 김성구 외 | **펴낸이** 김시열
펴낸곳 도서출판 운주사
　　　(02832) 서울시 성북구 동소문로 67-1 성심빌딩 3층
　　　전화 (02) 926-8361 | **팩스** 0505-115-8361
ISBN 978-89-5746-532-5 94000   값 22,000원
ISBN 978-89-5746-411-3 (세트)
http://cafe.daum.net/unjubooks 〈다음카페: 도서출판 운주사〉